人間道・紅與藍

Red World & Blue World

風子二六 著

Feng Zi 26

目錄

第一章　　　序與來

人間道

亂世多舛，盛世多歡，
悠悠歲月，青冥浩浩。
男女老少，行走人間道。
滿途荊棘，四面蓬草。
無風起浪，平路忽跌倒。
入地無門，上天無道。

都說人間好！貌似找不到。
吵吵又鬧鬧，漫罵又騷擾。
身疲心躁，噯呀！別叨嘮！
行行好！榮華富貴我不要。
髒水莫澆，有冤無處告。
半生較量，沒完沒了。
勝王敗寇，百年成煙硝。

人世間有許多五彩繽紛、平淡無色的故事；有悲歡離合，情仇愛恨，也有刻骨銘心的恩恩怨怨。流年似水，很多事情隨著歲月的流逝逐漸被淡忘；也有一些事情一直纏繞著揮之不去，太難忘！這許多多多的許多年過去了，往事依然歷歷在目。痛苦的回憶是快樂的；快樂的回憶是痛苦的。人到了一定年紀很愛回憶，有機會把回憶記錄下來也未嘗不是一件樂事。

世間的蒼生每天都在為生存而工作，為自由而抗爭，為得到更好的生活環境而冒險。

大千世界千變萬化，人有初心難，一生保持初心更難。在大時代的動蕩摧殘下，有的人放棄了初心，逆道而行；有的人保持初心和理想，不想隨波逐流。無論社會、生活上對他們的身體和心靈如何鞭打、羞辱與摧殘，都始終保持堅定的信心以及意志而不懈努力和拚搏，最後擺脫困境走向康莊大道。

上天常常跟人們開個大玩笑：結果是憨厚的贏，狡詐的輸。人生的博弈不是贏就是輸，其實贏就是輸，輸也是贏，因為輸輸贏贏最終帶不走一針一線。

勞生怨，清歡淺。有的人腰纏萬金仍覺有不足；有的人困頓半生而毫無怨言；有的從良善變成邪惡；有的人任由歪風邪氣擾襲而不為所動搖，依然故我。可是到頭來，很多是：萬金的還是萬金，困頓的還是困頓，善良的還是善良。邪惡的人衰敗後，有的有所覺悟，也有極度懺悔的，誠心向佛祖。

就是歸來後，曉鏡華髮不忍顧，光陰太倏忽，殘容敗軀，說不盡的懊悔，道不盡的滄桑。只盼有來生，可是人有沒有來生呢？無人知曉。或許來生的輪回還是再重新演繹一番，何苦呢？

這裡寫的故事主人翁，不是巨富人家的公子小姐，也不是達官貴人而是芸芸眾生中的普通一員。他們像法院大廳的雲石有裝飾的功能而毫無權力，也像寺院裡的梁柱只是承托而沒能得道成佛。只是他們是活生生的存在於社會的每個角落，不寫又怕隨著時光的飛逝被遺失於塵埃裡，然而所發生的一些事情又不被世人重視，人們或許不太相信這些事實？猶如一個著名的風景區裡，只有一間廁所；而且臭氣熏天，骯髒不堪入眼。

筆者沒有亮麗的學歷，且筆墨乾燥，於暮年無所事事，甘冒被人嗤怪的風險，也不怯懼有人對號入座，心感不自在，繼而大膽地舞筆弄文把所見所聞略寫一二。故事的前半段也許是眾人很是熟悉的人、事物，而後半段興許是陌生的。其實娑婆世界裡有天堂中的天堂，也有地獄裡的地獄，色不異空，空不異色，境隨心轉。人生軼事五花八門、五顏六色的太多太多了，不知道從哪裡說起，在這裡也只能挑選幾樣來說，那就開始說吧！

　　都說父母不嫌兒女醜，兒女不怨父母貧。

　　正是：
　　　　補天天不收，補地地不漏。神仙對金銀財寶瞅不准透，
　　　　投胎選個好地名也好過。

　　從安娜開始說起吧。有一對夫婦生了兩個男孩以後，一直盼望著生一個女兒。男的叫安清木，年三十二歲，生得五官端正，國字臉，體格很是魁梧，看上去身高有1.9米有餘，頭髮天生波浪卷但很是蓬亂，模樣憨厚耿直，身穿赤色的中山式咔嘰布上衣和土灰色的長褲，外加一件深藍色有補釘的棉大衣，其外貌比實際年齡蒼老十來歲，臉鎮日都是板板的，有一種無形的威嚴。女的叫王美菡，年二十七歲，生得纖巧弱質，瓜子臉，皮膚黝黑但雙眼有神犀利，眉間略帶憂愁，一頭烏黑的短髮，中等身材，身穿紫黑色的羊毛衣和藍色的長褲，外加一件深棗色的棉大衣。

　　這日是大年廿九，清晨，寒冬臘月，朔風凜凜，侵人肌骨。他們倆從原來工作的金溪縣到恒春縣陽光村已經接近三年了。陽光村是在山區裡的山區，離恒春縣城走路還要三天才能到達，此時，王美菡懷孕將滿十個月期了。

王美菡雙眼望著安清木焦急地說道：「安的，我可能快要生了，你趕緊去把接生的黃媽叫來吧。」早上她的肚子開始陣陣疼痛起來了，因這是第三胎，她的生育經驗豐富。

安清木立即走去隔壁宿舍炊事員小素那裡，叫她去村裡把黃媽請來接生。小素是一個十八歲左右的年輕姑娘，全名叫謝怡素，老家是石鼓鎮上的，生得膚色白淨，秀麗可人，活潑開朗，熱情有禮。她聽完後，立刻一路小跑去陽光村接黃媽。過了一會兒，小素帶領一位手拿著一個布包的中年婦女進來。

「黃大姐，辛苦你啦，快幫我看一看是不是要生了？」王美菡皺著眉头，客氣地問道。

黃媽急速地把王美菡的身體檢查了一遍，柔聲說道：「是的，生門已經开了，孩子快出生了，你好好躺著吧，別擔心，我去準備一下，馬上過來。」黃媽接著吩咐安清木、小素一起動手協助接生。

陽光村的嬰兒大多數是黃媽接生的，因為縣城才有醫院，這裡連一間診所都沒有，她算是個接生的熟手。安清木燒了一壺熱水，小素找來臉盆和毛巾。過了兩三個小時，王美菡滿頭大汗，猶如撕裂般的巨痛，終於把孩子生了下来，算是順產，是個女娃娃。

這女嬰只哭了幾聲就停了下來，清洗好用一塊淺藍色的布包著，一對烏黑的大眼晴緩慢的轉著，看上去是個美人胚子，夫妻倆如願以償，欣喜不已。付過費用給了黃媽，同時謝過黃媽和小素。半晌，她們也告辭回去了。雖說日子艱難，大年也想儘快回

家做點什麼的，這時剛好是下午二點正。

安清木看著王美菡母女倆又是欣慰又是愧疚，欣慰的是母女平安無事，而且是個女孩，這胎是第三胎所以也順利；愧疚的是沒能讓她們母女二人在醫院裡。王美菡竟然毫無怨言，她也喜歡生女孩，還有今天是大年廿九，安清木剛好比較得閒，能夠守護在她的身旁看著她把孩子生下來，心裡感到美孜孜的。之前她在金溪縣醫院裡生老大安山、老二安川的時候，安清木忙著工作不曾到過醫院去看望她們母子一眼，為此她常有抱怨不滿。

永福省地理位置於中國的南方邊緣，金溪縣就在沿海地區，鄰近的泉興港在宋代曾經是世界上最大的港口之一，也是海上絲綢之路的一個起點。海的對面就是台灣島，在與台灣島最近距離的海邊，早上還能夠聽到台灣金門小島上的雞叫聲呢。

安清木出生於金溪縣林花村的一個普通人家。林花村的村民九成人都姓安，只加插幾戶雜姓的人家。雖說是沿海地區，但林花村是看不到海的。他的祖父年青時到北方的一個大富人家當了十來年的長工，學了一手巧活，釀米酒與各種農活樣樣都會，後來，回家鄉後娶妻生了三子二女，為人勤勞儉樸，身邊的兒女都能夠幫忙幹活，各方面都安排得妥妥貼貼。兒子每人限讀兩年書，女兒不讓識字。安清木的父親安郊運排行第二，他不喜讀書乾脆把兩年的份額讓給了他的大兄長，因此大兄長多學習了兩年，因而寫得一手好字，他卻連寫自己的姓名也不懂，是個目不識丁十足的文盲。

安家幾十年來全家有十多人在幹農活，過年過節釀米酒去鎮上售賣，這樣多入少出，因此買了很多的田地，加上宗親有孤寡

老人借出農田給安家耕種，安家因此為他們養老送終。安清木祖父積攢了不少錢財。因為世道不太平，就把錢兌成金塊分成六包，分別砌在自家的屋子裡各個牆壁的中間。這大厝是傳統南方的建築，朝南兩扇大木門，紅磚與杉木的組合，左右一列三間房間，最裡面一個大廳，正中間有一個正方形露天石板地的院落，院落左邊有一口小水井。

誰知這世上沒有不透風的牆，村長安桐大得知安家藏了不少金塊，在清明節那日，趁眾人忙著上山掃墓祭祖，安桐大帶了十多個喬裝成國軍的家丁持槍闖入安家，詐稱接到舉報有人違法，把留在屋裡所有的人趕出大門外看管起來，然後，再把屋裡每個房間的牆逐堵鑿開，找到了五包金塊取了出來，安太爺剛剛掃墓回來，看見一生辛苦積累的財物被洗劫一空，悲恨萬分就投井自盡了，村長一幫人還在東敲西砸的。

突然聽到一個女人淒慘的呼叫聲：「有人投井啦，救命啊！」

村長知道弄出人命了，發忿地罵了幾句髒話之後，帶著五包金塊與一幫人匆促地撤走了。

正是：
　　亂世紛紛，大富靠搶？小富靠勤儉，保不好小命涼涼！

安清木的爺爺死了，家裡人非常悲傷，本想去報官府，可是村長就是官府的第一道門，有人證也無物證。全家人看著一屋子到處是頹垣敗壁，亂七八糟的，流著眼淚把全屋打掃收拾乾淨，修補牆壁的事情暫且放下，先把安太爺的喪事辦了，一家人哭啼著把安太爺入土為安。安太奶奶是最傷心的，臨老失伴，哭得死去活來。安家這次人財兩失，把剩下的一包金塊挖出來賣掉之後，

去鎮上買了一幢二層的小洋樓，安清木的大伯伯隨後搬到鎮上去居住，另行謀生。

當時正處於國共內戰，貪官污吏惡霸橫行，民不聊生。安清木正值十八歲熱血青年，他認識到：「不推翻腐敗的政權，世間沒有公平和好日子過。」因此他瞞著家人加入了中共地下黨，走上了革命的道路。1949 年 10 月，新中國成立了，安清木一直在政府擔任領導工作。

此刻安清木望著王美菡母女心滿意足地笑道：「咱家的寶貝女兒真可愛，前不久咱們看的那齣蘇聯老大哥的電影叫《安娜之路》，那個女主角安娜既漂亮聰明又很吃苦耐勞，咱們把女兒叫安娜吧？姓名都巧合，你看如何？」

王美菡用疲憊的眼神看向安清木冷笑道：「老的，家裡孩子的名字都是你取的，全是隨你那革命工作中的理想方面去叫的，我從來不喜歡想這些，你說什麼就什麼，還在裝客氣。」

安清木高興地說：「那就這麼定了。」每次給孩子取名時，安清木只是形式上徵求王美菡的意見，次次她都會同意的，因王美菡對詩書文學從來都不感興趣。

新中國成立以後在政府單位工作的人，凡結婚的男女無論年齡大小一律在名字前加上一字「老」，未婚的普通工作青年男女名字前加上一字「小」。再說了，安清木和王美菡用八塊錢操辦的婚禮早已不再浪漫了，他們夫妻倆還是一對歡喜冤家，時不時為了一些雞毛蒜皮的小事鬥嘴。安清木煮了一些粥，拿出現有的鹹菜給王美菡吃，自己也吃了兩碗白粥，小安娜也吃過奶了，盥洗完畢，須臾，關燈睡覺，一夜無話。

第二章　　進

正是：
　　富貴日日是新年，窮困新年空過年。

這一年，年廿九就是大年了，安清木夫婦倆本來就沒有什麼生活上的儀式感，加上工作忙碌又是饑荒年代，而且小安娜趕著來安家過大年，有點添亂，那有什麼心情過年呢！第二天，天色微微亮，安清木就起來煮一些稀粥，夫婦二人坐在桌子旁喝粥吃鹹菜。王美菡給小安娜餵了奶，換了尿布，安清木吃完早餐就去鐵廠了。

初一早上的山區，寒風凜冽，侵肌裂骨，也沒有什麼節日的氣氛。

安清木剛剛進入工廠就聽到一陣清脆的聲音喊道：「安廠長，吃了沒？孩子和王大姐可好嗎？」

安清木回頭一看是炊事員小素在問候他，隨即回道：「吃了，小素你也吃了嗎？王菡和孩子還好，我們已經給女兒取名叫"安娜"了。」安清木巴不得立刻讓眾人知道他女兒的名字。

小素聽了會意地笑了笑。閩南人見面互相打招呼第一句的問候是：「吃了沒？」，也是"人以食為天"。

安清木到了工廠的辦公室見了許副廠長和各科的主管、高爐爐長等十餘人，然後一起去給工人們拜年，也是說說話與鼓勵的言詞而已。拜完年以後，中午就回到家裡了。安清木和妻兒住在

大春鐵廠隔一條土路的左側第一排的第二間房，房的中間又用 2 米高的土墙隔開，也就是一房一廚房了，廚房叫外間，臥室叫裡間。因為是廠長而且帶家屬所以大一些，其他單身的工人都是睡在集體宿舍，吃在工廠的食堂。

王美菡看見安清木一進門就指著一盆髒衣服說道：「安的，把尿布和髒衣服洗一洗吧，安娜滿月後，我也要去上班，你趕緊寫信到林花村把你三妹巧慧叫來帶安娜吧。」

安清木立即回道：「可以，我馬上寫信，明天通訊員小潭正好要去縣裡寄特快信，叫他也一起拿去寄，順便也寄一些錢給二老，以便支付兩個孩子的生活費。」

王美菡聽了嘴角稍露一絲得意。南方有一個傳統的禁忌：婦女生小孩沒有滿月不能碰涼水也不能蹲著，而且天天要躺在床上，怕日後落下病根。

農曆新年初一，拜年之後，安清木也就在家煮食和做家務，照顧妻子女兒。到了晚上七點左右，安清木夫妻早早就去睡覺了。安清木躺在一個偏高的枕頭，一時睡不下去想著想著，從 1949 年到現在的十二年來的經歷，一幕幕從腦海中浮現，有些激動有些無奈。

日子似乎過得很快，但艱難時又覺得日子過得很慢：

新中國成立了，無限喜悅，年輕的心朝氣蓬勃，眼看著百業等待修復，馬上積極投入建設新中國的大隊伍。把中國建設成為一個無壓迫、無剝削、自由平等的嶄新國家，是自己終生奮鬥的

目標。

　　黨和上級領導對他非常信任，在土地改革、抗美援朝、三五反運動、農業合作化運動和農田基本建設等等方面，他都帶領群眾風裡來雨裡去，不分日夜的工作，按時完成黨和上級交給的任務，也得到了人民的讚揚，倍感欣慰、光榮與自豪。因此，從1952年以後的四年間自己也升了幾級到輕工業局的局長，有些同志更說自己像隻小猛虎，勇得很。

　　1955年，自己也二十六歲了，在老家，父母給自己訂了一門娃娃親，女方叫吳杏芬是一個美麗善良的姑娘，但家庭出身卻是富農，向上級申請結婚沒有獲得批准，就把婚約退掉了。後來通過一位同志介紹了王美茵，她的家庭是貧農成份，是一個苦孩子出身，而且是村裡的積極分子，婚事得到上級的批准。在這一年的春節，他和王美茵結了婚。後來聽說吳杏芬嫁給了一個在鄰縣鎮上的修車師傅，她還常常遭受到了家暴，每次被這個男人打得鼻青臉腫的，他暗中為此有些不忍和內疚。

　　三年前，剛剛過了五一勞動節之後，經過毛主席的大力倡議，中共中央發動了“大躍進”運動，鋼產量追求“超英趕美”，號召全民大煉鋼鐵，霎時，全國各地掀起大煉鋼鐵的熱潮。

　　九月初，縣委通訊員小張來到輕工業局的辦公室門口朗聲喊道：「安局長，趙副書記叫你去他的辦公室，有事找你談話。」

　　小張走後，他就去找趙貞富副書記。金溪縣政府辦公的地方是舊朝留下來的建築物，除了縣黨政領導在此辦公以外，其他大部分的科室也在此辦公。穿過兩排平房走到黃樓隔壁的平房辦公

進

13

室，敲了一下門。

一道穩重溫和與帶有濃濃的北方口音回道：「清木，進來吧。」

推門入內，看到整套棗紅色的辦公室擺設，桌子、椅子和書櫃等都是前朝政府留下來的，半新不舊，一股清寒的味道撲鼻而來。趙副書記的辦公桌對面掛了一幅偉大領袖毛主席的標準像，這裡他已經來過無數次了。穿著一身普藍色中山裝的趙副書記見到他，笑著站起來迎他。

「趙書記，你好！」他也笑著回說。

趙副書記一邊手指著客座椅子與茶几上的水杯，一邊熱情地說：「清木⋯⋯請坐，喝杯水吧，家裡一切可好？」

他感激地回道：「好⋯⋯好，感謝！一切都好。」須臾，一股暖流湧上心頭來，全身覺得暖呼呼的。

他把茶几上的水杯蓋拿下來一口氣把水喝了一半，水還是溫的，應該是通訊員小張準備的，通訊員除了傳遞信息以外，間中也做點打雜的工作。

趙副書記把縣委常委開會的決定告訴了他，讓他當廠長兼黨委書記，帶領三萬工人月底前趕到恒春縣祥雲山脈的幾座大山上去煉鐵。

趙副書記親切地對他說：「清木，這次中央一號文件的精神

是：爭取在三年內，把我國的鋼鐵產量搞上去，這也是全國的首要任務，雖然任務很艱巨，大部分的人對煉鐵也沒有絲毫的經驗，你對指揮大規模的建設工程有豐富的經歷，我們希望你能帶領這支煉鐵隊伍好好的完成黨交給你的任務。」

趙副書記接著繼續說道：「你要去的地方是我省的恒春縣祥雲山脈，旁邊的天泉山有豐富的礦產。縣委常委已經給工廠取了名叫：大春煉鐵廠，你回去好好準備一下吧。」趙貞富雙眼閃爍著期待的光芒注視著安清木，然後呵呵一笑。

「感謝組織對我的信任，保證完成任務。我馬上開始去把出發前的事項辦好。」他聽完向趙副書記以堅定的口吻說道。

趙副書記又對他吩咐了一些細節，還說領導可以帶家眷一起去。趙貞富副書記是山東省人士南下的幹部領導，年近四十歲，中等身材，兩眼炯炯有神，五官端正，還是一位和藹可親的領導，平時經常關心下屬在生活上的種種困難。

二人談完話，又聊了一會兒，他才起身告辭了趙副書記。

隨後的幾天，他會把輕工業局的工作先移交給副局長。回到家門口前的十來步，王美菡已經聽到幾聲熟悉的咳嗽聲，就知道他回來了。

一進門，他就對著王美菡興奮地說：「王菡，上級剛剛通知我去恒春縣當大春煉鐵廠的廠長和黨委書記，還說全地區幾個縣裡只挑選我去當總指揮。你也準備一下，咱們一起去。也不知道要幹多長的時間，再說了我對煉鐵是一竅不通，真擔心不能好好

進

完成黨交給我的任務。」

王美菡聽完沒好氣地說道：「安的，你一直專挑這種吃力不討好的工作來幹，還有恒春縣是咱們省最貧瘠的縣而且是在大山裡，多辛苦啊。」

他聽了有點生氣地說：「每次你都是這樣說的，上級對我的信任，我哪有不服從的理呢？你不去也可以，我自己去也不要緊。」

王美菡怕他單獨一人無人照顧他的生活，也就不吱聲的同意了。夫婦倆各自告訴自己老家的親人和同事，打算把兩個兒子安山、安川托囑給林花村的老父老母親和弟妹們幫忙照顧，各自準備所有的日常生活用品和春冬衣服，家裡也沒有什麼值錢的東西，總共加起來不到三百元的價值。

9月19日那天，他自己先帶領本縣的二千人到恒春縣城汽車站，和各個鄰縣的工廠另外二萬八千人在那裡聚合，加起來正好是三萬人。王美菡和其他的家眷等房子蓋好才上去大春煉鐵廠與他們匯合。

他拿到了正式的委任狀，向財政局領取資金，叫通訊員小潭去縣辦公室，要求他們把大春煉鐵廠的公章、信紙和辦公室所需要的簡單物件一概準備好，出發那天一起帶去。小潭是個十八歲的小伙子，叫潭一深，小名小深，個子不大，生得一對小眼又聚光，伶俐乖覺，龍壺鎮人，剛來工作不久。

他分別打電話給龍壺鎮、石鼓鎮、安郊鎮等十多位鎮的鎮長，

通知他們 9 月 19 日凌晨 5 點安排所有當地報名去煉鐵的工人，乘坐本地的公交車到恒春縣人民廣場聚合。

19 日，天還沒有亮，他已經起床了，看了一眼兩個年幼的孩子還在甜睡，王美菡也起來煮些稀飯給他吃，還為他準備了三個熟雞蛋、幾個饅頭、一袋餅乾和一個裝滿熱水的軍色水壺。吃了早餐，拎著一袋行李，王美菡又嘮叨了幾句，他頭也不回，大步流星地走向金溪縣的公交汽車站。

到了汽車站，這時，有一道響亮的聲音在不遠處喊道：「安局長好！」是通訊員小潭的喊聲。

鐵廠的副廠長許扶倡也到了，許扶倡三十多歲比他大幾歲，人容長方臉，細長雙眼，目光如炬，高瘦身材，原職縣公安局副科長，他們之前早就認識了。

「清木，你好！」許扶倡兩眼發出熱切的光芒，熱情地問道。

「大家好！」他意氣高昂的對著眾人大聲喊道。

看見點名和人數到齊之後，他一聲令下：「我們出發吧。」

眾人坐上公交車朝著恒春縣的方向去了。

金溪縣人民政府坐落在菁山鎮的矮半山上，這次本鎮百多人報名去煉鐵，都是青壯年，男多女少。

從金溪縣到恒春縣車程要八九個小時左右，加上公路凸凹不

平，中間需要停下來吃東西和上廁所。金溪縣從各鎮來的二千人，到了下午三四點才到達恒春縣的人民廣場，併上其他幾個縣的工人總共三萬人，黑壓壓的一片人海。眼前是人海茫茫，聲勢浩蕩，廣場一時間也裝不下這麼多人。

在黨中央倡導人民要鼓足幹勁、力爭上游、多快好省地建設社會主義的口號下，人們的普通願望形成了積極的行動；這次大躍進，青壯年男女都積極踴躍報名參加。各縣的帶隊領導分別來找他報到。相互介紹認識後，他也把隊伍重新編排了一下。他讓許扶倡暫時負責財務，和叫他帶幾個負責人去通知各個領隊的：帶人去恒春縣的食品站和小吃店買夠三天的乾糧，也買幾口鐵鍋和一些碳塊以便路上用來燒水給大伙喝，縣城裡所有的食品、鍋和碳都被一掃而光，儘管如此，肯定是買得不足夠份量的。

三萬人乘車上去是不可能的，送他們來的車已經回去了。這裡沒有足夠的車輛送他們上陽光村，再說了，山路崎嶇車輛根本不容易走，只有走路了，可是走路也要三天的日程。

事情辦妥，休息了一會兒，當地的向導走在前面，三萬大軍排成隊伍像一條宛龍浩浩蕩蕩的向祥雲山脈的方向挺進。這時人們士氣高昂，兼且大多是廿十歲左右的年輕人，對新中國抱有極大美好的憧憬。

一條長長的人龍沿著透迤的山路行走，這山路從未有這麼多人一起走過，還好這條路是祥雲山腳下幾條小村的村民長年累月踩出來的，不是很難走，村民們要進出城裡買賣都得經過這條路。

到了傍晚，東君早已西沉。他就命令大隊停下來休息，吃過

乾糧。是晚，皓月當空，清風拂面，路途勞累，大家也就席地而眠了。

第二天凌晨，小潭四顧一望，用小喇叭對著眾人大聲喊道：「早上好！大家都起來，起來，快點起來吧。」連續喊了幾聲，確定大家已經聽到了他的喊話，才停了下來。

小潭的喊聲過後，一組人傳一組人，大家很快就起身了。把隨身的行李整理好，女同志簡單的處理一下衛生和外觀，大家吃了一些乾糧後，又整裝繼續前進了。經過無數的山嶺，叢林溝壑，中午，走到了一處土地爺的小廟，他們又停下來休息，喝水吃東西，打個盹，才起來繼續往前走去。

「領導同志，領導……」一陣慌張的聲音傳了過來，一個小伙子用南腔北調的口音接著喊道：「領導，我們組裡有一位女同志肚子痛得很厲害，給她吃止痛藥又不見效，不知如何是好？」

以過往的工作經驗，他心裡很清楚，每次大型的工程都會隔三差五的發生一些事故。這時候天又快黑了，他立即叫這個小伙子到土地廟往裡的小村落借一輛馬車，請村民幫助，趕緊把這個生病的姑娘送回恒春縣醫院去救治。

大家又走了一段路，看到一塊大一點的空地就停下來休息，吃乾糧。已經走了一整天多了，姑娘們走的比小伙子們累的多，有的腳底已經起了水泡。年輕人總是充滿朝氣的，更有使不完的幹勁。天色暗的很快，月亮早已經浮出來了，真是天當被，地當床，嬋娟在上，大家很快進入了夢鄉。所有的人都睡得很沉，只有打呼嚕聲、蟬蛩對吟和蚊子的嗡嗡叫聲不斷交替著組成了一首

進

合奏曲，此時此刻，也許只有山神樹精才聽到呢。

　　第三天，也是一樣的天還沒亮，大家已經早早起來了，簡單的填一下肚子，又出發了。這一日，陽光稍暖，涼風習習，到了中午，大家又停了下來稍稍休息了一會兒。在荒山野嶺，茅廁是沒有的，有二急的，姑娘們會三五個結伴往樹林深處，用身體做人墻擋住前面的視線，以免被別人瞅見，輪流解決；小伙子隨便往樹林裡走幾步就解決了。

　　「領導，好！」一道男聲傳來，原來是昨天送那個肚子痛的姑娘到縣城醫院的小伙子。

　　小伙子氣促地說道：「領導同志，我是小申，昨天我送小美去醫院，這時剛剛回來。」

　　「叫安廠長，安書記。」小潭挺直腰桿在旁邊補了兩句。

　　他焦急地問：「她怎麼樣了？是什麼病？有好點嗎？」

　　「安廠長，她還好，現在已經過了危險期。小美是得了急性盲腸炎，八小時以內必須動手術，不然就有生命危險，幸好及時入院。小美還叫我帶話來，感謝領導和大家的關心和幫助，她病好以後，會馬上歸隊的。」小申欣慰地講著。

　　「很好！」他說一句就停了，在心裡鬆了一口氣。

　　小申滿臉含笑接著說道：「安廠長，領導！我在縣城聽群眾在談論：安南煉鐵大隊昨天已經舉行誓師大會了。」

「噢，這樣啊。」他聲音低沉地回道，瞬間，雙目射出一道光芒。

小申把去縣城的事情講完之後，轉頭小跑回到他的團隊了。

許扶倡在旁聽了立刻激動地說：「輸人不輸陣，今天咱們也要舉行誓師大會，清木你說怎樣？」

「好吧，大家開個小會討論一下。」他嚴肅地說。

接著他們召開了會議，幾位領導商量了一會兒，看一看地圖，問了向導，前面不遠的地方有一個名叫洋霞的小山村，村口有一間報國寺，可以在寺前舉行誓師大會。這個洋霞村只有十來戶村民。

大隊伍又起動了，他們走了三個小時左右，快到洋霞村之前，派出向導先去通知村長。不遠處只見一座中型的舊寺廟，建築是傳統的南方風格。洋霞村的村長、村民和廟祝早已在寺門口歡迎他們的到來。寺前有一處空地，大隊伍停了下來，抬頭看見寺的門匾上寫道："報國寺"三個字，穿過大門有一石地板的院落，又看見另一個門匾上寫道："圓通殿"，裡面供奉著佛像。其實寺廟裡門匾上寫"圓通殿"的一定是供奉觀世音菩薩，寫"大雄寶殿"的一定是供奉釋迦牟尼佛。也不知道是否傳統概念，閩南的善信入寺廟上香禮佛時，看見佛一定拜念"佛祖"保佑；家裡供奉的佛像一定念"觀音媽"保佑。也許是佛教主張眾生平等吧？所有佛和菩薩的面像都是一樣的，很多善信分不清的法號；也可能是代代相傳的認知，拜的只有佛祖和觀世音菩薩的原因吧。

由於他的信仰是共產主義，他們是唯物主義和無神論者，早已不再拜佛了，更加不懂寺廟門匾上字句的含意。記得小時候跟奶奶去廟裡拜佛祖，每次奶奶一定要向佛祖磕一百個頭，直到額頭紅腫為止才回家。

小潭和幾個小伙子分別下去隊伍中，通知各個領導、帶隊和工人代表前來報國寺的門口參加誓師大會。各個縣派來的領導和工人代表已經齊聚站在寺前的空地，小潭向村長借了一個大一點的喇叭，借來一張長桌子，十來隻木櫈子。領導和工人代表分別坐在長桌子後面的左右兩側，誓師大會正式開始。

全村的男女老少幾乎全都來了，村長、廟祝和男村民幫忙借東西搬桌椅，小孩、老人和婦女們站在一旁看熱鬧。

寺的前面左右擠得滿滿的人，長桌子當講台。

許扶倡走到講台用大喇叭大聲喊道：「同志們！大家好！聽說我們的兄弟煉鐵大隊昨天已經開了誓師大會。我們決定今天也開一個簡單的野外誓師大會，我們就用擊鼓傳花的方式來表達我們的決心吧，我們把大會取名為"接龍誓師大會"。現在請我們的廠長、黨委書記、鋼鐵元帥安清木同志講話，大家熱烈鼓掌。」許扶倡接著雙手鼓掌，台上台下所有的人都激動萬分的跟著鼓掌，他走到講台。

「同志們！你們辛苦了，黨中央和毛主席號召全國人民大煉鋼鐵，其精神與目標就是要我國在最短的時間裡，把鋼鐵產量翻幾倍，超英趕美。我們作為前線戰鬥的戰士，任務艱巨，但無尚光榮。雖然我們大多數人從來沒有煉鐵的經驗，可是路是人走出

來的，我們一定能夠排除萬難去爭取勝利的。大家有沒有信心？」他拿起大喇叭大聲講著。

所有的人聽完都激動的齊聲大喊道：「有，堅決完成任務！」

喊聲在山谷回響了起来，旁邊的樹木與毛竹似乎也在搖搖晃晃地呼喊著給他們助威，小鳥和山兔卻被嚇跑了。

他講完坐了下來。許扶倡又上來講道：「請工人代表辛國進上來講話。」又是一陣熱烈的鼓掌。

「尊敬的安廠長，各位領導，各位工友同志們……」辛國進講了一些表決心的話，大家聽完也鼓了掌。

現在我們大家先唱：「下定決心，不怕犧牲，排除萬難，去爭取勝利。再喊一遍這四句口號，然後每個團隊也按順序這樣連接下去，直到隊尾為止。」許副廠長聲音響亮地喊著。

寺前所有站著和坐著的眾人開始唱著："下定決心，不怕犧牲，排除萬難，去爭取勝利。"緊接著又齊聲喊道："下定決心，不怕犧牲，排除……"

後面一隊接一隊如此這般唱著喊著，直到隊尾唱完喊完，歌聲嘹亮，喊聲響徹雲霄，一時間士氣十分高昂，此時，許扶倡才宣布誓師大會結束。

第三章　　　勇者無懼

一曰：

> 滿腔紅熱血，意志堅如鐵。
> 現實似風雪，豪情被吹裂。

　　回想到這一幕三不五時還有點熱血沸騰。這時候聽到哭啼聲，是妻子王菡身邊的女兒安娜在哭。他立刻去把安娜抱了起來檢查一下尿布，原來是尿布濕了。看見妻子睡得很沉，還在打一種奇怪的呼嚕聲，有節奏的高低音。他為女兒換了乾淨的尿布，抱著女兒站起來輕輕的搖一搖，等小安娜睡了才小心放回王菡的身旁。他拿起放在床邊的水杯喝了幾口水，然後又躺了下來。

　　接著繼續想剛才他們那三萬人的大隊伍開進陽光村的情景：

　　誓師大會結束後，天又黑了，大家隨便吃了點東西。還向村民們買了一些食物，補充明天的乾糧，今晚就在洋霞村借宿。第三個晚上休息的地方稍微好一點點，向村民借的空房給女同志休息，其他的人睡在報國寺的裡外空地。三萬人太多了擠不下來，有的還是需要睡在野外的，那天晚上他和許扶倡幾位領導也只是睡在寺裡走廊的地板上，算是有瓦遮頭。

　　「這是我從小到大第一次睡在野外的。今晚好多了，跟你擠一擠。」小潭小聲地對老廟祝抱怨道，接著，輕輕的嘆了一口氣。

　　「聽說你們這次是要在陽光村的附近辦煉鐵廠，是嗎？」廟祝用探問的口氣問道，然後，咂了一下舌頭。

「是的……是……」小潭緩緩地回答，說著說著就睡得死死的。

第四天清晨，也是最後一天的路程了。三萬民工大軍翻山越嶺，一路的艱辛不在話下。下午三點多，終於到達陽光村了，村長和村民早在村口迎接他們。

陽光村位於祥雲山脈山腳下的一大片盆地，有幾十戶人家，村民平時帶一些山貨到縣城售賣，主要是種植蕃薯和花生，還有養些家禽和放山羊，有時上山挖竹筍、採山菇、木耳等為生。

清晏的祥雲山脈海拔在 1836 米左右，群山迤邐不絕，樹林高大，遍布毛竹，蒼翠茂密，其中天泉山更有豐富的鐵礦石。

「歡迎你們，我是這裡的村長叫嚴福興，叫我老嚴就行。我早就接到縣裡的通知；你們今天下午會到，一路上一定很辛苦吧。」村長嚴福興熱情地握著他的手說道。嚴村長四十來歲，削瘦身材，生得滿臉皺紋，膚色棕黑，頭髮有些斑白。

「是啊，初來乍到，很多事情都要從頭開始，也要你們的大力支持才行。」他說完也向村長自我介紹，同時介紹其他的同志與嚴村長認識。

嚴村長款款地說：「安指揮，你們先好好休息一下，我們已經把全村的空房騰了出來，你們先住下來。我知道這幾十間空房遠遠不夠你們住的，希望你們不要介意，我們已經盡力了。」

「老嚴，別擔心，我們自己會想辦法的，再說了不是來做人

客的，是來辦事業的。」他頗有信心地說。

隨後大隊伍全部停下來歇息，找地方搭棚作為晚上睡覺的住處，換洗這三天全身上下粘滿的泥土與浸滿汗水的衣褲，晚上用大鍋煮一鍋粥正式的吃一頓。

這陽光村四面環山，山上布滿參天大樹與整片蔥蘢的毛竹。雖說是大山區，鳥獸甚少，只有麻雀和幾隻烏鴉在輪流不停地叫著。

次日早上，他已經派人去把嚴村長和幾個村民叫來了解一下當地的情況。陽光村的村民都姓嚴，村裡有幾戶人家祖祖代代都以煉鐵為生，造一個磚土砌的爐子，燃料是用木碳來燒的，礦石去天泉山採的，煉的鐵供應給周圍民間的鐵器加工廠，用來製造菜刀和小型的農具等。

村長和村民們回去後。他立刻召聚各縣隊裡的領導來開會，任命幾位副廠長和各部門主管並研究如何展開工作。三萬人的煉鐵大軍裡，金溪縣二千人，安輝縣六千人，仙桃縣九千人，恒春縣和德華縣兩縣一共來了一萬三千人。

在村民借出的一間房子作為臨時指揮部，會議就在這裡舉行，到會的全部是共產黨員。

「同志們！大家好！這次黨和上級任命我作為大春煉鐵廠的負責人，任務重大。雖然我們是完全沒有煉鐵的經驗，但是大家只要有充分的信心和決心，一定不會辜負黨和人民對我們的期望。現在，我們大家仔細地討論新的計劃，把接下來的工作安排

和分配一下，好嗎？」他向在會的幾十位同志豪壯的大聲說道。

「安書記，你安排吧，我們堅決服從黨的領導和指揮。」恒春縣的領隊王邨很有信心的表態。

「我也是。」在會的所有同志都異口同聲朗聲說道，一時間，其他的領隊都各自发表了一些意見，會上個個信心滿滿的，準備隨時投入到工作的崗位上。

除了許扶倡副廠長，還任命了安輝縣的陳含，仙桃縣的楊大衛，恒春縣的王邨和德華縣的李睿當副廠長，總共有五位副廠長，另外又任命了各個部門的主管。會上決定把三萬人分兵三路，恒春縣與德華縣的一萬三千人負責燃料方面的工作；金溪縣與仙桃縣的一萬一千人擔任挖掘鐵石礦和燒煉鐵塊的生產；安輝縣的六千人負責開拓與整修山路，還有蓋建廠房與工人宿舍等基礎建設。許副廠長負責管理財務和後勤工作，其餘各縣任命的副廠長就負責本縣所分擔的工作。就這樣各就各位，在專業上向老工人請教和學習，他們很快的全面投入了工作。

正是：
　　　　建設新中國，人人不落後。

一場如火如荼的工業大飛躍革命在祥雲山脈全面展开了。憑著他們一股年輕熱忱的心和熾烈希望的幹勁，日以繼夜的忘我工作，沒過多久，他們已經把所有的基礎工作完成得妥妥當當。

這日，天氣晴朗，他們守在高爐的旁邊已經很久了，有的忙著拉風箱，有的添加木炭和鐵礦碎塊，再過一會兒，楊師傅把爐

子一打開，一股黃紅色的鐵水沿著鐵水槽流了下來。

瞬間，大家一陣歡呼：「出鐵啦，出鐵啦，太好了……太好了！」出鐵的消息大家興奮得奔走相告，很快傳遍了工廠的每一個角落。

這時候他很有信心地說：「通知所有的高爐爐長，馬上進行煉鐵，一天24小時三班倒，日夜輪流燒煉。」他很清楚爐子是不能停火的。

「好的，安廠長，我們這就去開工。」在場的高爐爐長李薪紅光滿臉，高興的應聲道。

眾人喜笑盈腮，興奮不已的各自回到自己的崗位上。

正是：
　　人煉鐵，鐵煉人。鐵不夠硬，人卻夠韌。

每天從早到晚都是非常的忙碌，冗雜事務特別多。妻子王美菡很快也來到了這裡，她當鐵廠的出納員專門負責管錢，另外會計員蔡幼秧專管賬目。凡國營單位的會計只管賬目不管錢，出納只管錢不管賬目，以防作弊。

他們的辦公室早已遷入廠裡了。煉鐵廠大門內左側一排五間的平房；第一間是會客室；第二間是許副廠長與財務科工作人員的辦公室；廠長辦公室在第三間；其它的二間是各部門主管的辦公室。右側第一間是傳達室也叫門衛，傳達室都用男的，一個中年，一個青年；第二間是小診所，平時處理簡單的工傷和普通

的病痛；第三間是工人休息室並茶水間，接著一間大的食堂。煉鐵車間和辦公室之間有一個大的空曠地，用來停泊貨車與裝卸貨物。車間的溫度很高，也只是靠自然風來冷卻的。

出鐵已經有好些日子了，由於燃料全部是木炭，挖來的鐵礦石純度又不夠，所以煉出來的鐵塊很多是不合格的，也就是廢鐵。報紙上每天都有出"鋼鐵衛星"在報喜所取得的鋼鐵產量碩果，他心裡非常焦急又不能言明。工人們都幹得熱火朝天和勇猛無比，特別是煉鐵工人日夜輪流拚命地勞作，個個滿身大汗淋漓、頭髮焦灰、臉上被炭火熏得黑乎乎的。那邊天泉山的挖礦工人在露天礦場日曬雨淋的苦幹，另一邊萬多名工人在祥雲山上伐木劈柴燒炭更是弄得全身衣服破損，臉髒墨黑的。勞動人民的憨厚樸實與勤勞克己的精神實在令人感動。眾人已經盡力了，哪能再要求什麼呢？再說了，煉鐵的技術、設備和材料都是土法運作，光靠人力是不能夠達標的。

這一日，中午，風刮得緊，過了一陣子又平靜下來。吃過午飯有一會兒了，「安廠長，縣裡來人啦！」一陣喊聲，是傳達室的小丁快步跑來，隨後來了十多個人，是恒春縣縣委的領導來探訪他們，他滿臉含笑，立刻迎了出來。

「歡迎……歡迎你們！請多多指教。」他一面笑著說，一面伸出手與各位來賓熱情握手。

十多個人裡有一位身穿深藍色咔嘰布中山裝的中年男子向前快走一步對他笑道：「哈！這次縣委派我帶隊來探望你們，順便了解咱們鐵廠的生產進度。我叫弓振竹，是縣裡的副書記。」

弓振竹接著指著另一位同志對他說道：「這位是縣辦公室主任嚴蘇同志。」

弓副書記逐一介紹其他隨同來的同志給他認識。雖說他這次也被委任為恒春縣縣委，只是還未有跟他們開過會，所以互相還不認識。

「弓書記，一會兒，我帶你們到處參觀一下。」他誠懇地說，微笑著向來賓點頭示意。

「早就聽說清木同志很能幹，果然名不虛傳，這麼快就把基礎設施搞好並投入生產了。」弓副書記笑呵呵地稱讚安清木不離嘴。

「哪裡的話，我也是盡我所能，大家一起努力罷了。」他微笑著回道，他帶弓副書記他們向著會客室邊說話邊走著。

一群人走進了會客室裡，各自找椅子坐了下來。

接著小潭他們也端起熱水瓶倒水給在坐的每一位來賓，大家坐著聊了一會兒。他就帶眾人去廠裡走了一圈，也參觀了工人煉鐵的過程。參觀完又回到了會客室坐了下來，接著又聊了起來，都是談論有關這場全國大煉鋼鐵的事情。

「清木同志，咱們省的兄弟廠安南煉鐵廠昨天出鐵產量已經報捷了，每日產鐵 100 噸。咱們廠現在日產報多少噸呢？」弓振竹副書記雙目閃爍直視著他，並用期望的口吻問了起來。

他躊躇了一下，盤桓了半晌，繼而以低沉的聲音回道：「咱們廠以實際的統計只能報日產 50 噸，因為有一半以上煉出的鐵是不合格的。」

　　「這怎麼行呢？人家 100 噸，咱們 50 噸，還差一半呢，把庫存的也算一算，總可以吧。」弓副書記臉色脹紅，拉高了嗓門說道。

　　他的臉上稍微露出一點猶豫之色回說：「弓書記，咱們哪有庫存呢？有合格的成品鐵上報都等不及了，再報多就有難度。」

　　「清木，你真的不懂得，咱們這麼大的鐵廠，就是那些不算數的鐵也不少吧？把那些也清算一下……」弓副書記把身子也扭了過來，扭曲著嘴唇看著他，壓低聲音慢慢的說道。

　　他像是要清喉嚨般地咳了一聲，詢問：「弓書記，那你說應該清算多少噸才正確呢？」

　　弓副書記雙眼一亮，伸出右手掌展開五個手指一比划細聲說道：「起碼多一巴掌，你明白我的意思的。」

　　「知道了，明天就叫辦公室上報日產鐵塊 100 噸吧。」他苦笑了一下回答，抬起頭帶著憂鬱的眼神看向窗外。

　　弓副書記聽完十分滿意的呵呵地笑了起來，喜得用手有節奏地拍打著椅子，不由得輕輕地開始抖腳。

　　下午，殘照疏影，迅時如梭，弓副書記一群人就坐著他們來

時的車返回恒春縣城了。

真是：「假作真時真亦假……」假假真真、虛虛實實，不就是人們常常玩的遊戲嗎？

自打那次報大數以後，也就習以為常了。上級指示報多少噸，他就報多少噸。雖然這種虛假的做法有悖於他平常的行為，可是他一貫聽從上級的領導。再說了，全國煉鋼鐵運動正處在一片火熱之中，天天製造大大小小的"鋼鐵衛星"在傳媒上大放異彩，所謂的衛星就是鋼鐵產量創新高的工廠和單位。上級領導也不想落後於別人，更不想遭受批評，他們覺得誇大虛報鐵的產量也沒有危害眾人和對國家造成什麼損失。就這樣，上行下效，把今天挖的鐵礦石產量也算在明天出鐵塊的份上，你追我趕的如同放煙花，花式多樣，日新月異地製造新的煉鐵產量，不亦樂乎。

工廠的大門兩側還寫上一對大紅標語：煉鐵煉鋼又煉人，爐紅鐵紅人更紅。

自從來到恒春縣的祥雲山下，三萬人風風火火地幹了數月，人人流汗霂霂，個個滿臉焦黑。他作為總指揮常常要親自跟工人們一起幹活，加上其他的事務繁雜，天天累得不行，還好自己體格天生的強壯經得起拖磨。身體累了可以恢復，可是破壞天然的環境與水土就萬劫不復啊！由於煉鐵的燃料是用木炭来燒煉的，不說溫度不夠高，消耗木炭的量更是巨大，只是煉出來的鐵大半也不合格。幾個月以後，祥雲山脈的擎天樹林與茂密青蔥的毛竹被砍伐殆盡，加上燒製木炭的煙灰彌漫，一眼望去，一片焦土，慘不忍睹，捫心有愧啊！

在夜幕降臨，月色朦朧下，爐子火光通天，火焰光彩奪目，火花四濺，火星噼噼啪啪的碎擊聲，各個大小土爐的熊熊烈火形成了一片火海，加上工人們的勞作聲伴同，猶如周幽王為博美人褒姒一笑，重演一齣“烽火戲諸侯”，令人哭笑不得，瞠目結舌，渾身不自在。當時有人說：「這不是煉鐵，是在煉人。」

第四章　　煙花易散

一曰：
> 煙花火璀璨，瞬間隨風散。
> 火滅轉艱難，空對昊天嘆。

1959 年，五月初，春季悄逝轉入了夏季，從開始大煉特煉鐵也只有數個月的時間，上級很快下達命令把三萬人的煉鐵大軍撤走了九成，只留下專業隊三千人堅守下去。

1960 年，剛剛過完農曆春節，他很榮幸的被派往北京開會和學習，在北京中南海住了將近一個月的時間。學習結束前，還與百多位來自全國各地的煉鋼鐵同志一起跟黨中央領導周恩來總理、劉少奇、鄧小平合影，還帶回一張長長的大照片，他把這珍貴的照片小心翼翼地收藏了起來。

三千人的團隊又奮戰了將近一年的時間，隨後，人民生活困苦的風浪蔓延全國，統稱“困難時期”，上級又通知把專業隊撤走了一大半，剩下千餘人繼續煉鐵，且戰且退。

想到這裡他不禁長嘆一聲，立刻精神了起来，轉頭看一看美菡身邊的小安娜正睡得很香，而且安靜得聽不到鼻息聲。此刻，也不再繼續想過去的事了，明天還有很多事情要做呢，趕緊睡下吧，他對自己暗示一下，翻身就睡著了。

初二大清早，安清木已經起床了，洗漱完畢，準備稀粥夫妻倆一起吃了。自從參加了革命工作，十多年來他從未正式放過一天假，春節初一這日也要和領導同志們一起去拜年，平時工作時間更是沒有固定的，早出晚歸，妻子美菡為此事也經常嘮叨和埋

怨。今早吃完後，抱一抱女儿，轉眼又去了廠裡。

去年到現在到處都在鬧糧荒，山裡交通又不方便，廠裡大多數人都不願意回老家過農曆新年，也就留守在崗位上了。

「安廠長，早！」門衛小丁看見他走過來，笑嘻嘻地大聲喊道。

安清木點頭微笑示意了一下，走向自己的辦公室，剛剛走到門口聽到許扶倡的辦公室裡有說話的聲音。

「許副廠長，咱們食堂的糧食庫存已經不多了，雖然每天有參雜吃些地瓜葉，還是不夠吃，你是不是再去縣城搞一些地瓜或是地瓜乾來？如何？」一個沙啞的男聲說道，聽起来好像是炊事班長王儉師傅的說話聲。

接著聽見許扶倡在唉聲嘆氣地回道：「老王，過年前我已經打電話到縣裡的糧食局問了，他們也是很困難，現在我們永福省还算是很幸運的，其他省份有的正逢水災、乾旱，粮食欠收，更是雪上加霜，有的地方還餓死不少人，要不，咱們叫幾個工人上山去挖些野菜、野菇來吃？」

「哪裡還有野菜和野菇呀？山上的樹林、毛竹都讓咱們給砍光光了，再說陽光村的村民也欠缺吃的，有野菜、野菇也輪不到咱們的份。還有亂吃野菇有時吃錯了，中了毒……死得更快。」王師傅的聲音說得更加沙啞了。

接著王師傅又自言自語的補充說：「山上的野菇有的看上去又白又嫩的，好像很美味，其實有的含劇毒，一吃立馬送命。再

煙花易散

35

說了，野菇也要立春以後才有啊。」王儉五十多歲，圓圓的臉，中胖身材，有著廚師樂觀的性格。

許扶倡聽了王儉的一番話以後，心裡覺得很不自在。

安清木這時候推門進入許扶倡的辦公室，望住許扶倡和王師傅，用關心的語氣問道：「早！你們是在討論糧食的問題嗎？」

「安廠長……早！是啊，正在為糧食的事情發愁呢。」許扶倡兩眼直視著安清木，表情消沉地回道。

「安廠長……早！咱們食堂的糧食庫存不多了，今天一早我是來向許副廠長要糧食的。」王儉眼神微亮接著說。

「我也知道，現在全國各地正在鬧饑荒，是解放以後最嚴重的饑荒，糧食供應也是最困難的。咱們有些同志吃了地瓜葉還患病呢，下個月我再打電話向縣委申請一些特別供應的糧食給咱們，粗糧也行，工人們幹活不能老餓肚子啊。」安清木雙眉緊蹙無奈地說道。

「安廠長，許副廠長，咱們食堂還有一些麵粉，我們炊事班有人提議，把稻草洗淨曬乾磨粉和麵粉參攪做成"稻草包"來吃，試一下如何？」王師傅若有所思地說，眼神閃過一抹光彩。

「也行。」安清木和許扶倡二人異口同聲地說。

「那我們開始去準備一下，明天晚上咱們就吃"稻草包"吧。」王儉師傅說完就匆匆地回食堂了。

安清木順便問了許扶倡關於廠裡的一些事務後，也回到自己的辦公室。

安清木到了辦公室，看一看桌子上有來信，立刻拆開來看，有些是金溪縣或是恒春縣委的來信，通知最新黨中央的政策與指示等等。林花村的父母和弟妹甚少來信，因為全家人對他有些畏忌，不敢打擾他。再說了，他每月都會按時寄錢給父母，還有兩個兒子正寄養在父母那裡。

雖然鐵廠兩次撤走大批的工人，還有千餘人繼續在煉鐵。除了許扶倡之外，恒春縣的王邨副廠長也留守著，他負責採礦與木炭的範疇。其他三位副廠長已經隨大隊撤走了。工廠大小事務還是很多的，只不過現在縣委領導很少來工廠了；也不再催促煉鐵的產量，大躍進的熱潮早已減退得無影無蹤了。現在面臨的問題是生產力不足，糧食欠收，人民群眾饑餓不堪。

通訊員潭一深今天去恒春縣城寄信和幫安清木匯錢到林花村，下午就會回來。安清木把手上的工作消化一下，中午要趕回家去照顧妻子女兒，王美菡剛剛生完女兒，這個月內他必須天天逢午休時間回去煮食和做家務。

「王菡，我回來了。」安清木喊著推門入內，轉身進入裡間，看見妻子和小安娜正躺在床上。剛剛出生的嬰兒每天睡的時間比醒的時間長很多，小安娜安靜地睡在床角，夫妻倆從來不為他們的孩子買嬰兒床的。

「安的，不知道小潭把信和錢寄出去了沒？」王美菡緩緩問道。

安清木有點不耐煩地回道：「小潭早上才去縣城還沒有回来，下午肯定會回来的，你操什麼心啊？這些小事不會耽誤的。」

安清木接著又說：「晚上食堂裡王師傅他們正準備做一樣新的食物，用稻草做的"稻草包"給大家吃，因為糧食供應越來越緊張，這種稻草包一定很難吃的，作為領導，我必須帶頭吃。中午我多煮一些粥，晚上你熱一熱，自個兒吃吧，今晚，我在食堂吃完才會回來。」

「安的，你連吃東西都要帶頭呀？又不是什麼好料，稻草是給牛吃的，從來沒有聽說人可以吃稻草，不吃不行嗎？」王美菡的眼睛瞪大了一圈，沒好氣的嚷了幾聲。

安清木聽了美菡的話覺得很不自在，但又不想去頂撞她，只好假裝聽不見她的話，轉頭煮了粥和她一起吃了，收拾碗筷洗乾淨之後，休息了一會兒就出去了。

安清木到了鐵廠，剛進入辦公室坐下，小潭敲門進來笑道：「安廠長，廠裡的事情已經辦妥了。你交代的信和錢也寄出去了，這是匯款的收條。」他把收據遞給了安清木。

「辛苦你啦。」安清木接過收據順手放入抽屜裡，接著又說：「你休息一會兒，把郵局送來給工友的幾封信分派給他們，給礦場工友的信，明天你也拿去交給陳副廠長他們吧。」安清木如往常一樣，吩咐小潭一些份內的工作。

「好的，我這就去辦。」小潭欣然接受說。

小潭轉身就去許副廠長的辦公室拿信件。他對工人的名字也很熟悉，有的工友家人不識字，寫信要請別人寫也很不方便，因此並不常有信件來往，每次也就是那麼幾封信而已，分發沒有難度，有的工人姓名分不清是屬於煉鐵的還是礦場的，就去查工人名冊，小潭的工作並不勞累。

　　晚上下班後，安清木直接去了食堂。

　　「安廠長，好！王姐和小安娜還好嗎？你是來吃今天出的稻草包吧？味道不怎樣，不想吃就別吃了。」炊事員謝怡素以清脆的聲音說道，接著不停地向他說了一大堆無關緊要的話。

　　「好！王菡母女都在家。你猜得對，我特地來吃你們新出的稻草包，好壞都是一頓飽，沒事的。」安清木含笑淡然地向她說道，安清木一向對飲食不講究，其實也沒有條件去講究。

　　過了一會兒，安清木排隊去要了一份兩個稻草包加一小碟鹹菜和一碗稀粥，眾人也是照樣拿一份吃了。有幾個女同志身體虛弱的，沒有要稻草包，換了水煮蕃薯。吃蕃薯葉這類次等的東西都安排在晚餐吃，因吃了之後就去睡覺休息，儘量把饑餓感減到最低的程度。再說了，平常日子，閩南農村用蕃薯葉來餵豬呢，人是不會吃的，永福省山地多，最適合種植蕃薯，到處都有蕃薯地。

　　安清木默默地吃完這份特殊餐，也就匆匆地回家去了。

　　進門入了裡間，王美菡正抱著安娜半躺在床上，見到他立刻劈頭蓋臉的酸溜溜地問了起來：「那稻草包的味道如何呀？」

「稻草包有什麼好吃的，只不過吃了填填肚子罷了。」安清木隨便應付一下回答。

王美菡雙眉緊蹙又說：「知道不是什麼好東西。」

安清木沒有再說什麼，走去把女兒抱了過來，來回走了幾圈再把女兒抱給了王美菡，看一看家裡有什麼需要做的也收拾妥當，刷牙洗臉洗腳換睡衣後，方上床睡去。

翌日早上，安清木起床刷牙洗臉煮食，和王美菡吃完後，突然覺得肚子痛，上廁所時放了一些血，回來沒有告訴美菡，因為他知道肯定是昨晚吃了稻草包惹的事，心想自己身體素質還能夠挺得住。再說了，自從參加革命以來，什麼樣的苦都有吃過，吃稻草包與蕃薯葉只是小事一椿。

安清木洗了碗之後，又上班去了。到了辦公室工作了許久。

小潭進來報告一些廠裡的事，隨後低聲神秘地說：「安廠長，今早有很多人在抱怨上廁所時還拉了血，說是昨晚吃的稻草包引起的。」

「有這樣的事，那稻草包決不可再做來吃了。晚上我去食堂了解一下情況。」安清木眉頭一皺，臉上露出苦澀的表情說道，他不想把自己也拉血的事情告訴小潭。

小潭接著又說：「我去許副廠長那裡看一看有什麼事情需要我做的，我這就去。」

「好！」安清木回道，小潭轉身走了出去。

中午下班後，回到家裡看見王美菡正在給小安娜餵奶。安清木煮了粥又多煮了幾個蕃薯和美菡吃了，他食量大，吃粥不夠飽，吃完後，照樣收拾碗筷，做了家務，休息了一會兒才去上班。

「我走啦，晚上回来吃，但會遲一點，你餓了先吃中午煮的那些蕃薯吧。」安清木回頭吩咐道。

王美菡看也不看他一眼，回道：「去吧！去吧！」

安清木進了工廠大門，直接去了煉鐵車間，雙腳剛剛踏入車間，爐長李薪就朝他走了過来。

「安廠長，好！」李薪熱情地打了招呼。

「好，大家好！」安清木向大家點頭笑道。

接著安清木望向遠處若有所思的對李薪說：「現在咱們的工人又撤走了一大半，看樣子將來上級不會再加派新的工人來了，安排時間把不用的爐子再拆掉吧，沒用的東西拆走，車間也比較好管理。」

「沒問題，我會儘快安排工人把那些空置的爐子拆掉的。」李薪朗聲說道。

安清木和李薪在車間走走看看，李薪向他匯報了這二日的工作進度。工人們還是用原始的方法煉鐵，有的看爐火，有的拉風

箱，有的添加碎礦石，有的加木炭，有的敲斬鐵塊，忙碌的勞作聲一迭連聲。

「安廠長，好！」楊師傅眯起了眼睛看向安清木，一邊幹活，一邊點頭說道。

安清木笑著說：「老楊，這幾年可把你們給累壞了。」

「沒事的。」楊師傅那長年被爐火熏烤的臉如高原紅一般，低聲苦笑地回道。

工人們看見安廠長都會點頭示意一下，大伙兒對這位跟他們同甘共苦的廠長又敬又畏。安清木和李薪在車間走了一圈之後，安清木才回去辦公室。進了辦公室坐了下來，抽了一支煙，他吸煙的習慣已經好多年了。女兒小安娜剛剛出生，在家裡他也減少了抽煙的次數，妻子美菡更是經常勸他不要抽煙，只是不容易戒掉。

晚上下班後，安清木直接往食堂的方向走去。食堂裡王儉師傅正在忙著分配鹹菜和水煮蕃薯。

這時候，有一個叫馮強的中年土爐師傅以粗啞低沉的聲音怒氣衝衝地對著王師傅嚷道：「真他媽的夠嗆！昨晚吃了你們發明的稻草包，今早上廁所就拉了一灘血，全身乏力整日不能上班，真不想讓人活了。」

「你說什麼呢？也不是我一個人做的。」王師傅臉紅耳赤，用沙啞的聲音惱怒地回道，眼睛瞪得像銅鈴一般。

小申跟著也抱怨說：「啊呀！一大早我也拉血，肚子疼死啦。」須臾，嘴裡咕嚕咕嚕不知道說些什麼。

　　「就是嘛，這種東西不是人吃的，是給畜生吃的，簡直是在禍害人。」馮師傅瘦小的身體趔趄一下又怨恨地嚷著，立著喘氣。

　　王師傅聽完不屑地喃喃自語道：「古時人們逢災或是戰爭守城太久缺糧，百姓有的易子而食。咱們能吃這些東西已經算是不錯了，頸不流血，上茅廁放點血，要不了命的，真是大驚小怪。」

　　謝怡素站在旁邊靜靜地發呆，一言不發，頭腦一片空白。

　　此時，安清木也走進了食堂，看到眾人在圍觀爭吵，急走幾大步向前說道：「實在很對不起！我也是有責任的，我們幾位同志事先有一起商討過的，想不到人不能吃稻草，下個月我會向上級爭取多一些糧食來。說了不怕大家見笑，今早我也拉血。這種稻草包絕對不可以再吃了。」

　　眾人聽完，有的嘆了一口氣，有的搖了搖頭，有的咕唧了幾聲，有的低頭不語，一會兒就散了。

　　許扶倡走了過來向安清木說道：「安廠長，咱們有的同志吃蕃薯葉得了胃病、水腫病，這是消化與營養不良引起的，還有女同志更加容易得水腫病，這兩種病也叫窮困病。」

　　「是啊，我知道的，扶倡，這頭皮想破也是沒有任何辦法來解決的啊！希望困境快點過去，簡直是愁死人。」安清木無奈地說，緊接著，喉嚨使勁地咳了幾聲。

安清木說完，辭了眾人，快步地走回家了。許扶倡仍舊留在食堂吃晚餐，他沒有帶家眷來煉鐵廠。

正是：

　　巧臣逢災年亦愁眉，巧婦難作無米之炊。
　　天災夾人禍一堆堆，忍氣吞聲怎敢怪誰？

第五章　　　人間煙火

　　時光飛逝，一轉眼農曆正月將盡。小安娜過兩天就滿月了。按照閩南人的風俗習慣，婦女生完孩子，身體乾淨之後是要吃些補品的，比如母雞或是瘦肉加點當歸、生姜和大棗一起燉來吃，也叫補月內。可是這次王美菡生育偏偏遇上1961年全國最饑荒的一年，糧食都不夠人吃，禽獸更加沒有東西吃，沒有飼養家禽，哪來的補品，有錢也沒地方買啊。

　　三月十四日正好是小安娜出生的滿月，傳統上是要送煮熟的紅雞蛋、紅包子和油飯給親朋好友的，告訴她們這個好消息。可是安清木和王美菡夫妻二人從來不追隨傳統習俗，生活上更是沒有儀式感，何況是饑荒年。

　　當時是：
　　　　　　身無一塊玉，桌無一盤粟。
　　　　　　野草替喬木，對嶺空共語。

　　這一日，下午，暖日遲遲，四周寂靜，只有幾隻喜鵲在樹丫上嘰嘰喳喳地叫著不停。

　　謝怡素興高采烈地來到王美菡家，輕輕敲著門，小聲喊道：「王姐，是我。」

　　「門沒有鎖，進來吧。」王美菡低聲回道。

　　白天，安家有人在家裡，門從未內閂，因家徒四壁，沒有什麼值錢的東西，而且，時下的治安非常好。這時候，王美菡正坐

在床邊細心地給安娜餵奶。

「王姐，我趁這時食堂比較閒，跑出來探望你們。記得今天是安娜的滿月，我才敢來，俗話說：不可敲月內嬰兒的門，怕嬰兒嚇病了。今天，我可是空手來的。」小素臉上露出淡淡的羞澀表情輕聲地說著。

「小素，你客氣什麼啊，多少年大家已經不興訪親探友帶禮物了。你來我家，我真的太高興了，請隨便坐，喝杯水吧。」王美菡饑瘦的臉含笑道，她挪動身體想起來給小素倒水。

小素自己找一張橙子坐了下來，身子往前湊近，笑眯眯地看著安娜在吃奶。

小素欣然地說：「王姐，別客氣，我不渴。安娜長得好快啊，人說嬰兒見風就長大，一點兒也沒錯，聽說你的小姑子要來幫你帶安娜？」

「是啊，看別人的孩子長得快，自己帶孩子辛苦又覺得孩子長得慢。照理我那小姑這幾日應該到了，可還不見人影，怕是家裡有事耽擱了。我的產假也用完了，所以要多請幾天假，等小姑來了以後才去上班。」王美菡兩眉緊蹙地說著，低頭看著安娜，旋即，臉上露出了燦爛的笑容。

王美菡給安娜餵完奶，把安娜豎著抱起來輕輕的拍打安娜的背部掃風，不掃風躺下來怕被奶水嗆著有危險，拍完一會兒，看見安娜睡著了才小心把她放回床上。

王美菡接著憂煩地問道：「小素，你能不能幫我到村子裡問一問，幫我買一斤高價的瘦肉來補補身子。還有我的奶水不夠給安娜吃，也想買一罐奶粉來補充一下，幼兒不能老是吃不飽。」說完輕輕地嘆了一口氣。

　　「王姐，明天我找時間去村裡問一問有沒有豬肉在賣。至於買奶粉會比較困難，但我有一個表兄在恒春縣城駐軍當後勤排長，看他有沒有辦法，我過幾日搭咱們廠的運輸車去幫你跑一趟買奶粉的事情。」小素雙眼發光以清脆的聲音說著，她很想為小安娜做點事情。

　　「非常感謝你，我先拿錢給你吧，不夠再拿。」王美菡感激地說道，立刻往抽屜裡拿出 30 元遞給她。

　　「王姐，我也得回去了，明天下午這個時候，我再來。」小素說完把錢放入口袋後，高興地回去了。

　　「慢走。」王美菡低聲喊道，用半憂半喜的眼神，目送著謝怡素離去。

　　這一天如常過去了。

　　次日下午，謝怡素身穿淺紫紅色的外衣和深藍色的長褲，顯得格外俊秀，神采奕奕地來到了安家，直接推門走入裡間。

　　「小素，你來啦，請坐一坐。」王美菡抬起頭望著小素熱情地說。此刻，小安娜在床上睡得正香。

「啊呀！真的欠點運氣，早上我去村裡問黃媽有沒有村民在賣豬肉，誰知道她說去年到現在糧食都不夠人吃，哪有飼料養豬啊！也就沒有買到，我把錢先退給你吧。」小素掃興的輕聲回道。

「先別退錢給我，你不是還要幫我買奶粉嗎？買不到豬肉也就算了。這個時候村民不養豬也是正常的。」王美菡緩緩地說著，只是有些小失望而已。

小素沒有坐下來，她站著抿嘴一笑道：「好吧，我儘快去縣城找我表哥買奶粉，你放心吧，奶粉一定能夠買得到的。」接著，她瞄了睡在床上的安娜一眼。

「好的，先謝謝你。」王美菡微笑說，心裡對這個年輕人充滿了感激。

小素眼神發亮，笑說：「我走啦。」說完轉身匆匆地走了。

「有空再來。」王美菡站了起來，對著小素的背影大聲喊道。

當天晚上，外面一片漆黑僻靜，暗蛩無聲。安清木如常和王美菡吃了稀粥、水煮蕃薯和鹹菜，吃完清理了家裡的大小雜事，洗臉洗腳。白天累了，正準備睡下，突然听到廚房有聲響，安清木立刻從枕頭底下摸出那把跟隨他多年的駁殼手槍，悄悄地走向裡間的門口，只見一隻不速之客正在廚房找東西吃，他立即舉起槍，一槍打中它，近前一看是一隻山狗。王美菡聽到槍聲，跟著衝出來看一看。

「安的，這隻山狗是來找死的，看來它是餓慌了，才跑到這

裡來找吃的。」王美菡心有餘悸地說道，幸好小安娜睡得很沉沒有被槍聲驚醒。

「這不是來得正巧嗎？你托小素買不到肉，有肉送上門來了。明天晚上燉一鍋山狗肉給你補補身子。」安清木眉毛一揚，高興地回道。

「我不稀罕這個東西，看上去它也沒幾斤肉，幸好沒有嚇著孩子。」王美菡冷冷地說道。

接著，安清木把山狗放入盆中，周圍打掃了一下，又折騰了好一陣子，夫妻倆才躺下來休息。

第二天早上，安清木照常去鐵廠，中午回來吃午餐之後，把昨夜的山狗用滾水燙毛洗淨，用菜刀斬了一塊塊備好。

「王菡，下午，你自己燉山狗肉吧，多加一些姜片和紅棗一起燉，不然腥味會很重的。」安清木吩咐道，停了一會兒才上班去了。

王美菡下午就開始燉山狗肉了，先用姜、油和山狗肉在鐵鍋裡爆炒一下，放些鹽，撈起來放在盆子裡備著，然後把山狗肉連姜片和紅棗加滾水一起放入陶瓷鍋燉三小時。要是有酒加些少更好，但饑荒年月哪有酒啊？安清木和王美菡歷來對生活質素要求也不高，有肉吃已經很好了。去年到現在已經沒有吃過肉了，今晚也許是山神爺送給他們的禮物吧？安清木下班回家後和王美菡享受了一頓美味的山狗肉。小安娜也吃了山狗肉轉化的香奶，不知道是感恩還是贖罪呢？安娜從此以後無論生活如何困窘，一口

山狗肉或是家狗肉都不敢吃。

日子又不知不覺地過了好幾天，三月的天氣對於山區依然冷絲絲的。晚上六點半，安清木和王美菡正在廚房的木桌子旁坐著吃粥時，門外突然傳來一陣熟悉的喊声：「大哥，大嫂，我來啦。」

安清木放下碗筷忙立起身來，走到門口把門打開，一看是三妹安巧慧。巧慧年十七歲，身穿大紅格子米色棉布衣和深灰色的長褲，中等身材，一頭短髮，双眼細長，臉頰上有幾點雀斑，未語先笑。雖說生長在農村，也識得幾個字，卻是心高氣傲，村裡人都認為她是個伶俐的姑娘，安巧慧在安家排行第五。

「阿慧，你來啦。」安清木臉上掛著一絲笑意，親切地說。

「噯喲！你怎麼今天才到呢？也不提前來信說一聲，我的產假早已過了，害得我又要多請幾天假。」王美菡沒好氣地嚷道。

「嫂子，你誤會了，原本我是打算在安娜滿月前到的，誰知道來的前一天晚上，二姐掛急診，你知道嗎？二姐近來肚子常常痛，懷疑自己肚子裡生蛔蟲，就把殺蟲的農藥"六六果"當驅蟲藥吃了，結果中毒了，幸好及時送進醫院洗胃搶救，才保住了性命。二姐夫正忙於農活，他們的兒子才三歲，我去醫院照顧二姐，直到她出院，這才耽誤了來的日子。」巧慧行李一放下就滔滔不絕地把原由說了出來，說完，嘻嘻地笑了起來。

「你吃了沒？二妹還以為"六六果"是"六六順"呢？農村人沒有知識，生病亂投藥，幸好沒事。」王美菡一連串冷冷地說道，語氣中帶有嘲諷。

「嫂子，我吃過乾糧了，這裡很好找的，我一下車問了路人大春煉鐵廠往哪個方向走，正巧有一個工人順路帶我來到這裡，我進裡間去看一看安娜吧！」巧慧笑眯眯地說。

「安娜剛剛睡下，你自己先倒杯水喝，休息一會兒吧。隔壁有一間空房沒人住，有現成的床，前天已經打掃好了，準備給你住的。」王美菡吩咐道，內心仍有一絲的不自在。

「那好，還有阿嬭讓我帶一些熟花生和地瓜乾來給你們吃。」巧慧嘴角微笑著，一邊說著，一邊打開她帶來的袋子，拿出一包乾的水煮花生和一大包地瓜乾放在灶台上。"阿嬭"就是安清木和安巧慧的母親，舊時閩南農村的孩子很多叫自己的親娘："阿嬭"，而不叫母親，因怕母子緣份不足，孩子養不大，有更甚者直接叫父母親的名字。

「阿慧，咱家二老可好？一切正常嗎？」安清木關心地問，他終於有機會插嘴了。

「大哥，二老的身體還算健康，家裡還是老樣子，就是咱們種的糧食交給政府之後，剩下的並不多。三弟青淵的學習成績很好，村裡人人都說三弟是個書蟲，還說如果哪一天看見他手上沒有拿著書本，一定會倒霉的。」巧慧說著，內心憂喜參半。

「這樣很好啊，青淵將來會有出色的。你二姐阿苺真糊塗，那有生病吃農藥的，還好沒事。」安清木一臉嚴肅，慎重地說道。

巧慧是個勤快的姑娘，看見大哥大嫂吃完後，馬上動手把碗筷鍋子刷洗乾淨。然後，巧慧進了裡間去看一眼侄女安娜，三人

又說了一會兒閒話家鄉事，才各自去休息。

次日，巧慧白天照顧安娜，王美菡也開始去上班了。上班時段，巧慧抱安娜去辦公室找王美菡餵奶。日子也是如常地過著。

展眼又過了幾日，這天傍晚，已是開灯時分，安家各人吃晚飯之後，巧慧在廚房洗碗，在一旁王美菡手抱著安娜坐在橙子上，一會兒，安清木因廠裡還有事情未解決，就走了出去。

「王姐。」一個清脆的聲音傳來，是謝怡素手裡拎著一個袋子來到安家的門口。

「小素，請進。」王美菡手抱安娜打開了門，把小素迎了進來。

王美菡接著熱情地問：「你吃了沒？」

「吃過了，今天，我請假去了一趟縣城找我表哥，好不容易幫你買了一罐牛奶粉，就是比平價貴了很多，一罐要二十塊錢。」小素興奮又無奈地一邊說著，一邊把牛奶粉放在桌子上。

「啊呀！二十塊錢也是很難買到的，太感謝你了。我一直煩心著呢，這就好了。」王美菡雙眼充滿了喜悅的光彩，心滿意足地說。

「這是剩下的十塊錢，找給你。」小素說著把 10 元遞給了王美菡。

「你花的車錢也要算的啊，不然你費力又費錢。」王美菡回說，又把錢遞過去給小素。

「那裡啊，我也是順路的，王姐你就別客氣了，我沒有什麼禮物送給安娜，這跑跑腿當成禮物吧。」小素心誠地說道。

小素立刻又把錢遞給了王美菡，就這樣推來推去，來來回回客氣話說了一大堆，巧慧在旁也插嘴說了幾句話。

「讓我抱一抱安娜，好嗎？」小素欢喜地問，然後，對著安娜傻笑。

「好啊。」王美菡回道，然後小心翼翼地把安娜抱給了小素。

謝怡素抱著安娜逗著她玩和嘻笑，在屋子裡走來走去了一會兒，又跟王美菡聊了一些家常閒話，才把安娜抱給了王美菡。

安清木很晚才回來，進了家裡，妻兒早已睡下了，自己也累了，不久，也上床休息了。

又過了幾日，這一天，日光昭昭，天氣晴朗，萬里無雲，遙看遠山稍露幾處翠綠，隨著煉鐵的規模大幅減少，砍伐樹木也大大減少了，焦土消失，青草離離，毛竹也逐漸生長出来了。只是樹木得十年才能成材，可是大自然修復功能是偉大的，只要人類不肆意破壞，它們會自動調節其中的生生息息，自然循環再造。

「喂喂！幫我接趙貞富副書記。趙書記，我是安清木，上次我要求給我們廠撥一些糧食的事情，上級批准了嗎？」安清木在

辦公室撥打電話給趙貞富，並誠懇地問道。

「清木啊，你放心吧！縣委已經批准你的申請了，紅旗牌麵粉、大米各二千斤，从戰備糧調來的；另外本縣再撥地瓜、地瓜乾各二千斤給你們，明天早上發貨，傍晚可以到你們鐵廠了。」趙副書記說完，呵呵地笑著。

趙貞富心裡有些歉意，緊接著說道：「清木啊，我知道這些糧食對於千多個工人來說是杯水車薪，現在我們這裡也很困難，東拼西湊的才搞到這麼多的糧食，我們已經竭盡全力了。」

「趙書記，這些我是很清楚的，太感謝你和縣委的支持和幫助。我馬上通知鐵廠的同志明天接收這批糧食，再見！」安清木興致勃勃地講完電話後，瞬間掛斷了電話，他對黨和上級一向不善言辭，一味埋頭苦幹來報答黨和上級領導的栽培與信任。

這時候潭小深敲了兩下門，直接推門進入。

「安廠長，我來看一看有什麼事情要做。」小潭含笑低聲問道。

「有啊，你去隔壁叫許副廠長來我這裡，我有話跟他說。」安清木回道，須臾，嚴肅的臉上掛了一絲笑容。

「好的，我這就去把他叫來。」小潭微笑地說著，轉身推門出去了。

過了一會兒，許扶倡敲一聲門，推門入內，忙問：「安廠長，

找我有事？」

「扶倡，咱們這麼熟了，不需要一直叫我安廠長，叫老安就可以。」安清木溫和地說道，立起身來。

「你是我的領導，我已經習慣這樣叫了。」許扶倡目不轉睛地看著安清木說道。

「那好吧，明天金溪縣縣委有一特批的糧食送給咱們廠，麵粉、大米、地瓜、地瓜乾各二千斤，傍晚就會到，你去接收一下，然後把一半分給王邨他們。縣委也是把倉庫底的存糧都撥給咱們了，咱們也得省著吃，順便吩咐食堂把麵粉留在節日才吃。」安清木仔細地囑咐道。

「這樣太好了，食堂一直在缺糧。明天我會處理好的，請放心。」許扶倡說著，心中十分歡喜，如卸大任。

許扶倡說完辭了安清木，轉頭走了出去，心情舒暢，回到自己的辦公室。

倏忽春辭人間，夏將至。

王美菡約謝怡素在五一勞動節假日，一起去縣城逛商店，還打算買兩塊夏天的布料來做新衣服，因安巧慧會做衣服，王美菡來鐵廠時，從金溪縣帶來一部舊的縫紉機，修補和縫製衣服還很好使用。

王美菡中午下班後直接去了食堂找小素，一進食堂看見小素

正在專心一致地分配中午的食物。

「小素，過兩天是五一勞動節，咱們一起去縣城逛商店，好嗎？」王美菡迫不及待地問道。

「好啊，現在每星期都有公交車来往縣城，很方便的。」小素抿嘴一笑，點頭爽快地答應了。

「那五一早上八點，我們車站見，記得帶布票啊，萬一看到喜歡的布料可以買回来讓巧慧做衣服。」王美菡滿心歡喜地說，辭了小素，轉身回家了。

人生得意時，四周景色才迷人。五一勞動節這日，天氣忽冷忽熱，王美菡和謝怡素去了縣城逛百貨商店大半天，中午胡亂吃了自帶的水煮蕃薯，喝了自備的壺水。王美菡買了兩塊布，一塊是大紅花配小翠葉的棉質布，打算做一套衣服給安娜滿六個月時穿的，到時也打算帶安娜到縣城照像館拍一張照片留念；另一塊是淺褐色的棉布，準備給清木做一件夏天的襯衫，順便也買了兩套合配的鈕扣。這次王美菡不捨得買一塊布料給自己做衣服，在物質生活上她一貫是非常克己的，有時也克人。

小素給自己買一塊淺粉碎花布，一套黑色的鈕扣，打算叫巧慧幫她裁製一件夏天短袖的襯衫。政府每年派發給每位居民的布票只夠做一套衣服，買一件衣服的布料已經用去了一半的份額。除了買布料以外，王美菡和小素並沒有買其他的東西。每月工資僅僅夠生活費，而且正當困難時期，各類物資匱乏。她們回到大春煉鐵廠已經是傍晚時分了，來回車程用去了三四個小時，去一次縣城並不容易。

王美菡和小素買布料回來的次日，巧慧已經開始給安娜和安清木裁剪布料了，小孩子的用舊衣服按在紙樣上用畫粉照畫，紙樣壓在布料上照剪即可。一般做大一個尺碼，明年還可以再穿。安清木的也是用舊衣來當樣模。巧慧用了三四天就做出初樣了，再讓安娜和安清木試穿了一下，稍為修改一二即可成品了。

　　這一天，星期日，小素手拿著一塊布料來到安家，敲了一聲門就進屋了，只有安清木去了廠裡，王美菡、安娜、巧慧都正好在外間。

　　「王姐，我來找巧慧幫我做衣服呢。」小素興奮地嚷道。

　　「好啊。」王美菡熱情地說，她正抱著安娜坐在橙子上跟巧慧說話。

　　巧慧也陪笑著說：「好啊，咱們這時到隔壁房去量尺寸吧。」

　　說著巧慧和小素去了隔壁巧慧的房間量寸尺，巧慧用布尺把小素的胸圍、腰圍和手臂長等仔細量了尺寸記在紙上，弄妥後，巧慧和小素二人又回來了。

　　「王姐，巧慧，謝謝你們。」小素挺直了腰板兒，含笑說。

　　「你客氣什麼啊，我勞煩你做的事也不少呢。」王美菡親切地回道。

　　巧慧接著笑道：「三天以後你再來試一試吧，做衣服這方面我還是可以的。」

人間煙火

謝怡素逗了小安娜一會兒就回去了。

三天之後，小素來試穿衣服，衣服只是需要稍稍修改，翌日，她又來安家一趟，十分滿意的把新衣服取走了。

時光荏苒，春去夏來，秋又至，山花疏放，山巒秋鳥鳴，秋月圓又缺。山花秋月雖然亮麗，處於困難時期的人們似乎不曾感覺到，也許只有五柳先生再世才有共鳴吧？

八月初，王美菡寫了一封信給林花村的小叔子安青淵，叫他月中帶上安山、安川來恒春住兩個星期，因學校正在放暑假，安青淵剛剛讀完初中。窮人的孩子早當家，讓青淵帶兩個四五歲的小孩子坐長途汽車，王美菡毫無擔心。

王美菡想趁兩個兒子未到，先帶安娜去照像館拍照。俗語說：「幼兒七坐，八爬，九發牙。」王美菡等不及安娜會自己坐好，就要帶她去拍照。她是個愛炫耀的人，又喜聽奉承的軟話，心情複雜多慮又尖細。

八月十三，星期日，天剛剛亮，王美菡早早就起床了，梳洗後，吃了早餐，把那套大紅花的衣裳給安娜穿上。六個月大的安娜穿上新衣裳，一對烏黑大眼睛明亮有神，笑起來像一朵綻放的芙蓉花，看了討人歡喜；就是頭髮長得稀疏柔細，臉小頭大，遠看像個男嬰。

王美菡右手抱著安娜，安巧慧手提著小布袋子，向公交車站的方向走去，剛剛走出門口，即碰上了謝怡素。

「哎呦！小安娜今天好美啊，長得越來越白了，白得跟紅旗牌的麵粉一樣白。」小素樂呵呵地嚷著，雙眼盯著安娜，開心得合不攏嘴。

小安娜在陽光下更顯得像個白雪娃娃，也許是小素每天看到的全是被土爐火熏黑的工人，兩者對比之下，更覺得安娜雪白，加上疼愛安娜，發自內心的感觸吧？從此以後，廠裡眾人看見安娜都叫她"紅旗牌"。

小素接著問：「王姐，你們要去哪裡啊？」

「我帶安娜去縣城拍張照片。」王美菡笑著說，把抱著安娜的右手換到左手。

「噢，玩得開心一點，再見！」小素說完，目送王美菡母女和巧慧遠去。

巧慧送王美菡和安娜到了汽車站之後，自個走回家。

王美菡抱著安娜坐車到了縣城後，進了商店買了一些日用品，再走入照像館，要求照像館的職員給安娜拍一張照片。拍照的師傅讓安娜坐在一張椅子上，王美菡蹲下來躲在椅子背後扶住椅子，給安娜拍了一張坐的像片，師傅再叫她們母女合照一張，王美菡推說下次再來，她一向精打細算，不拘小節。拍完照，王美菡選擇沖洗一寸、二寸各三張，因照像館要求客人沖洗照片至少要半打，付了錢，拿回一張取像的收據。中午也是吃自帶的乾糧，喝的是自備的壺水，事情辦妥，母女倆就直接坐汽車回家了。走這趟縣城可把王美菡累壞了，俗語說：寧挑一擔米，不抱一嬰

孩。

過了兩三天，這日，秋風剪剪，臨近黃昏，一個十四歲的少年，身穿白色的長袖襯衫和淺藍色的長褲，生得形容俊秀，目如明星，一表人才，帶著兩個小男孩坐汽車來到陽光村的公交車站，這三人是安青淵、安山和安川，他們下了車，問了路人，一徑走向鐵廠的員工宿舍。此時，安家門正半掩著，王美菡早已聽到小孩子的嘈雜聲，把門打開，看見青淵帶著她的兩個兒子走了過來。

「青淵，你們來了。」王美菡喜不自禁高聲喊道，接著快步迎了上去。

「阿媽，阿媽。」安山、安川輪流叫著，蹦蹦跳跳地向王美菡跑了過去。

「大嫂，大哥呢？」青淵低聲地問道。

「你大哥，天天上班，從早到晚不見人影，經常不回來吃飯，也不說一聲，他早已把自己賣給了共產黨。」王美菡滿臉慍色，啰啰嗦嗦的一連串訴說著。

叔嫂二人說著說著走進了家裡，巧慧笑嘻嘻地抱著安娜從裡間迎了出來。

「三弟，你們來啦，我倒水給你們喝。」巧慧殷懇地說，高興得眉飛色舞。

「巧慧啊，你趕緊去煮一些稀粥讓他們三人吃吧。」王美菡

提高嗓子說道。

巧慧把安娜抱與王美菡，回說：「好啊，我這就去煮。」她立即去廚房煮粥。

青淵、安山、安川一起吃了稀粥，三人洗漱完畢，然後，巧慧先把孩子們安頓睡下。青淵把家鄉帶來的花生、蕃薯粉和白菜乾從行李中拿了出來，三個大人在一起又聊了一堆老家的瑣事之後，青淵才去小嚴那裡借宿。安清木回來後，所有人已經睡了。

安清木和王美菡三年來未曾回過家鄉金溪縣。前兩年的每一年都是安清木的父親安郊運帶安山、安川兩個孩子來住十多天才回去的。這次由青淵帶孩子來，一是青淵大了，二是青淵也喜歡來大春煉鐵廠看一看。安清木比青淵年長二十多歲，父母是農民而且一字不識，青淵對這個大哥如父兄般的敬重。

次日早晨，安清木見了三弟青淵敘了舊，也問起了青淵的學習進展，又上班去了。青淵住到八月底，只帶了安山回老家，留下安川繼續住下去。

安娜的照片早已托小潭取了回來，黑白的照片裡坐著的小安娜乍看像個男嬰，細看眼若清水、似笑非笑、神態嫵媚，很淡定可愛，自家的孩子都美，王美菡滿心歡喜。打算把三張一寸的照片將來送給親友，一張二寸的自己留著，另外兩張二寸的，王美菡在照片的背面工整地寫上：送給大舅母留念，外甥女安娜六個月留影；另一張寫上：送給大姨母留念，外甥女安娜六個月留影。然後拿信紙分別寫信給住在海外王家的嫂子和姐姐，內容問候、聊家常並告訴她們自己生了一個女兒等等。最後，在信封上寫道：

寄香沙港女皇道……，由恒春縣王寄。寫好地址姓名後，把照片夾在信紙中折好放入信封，封好口，貼上郵票，托小潭順手寄了出去。

王美菡的家庭在前朝十分的貧困，有同父異母的大哥遠渡南洋謀生；同父異母的大姐嫁給南洋的華僑，大嫂和姐姐都住在鄰接南方邊沿的英屬香沙港島。老家在石鼓鎮繡嶺村，王美菡的父亲王強四十多歲時被鄉裡的保長毆打致死，當時王美菡才三歲，從小由寡母丘良和二兄長王幸嶺、三兄長王幸歷撫養長大。

很快又到了十月一日，國慶節，這日，食堂加菜做了饅頭，所有職工每人可分一個饅頭，算是今年最豐富的晚餐了。安清木和王美菡各自分到一個饅頭帶回了家裡，一個給安川吃，另一個給安清木吃，家裡的吃喝用度都是王美菡在安排，安清木每月工資留一點買香煙，剩下的全部交給王美菡去掌管，安清木是地地道道的無產階級。晚餐也是同樣的稀粥和青菜，一家大小正在靜靜地吃著。

在毫無徵兆的瞬間，王美菡突然大聲嚷道：「安的，我想申請入黨，你是黨委書記應該很了解我的為人和表現吧？」

「你別添亂了，你天天在生小孩，照顧孩子都来不及了，還想入黨？這樣一定會把黨的事業給耽誤了，不行，我堅決不同意。」安清木雙眉緊蹙，斬釘截鐵地說道，說完心裡還有些惱火。

王美菡聽了安清木的話之後，雙眼直視著安清木，臉火辣辣的漲紅了，接著冷譏熱嘲地嚷道：「你也說的太過分了，別人能入黨，為什麼偏偏我不能呢？你一直把黨當成自己的再生父母，

整天不著家。這個家沒有我，不知道會怎樣呢？你做人真的很死板，無藥可救。」王美菡說完又喃喃自語一番才停了下來，她是一個不太講理的婦人。

小安娜烏溜溜的雙眼在不停地轉著，一會兒看一看父親，一會兒又看了看母親，似乎想知道父母親在吵什麼？

安清木只好忍氣吞聲，畢竟吵起來變成互相不理睬，最後還是他要先去討好俯就王美菡。巧慧在旁也不敢多嘴，吃完默默地收拾碗筷，刷洗乾淨，諸事做完，帶安川回自己的房間休息了。難得一天好日子全被王美菡給破壞了。

安清木領導的大春煉鐵廠已經煉鐵三年餘，雖說煉鐵大軍已撤了許久，可他們仍然不懈地努力想把鐵的產量與品質提升上去，結果煉鐵的技術還是停滯不前，毫無進展；每天煉鐵的技術依然按照原始落後的方法。由於中國從封建王朝直接過渡到社會主義，中間又是經歷中日戰爭與國共內戰，政府和人民穩定生息的時間不多；而且中華民族自古以來都是非常的驕傲自我，不善於向外國外族學習，中國幾乎沒有經過工業革命，科學技術仍然處於非常落後的階段。不像從唐朝以來一直向中國學習的日本，早已脫華入歐，開始了明治維新變法。

閒話少說，書歸正題。國慶節過後，金溪縣縣委來了一份調令，安清木看了眉頭一鎖，立刻撥打電話到金溪縣縣委辦公室。

「喂喂！幫我接趙貞富副書記。」安清木一臉嚴肅，焦急地嚷著。

「喂，是趙書記嗎？我是安清木，今天我收到縣組織部寄來有關許扶倡同志的調令，雖說我這裡煉鐵規模減少了很多，但是副廠長也只剩下兩個了，另外一個在天泉山採礦和製炭，我這裡辦公室的骨幹只有幾個了，希望你把許扶倡同志的調令先按下不動，好嗎？」安清木懇切地說道，他一聽到趙貞富的聲音就把所要說的話一咕嚕的說完，他是個急性子的人。

「好啊，我會馬上處理這件事情的，你放心吧。」趙副書記親切地說道。

「那好，感謝你，再見！」安清木說完就把電話掛斷了，作為廠長他也有權力不放人，但他必須找上級來解決這個問題，這也是一種尊重。許扶倡是個工作能力很強的同志，安清木不捨得讓許扶倡調離鐵廠，所以就把他強留了下來。

許扶倡除了第一年來鐵廠沒有回金溪縣探親以外，每年的春節他都會回家一個星期，今年也不例外。

第六章　　無奈完成使命

　　最艱難的 1961 年终於熬過去了。1962 年，永福省除了偏僻的山區以外，其他地方的農作物收成有所增加，只是恒春縣歷來是貧困縣，所以安清木領導的大春煉鐵廠的生活還是困難重重，煉鐵技術寸步不進，許扶倡負責後勤經常為了糧食而大費周折，天天發愁。

　　清明谷雨，雨漉漉，雨後又見東君出。

　　這日，許扶倡坐上鐵廠的貨車，要去恒春縣粮食局協調一些大米回來，山路上濕漉漉的，貨車的車輪打滑，司機吳友一下子刹車不住，連人帶車滾落了山溝。過了很久，才被一個採药的村民發現，還好貨車沒有爆炸，這村民把許扶倡和吳友救出貨車後，把他們二人放在山溝的空地上，立刻跑來報急。安清木聽後，和廠裡的工人開車到現場把許扶倡和吳友送往縣城醫院搶救，人到了醫院，經醫生搶救已經無效了。

　　隨後，安清木安排把許扶倡的遺體送回金溪縣的老家。老吳是當地人，通知他的家屬來把老吳的大體領了回去，不日，老吳的家人痛哭流涕地把他的後事辦了。

　　辦妥諸事，安清木懷著悲傷沉重的心情與同志們一起回到大春煉鐵廠。雖然每次他領導的大大小小的工程偶而會發生意外，但這次不一樣，第一、他後悔去年沒有同意讓許扶倡調回金溪縣，第二、他們二人一起共同奮鬥了三年多，合作無間，有兄弟之間的感情。這年許扶倡還不到四十歲，留下妻兒三人。想到這些，安清木更加後悔和悲傷，眼淚不禁流了下來。這種悔疚在安清木

往後的人生裡，偶而會浮現在他的腦海中。

　　悲傷只能埋在心裡，工廠給許扶倡、吳友開了追悼大會。接著安清木打報告給上級，申请給許扶倡的遺孀在縣城安排一份工作，政府也給這二位不幸逝者的家屬發了撫恤金。

　　人生苦奔忙，每天人們都是忙忙碌碌的。小安娜已經一歲多了，開始學走路和說話，這時候小孩子早已不穿尿布了。小安娜是個乖巧的孩子，不但平時少哭鬧，晚上從未尿床，給安清木辛苦工作之餘不再多添煩惱。安川比較淘氣，晚上巧慧帶著，尚算平靜。

　　到了八月中旬，上級指示安清木在九月中把大春煉鐵廠的業務全部結束。歷史使命結束是好事，安清木和王邰副廠長、辦公室主任林春等其他主管开了會，安清木傳達了上級關閉工廠的指令，會上也布署了撤廠的工作。採礦、伐木和製炭部先停止運作，存貨全部搬到煉鐵廠。煉鐵車間盡量把倉庫所有的原材料煉成鐵塊，國家建設也很需要鐵。工人分批逐漸撤離，有單位的回到原單位，沒有單位的回自己的家鄉。

　　自從大躍進開始來到祥雲山脈，頭尾已經有五年時間了，王美菌經常掛在嘴邊的活地獄生活快要結束了。真正的地獄没有人看見，人造地獄有一處，在金溪縣有一座南仙公寺，除了主殿供奉南仙公和諸仙以外，還有一座副殿供奉閻羅王，殿內有鬼使夜叉張牙舞爪把罪過人下油鍋上刀山的人造場景，看了令人恐怖萬千，膽顫心驚，惡夢纏繞，睡臥易醒，永夜難寐。

　　收尾工作也幹得七七八八了。安清木的領導班子爭取在九月

十三日中秋節前完成結業的工作，好讓眾人回家過節。雖說新中國破舊立新，幾乎所有的民間傳統節日全部取消了，換上新的節日，但中秋節是民間的團圓日，人們會記得的。

這日中午，「王姐，你們的行李收拾好了嗎？」小素高聲嚷道，面帶微笑，神采飛揚地推門進了安家。

「小素，吃了沒？我們的行李也快收拾好了，家裡只有一架舊的縫紉機比較大而已。」王美菡含笑說。

「我吃了，這時候正好有空，我過來看一看。」小素說著看了在巧慧身旁的安娜，雙眼為之一亮，臉上更加容光煥發。

她接著感慨地說道：「紅旗牌這麼快會走路了，我也二十多歲了，時間過得真快。」

「回家快點找個對象嫁了吧。」王美菡銳利的眼神半開玩笑對著小素說道，巧慧在旁聽了也陪笑著。

「我不著急嫁人。有一件事我想告訴你，不說怕咱們回金溪之後，碰不上面。」小素紅著臉壓低聲音，語氣神秘地說道。

「有什麼事呢？快點告訴我吧。」王美菡迫不急待地問，神色變得有點緊張。

「上次我回石鼓鎮老家聽到一些閒言碎語，說安廠長在大春煉鐵廠貪了不少錢。我立刻回說這絕對是不可能的。」小素雙眼直視著王美菡，若有所思地說。

王美菡聽完立刻滿腔怒火地說道：「簡直是胡說八道，工廠這些年這麼困難，哪有什麼錢可貪的，再說了有財務和會計把關，一分錢也少不了。說這種話的人，良心給狗吃了。」

「王姐，你別生氣，公道自在人心，群眾的眼睛是雪亮的。我得回去了，過兩天咱們坐同一班車回金溪吧。」小素以關愛的語氣說著，說完把頭扭向安娜，微笑著揮手告辭回去了。

「好啊，過兩天見。」王美菡高聲回道。

王美菡兩眼望著小素走出門外，想到小素剛才的那番話，心裡憤懣久久不能平定。

晚上，安清木很晚才回家，安娜已經睡著了，巧慧和安川早已在隔壁房休息。他進了門，入了裡間，王美菡就劈頭大聲嚷道：「安的，咱們這幾年在山區吃了這麼多苦，沒人同情，反而有人說咱們貪污了不少錢，這種人太壞了。」

「你也管不了別人的嘴巴，他們愛怎麼說就怎麼說，如果我介意，早就氣壞了。」安清木平淡地說著。

接著繼續說道：「我們乘搭後天早上七點的公交車到縣城再轉車到金溪，明天你把行李集中在一起，後天我直接把所有的行李用扁擔挑到汽車站，這樣群眾可以一目了然看見咱家的財產到底有多少？」安清木的眼睛裡透著心安理得的神色，他知道自己兩袖清風，不怕閒言，但形式上也得表達一下才好。

「好啊，明天晚上你也不要太遲回家，早點回來。」王美菡

說道，接著又自言自語的自個發牢騷。

安清木不搭理她，換上睡衣，洗漱完，躺在床上休息了，一夜無話。

九月十日，清晨，東風勁吹，曉日出，早鴉亂啼。安清木起床後，洗漱完，吃過稀粥，換上淺褐色的襯衫和深藍色的長褲，一徑走去廠裡。今天是最後的交接日，工人們昨天已經全部撤完了，各自回自己的家鄉，剩下領導班子和後勤人員斷後。安清木進了自己的辦公室，一會兒，王邶、林春、李薪、炊事班長王儉和潭一深等人陸續進來，人到齊後，眾人到廠裡各處檢查了一番，車間的爐子早已熄火了，總電閘也關了，煉的鐵塊也運到縣城交結完畢，剩下一些工具和食堂的鍋灶等等。至於休息室和辦公室所有的地方該看的也都看了一遍，最後各主管把上鎖的門鑰匙全部交給了安廠長。

下午，恒春縣辦公室主任嚴蘇和幾個工作人員來接收大春煉鐵廠，安清木也是帶他們巡視一遍之後，把所有的鑰匙、工廠的公章等等全部移交給嚴蘇，諸事交接完畢。

大伙散了以後，安清木心情悵然若失、五味雜陳，心慰的是自己領導的鐵廠順利完成黨和上級交給的任務；愧咎的是這幾年鐵廠的所作所為並沒有給國家和人民帶來多大的利益；相反地破壞了祥雲山脈的環境生態，勞累了人民。他真想把這些看法有朝一日親自向黨組織表明，以免將來重蹈覆轍。

九月十一日，天還沒有亮，安清木全家人已經起來了，吃過早餐以後，五人整裝出發。王美菡給安娜穿上去年做的那套大花衣裳，安清木把縫紉機和其他的行李捆綁好，分成兩頭用扁擔挑

了起來，王美菡手拖著安川，巧慧抱著安娜，五人向公交車站走去。烈日炎炎，一路上旁人用好奇的眼光看著一個高大漢子挑了一擔頗重的行李喘著粗氣走著，未到公交車站，遠遠已經看見陽光村的村長嚴福興和幾個村民站在車站旁，是專門前來為他們送行的。

「安廠長，你也不叫我們拉一輛馬車來幫你運行李，累得滿頭大汗的。」嚴福興帶著笑意說道。

「不用了，行李不多，我一人挑就可以了。」安清木氣喘吁吁地說著，放下了擔子，全身大汗淋漓，他伸手跟老嚴握了手，感謝他們來送別。

接著又熱情地說：「歡迎你們有空來金溪縣找我們玩。」

嚴福興笑眯眯地說：「好啊，感謝！」

他們又聊了幾句，安清木把行李交給汽車站辦理托運手續，他挑的行李竟有三百多斤，其中的縫紉機就有百多斤重，三十多歲還是力大無窮啊。

小素也到了，眾人坐上了汽車揮手再三告別老嚴和村民們；也告別了陽光村；告別了大春煉鐵廠與祥雲山脈。往後的人生他們大多數人並未再涉足恒春縣半步。

正是：
　　激情灼歲月，勇往不曾歇。
　　煙花皆易散，現實難喜悅。

第七章　　　新的任務　苦中有樂

安清木一家人回到了金溪縣人民政府的所在地——菁山鎮，正是傍晚時分，縣政府安排他們住在縣政府職工宿舍，這裡可說是個毫無特色的樸實住宅院子。政府分配給安清木一套土墩房，內有臥室廚房各一間。房子裡設有簡單的床、桌子和木櫈子，廚房有燒煤球的爐灶。次日，安清木要求縣委辦公室派車把他那三百多斤的家當運回家，王美菡到街上添置了一些生活用品，新的家又安置好了。

九月十三日，星期四，中秋節，晴空萬里，秋氣涼爽，安清木正式到縣人民政府述職。

金溪縣人民政府辦公的大院是一個"用"字型的平房組建的，外面以三排平房當作圍牆圍著，前面放一道大門，大門左右兩側各有一個帶有窗口的通訊室，出入有門崗看守。入了大門，橫著一排排的平房，平房用作辦公室和會議室，每排平房有水泥人行道和小花園隔開，從頭到尾貫穿平房中間形成一條走廊，盡頭左邊有一個大食堂，"用"字平房的右邊僅有的一幢三層樓房叫"黃樓"。大院裡面到處種滿花草果樹，走廊上空搭建木架，木架上爬滿了葡萄藤，葡萄藤夏天遮住太陽的光線，還結了滿滿一串串的深紫色葡萄。整個大院的建築位置是菁山鎮的最高點，由於是前朝留下來的建築物，這裡也是全金溪縣最大最倩麗的行政機關。

安清木直接走到趙貞富的辦公室，敲了兩聲門，問道：「趙書記在嗎？」

「進來吧。」安清木聽到一道熟悉可親的聲音後，推門入內。

趙副書記站了起來和安清木緊緊地握手，二人四目相望，臉上各自有喜悅的表情，更有久別重逢的感覺。

「清木，請坐。」趙副書記說著走去倒了一杯水遞給安清木，隨後又說：「先喝杯水吧。」

「趙書記，我是來向你匯報我這幾年工作的具體情況，還有過幾天我會寫一份工作匯報呈給黨組織的，順便問一下我的新任務是什麼？」安清木誠懇地說道，一邊把那杯水接了過來，一邊在椅子上坐了下來。

「你先休息幾天，你已經離開家鄉多年了，回去看看你的父母和弟妹吧。上級很快會有新的任務給你的。」趙貞富笑呵呵地說，須臾，把安清木渾身上下打量了一番。

「好的，感謝。」安清木兩眼發亮，笑著回道。

安清木心裡感到無比溫暖，上級領導對他如兄弟般的關懷。儘管把他那門不合黨組織要求的娃娃親退掉，加入地下黨時為了避開國民黨的追殺，把他的原名青樅改為清木，他對這些毫無怨言，更是認為黨組織所做的一切都是為了他好。

接著安清木和趙貞富二人促膝長談了大半日。

「那好，趙書記，我先走了，過幾天我再來。」安清木一面說著，一面起身站了起來，轉頭走了出去。

隔日，安清木和巧慧帶安川一起回了林花村，探望父母和弟妹們後，再把大兒子安山也接了回來。王美菡帶安娜回娘家繡嶺村探望老母親和兄長嫂嫂，雙方各自住了兩天，才回到縣職工宿舍的家。一家人也大團圓了，加上巧慧有六個人一起住得很擁擠，巧慧要在廚房安放一張床，還好廚房空間不小。

　　九月二十三日，早上，安清木把寫好的大春煉鐵廠的工作總結交給了趙貞富副書記，趙副書記把黨和上級新的委任也告訴了他，安清木這五年在恒春縣的工作表現，上級掌握得很清楚並給與正面的肯定。不日，安清木被新任命為金溪縣人民政府副縣長，於十月一日正式上任，同時趙貞富副書記也升任為正書記。安清木得知這個新委任之後，倍感歡欣鼓舞，覺得肩上的責任更重了。這年安清木才三十三歲，正值身心健康和身強力壯的年齡。

　　1962年，十月一日，國慶節，金溪縣人民政府大院張燈結彩布置得紅紅火火，到處都有喜慶的顏色，大門口兩側牆上的大紅漆標語："中華人民共和國萬歲！""鼓足幹勁、力爭上游、多快好省地建設社會主義！"重新油上新的紅漆。安清木也正式上任了，到了安排好的辦公室工作。副縣長以上的領導幹部，配有通訊員和司機各兩名供大家使喚，出差用車時需要提前向司機預約，車輛都用國外製造的奔馳牌，可能是前朝留下來的吧？

　　王美菡知道丈夫安清木晉升為副縣長，雙眼若似流星，笑逐顏開，她的內心很佩服自己的丈夫，只不過平時嘴上難免有酸溜溜的語氣。王美菡被安排在縣百貨公司當布票管理員，專門負責每年收發全縣的布票。具體的工作是：每年發放新的布票給全金溪縣的居民，回收用過的布票，交換外省的布票，比如山東省的布票不能在永福省使用，必須轉換成當地的布票才能在當地購買

布料。安清木每月工資升到 117 元，屬於高薪階層；王美菡的月薪是 36 元，屬於普通職工。夫妻倆總共月入百多元，算是中上的收入，只不過是一家五口人，加上每月給林花村的父母弟妹和王美菡的母親一些零用錢，內外十餘口人的生活用度還是能夠維持下去的。

過了幾日，安清木已經接到新的任務了，還是新題老作，委任他當總指揮，用一年的時間把金溪縣沿海的防風樹林帶搞好。招募本地的民工由各鎮的政府機構來籌辦，每次建設工程都是一支民工大軍，對於安清木來說是駕輕就熟，沒有難度。只是每次他都要親力親為和民工一起奮戰在最艱難的崗位上，因此也得到民工的支持與配合，順利完成黨和上級交給他的任務。

在這一年裡安清木很少回家，間中王美菡帶上安娜去探望他。有工程開展的時候，安清木帶領的團隊會在當地徵用百姓空餘的房子來住，一般情況下，指揮部就選擇在華僑的大屋裡，華僑的家屬都樂意借出他們的空房出來給政府暫用。

金溪縣的地理位置是三面臨海。龍壺鎮一帶的民謠："九月颱風起，鍋中沙作米。"不做沿海防護樹林帶，疾風把沙石不斷吹入內陸，長年累月土地有沙漠化的危險。

風口上植樹造林是非常艱難，所用的工具卻都是原始與落後的，過程全靠人海戰術，中國人民樸素勤勞的優勢在這個年代發揚光大。領導幹部必須帶頭衝在第一線，每天都是風雨無阻、一路前行的苦奔忙。

安清木他們在海邊先築一道幾公里的土石屏障，再把"木麻

黃"樹種植在海邊的防風林帶裡。

安清木帶領同志們和民工奮戰了一整年,順利地完成了沿海防風林帶的任務。經年以後木麻黃長成大樹成林,擋住了風沙與颱風的吹襲,防風樹林帶對沿海地區的百姓和生態環境起到了巨大的保護作用。

安清木完成沿海防風樹林帶的任務後,沒過多久另一個任務又來了,也是植樹造林,這次是把金溪縣所有的310公里的公路全部綠化,同樣的是從林木種植場把耐旱、耐潮、耐鹽鹼、抗風固沙的小"木麻黃"樹移植到公路的兩旁,兩旁樹林作為防風沙與綠化的功用,平日也為在公路上來往和踩腳踏車的百姓造福解乏,在炎夏季節遮擋烈日暴曬;在雨季中遮風擋雨;同時也給金溪縣上了一道綠色的風景線。

安清木接到這個綠化公路林總指揮的任務後,也是起用建防護林帶的舊班子,然後召集全縣二十多個鎮的鎮長來開會,會上討論和布置具體植樹的工作。木麻黃移植後必須按時澆灌和派人護衛,有損壞樹木的每株罰款人民幣五角。

人民對建設新中國懷有無限的熱情與期待,人人都願意積極參與,所有的基建意味著人們未來的生活會越來越好。金溪縣的公路很快地全面展開了植樹造林的工程。安清木和同志們風雨不改、日日奔波於各鎮的植樹工作上。

眾人拚搏了接近一年,全縣很多公路兩旁換上了翠綠的新裝,植樹工程進展完成了一大半。

光陰似水流走，又到了1964年，金溪縣的夏天驕陽酷熱，無風無搖。

　　這一日，菁山鎮公交車走下了一位六十多歲的高瘦老人，這老人一身黑色粗布衣著，人容長臉，滿臉皺紋，古銅色的皮膚，看樣子是十足的鄉下人，這個老人是安清木的父親安郊運，他搭乘公交車來探望兒子安清木一家人。他一路走向市鎮中心，瞧見公路兩旁有整排半個人高的綠色樹木，順手把生得像長長的胡須一樣的木麻黃樹掐了一支下來，放在頭頂上遮那猛烈的陽光。片刻之間，有兩個小伙子跑上來截住了安郊運。

　　「老人家，你隨意折斷樹枝，政府規定要罰錢的。」其中一個小伙子帶著責備的口吻大聲嚷道。

　　「我不知道啊⋯⋯也不識字，不知道政府的政策，還有我身上沒帶錢啊。」安郊運眉頭一鎖，心裡緊張了起來，支支吾吾地說著。

　　「摘折一支樹丫罰錢五毛，你不會身上連五毛錢也沒有吧？」另一小伙子用疑惑的眼神看著這位老伯，接著質問道。

　　「我真的沒錢，我大兒子叫安清木，是咱縣的副縣長，這次種樹是他帶隊的。」安郊運迫不得已把兒子的名字講了出來，此刻，他的臉皺得愈發厲害。

　　兩個年輕人看著眼前這個衣著土味的鄉下佬，絕對不相信老伯的話。真是人民群眾的眼睛是雪亮的，到處布下了天羅地網。一時之間，雙方無法解決問題，小伙子二人把安郊運帶到縣人民

政府辦公室去理論。

三人進了縣政府大門，向通訊室的門崗報了來意，門崗老李把安清木辦公室的位置告訴了他們，他們到了安清木的辦公室，這日，安清木恰巧不在，他去了石鼓鎮查看新種植的木麻黃的進度，正好隔壁柳奇亮縣長在辦公室裡辦公，一眼看見安清木的父親，可安郊運並不認識他。兩個青年人向柳縣長說明了事因。

「我認識這位大伯，我幫他把罰款交給你們吧。」柳縣長說著往口袋裡掏出五毛錢給了這兩個小伙子。

「好的，這是收據。」一個小伙子從口袋裡拿出一叠印好的小收條，撕下一張遞給了柳縣長，隨後向柳縣長點頭微笑告辭。

事情解決以後，各自散了。兩個年輕人心裡半信半疑的，唧唧咕咕地回到他們的工作崗位上，繼續守護著公路林。

安郊運懷著忐忑不定的心情去了兒子的家。安清木、王美菡和三個孩子半年前已經搬到在縣人民政府大院後面的幹部職工宿舍。安老伯從政府職工食堂對面的黑色大門後的石階走下去，拐彎直走五分鐘就到了。政府還多分配在政府大院裡面的黃樓的第二層的一間大臥室給安清木休息。

這個幹部職工宿舍院子的造型成"一目"字型，全部清一色的土墩平房，四周用土牆圍了起來，中間再建二排平房，左邊拖一排平房，平房的旁邊有一口水井，目字中放一個空地，每幢平房的牆下有淺淺的用水泥鋪的排水溝。院子有一扇大門，院子的右上角架著一座小木橋，這小木橋通往縣政府大院，供院子裡的

工作人員上下班使用；右下角有一座男女公廁，院子裡間中散落著幾棵木麻黃樹；大門口進來的小路旁有幾株矮胖的夾竹桃。幾十戶人家全部是金溪縣科、局長以上的幹部和家屬，還有兩三戶是高幹遺屬。

次日，安清木回到家裡，聽到老父講罰錢的事，只說那是政府的規定，人人有責，問了誰幫助出的罰款，老父說當時糊里糊塗的記不住了，是一位中年男幹部替他出的五毛錢。安郊運住了七八天，安清木給了他一些零用錢，老人搭車回林花村了。安清木是個孝子，每次父母親來探望他們，他都會拿錢給二老的。

1965年，一月三十一日，大年廿九，剛巧是安娜農曆的生日。這一天，王美菡給安娜慶祝生日，煮了一碗閩南麵線，把一些肉絲和一個剝殼的水煮雞蛋放在麵線上。本來只有壽星才能享用這碗麵線，王美菡說是大年廿九，所以這個早餐特別煮麵線給大家吃，三個孩子都很開心。每逢新年，王美菡一定會給每個孩子做一套新衣服，因職工宿舍院子的小孩在初一都會穿上新衣服。縫製新衣服的事宜，除了叫安巧慧做，有時也叫兄嫂幫手。前年巧慧已經回老家林花村了。

大年安清木也一定在家裡，王美菡還會做很多好料的食物，清一色的閩南傳統料理，全部是油炸的食物——炸肉丸、炸醋排骨、炸雞卷。名曰雞卷，跟雞是毫無關係的——去皮的三層肉、小葱頭、削皮的馬薯切碎和地瓜粉攪勻包在豆皮裡卷成條狀，蒸熟涼乾後，再下油鍋炸至金黃色。甜的叫炸棗，用地瓜煮熟剝皮攪爛加上糯米粉和紅糖，捏成一塊橢圓型的薄餅，然後下到油鍋裡炸到浮起即可。

年廿六，王美菡已經開始忙於過年的事情了，她的字典裡過大年堅持向鄰居看齊，給自己的孩子穿新衣服和吃好吃的食物。她怕自己的孩子去看別人吃東西會丟人現眼，也會把自家和鄰居作比較。如果不是這些因素的羈絆，說不定，隱居山野入桃花源時，過新年她什麼東西也不準備弄了？

　　王美菡除了保證孩子不餓肚子以外，平時甚少買零食給孩子吃，閩南盛產的龍眼、荔枝、楊梅、柑桔和石榴一年到頭不曾買一粒半個回家來給孩子吃。兩年前，安山、安川實在想吃點甜的東西，就用椅子和雙手托住安娜伸手去衣櫃頂把有糖衣的藥片拿了下來，三人分別把藥片放入口中舔藥的糖衣之後，再把苦藥吐掉，享受一下甜味，畢竟糖衣太薄了，大概是甜頭太小了，又有點像糖衣炮彈，只試了一次，三個小孩覺得沒趣，也就不再胡弄了。去年開始，安山和安川分別上了小學。

　　這年，安清木的三弟安青淵大學高考成績全省第二名，榮獲東北哈爾軍事學院的錄取，是帶解放軍軍銜和著軍裝的大學生。安青淵被派到船舶系學習，同學多數是中央的高幹子弟。這件事安青淵給安家和家鄉帶來了很高的榮譽。

　　安娜已經五歲多了，這日，星期六，她看見隔壁柳縣長雙胞胎的女兒穿著整齊的校服從幼兒園回來，心生無比羨慕，向王美菡大聲喊道：「阿媽，我也要上學。」

　　「不行，咱們不能跟別人比，你小時候放到托兒所天天哭，是你舅父把你抱回家的，你早就忘記了。」王美菡不耐煩地解釋給安娜聽，還故意揭安娜的短處，但是，哪有幼兒能記得前事呢？

「阿媽，現在我長大了，再也不會哭了，我會聽老師的話，好好學習的。」安娜以央求的口吻向王美菡說道。

「好啊！等你阿爸回來，我問他一下？看他同意不同意？」王美菡以半安慰半哄半騙的話告訴安娜，其實最大的原因是全日制包吃包睡的幼兒園是要花很多的錢，以王美菡的理財觀念不可能讓孩子去上這樣的學堂，還有她認為這是多餘的事情。

又過了很久，王美菡才讓安娜上金溪縣實驗小學的幼兒園，不住校的，學費很便宜。安娜正式上了幼兒園以後，她並不是很專注學習，到了下課敲鐘時，她已經迫不及待地跑到課室後面的木馬上去玩，有時候跑慢一點還搶不到木馬呢。

清明後又接谷雨，初夏涼風清爽，金溪縣公路上兩旁的小木麻黃樹疏綠疏綠的，將來小樹長成大樹，到那時踩腳踏車的民眾與趕馬車的車夫在炎夏不必再挨受烈日的灼曬了，風吹雨打也有了遮擋。

雲月翻回，曉日初照，安清木已經在辦公室裡工作了，將近中午時分，聽到門口有敲門聲。

「安副縣長在嗎？」一個熟悉的聲音低聲喊道。

「進來吧。」安清木朗聲回道。

推門進來的是潭一深，自從大春煉鐵廠撤回來後，他一直在縣政府當通訊員。

「安副縣長，趙書記叫你去他的辦公室，他找你有事情⋯⋯談一談。」小潭眼若星點，笑道。

「好啊，我馬上去。」安清木微笑回道。

「我回去啦。」小潭說完轉身小跑著離開了。

安清木整理好桌子上的文件，關上辦公室的門，經過幾間辦公室就到了趙貞富書記的辦公室，辦公室的門半掩著，安清木直接推門走了進去。

「清木，快坐下，喝杯茶。」趙書記熱情地說。

「好的。」安清木說著坐了下來，把茶几上為他準備好的茶喝了幾口，雙目炯炯有神、默默地看著趙貞富，他心中猜測可能有新的任務要指派給他了。

「清木，上級和縣委常委決定派你去當建設雄雞攔江大閘的總指揮，你知道的⋯⋯咱們泉興地區九個縣市 400 萬人口的水資源都是來自金溪江，每年刮颱風發大水和旱季周圍平原上十二萬畝的水田都得遭殃，所以這項工程事關民生，其責任重大和非常的艱巨，雖然大閘地理位置靠近泉興市，但上級特別委任咱們縣來主導，所以這項工程的領導班子由你組建，民工一萬多人也由咱縣調集，希望你能夠很好地完成黨和上級交給你的任務。」趙書記語重心長地說道，笑容可掬。

「好的，保證完成任務。」安清木義無反顧，欣然地接受了這項任務。

金溪江的源頭是從恒春縣的祥雲山脈一直流下來的，江的全長 182 公里，流經泉興地區再流入東海。安清木與祥雲山脈真有緣份，金溪江更是泉興地區的母親江。

　　他們二人又談了許多具體的方案，才各自回去吃午飯。原來縣人民政府有縣委常委，通常有五人組成，正副黨委書記兩位、正副縣長兩位加上武裝部長一位。此時，安清木還不是縣委常委。

　　安清木回家吃了午飯後，到了辦公室就把本縣工作能力最強的幹部擬了一份名單，然後叫通訊員小張送給組織部，組織部專門負責官員幹部的人事調動。

　　過了二日，雄雞攔江大閘的領導骨幹全部到齊了，安清木和他們在會議室開了一整天的會議，會上任命各個部門的主管，與安排他們具體的工作範疇。

　　總指揮安清木主要在工地現場應付各項工程的進度和處理突發事件，縣水利局局長景言火當副指揮，他專門負責大閘的專業技術，設計師黃乎善當總工程師，副指揮顏泉負責民工的調度，副指揮高至先負責工具材料的供應，洪圩當財務主管，施正禕當後勤主管，還有另外幾位主管負責其他的事情。除了水利局景言火和設計師黃乎善是專業的，其他的同志都是從各個部門調來的。

　　雄雞攔江大閘設計全長 327 米，28 孔閘門，蓄水位 6.48 米，水庫容量 745 萬立方米，年供水 10 億多立方米，是一座具有防汛、抗旱、供水、灌溉与航運等功能的大型水利工程。

萬事俱備，在雄雞攔江大閘工地旁舉行了盛大的工程奠基典禮。這一天，炎日灼照，微風吹拂，王美菡也帶安娜去湊熱鬧。總指揮安清木上台發言，給同志們和工友們講了黨的方針政策和鼓勵的話語等等，黃總工程師和工人代表等分別上台講話。

　　浩大的工程靠的是萬眾一心與無窮的幹勁。首先把舊的雄雞大橋拆掉，趁金溪江短暫的枯水期把大閘的地基打好。幾千個民工用手推車載沙石來回奔跑，民工們手抱沙包人接人放入江中填墊擋水的堤壩。工程進行得如火如荼，每天十二小時運作，因江水激流和天氣都是變幻莫測的，在緊要的關頭，工程在夜晚也要進行。安清木帶領的團隊與上萬人民群眾日以繼夜、雨淋日曬在工地上不辭勞苦的工作著。領導和民工吃住都在工地上。

　　眾人奮戰了將近一年的時間，由於金溪江的江水非常湍急，合龍攔江堤壩遇到了困難，這端堵那端缺。這一日，正當堤壩合龍的緊要關頭，大家突然聽到一聲高呼大喊：「同志們！再加把勁。咱們一起抱沙包跳入江中，木船也隨時待命，最後合龍咱們一鼓作氣把這個最艱巨的任務完成吧。」這是總指揮安清木的喊聲。

　　安清木挺起胸膛手抱沙包搶先奮力跳入江中，眾人看到一個八尺大漢跳入江中，一眼看出是他們的總指揮安副縣長，大伙們立刻士氣高昂，須臾間，近千個民工毫不猶豫地抱著沙包紛紛跳下去，木船迅速去堵另一個缺口，最後成功合龍。眾人興奮得大喊大叫起來，欢呼聲起伏不迭、掌聲雷動。為了這最艱難危急的堤壩合龍，安清木在工地現場指揮，三天三夜不曾合眼，雙目血紅，全身僵硬，然而勝利的喜悅却把他的疲勞沖淡了一半。

自從大春煉鐵廠回到金溪縣的四年裡，安清木馬不停蹄地指揮了三個民生的大工程，雖然疲憊不堪，忽視妻兒，但內心非常喜悅，深感欣慰，總算把之前煉鐵的不足彌補了過來，縱然是按照上級的指示，作為執行者，心中總是有思量的。

新中國成立以來，年年都在搞基礎建設，廣大人民群眾熱情高漲如通紅的火焰不斷在燃燒，人人踴躍參加，不想落後於人。政府幾乎都是使用人海戰術，安清木成了金溪縣基建狂魔的領頭羊，雖然一路上險阻艱難，但他卻是很樂意與十分的投入。

正是：
      祁寒暑雨侵，風沙何茫茫。
      熱血尚未冷，奮勇奔征程。

第八章　　黑天鵝飛來

一曰：
　　天氣超飄忽，無妄之災突。
　　莫須有之罪，反反又覆覆。

　　造物主賦與人類智慧和能力，人類成了地球上所有生物的霸主，禽獸被固有的本能和基因牢牢套住而受制於人類。可是人類也有本能和遺傳基因，因此在和平年代，人們會表現出善良、溫和與仁愛。在動蕩年代，人們會變得不安、過度自私和暴戾，其劣根性完全被釋放出來，把獸性發揮得淋漓盡致，從而為所欲為、肆無忌憚、任意踐踏與虐待別人來取得快感，其行為達到十分變態的程度，所以有時候信仰與宗教顯得很重要，然而過度的信仰又會把人類催化成狂熱分子。人類的聰明令自己更加複雜多變，不能自馭，在這裡一言難盡。

　　正是：
　　　　聰明反被聰明負，蒼穹在上自有度。
　　人生：
　　　　前榮後枯時常有，猶如春水總東流。

　　言多必失，話歸正題。1966 年，正值春紅褪盡，夏綠肥。無產階級文化大革命的炮聲已經在北京首都打響了。到了七月，雄雞攔江大閘的堤壩成功合龍的第三天，安清木接到縣委的通知必須立馬返回金溪縣參加學習運動。

　　中國的歷史悲劇時常會出現重演，其過程異曲同工，類似唐代武則天的恐怖酷吏政治在新中國已經拉開了序幕。無產階級

文化大革命？實際上全國上下黨政官員和百姓幾乎全部是無產階級，解放後，經過土地改革、公私合營，之前的有產階級早已變成了無產階級，所以這場空前浩蕩的大革命就是無產階級革無產階級的命。所謂的文化，遠古的九鼎與和氏璧早已不見了蹤影，幾十年前的五四運動也破了一些舊物，加上外強的屢次掠奪，中華民族的家底已經所剩無幾了。當前普羅大眾文化水平也不是很高，所以這場文化大革命其實是一個幌子。

如果中華民族在努力建設自己的國家之後，人人從無產階級成為有產階級，那不是天大的喜事！皆大歡喜嗎？有美麗的國家，人民能夠幸福地生活，這不是中華民族長期奮鬥的目標嗎？可是當時有產階級是被針對的一族，政治氣氛是："越窮越光榮！"

文化大革命八月正式開始了，傳媒同時鼓吹極至的個人崇拜，猶如封建王朝的九五之尊，百姓只差不必三跪九叩而已，但儀式感十足，在很多場合你會常常聽到與看到人們激動地高呼："萬歲！萬歲！萬萬歲！"，"身體健康！永遠健康！"，這跟中國共產黨建立新中國的初衷與理念相去太遠了；還有鋪天蓋地的歌功頌德歌曲日日在紅色大地上響徹雲霄，嘹亮的歌聲夜夜在人們的腦海裡迴盪，人們隨時隨地能夠朗朗上口唱幾句。

安清木回到金溪縣就有兩個眼若饞鷹、刀眉微鎖的幹部截住了他，把他叫入一間早已準備好的隱秘房間。當時稱為國家幹部的是黨政機構的職員，幹事是預備的官員，工商業機構工作人員皆稱為職工。一些有野心、平時工作不積極和對現狀不滿的人早已結成一伙，這個團伙美其名叫造反派，他們派出戰鬥隊四處張羅，把大約八成的黨政機構領導人員分別隔離監控起來。真是：

飛鳥未盡，良弓藏，狡兔未死，走狗烹。

安清木被完全隔離了起來，不准跟外界接觸，每日每夜有不同面孔的人對他進行審訊。他們採取疲勞車輪戰術，把羅織捏造的一大車莫須有的罪狀：通敵，假黨員，混入革命隊伍和蛻化變質等等，不斷逼迫他簽名認罪。

「安清木，你這個死不悔改、頑固不化的走資派，還是老老實實地低頭認罪吧！儘快地把你的罪行如實的交代出來，實際上，你的這些罪證我們早已掌握得一清二楚了，你也很清楚國家的政策一貫是——坦白從寬，抗拒從嚴。大塊頭！趕快簽了吧？」一個三十歲上下，生得五短身材，有著一張大餅臉，用金魚眼直勾勾地望著安清木，粗聲呵斥道，手指向桌子上的一份材料，接著用手往桌子狠勁地大拍一下，有點像戲中審案的官老爺上堂。

坐在旁邊的另一個也是三十來歲，削薄高挑身材，猶如一株老毛竹，一副橄欖臉，凹摳眼，皮笑肉不笑地翹起二郎腿，正在用右手慢條斯理地摳左腳的腳皮。

「你們這些材料全部是子虛烏有，我自己所做的事情，我很清楚，不需要你們給我胡編亂造，我不會抹黑自己的。」安清木站著淡淡地回答，絲毫不屈服於這幫造反派的淫威。

「你老母的，你這個大塊頭的態度真壞，腦袋像花崗岩一樣，十足的死硬派，我看你能扛多久。」大餅臉提高嗓門大聲叱罵，口沫橫飛，登時氣得紅脹了面皮，貌似一盞紅紙燈。

安清木早已認識來沓土，他原本在輕工業局當一名門衛，平

時很懶散，工作並不積極。

來沓土啅啅磕磕口噴一大堆閩南髒話之後，跟著毛竹竿推門出去。緊接著換上另外兩個人，也是一臉凶殺的樣子，天天叫安清木站著，不許坐下，而且給與睡的時間也是很少，他們日夜輪流換班，迫逼安清木承認並簽下他們為他擬定的罪狀。連續幾十日，雖然只有凌辱漫罵和花樣百出的體罰，但疲勞車輪戰術時間一久，正常人也是吃不消的。當然對於安清木這樣的地下黨過來的硬漢，這種折磨只是小菜一碟，只不過他滿心悲憤與委屈，欲加之罪，何患無辭呢？

這一伙造反派咒罵和折磨人的花招如同樣板戲一般，大多數是從廣播電台與報紙抄襲而來的。

安清木初初以為是黨和上級在對他們進行一場"試真金"的考驗運動，正如傳媒經常在宣傳的："掃帚不到灰塵不會自己跑掉！"自己一心一意、沒日沒夜的為黨的事業而奮鬥，入黨時的誓言："永不叛黨！"始終銘記在心，相信黨和人民不會冤枉他的，凡事問心無愧，而且自己常年累月在搞民生基建，沒有功勞也有苦勞。所以隔離審訊時，他的態度平常，不吭不卑，因此又被造反派多加一條態度惡劣的罪狀。

"風雨欲來風滿樓"，黨中央接二連三地向全國各地政府機關發文件指導最新的方針政策，中央人民廣播電台和報紙也號召全國人民起來造反，開展無產階級文化大革命。瞬息之間，國家機構與民間四處暗藏已久的沉滓泛起，那些野心勃勃、好吃懶做和對社會懷有怨恨的人紛紛起來扮演革命造反派的角色，務求在這一場國家元首發起的運動中發洩不滿情緒，趁機報復，撈到好

處，甚至當官或是官升數級。

思想激化到行動，這些造反派苦思冥想為了得到更多的政治資本，從“無產階級文化大革命”這組字抽絲剝繭去演練，妄自忖度領袖與中央的意思，慷國家之慨，恣意妄為的瘋狂地破壞國家財產。首先組織破除戰鬥隊把金溪縣人民政府大院裡，看似精緻美麗的植物如茉莉花、玫瑰花、白玉蘭和葡萄樹全部連根拔起破壞罄盡，只留下夜來香、夾竹桃、無花果和荔枝樹這些粗養不起眼的花果樹木。解散縣裡的木偶戲劇團，把所有美麗的木偶當成垃圾處理掉，到處毀壞文化藝術古物，妄自把國家所剩無幾的優質財產和文化全部砸爛至化為烏有。繼而到處貼滿各色各樣的大字報和醜化領導幹部的漫畫，任意捏造罪狀，陷害黨政官員。這伙人舉著“橫掃一切牛鬼蛇神！”的標語，他們的自私、無知、發洩、報復的變態行為愈演愈烈，一發不可收拾，黨政官員與美麗的物事同時遭殃。

鎮與公社的一伙人也跟風照辦，只是金溪縣這個閩南小縣也沒有太多的文化古物供這幫造反派折騰。

野心家為了把兢兢業業的黨政官員妖魔化，給他們冠上“牛鬼蛇神”的封號。真正的牛鬼蛇神誰敢去挑戰呀？見者必亡！這是野心家的技倆，給魑魅魍魎壯膽罷了。其實人一旦作惡起來比什麼都可怕，其凶殘程度比惡鬼更加恐怖。

王美菡也接到縣辦公室的通知，要立刻遷出安清木在“黃樓”二層的臥室。王美菡把放在黃樓臥室的衣服什物收拾好放入麻布袋子搬回職工宿舍的家，想到老安在家裡沒有辦公桌子，因此叫幾個力氣大的工作人員幫手把臥室裡一張超大棗紅色的辦公桌搬

到家裡，順便也把一張三人座的洋花沙發搬過來。辦公桌從臥室的另一個外門搬進去，沙發太大連門都沒辦法進入，因此工作人員再把沙發搬回了黃樓。事實上沙發能塞入屋內，也沒有足夠的空間放置。那張辦公桌是往後十多年安家唯一最堅實和像樣的傢俱。

安娜上的幼兒園已經解散了，大哥安山、二哥安川上的小學仍未停掉。社會上從本來朝氣蓬勃和安詳憨實的民風倏忽變成了偏激衝動、情緒如麻和不安本分。

《道德經》："天地不仁以萬物為芻狗，聖人不仁以百姓為芻狗。"這個年代何日"芻狗"，知道的人並不多。因為民間的祭祀很少了，祭逝者全部用紙扎的紙人、紙屋等等，用草扎成狗是沒有的，可能陰間不養寵物吧？

來呇土和毛竹竿這伙人其實是打手兼狗腿子，背後有宣傳部副部長林催勝、衛生局科長臣句和公安幹事漲洪在當幕後策劃者，通訊員潭一深也加入這個團伙。第一步，他們先把金溪縣副縣長以上的官員和科局長這些曾經參加過地下黨和有海外關係的官員分別隔離審訊，每位官員都被羅列一大堆罪狀，其罪狀五花八門，匪夷所思。

縣以下的鎮與公社各行各業的一些官員；鄉村在前朝沒有逃亡的甲長、保長也被揪出來重審，號稱：地富反壞右分子。被打擊的對象皆是全方位、無死角的範圍，倏忽天下風聲鶴唳，人人自危，一片熾熱的恐怖氣氛籠罩著整個中國大地。

慶幸的是解放後安清木在林花村的家庭成份是："上中農"，

因安家有很多田地，但都是由自己家裡的眾子女來耕種的，並沒有僱用別人來勞動，無剝削的成份在內，不然的話，安清木的老父安郊運也會被抓起來審查甚至批鬥的。解放後農村的家庭都劃分階級成份：地主、富農、上中農、中農、貧農。貧農的成份最純潔優質，是上好的政治資本，填寫個人資料表格時，下手最為輕鬆愉快。地主和富農是剝削階級，運動一到，鑼鼓一響，都得準備被揪出去批鬥、遊街示眾。

全國上下的口號行動一致，罵人的言論和折磨人的刑罰手段幾乎是一樣的，當然個別省市有的天生凶悍的就另當別論了。被審查的官員，有的身心皆被百般侮辱與摧殘，他們都是敢怒不敢言，身心受創，萬念俱灰，不知所措，百味人生，苦不堪言。

金溪縣以林催勝為首的造反派戰鬥團隊對趙貞富書記、柳縣長和安清木副縣長等官員的車輪戰審訊得不到什麼效果。其實，趙書記他們這些官員已經從解放以後的大小審查、鑑定以及觀察了十多年之久，而且是在："階級鬥爭年年講，月月講，天天講。"的環境下進行工作的，幾經淬煉，個個都是剛正之氣、兢兢業業和大公無私的人民公僕，何謂資本主義復辟呢？簡直是天大的冤枉！

第九章　　無妄之災

一曰：
　　昨日煙花熱，今宵暴風冽。
　　運命誰決擇？天地有分別。

1966年，八月，天氣酷熱，蟬蟲亂鳴，麻雀吱喳，金溪縣的中小學已經放暑假了。國家正式宣布所有的學校放假至明年暑假，金溪縣的高中生、大學生和年輕人順勢組織成立了紅衛兵團隊，準備到處串聯大肆鬧革命。

林催勝這伙人有進一步的行動。這林催勝年三十七、八歲，生得雄壯，中高個頭，粗腰肥背，面闊唇厚，更兼刀眉星眼，挺鼻權腮，臉色呈淺淺的豬肝紅，平時話語不多，和妻兒也是住在職工宿舍的院子左下角的一排土墩房的裡外兩間房；妻子娘家就在菁山鎮，住在職工宿舍院子對下的一個叫古井仔的小村落。幾個侄兒正值青少年，仗著地頭勢力而稱霸一方。

這日，林催勝、臣員和漲洪等幾十人聚集在宣傳部的辦公室裡開會，總結這一個多月來對金溪縣官員的審訊戰果。

「戰友們，大家好！偉大舵手毛主席教導我們："一切行動聽指揮"，咱們這次真的跟上隊伍了，這場新的革命暴風雨才剛剛開始，他老人家又說："革命不是請客吃飯"，大家必須幹得更狠一些，也應該要理解他老人家的旨意，咱們一定要認真的把他的精神貫徹到底，今後才有更輝煌的日子。」林催勝星眼發光，環視著在場的戰友們，首先以他那天生的雞公聲嚴詞厲色地發言。

「是的，林司令，你說得太對了。咱們光光是把那些土八路、鄉巴佬抓起來隔離審訊還是不夠辣、不夠徹底的，那些人個個是老頑固分子，跟茅坑的石頭一樣又硬又臭。」漲洪渾身顫動著，拳頭緊握說著說著不自主地站了起來。

　　這漲洪年三十左右，身材結實粗大，不高不矮，短葫蘆瓜臉，生得滿臉油痘，擠壓油痘的臉變得紅紅黑黑一塊塊的，整張臉很不齊整。

　　「那是，激情也要有些策略，小深你要時刻盯住人民日報的動向，仔細收聽人民廣播電台的報道，一有新的指示和動向，咱們立馬跟上去。」造反派副司令兼軍師臣員以低沉的聲音慢慢說道。

　　這臣員年四十出頭，中胖身形，面相一般，行為表裡不一，平時溫油有禮，內心一肚子壞水，也常常自命不凡，盼有出頭之日。

　　臣員接著陰陰地說道：「現在主要是先把咱縣的兩條強龍死死地壓住，一條是第一把手北仔老趙，另一條是大塊頭安清木，這兩個最難搞。實際上，北仔老家山東離咱縣山長水遠，就算弄死，他老家的人也不會跑來吃人命的。」臣員說完臉上露出猙獰的浮笑，令人不寒而慄。

　　閩南的風俗有冤死的或者自殺的，老家的兄弟姐妹和宗門親戚會結集到肇事的家"吃人命"，就是抄傢伙到對方的家，把家裡的什物全部砸爛，既泄恨又得彩頭，冤事方了結。

「屎……他老母的，要是有把機關槍……老子把全縣的那些鳥官全部掃射死，一了百了。」漲洪口吐飛沫憤怒地咒罵了起來，霎時，漲洪目露凶光，頗有嗜殺之態，令人心驚膽顫。

「老漲，先別衝動，小深，你在煉鐵廠跟了安清木這麼多年，難道找不出他的把柄嗎？再好好的回憶一下？」林催勝一邊向漲洪擺手，一邊望向潭一深，滿腹疑雲地說道，須臾，他的眉間皺了起來，整個人陷入了沉思。

「我真的想不起來安清木有什麼過失，如果說他晚上叫我去給他倒夜壺，不知道這算不算是罪狀呢？」潭一深以羞澀的口氣說著，臉上一陣紅一陣青的不好意思起來。

「哈哈……你這個人小巧玲瓏……細皮嫩肉的，誰不相信啊？原來你也有那種癖好去窺覷別人的床事。」來沓土不由得噗嗤一聲笑道，接著在場的人也哄堂大笑起來。

「別鬧了，說正經事。」林催勝把臉一沉大聲喝道。

「小深，你回去把大塊頭的材料詳細地寫一份備著，有機會才讓你上台申訴。」臣員溫油地說著，雙目故意把潭一深的嫩臉多看了幾眼。

「好的，我一定照辦。」潭一深一面點頭，一面嗓音升高了一度清脆地說，接著，低頭怔怔地望向地下發起呆來。

潭一深心想老安這隻不鏽鋼公雞，平時鐵面無私，跟他幹活又累又沒有好處，升級也困難。反正自己已經娶妻生子了，說倒

夜壺也不怕丟臉。其實他從未給安清木倒過夜壺，遠的在大春煉鐵廠，老安和妻兒住在家裡，還輪不到他去提夜壺；近的在黃樓那裡有設置廁所，沒有人用夜壺。可是這次翻身機會不抓緊，難道自己當一輩子通訊員嗎？想到這裡他深深地倒吸了一口氣給自己壯壯膽子。實際上小潭工作級別也有些升遷的，從局裡的通訊員升到縣級的通訊員，只不過是微小的升級罷了。

這伙人又討論了大半日，會上決定過兩天先開一場大型的批鬥會。吩咐幾個幹將去縣裡的政府部門和各行各業糾聚民眾，兩天後去新落成的體育館開批鬥大會，其他人去準備標語、布置會場、製造醜化被批鬥者的道具等等。

王美菡在百貨公司上班，不知道安清木被隔離審查了，因安清木經常不著家。但上班時聽到有幾個同事在議論紛紛，報紙和電台也天天在講文化大革命的事情，公司一些平時不起眼的同事也在蠢蠢欲動，心中有不祥之感，但她也無能為力，只好靜觀其變。

開批鬥會的前一天晚上，林催勝這伙造反派把金溪縣的十多位黨政官員集中在縣人民政府大院裡，繼而把他們關進食堂後面的兩間雜物房。

在押解他們到雜物房的路上，兩個打手在大聲地講閒雜話。

大餅臉来沓土興奮地嚷道：「明天的萬人批鬥大會選在剛剛落成的體育館，真過癮。」一霎兒，他的兩隻手掌快速地搓了起來。

「是啊，體育館跟這裡的距離最近，搞批鬥、看球賽和文藝表演很方便的，明天有好戲開場囉。」毛竹竿說完嘻嘻地獰笑著。二人越說越得意忘形，還對換髒話，感覺很過癮和十分刺激。

到了深夜，看守正在外面打瞌睡，衛生局局長宋林對著莊炎秋不忿地說道：「炎秋，你這個叫自作孽不可饒，千里迢迢飛去菲律賓向華僑富商捐來的美金，建造了這座體育館。咱們還沒來得及看一場籃球比賽，反倒成了自己的深坑，給造反派提供一個萬人的會場，批鬥的場面越大咱們受苦受累就越多。」

「我那裡知道啊，俗話說："有早知沒窮人"，最初也是為了讓大眾有一個像樣的娛樂場所，誰知反倒成了自作自受的地方，我也好後悔啊！」莊炎秋目光直楞楞的，臉上急促地抽搐了一下說道，須臾，深深地倒吸了一口熱氣。

莊炎秋比安清木小一歲，適中身材，文質彬彬，五官清秀。早年加入菲律賓共產黨，雙親和弟妹都住在菲律賓，家境富裕，解放後獨自一人回來金溪縣參加建設新中國，現任金溪縣體育委員會的主任。

「是啊，誰有先見之明呢？炎秋，這次他們把你定了什麼罪？」安清木關心地問道，然後重重地嘆了一聲。

「還不是老一套，他們羅織了多種罪名給我，什麼走資派，生活腐化，還說我是潛伏的特務，全部是順藤栽贓罷了。」莊炎秋聲音嘶啞地回道，哭笑不得，臉上一幅很委屈痛苦的表情。

「大家都別說了，越說就越氣憤，這些人簡直是無法無天，

喪盡天良！」趙貞富書記嚴肅地低聲說道。

雜物房的幾位同志聽完都在輕輕地搖頭唉聲嘆氣，不知道該說些什麼，人人自身難保，個個情緒十分的低落。

「在吵什麼？你們這些走資派還不快點睡覺，明天有新的任務給你們，死不悔改的。」看守在門外大聲斥責，還唧唧咕咕夾雜著一堆大盆小碟難聽的髒話。

順便說一下順藤栽贓的事，就是順沿各位官員的來歷給與訂罪名，也稱為扣帽子。凡是海外來的都扣上"特務"、"通敵"；地下黨失去上線領導的皆扣上"假黨員"、"混進革命隊伍"；生活習慣有特別的就扣上"生活腐化"、"蛻變"等等空穴來風的罪狀。

次日，天微微亮，一群打手就大聲喝叫命令安清木他們趕緊起來，隨便給他們每人一碗稀粥和鹹菜，大家吃完後，叫他們先上完廁所。然後就把他們身上的衣服前後左右潑上墨水，身前身後貼上大紅、大綠的紙條，活像一個插在水稻田裡恐嚇麻雀的稻草人，頭上戴上小醜的長喇叭型紙帽，紙帽上寫著三個大字"走資派"，胸前掛上用鐵絲吊的木牌，木牌上寫上"打倒XXX"其人的姓名，姓名打上紅色的交叉，想方設法來醜化這些官員。幹將和打手個個身著綠色或是藍色的衣服，左手臂戴紅色袖標，被化了醜妝的趙貞富、安清木、柳縣長和莊炎秋等十多人，各自被兩名幹將押著前行，一行人八面威風、氣勢洶洶地趕到離縣人民政府大院十分鐘路程的體育館，到了體育館後，造反派先把安清木他們關進低層的房間。

體育館的內外牆上到處都是標語，標語上分別寫道："毛主席萬歲！偉大的無產階級文化大革命萬歲！打倒走資派！橫掃一切牛鬼蛇神！革命無罪，造反有理！破四舊，立四新！"的字句，還有寫上打倒今天押來含有羞辱言詞的官員的姓名等等。體育館的門口兩旁紅旗招展，抬頭可見大門口上掛著大幅的毛主席肖像，館內中央搭建了一個高台，各界人士與居民伴隨著標準的進行曲步入會場。這首進行曲進一步催動人們激昂澎湃的心情，黑壓壓的一萬多人坐滿整個圓形的體育館。王美菡和百貨公司辦公室的同事也來了，她們坐在最上面的那一層。

林催勝總司令和軍師臣員看到大會人到齊後，大會的司儀潭一深宣布大會開始。

「今天是金溪縣的第一場批鬥走資當權派的大會，把走資派全部押上來，現在請林催勝司令講話，大家熱烈鼓掌。」潭一深以激昂的尖聲對著高音喇叭大聲喊道，其聲音響破整個體育館，繼而，他伸出雙手猛力地鼓掌，與會的萬人也緊跟著鼓掌。

頃刻，二人押一人，一路上，來杏土和毛竹竿等打手喝喝呼呼地把安清木他們推趕上高台，趙貞富和柳縣長站在中間，安清木、莊炎秋、宋林和其餘三位副縣長等官員左右站著，十多位一排站妥，接著大聲勒令他們跪下來，首先向毛主席請罪！他們昔日為官的光榮形象盡失。緊接著林催勝手握著稿紙，大搖大擺地走上講台，滔滔不絕長篇大論地演講，都是"八股文"的形式，幾乎全是東抄西摘合併而來的，控訴趙貞富等人走資本主義道路等等許多捕風捉影、無中生有的罪狀。

趙書記和安清木個個都臉部緊蹙，哭笑不得，頭朝下直視

高台的木板，只聽得人聲喧沸，口號聲震動天地，耳朵翁翁響。他們心裡都堅信真理總有一天會出現的，暫時受一些委屈也無所謂，只是有個別的同志心中萬分後悔，有"早知今日，何必當初。"的感慨，有的甚至有想死的衝動。

林催勝講完又有幾個造反派陸續上台講話，潭一深的夜壺案這次沒有上台申訴，怕引起眾人的哄笑，留著小場批鬥會再說。

王美菡坐在上層，眼看一個高大的身影出現在被押的隊伍裡，心裡一直叫苦，斷定是她的丈夫安清木，因她在體育館門口時沒有詳細看標語的內容，此刻才恍然大悟，王美菡坐在體育館裡如坐針氈，心裡又氣又羞怯，眼淚差點流了下來，強忍著不出聲，怕被身旁的同事發覺，將來又多生一事。

大半日，幾個造反派相續發言完畢。

潭一深高聲喊道：「大家跟我喊口號。」潭一深舉起右手激奮地高呼：「打倒走資派！」緊接著眾人也舉起右手跟隨高呼這句話，潭一深隨後又逐一舉起右手高喊：「打倒趙貞富為首的封資修！無產階級專政萬歲！毛主席萬歲！」眾人跟隨潭一深逐一喊著口號。

口號聲如浪潮般時起時落，山崩地坼，震耳欲聾，似乎要把天拆了下來，折騰了大半日，最後由潭一深宣布大會結束。

「批鬥大會結束，押這群牛鬼蛇神出去遊街示眾！」潭一深聲嘶力竭地大喊道，心頭似有萬般的深仇大恨。

大會結束時再次播放標準的進行曲，會場下層的人群有序地慢慢離開，走在前面的幹將拉著巨大的橫額標語，有的高舉紅旗，有的舉著牌子，高喊毛主席萬歲！打倒XXX！等等的口號。來沓土和毛竹竿等打手同樣是二人押一人，被批鬥的十多人夾在了遊行隊伍的中間，一路上有幹將邊走邊高呼口號，長長不見尾的遊行隊伍走向菁山鎮的大街到縣戲院再折回菁山鎮的小街，這樣繞了一圈再回到縣人民政府大院門前的大操場才停下來，結束遊行。

　　遊行隊伍經過街道的時候，有不少悠閑男女老少與店舖的職員在兩旁圍觀，觀眾的表情，有的興奮難忍，有的咬牙切齒，有的沉默不語，有的驚訝不已，有頑童撿起石頭扔向"被醜化的走資派"，五顏六色好不熱鬧，比看街頭耍雜戲更加喧鬧沸騰。

　　王美菡跟隨遊行隊伍走了十多步便向同事說頭痛請假先回家去了。王美菡一回到家裡立刻把安清木在大躍進期間到北京和中央領導合影的像片藏到米缸裡，心中暗自思索著：萬一造反派查到安清木跟劉少奇、鄧小平的合影就得被罪加一等。

　　一個多月前，趙貞富和安清木他們還在勤勤懇懇地為人民服務，今日，在偉大領袖和傳媒的煽動之下去，人們去揪鬥他們，他們一下子成了過街老鼠，人人喊打；也如同股票市場上的股民，一夜暴窮，一夜暴富。

　　國人歷來對恩怨線上的觀念很模糊不清，有：君子報仇十年未晚，以直報怨；也有：得饒人處且饒人，以德報怨。所以歷史上經常冤情迭起，忘恩負義，過橋抽板，認賊作父，拋妻棄子，三綱五常紊亂。

從中國的歷史上去觀察，君主制度好壞參半，因為人要保持一生不昏庸有極大的難度，人的一生必須經歷愛恨情仇、生老病死和突發災難的考驗，要做到榮辱得失不驕不躁不憂不驚確實很困難。英明蓋世的君主年近昏耄也很難避免昏庸無明，其昏庸很多是心理和生理因素引起的，所以也是自然物，但必須重視這一點，防止歷史悲劇重演。

第十章　　禍不單行

人生中的幸運很多是在盼望中等待的，而災禍卻像金溪江的江水一浪接一浪。

眼看著社會上到處呈現轟轟烈烈的文化大革命運動，人們早已無心思正常工作與學習了，這時候又趕上學校放暑假，似乎將來永遠放假了。這對於平時不愛學習的十歲小男孩安山來說是件十分快樂的事情，安山巴不得始皇再世把所有的書籍全部焚燒掉，從此永遠不必上學了。

這日，陽光耀眼，天氣酷熱。安山平時不愛看書寫字，暑假作業乾脆不做了，在家也沒有什麼好玩的。別看安山才十歲的小男孩，他總愛幻想著未來幾十年以後的世界。吃完中午的地瓜乾粥和鹹白帶魚，他立馬去了他同學張銥的家玩。張銥比他大一歲，也是好玩不愛學習的孩子，父親叫張咨鷹任職金溪縣武裝部副部長。人民武裝部是著軍裝的地方武裝，兼管招兵、監獄和執行槍決死刑犯的職責。

張銥的家就住在體育館對面的縣政府職工宿舍裡，與武裝部很近，這個院子裡的宿舍除了武裝部的軍官家屬居住以外，還住著縣政府領導幹部的家屬。安家從恒春縣回來時曾经住在這裡一段時間。

「張銥，你爸爸的配槍是什麼牌子和型號的，拿出來让我看一看，好嗎？」安山的好奇心突然間發作，迫不及待地問道。

「不行，我爸不准我去碰他的配槍，萬一讓他看見，他會揍

死我的。」張銋一口拒絕了安山的要求，臉上露出為難的表情。

「現在，你爸正好不在家，讓我偷看一下，他也不知道，你也太膽小了，我爸的配槍我已經偷偷地玩過好幾次了，不要緊的。」安山狡猾地一邊鼓動張銋，一邊在吹牛，其實他父親安清木平時對他管得很嚴，可能是他看過安清木的槍，但不曾摸玩過。

「那好吧，我伸手到櫃子頂摸一摸，看我爸的槍在不在？」張銋經不住安山的哀求和刺激答應著。

張銋搬了一張木椅子貼放在櫃子旁，叫安山扶住椅子，他自己站在椅子上伸手去摸索櫃子頂，果然摸到一把手槍，拿到手槍後，張銋手握著手槍小心翼翼、慢騰騰的從椅子上爬了下來。

「把椅子放回那裡去。」張銋用左手指向房角命令安山幫手，安山聽完立刻乖乖把椅子搬走。

「趕緊讓我看一看，好嗎？」安山急迫地請求道，並伸手去搶張銋手上的槍。

「先別急，我還沒有玩過呢。」張銋笑嘻嘻地說道，身子往後退了幾步。

「唉呀！讓我先看看吧。」安山焦急地嚷叫，湊前去搶張銋手上的槍，這時有推門聲。

呼！一聲巨响，張銋聽到敲門聲，緊張之下雙手不自覺地扳動了手槍，子彈打中了安山的右小腿，頓時鮮血直流。推門進來

的是張銶的父親張咨鷹，張咨鷹見狀立刻背上安山跑到武裝部，叫衛生員幫安山止血，處理傷口後，用汽車把安山載到縣醫院去搶救，同時打電話通知在百貨公司上班的王美菡。

王美菡接到電話後放聲大哭，哭聲怪異，猶如有親人亡故的哭喊聲，旁人聽了不知所措又有點兒害怕。公司的同事找來腳踏車把她載到醫院，醫生讓她簽名同意動手術。王美菡坐在手術室外走廊裡的長橙子上，哭啞了嗓子，眼淚也流乾了。王美菡平時對孩子很嚴厲甚至有點摳，但她對孩子的生命卻是十分的看重，在生死攸關的大事上，她無法接受。這次是禍不單行，丈夫安清木被隔離批鬥不准回家，又碰上安山出意外。王美菡心身俱裂，痛不欲生，甚至有死的念頭。

好不容易等到醫生把安山小腿裡的子彈取了出來，手術完成後，王美菡的心情才稍微平靜了一點點。接著她向公司請了假，一天到晚來回於醫院和家裡照顧安山、安川、安娜三個孩子，雖然王美菡體質偏弱但她很有韌力，再大的困難也撐得住。

出了這樣的意外，整個縣政府的家屬都在議論紛紛，好事不出門，壞事傳千里。張銶是家中的獨子，嬌慣得很，因年紀輕而且是玩耍出的意外，只是被父母責罵了一番了事。由於安山的父親安清木成了被打擊的走資派，張銶的父親張咨鷹在職的武裝部是隸屬軍隊的，文化大革命運動中，領袖沒有對軍隊的軍官動刀，軍方的大小官員皆能保住原有的尊嚴和福利。現在兩家的社會地位和身份懸殊不等，張家也就有恃無恐，連上安家去登門拜訪說聲安慰、道歉的話都沒有，此事就輕描淡寫的不了了之。

安山經過了醫生的治療之後，傷口痊愈了，可是走路卻一瘸

一拐的，成了跛腳。當時的社會上鄙視精神病患者、智力障礙和身體有殘缺的人，多數的人貶稱安山為"拐腳仔"或者"殘廢"，王美菡為此哭了好長的時間，日子一久也逐漸接受這個事實了。從此以後安山的人生把俗話："一失足成千古恨"兌現得完全徹底。

安清木在體育館被萬人大批鬥與遊街後，仍然和趙貞富他們一起被關押在縣政府食堂後面的雜物房，對外面所發生的事情一概不知。每天除了被審訊和背念毛主席語錄外，還隔三岔五的被帶去各個縣政府部門開小型的批鬥會，造反派每次都把趙貞富和安清木他們化了醜妝，掛上木牌才押出去批鬥。林催勝這伙人務求把這些當權的官員鬥臭鬥倒至他們永世不得翻身。

潭一深藉機上台表演，申斥安清木腐化的生活作風，也就是所謂安清木叫他"倒夜壺"事件，小潭憑空捏造的偽證給造反派立了小功，心中十分得意，他還幻想有朝一日得志升官呢。

縣人民政府的造反派批鬥縣領導幹部，其他各行各業緊跟著照板煮碗，把他們單位的黨政領導抓起來審查批鬥，同樣也是順藤栽贓胡亂加一些罪名給他們的領導。王美菡工作的縣百貨公司的黨支部書記和百貨公司的經理也被抓起來批鬥。全金溪縣從縣級領導幹部到農村的黨支部書記，每一級的最高層領導都被抓起來審查批鬥甚至遊街，嚴重一些的身體還遭到了百般凌虐與毒打，這樣大面積的羞辱、迫害運動堪稱人類歷史上史無前例，比中國歷代的帝王迫害功臣更全面更厲害。"士可殺不可辱"的遊戲規則也被破壞掉了，當事人一旦自殺後會被多加一罪："畏罪自殺"，只不過是不會被誅連九族三族而已。

中央明確鼓勵大眾造反，因此紅衛兵左臂上紅袖章一纏就可以橫衝直撞，雄赳赳氣昂昂猶如皇室宗親到處執法。他們憑藉著"造反有理"，乘機到全國四處串聯，坐長途汽車、搭火車去大城市遊玩，坐車、住宿和吃喝都是免費的，既不必學習和勞動又可以到處免費吃喝玩樂，同時當起王爺一般地隨意打罵、羞辱當今的政府官員和學術界的權威教授文化人等等。有些紅衛兵比山寨的土匪更加放肆無度，有的年輕人平時沉靜寡言的，一朝變成了匪類，暗自竊喜、感覺很放浪和興奮無比。

當時的年輕人以能夠見上偉大領袖一面為無尚光榮、夢寐以求的事情，追求偶像的狂熱達到神魂顛倒、如痴如醉的程度。

紅衛兵串聯之間相互交流學習，有了更加系統性的迫害方法和手段。串聯以後回到家鄉，他們到處大肆破壞文物，同時進行歷史上另一次滅佛行動。金溪縣是個小縣，上次已經被縣裡的造反派毀掉了舊物，沒有文物了，大小寺廟卻尚有很多，還有農村家家戶戶供奉觀世音菩薩。農村的紅衛兵就挨家挨戶去搜尋佛像，搜到的佛像集中起來堆在一起用一把火燒毀掉。有的老奶奶事先把觀音佛像藏到米缸裡，才免遭厄運。

這一日，天空突然暗了下來，夏雷悶響，狂風勁吹，雨水紛飛。幾十個身穿綠色衣服和臂戴紅袖章的紅衛兵闖入泉興市的開元寺，他們的大腳剛剛踏進寺裡就把寺的主持叫來。

「老和尚，在毛主席的領導下，我們是唯物主義者，不能再搞封信迷信了。我命令你們立馬滾蛋，明天再讓我們看見你們，有你好受的。」一個名叫嚴細鏞，看上去凶神惡殺的瘦竹子男紅衛兵大聲咆哮著。

「共產黨是主張宗教自由的，而且我們沒有接到政府的通知，再說我們從小就出家了，寺廟就是我們的家，哪有地方去啊？」主持黃師傅傷心苦苦哀求道，老淚縱橫，須臾，急忙把頭低垂了下來。

「老東西，你不要敬酒不吃吃罰酒！毛主席已經把大權交給了我們，那些頑固不化的當權派早就被我們關押起來了，你這個老糊塗，別裝了。」另一個名叫帥利紅有著女生男相、球臉呲牙的紅衛兵以老嗓聲嚷道，說完還伸手往黃師傅的肩膀大力一推，黃師傅踉蹌倒退了幾步。

「那我們也得收拾一下，明天才可以搬走啊。」黃師傅慈目泛紅，無奈地說道。

「明天就明天，別忘了。」名叫惘洪，目露凶光的馬臉男紅衛兵斥喝著。

「出家人不打誑語。」主持黃師傅嚴肅地回答。

一會兒，黃師傅拖著沉重的腳步去通知其他師弟們收拾東西，準備隨時離開開元寺，也就是各自還俗去也。

這群紅衛兵斥令寺裡的和尚離開之後，快步直奔供奉佛的大殿，進門左右兩旁有四大東西南北金剛威嚴怒目俯視，一個名叫兆紋，生得虎頭中胖圓目的男紅衛兵不加思索順手抓起一支木棍把金剛手中握的小蛇猛力砸了下去，瞬間，金剛的手連小蛇斷了下來，一陣灰塵四處飄散。

「唉呀！我的媽呀，不好了，我的眼睛好痛啊。」兆紋痛苦大聲狂叫，眼睛張不開，飛奔出了寺院。他的眼睛不幸被灰塵飛中。

另外幾個紅衛兵正在砸其他的三尊金剛，聽到慘叫聲立馬停了下來，嚇得魂飛魄散，雙腳發軟，東歪西斜地顛跑了出去，此時，個個比兔子跑得還快。

「趕緊帶我去醫院，痛死我啦。」兆紋左手捂著他那隻圓圓的眼睛，痛苦地呻吟著。

跟著跑出來的嚴細鏽和帥利紅急忙雇三輪車把兆紋送到附近的醫院救治。兆紋經治療後左眼永久失明，後來他回鄉當了端公，為村裡的鄉民村婦解憂排難，對自己參與滅佛一事，始終活在悔疚中不能釋懷。

這個不幸的消息很快傳遍整個泉興地區的紅衛兵團，有參與滅佛的整日寢食不安，疑神疑鬼，半夜連連驚醒。嚴細鏽、惘洪、帥利紅和其餘的紅衛兵再也不敢肆意妄為到處破壞佛像了。聽說在後來在武鬥中，有幾個曾經參與滅佛的紅衛兵被流彈擊中移民到幽冥世界去了。

雖然紅衛兵沒有再來騷擾了，文化大革命的火頭燒得正旺，開元寺的出家師傅也不敢留在寺裡，師傅找居委會的人幫忙用大木板把所有的佛像圍封起來。又過了很久，佛寺變樣開辦了百貨商店，人們並不知道佛像還完整的保留著。

黃師傅和師弟們被迫還俗，他們都傷心流著眼淚辭別開元

寺。有家的師傅回老家，孤單沒家的各奔活路。一生當和尚，還俗的日子苦不堪言，大潮流，無力抗拒，誰承想呢？

全國上下折騰了幾個月之後，政府機關工作普遍處於癱瘓狀態，黨組織也陷於停頓，社會上處於無政府狀態，一時，天下大亂。

到了1967年元月，稱為"一月革命"，也叫一月風暴，此時，全國的造反派已經全面成功奪權了，繼而就發展成"打倒一切"的全面內部亂局。金溪縣造反派頭目林催勝和臣員輕易地大權在握，成了一方諸侯，瞬間，不可一世，為所欲為。

遠在東北哈爾軍事學院學習的安青淵，暑假開始也順時而動參加了紅衛兵，成了造反派的一員。繼"一月革命"後，二月份應了"天下大勢，合久必分，分久必合"的規律，學院裡的紅衛兵造反派開始搞分裂划成兩個幫派。安青淵在班裡是唯一從農村來的學生，平時只專注於學習兼且成绩優異，在這種烽火激情歲月的催化下，他也變得放浪不羈。在一次跟同學進行辯論中，他一時心血來潮想在黑板上寫："毛主席打倒劉少奇！"不知道是激動走神？還是另有冤情？被同學舉報他寫反革命標語："毛主席打倒毛主席！"學校的紅衛兵造反派立馬把安青淵抓起來審問。

「安青淵，你這個南蠻仔好大的膽子，竟敢寫反動標語！」一個略胖的紅衛兵拍案大聲喝道，臉上的肌肉時而抽搐著。

「這是誤會，我是寫毛主席打倒劉少奇，我不是反動。」安青淵萬分焦急拼命地解釋著，愕然地張大嘴巴，須臾，他的面部

表情漸漸地僵硬了起來。

「人證物證俱在，你還敢耍賴，媽的，太不老實了。」另一個白淨臉的紅衛兵臉上青筋暴凸以乾嘔的聲音叱斥，轉瞬，朝地上啐了一口水。

安青淵被罵得發呆了一陣子，腦海裡反復回憶在黑板上寫的字，明明是寫：「毛主席打倒劉少奇！」怎麼反成了：「毛主席打倒毛主席！」呢？心中十分懊悔不該加入紅衛兵造反派，更不該拋頭露面去參加辯論，此刻更加不知所措，百口莫辯。

緊接著來了一胖一瘦的紅衛兵叫安青淵站在牆邊，二人拳打腳踢把他暴打了一頓後，左一巴右一巴地掌他的嘴，血從嘴角溢了出來。安青淵平時是個書蟲，口才笨拙，哪敢再辯解，心裡想就算是寫毛主席打倒毛主席也不是反革命，頂多是誤寫。但看見對方似乎想把他置於死地而後快的舉動，只好沉默不語。當時沒有進行筆跡鑑定，也許是有人移花接木來誣陷他，這些紅衛兵造反派二話不說就把安青淵送進監獄關押。關了一個多月，給安青淵定罪：「現行反革命分子！」還說罪狀尚輕，只是開除學籍，不必判刑，隨後派兩個人押送安青淵返回原籍閩南老家。

一個本來有大好前程的無產階級憨厚、俊秀高才青年，因一場無產階級文化大革命的風暴給淹沒了，原本還可以為國家建設貢獻自己的才華，反而被貶到農村去務農維生。

安青淵被押回安郊鎮林花村時，村裡人都議論紛紛，閒言碎語不給他好臉色看。宗親族人、父母兄姐都責怪他不懂事，犯錯誤讓大學給開除了，背地裡直說他是個書呆子。大家心裡明知他

是被冤枉的，作為旁人很多是以興災樂禍的心態處之。

有些事情無獨有偶，安清木任職林花村小學校長的堂兄安青寶，他是有幸不受批鬥的對象，但必須帶領學校的教職員響應國家的政治號召，三不五時要和村裡的骨幹參加批判反動派、走資派的活動。

這一日，安青寶正在校長室指揮眾人開一個小型批判會，看見學校員工已經準備了一些批判的道具，心情忽然激動上來，竟然向在場的同事口出妄語，手指著劉少奇的像片大聲喊道：「把毛主席的醜像拉出去批鬥！」

在場的眾人被他這一反常的舉動嚇得無所適從，十分驚訝，半刻，副校長毫不遲疑地指令眾人把安青寶抓起來關押在一間課室裡等候發落。副校長馬上把情況匯報給上級，半日，上級批示定性安青寶為"現行反革命分子"，並開除出學校，永不錄用。當時若有對偉大領袖稍有不敬的言行是一項大罪。

安青寶為人膽小怕事，眼看文革這些日子，一些親戚朋友紛紛出事，所以日夜魂不守舍，生怕自己也犯錯迕。越是膽小、事越多，心多越會琢磨，琢磨多了，思維就混亂，變成心智跟身體機能不協調，突然間鬼拔舌，語無倫次，才演成一齣弄巧成拙的人生悲情大戲。

安姓家族在短短的幾個月裡突然之間出現一個黑幫分子、兩個現行反革命分子，如果按照玄學上說是祖塋風水不佳或是祖上不積德的緣故。確實不然，林花村的先祖安護在南宋曾經是個大慈善家呢，歸根結底是世道混亂的原因罷了。事實上，風水好是

子孫給祖先的榮耀，而不是祖先對子孫的庇護。再說了，歷史上的任何暴風驟雨都把弄潮兒給淹沒了，大神小仙早已放大假了。

無產階級文化大革命也掀起一場廣泛、特別怪異的文字罪責與文字獄，牽涉上至國家黨政領導下至平頭百姓，甚至連小學生也不放過，其懲罰的程度重至坐牢、處死，輕則羞辱體罰、開除辭退等等。當時的黎民百姓似乎中了什麼歪風邪氣的毒，平時老實巴交、笨拙寡言的，倏忽之間犯了不敬偉大領袖的言行，非常不可思議，難以置信。其實百姓恍惚之間有微小的過失，權貴階層也可以忽略不計、視而不見的。

正是：
　　麗日無偏照，冤屈無處告。
　　三緘其口好，莫讓禍害找。

第十一章　　變本加厲

一日：
> 爭權奪利鬥心智，黑白顛倒冤虐起。
> 昨日尚穿公僕衣，今日鬧市成瘋子。

毛主席說："造反有理！"1967 年春天，全國的造反派和紅衛兵情緒更加高昂，勇往直前，無所顧忌，天賜良機，自思不造反是傻子，紛紛組織紅色青年戰鬥隊。

金溪縣的林催勝、臣員和另一個神秘人物分成三個對立的幫派，林的是"三二九"，臣的是"紅色"，另一個幫派叫"大佬區"。這個大佬區的活動比較隱秘，其頭目是誰也沒有人知道。來沓土、毛竹竿跟隨林催勝，潭一深、漲洪追隨臣員，個個至少官升一級，小潭也不必再當通訊員了。這時候的幫派和紅衛兵各幹各的，幫派是來自國家機構的幹部與各行各業的職工，紅衛兵是來自中學、大學和社會上的年輕人。

安清木和趙書記十多人仍然被關押在雜物房，每天早請示，晚匯報，學習毛主席語錄，一不小心念慢或是念錯，即刻被侮辱漫罵。

開始的幾個月是造反派關押審訊黨政機構的領導人，紅衛兵串聯回來進行滅佛活動之後，中央通過傳媒大肆鼓動眾人進行文攻武鬥。

這一天，夏日未明，天色暗淡無光，微風吹動。王美菡還在睡覺，安山、安川、安娜仍然在做曉夢中，一陣猛烈的敲門聲大

響。

「快點起來，快點，所有的人立馬離開自己的房間。」一陣粗厲的男聲隨著木門聲把王美菡驚醒。

「好啊，我們馬上起來。」王美菡聽到急躁的敲門聲後，大聲回應。

王美菡穿上衣服，立刻把三個孩子叫醒，來不及給孩子換上外衣，三個孩子都穿著睡衣，走到門口，一群身著軍綠色衣服，手臂戴著紅袖章，怒目而視，惡形惡相的年輕男女站在面前。

「你們全部到隔鄰的屋子裡集中，快點。」一個女的尖聲惡狠狠地嚷道。安家右邊有一個長方型的小土墩獨立屋，是整個職工宿舍院子裡唯一的四面無接壤的房子，這間房子是嵩副縣長一家人的居所。這幫人選擇這間房子作為集中房，似乎還有點軍事頭腦。

王美菡手拖著安娜，安山和安川緊跟在後面，她嚇得心突突亂跳，臉色漲紅，不知道發生什麼事情，也不敢吱聲。大人小孩默默地走入嵩家，到了嵩家，看見陸續有另外兩家人也來了，包括嵩副縣長的家人，總共有四家是副縣長級的家人，安家左邊隔壁柳縣長一家人在兩個月前已經離開了。被叫來集中在屋子裡的家屬驚魂未定，不敢互相詢問，你看我，我看你，滿腹疑雲。安娜的睡意正濃，王美菡叫她坐在椅子上繼續睡覺，安山、安川和其他的小孩子，有的呆呆地站著，有的坐著，迷迷糊糊的，不敢說話，外面有人看守著。大家都不知道這幫人的來歷，他們的手上並沒有任何官方的文件，王美菡和其他的家屬只是從他們的裝

束上認定他們是紅衛兵。

等了大半日，一個瘦削乾癟的男紅衛兵通知眾人可以回家了。王美菡帶著三個孩子回到了家裡，一進屋看見兩個木衣箱和衣櫃被寫著"封"字的紙條打叉封上，翻箱倒櫃，到處被搜得亂七八糟的，書桌的抽屜有的半開著，在中間抽屜裡的一包用紙包著的子彈被這群紅衛兵拿走了，是安清木配槍的子彈，之前忘記連手槍一起上交給造反派落下的。紅衛兵把那些子彈拿到什麼地方也沒有人知道，有可能在武鬥中使用吧？

過了兩三天，王美菡和孩子們需要換衣服，衣箱、衣櫃都被紙條封得緊緊的，王美菡久久不敢去拆掉封條。又隔了一周之後，紅衛兵也沒有什麼通告如何處理被封的箱子與衣櫃。一家大小的衣服穿太久沒得換，身上又癢又有汗味，王美菡只好冒險小心翼翼地撕開衣箱、衣櫃上的封條，把裡面的衣服取出來給自己和三個孩子換上，然後，再把封條貼上去。時間一久，也就乾脆把封條解除扔掉了。

安清木家徒四壁，是個清貧官員。當上金溪縣副縣長之後，縣政府分配給他的家人住在縣職工宿舍的院子裡，是一座土墩平房分成兩套房子，右邊是安家，左邊是柳縣長家。安家進門一間小廚房，左邊一大水缸儲水，盡頭有用磚砌的燒煤球爐灶，水缸對面一個小的木板碗櫃。廚房右拐一間大房用不通頂的土墩隔成兩間睡房，第一間睡房放置一張搖搖晃晃、翻轉身有咯吱聲的雜木床，給安山和安川睡覺，一張不刷漆的正方形木餐桌，三張長條木櫈子。稍微不小心，櫈子凸起的木籤子還會扎傷小孩子的屁股呢。第二間也是同樣的木床，門的過道加一張單人的竹床，是安清木夫婦與安娜的睡床，一張從黃樓搬來的辦公桌，兩個木衣

箱，一個單門的衣櫃。客人來有時會坐在安山、安川的床沿上。安家的這個狀況，往後的十多年都沒有太大的變化。

紅衛兵抄家，翻箱倒櫃，搜不到金銀財寶和貴重物品，也沒有什麼可以順籐栽贓的物件，有價值的東西一件也沒有，甚是失望，為發泄私憤，才把不值錢的舊衣服胡亂封簽了起來。

分幫派的時候，紅色、三二九兩個幫派的頭目分別招攬安清木入他們的幫派，但安清木只相信共產黨和中央上級的領導，一臣不事二主，他拒絕加入任何幫派。因安清木堅持己見，紅色、三二九都要批鬥他，當然那個神秘的大佬區造反派也暗中派人參與批鬥大會。柳縣長和蒿副縣長分別加入了紅色、三二九的幫派。

王美菡在百貨公司選擇加入紅色幫派。當時天下亂紛紛，很多人磨拳擦掌，躍躍欲試，想幹一番驚天地、泣鬼神的大事。有的家庭成員分別加入了對立的幫派，輕者吵嘴，重者大打出手，吵吵鬧鬧，不亦樂乎。

此時的造反派、紅衛兵正處於明爭暗鬥之中，到處招兵買馬，火藥味醺濃，一時顧不上關押趙貞富和安清木他們這十多人的作業，所以決定先放他們回家。

心地險惡的人有狗改不了吃屎的本性。由於擁有權力的快感有著巨大的吸引力，不徹底鬥倒鬥垮之前的黨政領導舊班子，造反派、紅衛兵是絕對放心不下的。也應了領袖的金句："階級鬥爭，一抓就靈！"所以他們對趙貞富、安清木與其他的前領導幹部的批鬥活動是沒完沒了，需要搞批鬥時，隨時到家裡去抓人。在大場小場的批鬥會上，每次造反派和紅衛兵都對他們盡情的凌

辱折磨方肯罷手。趙貞富、安清木他們並不想逃跑，事實上天下之大，危險時也沒有地方去躲避和藏身，只有聽天由命罷了。

這日，天空無雲，地上無風，四周的氣場似乎很平靜。中午，安清木剛剛和妻子兒女吃過地瓜乾粥，一碟清炒白菜，一碟常年有的閩南鹹醃青瓜。五六個殺氣騰騰、面無表情的造反派衝入了安家。

「喂，安清木，立馬跟我們走。」一個生的長方形脸，綠豆般的眼睛，闊嘴，短鼻，左臉上長著一粒有毛的瘖子，整張臉猶如河馬一樣，身長腿短，中胖的男造反派惡狠狠地大聲喝令，一副面目猙獰的樣子。

「讓我多穿一件衣服。」身穿白色背心的安清木平靜地回道。

「快點。」另一個尖頭權腮，瘦如竹枝，男的尖聲叫嚷著，嘴角抽搐著，滿臉陰險歹毒。

安清木默默不作聲地走入裡間，穿上短袖灰色襯衣，挺起胸膛從容地走了出來。王美菡看見這幫人來勢洶洶，不懷好意，不禁害怕得渾身發起抖來；安娜站在王美菡的身邊，心臟也怦通怦通地跳了起來，烏黑的雙眼中浮現出驚慌之色。

接著這幾個如狼似虎的造反派前後左右地帶著安清木往縣人民政府大院的方向走去，王美菡和安娜母女二人憂心忡忡、提心吊膽地緊跟在他們的後面，六歲的安娜吃力地一路小跑追趕著。她眼看著父親被人帶走，焦急、驚恐、疑惑在心裡糾結著，走出宿舍院子的大門，向前走了一條長長狹窄的小路，才到通往縣人

民政府食堂的陡峭水泥石階旁。

毛瘩子男人猛然回頭對著王美菡、安娜大聲喝道：「停步，你們立馬回去，不准再跟著。」

安娜被這突如其來的大聲喝斥嚇了一大跳，王美菡、安娜被斥令跟到此地必須止步。她們只能眼巴巴、惶惶不安地目視著安清木被這幫人帶著走上石階，他們上了石階推開一扇黑色的大門後，安清木的身影消失不見了，瘦竹枝走在最後面，隨後聽到砰的一聲巨響，門被帶上了。王美菡、安娜仰頭望著那扇黑門，站在石階下面呆愣了好一陣子，然後失望無助、垂頭喪氣地邁著緩慢的腳步走了回去。

「阿媽，那些人要帶阿爸去哪裡呢？為什麼別家小孩子的爸爸沒有被帶走呢？」安娜一臉稚氣，驚怯不解地一邊走著，一邊抬頭望向王美菡問道。

「小孩子有耳沒嘴的，不要多問。」王美菡以低沉的聲音回道，這些話是每當孩子提出問題時，她的慣用語。

安娜看見母親面目黃瘦，語氣沉重，知道不是好事情，也不敢再繼續追問下去了。

安清木被帶到食堂旁的雜物房，趙書記早被關在這裡了。趙書記和妻女就住在縣政府的大院裡。菁山鎮鎮長方領初也被帶來批鬥，方領初比安清木大兩三歲，中等身材，細長眼睛，舉止行為溫文爾雅。這次批鬥大會有幾位領導沒有被帶來，因為之前他們已經加入了幫派，有了護身符，這次免疫。安清木和趙書記沒

有互相打招呼，二人心裡很清楚這幾個月所發生的事情，簡單而言造反派既要奪取政權，又要折磨他們來取樂，以洩多年來的鬱悶與妒忌恨。

同樣地趙貞富、安清木和其他的縣領導幹部全身上下被造反派潑上墨水，衣服貼了五花十色的紙條，戴上高帽，胸前被掛上用紅筆打叉自己姓名的木牌，還有他們的雙手被往後拐用繩索綁得緊緊的。毛瘩子和瘦竹枝左右用手按住趙貞富的肩膀押走著，安清木個子太高，押他的兩個人只好左右按著他的腰部推著走，一共十來人被押往體育館，一路上，毛瘩子和瘦竹枝等人不斷罵罵咧咧的，時不時對著趙貞富他們身上拳打腳踢。

體育館布置得紅紅火火，標準式樣，男女老幼都能背得滾瓜爛熟的口號與標語，一字不漏。這次批鬥大會的指揮是三二九總司令林催勝，司儀是一個年輕三角眼的女人，人長得細巧身材，嗓門卻超大。幹將、打手們穿的衣服不是綠色就是藍色的，女的皆是不愛紅裝愛武裝，左手臂上戴紅袖章，有的皮帶緊緊扎在腰部的衣服外面，幹勁十足，面部泛紅，長的樣子一般般，過目即忘，模樣歪瓜裂棗的也不少。

去年以來金溪縣菁山鎮已經開了大大小小、不計其數的批鬥會，批鬥的對象都是領導幹部，形式與批判的內容千篇一律，群眾已經開始麻木了，大多數人只知道是領袖和黨中央的旨意，善良和有智慧的群眾心目中十分明白這次文化大革命是一場奪權、嫉妒與折磨人的政治運動。

今次參加批鬥大會的職工和群眾人數比之前少了一些，眾人情緒不見積極，大多數與會的人是機關單位派給的任務，三二九

的人員是這次批鬥會的主力。

三角眼女司儀對著高音喇叭以高昂憤慨的語調宣布：「金溪縣批鬥反動派、走資派、黑幫的大會正式開始。」接著轉頭對著台下角落邊大喊：「把反動派全部押上來。」

早在台下站立候著的被化醜妝的趙貞富、安清木等十多位領導幹部，像一串捆草繩的螃蟹被押上高台，然後被喝令在講台前一列低頭站著，講台的後面坐著一排準備發言的造反派頭目和來杳土等幹將。

三角眼女司儀高聲喝令：「跪下，向毛主席請罪。」

接著轉變語調，溫順柔和地喊道：「請林催勝司令講話。」

林催勝昂首挺胸、大模大樣地走到講台，雙眼熱切地向台下的眾人掃視了半圈後，以抑揚頓挫、南腔北調的普通話大聲講：「同志們、戰友們，你們好！偉大領袖毛主席教導我們……，金溪縣以趙貞富為首的反動派……，」林催勝先講了眾人耳熟的領袖金句，黨中央近來的最高指示，然後給趙貞富和安清木他們羅列一大堆子虛烏有、亂七八糟的罪狀，其內容如出一轍。林催勝講著講著星眼發亮，刀眉豎立，厚唇漲腫，權腮更鼓大了，豬肝紅的臉色更加光潤，身形越見雄壯。

造反派的造反取得了空前的勝利，往後可以大碗喝酒，大口吃肉，心花怒放，盡情享受了。

林司令講完話。三角眼女司儀舉起右手高呼：「毛主席萬歲！

無產階級革命萬歲！」接著會場的眾人跟著舉起手照喊一遍。

女司儀再舉手以憤怒的聲音高喊：「打倒反動派！打倒趙貞富……！」眾人又跟著舉手呼喊，喊著喊著女司儀的三角眼眯連成了一條黑線，激動得渾身顫抖。

會場的氣氛達到了空前高潮，口號聲響徹雲霄，震耳欲聾，有拆天拆地的感覺。

安清木在台上被鬥也麻木和習慣了，造反派每次都像戲中衙門官老爺在過堂一樣，喝喝呼呼，威武霸氣十足，又罵又打的。

每次批鬥會的形式幾乎都是一樣，加上眾人的服裝色調一致，過程甚有儀式感。

口號喊了一陣子後，緊接著幾個造反派頭頭逐一上前講話，內容與林司令的大同小異。每一次講完話，照例高呼口號助威，口號內容不變，這樣進一步加深群眾的記憶力，如同進行大眾洗腦一般。

批判了大半日，三角眼女司儀大喊道：「批判大會結束，大家排好隊伍出場準備遊行。」女司儀把嗓子清了清，又大喊：「把反動派全部押下去遊街示眾。」

來杳土雙手叉腰指揮著毛瘩子和瘦竹枝一幫人把趙貞富、安清木他們一連串押下高台，一走下台來，這幫人就對趙貞富、安清木他們身上拳打腳踢又一頓毒打，簡直是往死裡打，暴打完之後，再把他們夾在遊行隊伍中遊街，遊行路線也是從體育館一路

遊向菁山鎮大街，大街的終點是縣戲院，從縣戲院轉回菁山鎮小街再回到縣人民政府大院門口的大操場。一路上，眾打手一邊喊口號，一邊暴打趙貞富他們，沿街同樣有閒耍的群眾圍觀，對於此種司空見慣的場面，群情平靜，見怪不怪。

趙貞富和幾位身體瘦弱的領導幹部，走到小街腳步已經開始顛跛了，全身疼痛，神志不清。安清木天生身強力壯被屢次毒打也是昏昏沉沉，腳步緩慢，想到被這些社會上的流氓凌虐羞辱，心中不禁怒火燃燒，滿臉慍色。

遊走到大操場時，趙貞富已經昏迷過去了，毛瘩子與瘦竹枝拖著他的身體一直拉到雜物房才把他放下，安清木也被帶入雜物房，來沓土看見他還沒有萎靡的樣子，而且雙目怒視，臉色鐵青，立馬動了肝火。

「你老母的，鬥了這麼久，還不老老實實，低頭認罪，花崗岩一樣的腦袋……夠死硬的。」來沓土破口大罵，突然間野性大發，把自己腳下的拖鞋抓起來往安清木的臉上瘋狂地左右抽打，接著拳打腳踢不斷暴打安清木的胸膛、肚子、雙腿。打了很久，安清木哇一聲，一口血直噴到來沓土的臉上。來沓土更加狗急跳牆，又重重地再次把安清木毒打了一頓，直到自己喘不過氣來，手痛方休。

「你爹……先去吃飯，回來再找你算賬。」來沓土怒氣沖沖地狂叫，隨後啐了一口濃痰在地上。

「瘦的，我們先走。」來沓土隨手一揚喊道，嘴巴上還一直爹啊母啊屎啊不停地咒罵著。

這些狂徒走出雜物房後，安清木的嘴角還掛著血絲，就急慌慌的和其他的同志去看趙書記，只見他奄奄一息躺在地上，他們愛莫能助，人人身心俱裂，苦不堪言，坐在地上搖頭嘆氣。

　　來杳土、毛瘩子、瘦竹枝這幫人走入食堂，拿了十多碟好魚好肉好菜，瘦竹枝自備兩瓶米酒，這幫人在食堂裡大吃大喝起來，稱三讚四之聲迭起，耍笑之音刺耳，講天抓皇帝的大空話連篇，一時興頭起，一對一的划起拳來，三五亂叫，四紅七竅的吆呼著，個個喝得頭脹臉紅耳赤，開懷忘形，及時作樂。

　　「安清木這個大塊頭真難對付，還向老子臉上噴血，吃完看老子非再暴揍他一頓不可。」來杳土惡狠狠地罵道，接著使勁地咳了一聲，清了一下喉嚨。

　　「老安這個土炮子在恒春縣大煉鋼鐵的誓師大會上威風凜凜，我就是看不過，現在還不是落在咱們的手上，任由咱們搓圓捏扁的。」毛瘩子沉思一會兒後，抬起頭望向天花板一眼，笑嘻嘻，得意洋洋地說。

　　「那個北仔老趙很不耐打，像死狗一樣癱倒在地上了。」瘦竹枝陰森森地說著，雙眼發出豺狼般的銳光。

　　王儉師傅在旁聽到此番對話，嚇得心府亂跳，一身冷汗，趁這幫人不注意，急忙去廚房找小素。

　　「小素，咱們的老廠長被人打得很厲害，還有趙書記快不行了，咱們得趕緊去救他們。」王儉低聲急促地說。

「那怎麼行呢？好的，咱們立刻推一輛板車過去救趙書記。」謝怡素不加思索地答應。

原來王儉和謝怡素從大春煉鐵廠回來一直在縣食堂裡工作，平時見到安清木只是打招呼互相問好而已。

安清木和方領初眾人正在焦急萬分、束手無策時，王師傅推著板車和小素進來了。

「安副縣長，你們趕快走吧，剛才我聽到那幫人吃完後，還要再來打你們。」王儉眉頭一皺，心急如焚地說道。

「好，太感謝你們二位了，先把趙書記救走吧，我們隨後立刻離開這裡。」安清木嗽了兩聲，十分感激地說。

說話間，王儉和小素分別把安清木與趙貞富手上被綁的繩子解開，半晌，大家手上的繩子被解開了，雙手才恢復了自由。

他們小心地把趙貞富抬上板車後，安清木、方領初等人各自逃回自己的家裡了。王師傅和小素合力推著板車把趙貞富送到了他的家裡，幸好才五分鐘的路程。趙夫人看到丈夫被打至重傷，放聲大哭了起來，少頃，她雇了一輛三輪車把趙貞富送進縣醫院搶救。王儉和小素把事情辦妥後也悄悄回到了食堂，繼續工作。

安清木身負重傷走出雜物房，步態蹣跚地走到食堂旁的大黑門，拉開大門走下石梯向左拐，慢慢沿著小路走回家。他艱難地邁入家門，走入裡間砰一聲、身不由己地倒在床上喘氣。王美菡看見他的臉色蒼白，倒了一杯溫水給他喝，水還沒有喝下去，哇

一聲，安清木吐了一大口鮮血在痰壺裡。王美菡見狀，嚇得半死，既傷心又害怕，眼淚直流。據說吐血的人，命長也是廢人。王美菡即刻去請醫生來診斷，醫生開了一些藥給安清木吃，這年安清木正值壯年38歲，還算命大，沒有大礙，也就呆在家裡療養了。

住在安家對面的許扶倡的遺孀烏善給王美菡找來治療吐血的閩南偏方，偏方是雞蛋浸童子尿一天，再把雞蛋煮熟吃了。找童子尿也有一些難度，烏善連忙去四處打聽問人，找了很久才找到。王美菡從小生長在農村，她也半信半疑，急病亂投醫吧？也就如是照辦了。折騰了一個多月，多方調治，安清木的身體逐漸康復了。

小孩子不知道什麼叫童子尿，初初，安娜暗自擔心找不到童子尿，後來又覺得尿是惡心的東西。如果能夠像上海街頭小巷賣的茶葉蛋一樣的美味會好些，估計童子尿蛋的味道不一般吧？

安清木被打至吐血的事情很快在職工宿舍的院子裡傳開了，眾人沉默不語，靜觀其變。

安娜走到床頭看著被打至重病的父親，不知道該如何安慰他。安娜永遠都不明白為什麼自己的父親跟別家孩子的父親不一樣呢？別人還口口聲聲說她的父親是犯了錯誤被貶稱為“黑幫”，到底黑幫是什麼也無從得知，但在她眼中的父親是她心目中的英雄。有時候晚上發惡夢，夢見父親死了，她會在夢中哭醒呢，醒來眼中還有滿滿的淚水。

趙貞富住進醫院不久就含冤逝世了。由於他是外省人，也沒有宗親為他出面討公道，事件當成病故來處理。安清木得知尊敬、

和藹可親如兄長般的上級領導趙貞富被迫害至死，心中無不悲慽萬千，只是敢怒不敢言。之前沒有能力去幫助他，往後的人生用另一種方式去懷念他的好。

　　經過多次的批鬥遊街，鎮長方領初被造反派用慢性的侮辱方法，每天早上，天微微亮，命令他必須沿著菁山鎮的大街小巷敲鑼，敲完鑼後再掃街。中國人慣常把戲弄動物的方法使用在人類身上，如殺雞敬猴般來震懾政敵與黎民百姓，這種方法直接、不仁、粗暴野蠻。方領初從頭到尾被侮辱玩弄了很多年，他算是菁山鎮的頭號受辱最深最久的人民公僕。人們經常在街頭巷尾議論他，安娜雖然不認識他，但小小的心靈總是覺得方領初很悲慘與不幸。幾十年以後聽說他還活到百多歲呢。

　　正是：
　　　　英雄常被小人計，小人得志語放肆。
　　有曰：
　　　　蛾眉眼裡無美人，忌妒刀下多忠魂。

第十二章　　　利益不均　　雙方火拚

一曰：

　　亂世風雲湧，神州漫淒愴。
　　動口後動手，動刀後動槍。
　　一亂掀萬亂，貧窟無金搶。

　　全國上下把黨政領導幹部揪出來批判、凌辱折磨了幾個月之後，黨政領導幹部死的死、傷的傷、思想情緒徹底失望的樣樣都有。領袖又重新提倡："槍桿子裡面出政權！"加上他的夫人乘機提出："徹底砸爛公、檢、法，"把政法機構砸爛。造反派如同打了雞血，視法律如糞土。造反派似炎夏的驕陽，秋天的狂風，更加毫無顧忌地把國家破壞得滿目蒼夷，慘不忍睹。所有的工廠幾乎全面停工、停產，百姓生活的日常用品供應日見緊缺。

　　三二九、紅色與大佬區三派由於各方權利分贓不均，先是群體互毆，後來是暗中搜集槍支彈藥，因各自手上有現成的戰鬥隊，逐開始進行你死我活的敵對火拚。

　　三二九派的多數是賊吃狗睡的烏合之眾，屬於最凶狠的組織，仗著上線直通第一夫人的關係，視生命如草芥，三二九的勢力在金溪縣還是先占上風的，未來大有做一方霸主的可能性。

　　菁山鎮上時時聽到槍聲，王美菡嚇得六神無主，不知所措。安清木病完又被抓去隔離審查了。槍聲響起，王美菡就讓三個孩子躲入家裡的辦公桌的底下，三個小孩子躲在桌子的下面還有一半的空間。是桌下的空間太大？還是孩子們太瘦了？這種情況大家都沒有認真考究過。

王美菡除了飽受槍戰的驚嚇以外，還得擔心三個小孩子萬一患上當時的流行病"腦膜炎"，因此間中會去雜草中尋找拔些"五根草"來家裡，把五根草洗淨煲水後加點紅糖給三個孩子喝來預防病毒的侵襲。同時，王美菡更擔心年幼的女兒安娜患上小兒麻痹症，因左右同事鄰居朋友的小孩有的得了此症之後，落下各種不同的殘疾。

人世間總是禍根亂出，福無雙來。

有一天，晚上八點左右，安娜無端發高燒遲遲未退，王美菡害怕她患上小兒麻痹症，心中十分焦慮，想立刻送她到縣醫院去住院治療，丈夫安清木又被關押不在家，安山、安川年齡尚小，好朋友烏善是個弱勢婦人，而且此時烏善可能已經睡下了，王美菡不敢去打擾她。在走投無路之下，王美菡只好咬緊牙關背上安娜走去縣醫院，此時，安娜已經七歲了，還好身體偏瘦不是很重，只是王美菡自己也很瘦弱。職工宿舍離縣醫院有一段好長的路，王美菡一路上背著她，上氣接不了下氣，走走停停，路上黑燈瞎火，蟲鼠無聞，走到了和源堂食品加工廠的門口，王美菡把她放了下來，吩咐她在原地站著等候。王美菡走去敲工廠的大門，向門衛借了一台手推車把安娜送進了醫院。當晚安娜住進了醫院，打了退燒針，王美菡整晚坐在病床旁守著她，安娜在醫院住了三天後，身體無恙才出院回家。

菁山鎮激烈的槍戰折騰了一段時間之後，這些天只有零星聽到一兩聲槍響。職工宿舍院子的小孩子們正在傳著一個可怕的消息，有一個人被槍擊斃，屍體就被擺放在縣人民政府辦公大院中間的會議室裡面。安山、安川、安娜對此事十分的好奇，他們商量了一會兒，準備瞞著阿媽王美菡偷偷去探看一下。再說了，白

天，王美菡要上班，不會知道他們仨人一起外出的事情。

「我也想去看一看。」安娜帶著懇求的眼神，望著大哥和二哥說道，臉上充滿了好奇的表情。

「阿奶，我怕你看完以後，晚上會發惡夢的。」二哥安川以恫嚇的口吻對著安娜說。

「是呀！阿奶，還有看了以後不許對阿媽講起這件事情。」大哥安山附和二哥安川的口氣，以命令的口吻說道，兩眼發光，瞪得像銅鈴。

「好啊，我保證不說。」安娜態度明確地點頭答應，然後，深深地倒吸了一口氣。

平時在家裡只有安清木和王美菡以正確的發音叫她——安娜，兩位兄長和外婆丘良一家大小都把"娜"叫成"奶"，安娜聽了很不喜歡自己被叫成了老奶奶，但是，又堵不住眾人的口，只好認了。也許這個"娜"字未曾在閩南的農村出現過，所以發音困難吧？噯！無可查源追究，小事一樁。

吃完午飯，三個小孩子一起走去縣人民政府大院，通往縣人民政府的食堂大黑門正好開著，他們很快走到會議室的大門前，大門卻關得緊緊的。他們三人轉到了會議室的側面，側面有一列玻璃窗。安娜屏住呼吸，趾高腳跟，仰起頭，雙眼透過玻璃窗往裡看，遠遠的看見一個臉部發黑、皮膚深紫色的中年男人一動也不動地躺在一條長長的桌子上。安娜看了嚇得雙膝瑟瑟發抖，毛骨悚然，心臟砰砰亂跳，嚇得半死，心想這就是所謂的死人吧？

想到這裡，立即跟著大哥二哥急急忙忙地跑回家了。安娜去時興頭頭的，回到家裡卻垂頭喪氣。從那以後，這個恐怖的畫面在安娜腦海中時常會浮現，初初還做了幾次惡夢呢。

過了不久，王美菡和百貨公司的同事邱麝玥在菁山鎮旁邊的農村合租一間土墩房，二房一廳，煮食就設在廳的角落裡，各用一房，王美菡帶著三個孩子逃到那裡先住了下來。這裡遠離了菁山鎮的槍戰，也聽不到槍聲了，算是安全之地。安山、安川、安娜每日像野孩子到處亂跑亂竄，無所事事。王美菡白天照樣得去百貨公司上班，而且每天得走很遠的路。

入秋之後，金溪縣的武鬥更加激烈了，被打死、打傷的到處有聽說過和看過。王美菡的堂兄王幸造在石鼓鎮的街上被流彈擊中肚子，幸好被及時送往醫院搶救後，才保住了生命。

事實上金溪縣的原黨政領導班子個個對黨忠心不二，一身正氣，兩袖清風，天天在上班，為人民服務，被掛上走資派與反動派的罪名，實有相悖。造反派把他們統稱為"黑幫"，名頭跟黑社會一樣，蔑稱他們跟劉少奇、鄧小平是一條綫上的，是一丘之貉。

在不久之前，黨政領導幹部就算加入任何幫派也是無濟於事，幫派保護不了他們了。柳縣長和夫人也一起被押上高台批鬥和遊街示眾。王美菡暗暗慶幸自己不是黨員官員，所以沒有人會抓她去批鬥和遊街。她的丈夫安清木就沒那麼幸運了，是本縣黑幫的重要人物，除了要遭人批鬥以外，返回家裡都有難度。

冬天的風吹襲著，天氣變得冷颼颼的。社會上動亂了八九個

月，中共中央有感不妥，開始對全國發布了新的指令，終止紅衛兵在全國搞串聯活動，制止武鬥，號召大家動口不動手，停止破壞國家的財產等等的命令，務使社會秩序安定下來。然而這些指令只是起到微小的作用，情況沒有進一步惡化的地步而已，僅僅是激烈凶悍的武鬥逐漸減少了。歷史上大凡屬於暴風驟雨型的鬥爭與殺戮是不可能維持太久的。

菁山鎮的槍戰停止後，王美菡和同事邱麝玥把在農村合租的房子辭掉，王美菡帶著三個孩子搬回原來的縣職工宿舍。

金溪縣人民政府也易名為金溪縣革命委員會，簡稱為"革委會"。執政人員時有更換，都由造反派擔任。林催勝、臣員等人輪流當過革委會主任。新上任的領導多數是行政經驗不足，比較專長於整治調唆貶忽他人，反正世局不穩，人們也無心專注於本業的工作，所以開批鬥大會、辨論爭討和學習領袖的著作成為上班的日常。新的領導班子對此駕輕就熟，無往不利。

"革命"這兩個字在中文上的意思是最殘酷的暴力，把人的生命革除掉。但是，當時大多數的人民對"革命"的理解是把一方權力推倒而讓另一方取而代之。在閩南人的血液裡歷來有"殺人者償命"的法則流淌著，嗜殺者並不常見。在民間"吃人命"的討公道法的風俗在文革後期仍然存在。

第十三章

出身勞動階級　再次被勞動改造

一曰：

> 冤冤相報何時了？多少往事不堪抄。
>
> 得饒人處須饒人，人生苦短秋光老。

政府有規定學校要開學，但這種政令到了南方的金溪縣是行不通的。亂局未穩，閩南人又不太重視子女的文化教育，加上眼見知識分子可悲的下場，讀書無用論的風氣在社會上不斷蔓延著，因此中小學校遲遲未見開學。安娜已經到了上小學的年齡還沒有學上，只好鎮日在家玩耍。

金溪縣的民風特別注重名聲。造反派對舊縣委的領導班子很殘酷、瘋狂的批鬥，鬥死打死、患抑鬱病而逝的就有二人。舊縣委人數總共也不超過十位，死亡二人看上去不多，然已經占了兩三成的數量了。

造反派的目的已經達到了，不再搞激烈的武鬥，他們改變策略，耍陰謀鬼計，對舊領導班子進行另一種無情的羞辱。造反派叫安清木和其他的舊縣委在他們以前工作的縣人民政府大院（革委會）修整地板、除草；到縣看守所（監獄）挑炭灰、打掃刷洗圍廁和幹其它又髒又累的活。安清木從小在農村長大，幹的都是粗活髒活重活，這些體力勞動對他來說是完全能夠勝任的；但現在被迫幹這些髒活是帶有羞辱的性質。

安娜平時很喜歡去菁山大街母親王美菡工作的百貨公司玩

耍。她上大街時，喜歡穿過革委會的大院，因為這裡是小時候住過的地方，有親切感，而且路上沒有豬屎狗屎的髒物，也沒有狗吠的恐懼。有一天，當安娜一徑穿過革委會的路上，偶然撞見父親安清木衣衫襤褸、滿臉塵土正低頭蹲在路邊大力拍整水泥路。她竟然不敢正眼看她的父親，心中不禁產生了羞澀感，更不知所以然，有一種不愉快的感覺，不知道父親到底犯什麼罪行才被強迫幹這種不體面的工作！

　　安清木與舊縣委的同志在菁山鎮革委會、看守所等地方幹了幾個月的粗重髒活後，1967年夏季，他們被指令到龍壺鎮龜石大隊勞動，接受貧下中農的再教育。大多數縣級的領導班子加入中國共產黨之前是農民子弟，從小到大都在農村務農，所謂的接受貧下中農再教育是十分滑稽與不可思議的。當時他們的初心是為建立新中國而來的，並不是想再回到農村去務農，可是誰敢多言呢？一旦有任何疑問或者是發牢騷的話，下場會是萬分的可悲和死無葬身之地。

　　安清木到了龜石大隊務農，村民對他是溫和以待。他曾經帶領金溪縣的民工一起幹了無數大大小小的基建民生工程，百姓的心中有一定的分寸。革委會對他的另一種懲罰是把他原來的工資扣減了三成，每月只准請假回家一日。事實上安清木從副縣長貶到農村幹農活，工資被扣三成卻是順理成章，並且很自然的事情，畢竟兩者工作的性質已經大大的不同了。

　　政府各部門機構的員工沉溺於仇恨、驚恐、不安的狀態下，每天無心於正常的工作，而是天天開會學習中共中央的最高指示和背念毛主席語錄；每月舉行生活會，每人進行批評別人和自我批評，會中眾人難免產生口角爭執與衝突。紅色、三二九、大佬

區的幫派他們三方在明爭暗鬥於權力的分配中，只是沒有動手，常常動口而已。

安娜住的縣職工宿舍通往革委會大院的木橋早已被拆掉了，通道被斷絕了。院子的木大門也被旁邊古井仔的村民拆走了，四周的土圍牆左右各被鑿掘開了一個巨大的洞孔。古井仔的村童每天都圖順腳，抄近路從這些大洞孔來回穿梭，一時興起還隨意扔石頭打爛安家的玻璃窗。有一次甚至把人畜的糞便投擲在安家的廚房玻璃窗上。安山、安川種的一棵絲瓜長到約有一尺長，有個村童順手把絲瓜的藤芯掐掉了。古井仔的村童跟造反派一樣為所欲為，存心不讓人正常地生活著。也許他們的姑爺林催勝是當紅的造反派頭目吧？持寵生嬌？也許村民有排外的心態？或是天生野性難忍？還有他們針對的只是安清木的家，其中的真實原因只有古井仔的村童才知道。

這年，夏日酷熱。有一天，天空悶雷作響，天色瞬間暗了下來，雨淅淅瀝瀝地下著不停，林催勝的外甥和同村的少年去捕魚回來被雷公劈死了，二人正值青春少年，事後，其家人更是悲悲切切。眾人得知這個恐怖的消息後，議論不絕，閒談紛紜，膽小的小孩子每逢打雷都嚇得心驚肉跳，頭腦一片空白。安娜最愛胡思亂想，加上她天生膽小如鼠，一遇到天公發怒，就非常的害怕。王美菡卻說菁山鎮的雷公特別凶猛，遇到打雷下雨，她都會格外的小心。

縣職工宿舍的公眾廁所也沒有人打掃了，遍地糞便，綠頭蒼蠅蚊子亂飛。安娜每次上廁所之前必須先深深地倒吸一口氣，然後屏住氣跑入廁所，務求在一息間解決大難，有時候乾脆忍著不上廁所大解。還有一件非常稀奇古怪的事，廁所墻上一直貼了許

多用紙錢寫的：“昨夜夢落齒，今朝必有喜……”的字句，興許是有人白天說太多謊話的緣故？意圖借此消災解難吧？

安家與這個公眾廁所才隔一米多的距離，夏天悶熱時，打開窗子就有一股金液味撲鼻而來，令人窒息。安家住所的位置在全院子所有房屋墻邊污水溝的尾端，眾人每天倒入的污水濁渣導致整年黑黯黯臭氣熏天，一年僅僅靠老天爺刮颱風才自動清洗一次。

縣職工宿舍的大院幾乎每天都能夠聽到小孩子被打罵的哭聲，今天是張家、明天是李家，當然安家也有份，畢竟有三個小孩子閒在家裡，諸事不順，王美菡也是天天臉上發紅，脖子青筋暴跳，無名火亂發。文化大革命的風暴在社會上的每一個角落裡爆發，社會上充滿了戾氣，有些煩有些抑悶，人們也無所選擇，好似走進一條無盡頭的黑暗隧道，看不到光明與未來，只好任由不良的世態發展下去了。

王美菡在百貨公司的工作，星期一到星期六，周日放假。白天上班，中午要走回家煮給三個小孩吃，做家務，晚上經常還得去公司開會。開會期間，她無心聽那些千篇一律的話題，只顧打毛線織毛衣，其他的女同事在開會期間也有打毛線織毛衣的。

「阿媽，晚上我要跟你去公司開會。」安娜以哀求的口吻對王美菡說道，她從小很黏父母，對父母親用情至深。

「小孩子不要老愛黏著大人，走夜路你一直一惊一乍的，有時候突然之間還驚叫了起來，連我都被你嚇著。」王美菡不耐惱地回道，眉睫間有慍色。

「這次絕對不會的，我會注意的。」安娜瞪著一雙烏黑的亮眼，斬釘截鐵的表態。

「那好吧，今晚就帶你一起去開會。」王美菡無奈地答應她，王美菡不忍心拒絕安娜這個跟屁蟲的苦苦哀求。

這也不能責怪安娜，因為一路上黑燈瞎火的，人影稀疏，安娜走在王美菡身後確實很害怕，走著走著便冷不防一會把阿媽的手緊緊地抓住。

原來在文革初期，政府給民眾看的電影多數是戰爭片。小朋友只懂得看打戰的電影，"地道戰"、"地雷戰"和"上甘嶺"這類的戰爭片是眾人熟悉的電影。電影上矮胖和嘴唇上有一撮小胡子的日本軍官手握著大刀，一刀就把中國的小孩劈死。安娜看完膽子更加小了，時常心生恐懼感，所以她感覺跟母親在一起是最安全和最幸福的。這種殺人的電影看多了，晚上還會發惡夢，夢見日寇又來殺人了。有一次，安娜還夢見日本鬼子來職工宿舍的院子，所有的大人小孩必須排好隊等待逐一被鬼子挖出心肝內臟，她排在最尾的那一個，心裡一直盼望不要輪到她，最後被嚇醒了。

人生苦中有樂。安娜的父親安清木每次回家，是她覺得最開心的一日。父親會去街市買一串小螃蟹回來，把綁著小螃蟹的水草繩剪斷，然後再把粘在螃蟹的泥土洗淨。煮時：先放一些花生油入鍋裡熱炒三片姜片、翻幾下再放入螃蟹一起炒，然後蓋上鍋蓋一會兒，揭開鍋蓋把螃蟹炒翻十幾下，放入糯米後，全部一起炒翻至螃蟹半紅後，放一些鹽和醬油至鹹度適中，攪勻，最後放入適量的清水蓋鍋直到煮熟為止，這螃蟹鹹糯米飯，味道十分可

口。父親一走，就要等很久才能夠再見到他了，安娜常常感到遺憾不能經常見到父親，鎮日盼望著能夠早日見到父親回家。

市面上的日常生活用品日見短缺。肥皂和火柴廠突然之間供應不足，肥皂、火柴這種不限量的物品有一段時間卻很難買到。洗衣服換成一種原始的東西叫"茶枯餅"，火柴也必須節省用，因為火石取火久已失傳了。限量的物品如布料、食油、豬肉也是供應越來越少，糧食方面，細糧很缺乏，因此換成了粗糧。閩南屬於丘陵地區，盛產蕃薯，所以地瓜乾、地瓜粉成為了主要的糧食，能夠吃上一頓白米飯是件奢侈的享受。人們不敢有怨言，因為開憶苦思甜大會的時候，貧農上台訴苦舊社會吃不飽穿不暖，現如今夫復何求？應該感恩新社會的幸福而不是諸多埋怨。

閩南的夏天是又悶熱又有點濕氣。安娜天天光腳在院子裡逛來逛去的，因為如果弄丟弄壞東西，阿媽王美菡就會責罵的。她乾脆光著腳丫無心理負擔，可是萬一踩到圓頭的釘書釘就慘啦，腳板立即流血，十分的疼痛。王美菡天天來回奔忙於上班和家庭之間，對於小孩子的換洗衣服也是一向不理會的，粗生粗養。

「阿媽，我身上和頭髮好癢啊，剛才還看見一只像螞蟻的蟲子從頭上掉了下來。」安娜一邊投訴，一邊用手抓撓頭髮，驚訝地瞪大雙眼望著王美菡的臉，渾身難受。

「你的頭髮讓我仔細……看一看？」王美菡犀利的眼光投向安娜的短頭髮，一邊說著，一邊伸出右手撥開她的頭髮看了看。

「噯喲！你滿頭都是頭蝨，頭髮裡還粘著很多蟲卵呢。」王美菡驚叫了起來，撒了右手。

「趕緊把你的衣服也脫下來讓我看一看？」王美菡皺起了眉頭，急促地說道。

「這種東西也不早點說，一天到晚顧著玩，什麼事情都給忘記了。」王美菡望著臉色蒼白瘦小的安娜，拉起嗓門不停地責怪著。這頭蝨專靠吸人血維生，不除掉周身不舒服。

安娜急忙把身上的衣服換下來遞給王美菡看，在衣服的邊角竟然有一排排的頭蝨在蠕動，王美菡、安娜二人看了不禁毛骨森然，渾身不自在。王美菡自己也細細檢查看有沒有生頭蝨，幸好自己沒惹到。隨後，她叫來安山和安川，發現他們二人的頭髮上、衣服上也有些少的頭蝨，頭蝨傳染極快。王美菡立刻叫安娜、安山、安川把身上的內外衣褲全部換上乾淨的，把換下來的衣物放入大鍋裡煮一煮，滾水會把衣物上的頭蝨統統殺死的，衣物上的頭蝨一次就消滅掉了。

男孩子剃光頭也可以一次性把頭蝨除掉，因此王美菡自己動手用剃刀把安山、安川的頭髮全部剃掉。對付女孩子的頭髮比較麻煩，王美菡到百貨商店買了一把細密的專門治理頭蝨的篦子，叫安娜每天用篦子梳頭髮幾次，把大的頭蝨梳下來，用手把粘在頭髮上的蟲卵逐一拔了下來，前後折騰了一個多月，安娜才擺脫了頭蝨的困擾。當時因為衣服和頭髮沒有肥皂洗滌，所以小孩子很容易生頭蝨。真是人窮事多，越窮越見鬼。

第十四章　　　造反有勁　工作無力

一日：

> 多勞無多得，少勞分秋色。
> 吹毛求疵切，爭鬥日與夜。

安清木被安排到龜石大隊勞動了將近一年之後，被轉調往菁山鎮的賴銼農場繼續勞動改造。

1968年，十月中旬，中央加強力度把前國家主席劉少奇定性為"叛徒、內奸、工賊"的罪名，並宣布把劉少奇永遠開除出黨，撤銷其黨內外的一切職務。金溪縣的舊縣委領導班子隨次更加翻身無望了。接下來金溪縣的造反派集中火力、口誅筆伐以批判劉少奇為主，時不時把之前定為黑五類的地主、富農、反革命分子、壞分子、右派拉出來批鬥與遊街示眾一番。

革委會已經把原縣委全部安排去農村幹農活了，變相地撤銷了他們的職務。安清木有幸被定作"留黨察看"，意思是沒有正式被趕出黨組織，表現好的話，將來可以恢復黨籍。

雖然政府口號上天天是：為人民服務！但是實際的操作是顛倒黑白，其行為不能服眾。因此社會上流行一句話："做也三十六、不做也是三十六。"這三十六的意思是：很多工作人員的工資長期定在三十六元的水平，就算積極勞動，工資也是得不到提升的，乾脆消極地磨洋工。開批判和政治學習大會，人們倒是很積極投入，因為這種活動不辛苦只是消磨時間而已，開會時即可以打瞌睡，也可以思想四周游離，同時又能夠充分地表現自己的政治立場。

翌年，春節過後，中央又下了最新的指示：堅決貫徹無產階級專政，並沒有提及搞社會主義國家建設，這意味著人們只要進行階級鬥爭，不必專心勞動和工作。因此社會上各個領域天天懶洋洋地工作著，中小學校沒有打算及時開學，政府還宣布廢除進入大學的高考制度，顯然讀書成績再優秀也不一定能夠上大學。何況去年底，毛主席已經號召城鎮中學畢業的青年男女上山下鄉，去接受貧下中農的再教育，很有必要。

具體地說，青年入大學之前必須先去農村或農場勞動，再由政府的有關部門推薦才可以上大學，不必經過高考擇優錄取，這也進一步向民眾暗示讀書無用論。

這年立夏後，安清木又從賴銼農場調去了燒銼農場幹活。每隔一年半載或者是幾個月的時間就從一個農場轉入另一個農場，如走馬花燈轉個不停。造反派的如此操作，其目的與動機也無人知曉？這跟生怕被囚禁者逃跑或者劫獄毫無關係。

反觀安娜的外婆家繡嶺村的小學在九月一日已經開學了。王美菡立即把三個孩子安排到娘家去上小學。可是繡嶺村畢竟是貧困的農村，沒有合規格和足夠的教室，小學一年級只能在被廢置的土地廟裡上課，教室一半是露天的，課桌椅子全部是破爛不堪。安娜糊里糊塗的在那裡上了一學期的課，當然也學了一些基礎知識。

安娜的外婆家繡嶺村是一個位於繡靈山腳下的鄉村。繡嶺村分了四個小區，分別叫：角東、角西、角南、角北。安娜的外婆家在角西。這裡民風純樸簡單，主要以種植蕃薯、小麥、花生來維持生計。因村民長期貧困不堪，早年有些青壯年男子漂洋出海

外謀生,是金溪縣裡的僑鄉。由於鄉民長年累月吃的主糧是蕃薯,因此也被貶稱為地瓜鄉。

安娜的外婆丘良、二舅父王幸嶺和三舅父王幸歷兩家人都是善良老實、無欲無求的鄉村人,舅父舅母天天忙於生產隊的農活和自家的一小塊自留地。

外婆丘良相貌娟好,天生一副菩薩心腸,可是人生遭遇卻十分的不幸。外婆丘良的娘家是在金溪縣的沿海漁村,父親是傳統的漁民,一家人靠出海捕魚為生。外婆年幼喪母,由於當時並沒有天氣預報,在外婆十七、八歲的某一天,外婆的父親和兄弟四人一起出海捕魚,不幸遇上巨大的颱風,四人一去不回返。剩下孤苦的外婆,後來外婆嫁了龍壺鎮的一個農民,生了一個兒子不久,丈夫就病逝了。外婆是個小腳女人,沒有能力自己過日子,就把兒子放在夫家,轉嫁給繡嶺村也是二婚的王強。外婆來了王家生了二男一女,更不幸的是三十多歲時再次喪夫,從此守著兒女孤寡一生。

二舅父全家人對安娜兄妹三人非常的大度親切,每年夏天安娜兄妹三人都會去繡嶺村二舅父家住上一個多月,二舅父視這三個外甥如己出,外婆更是疼愛有加。

安娜的三舅父王幸歷年輕時愛上了隔壁的寡婦許貴英。這許貴英比王幸歷大了六、七歲,她的先夫也姓王,生前在海外謀生,二人並無子女。王幸歷跟許貴英結了婚,就住在許貴英的夫家,生了二子一女,王幸歷名義上入了許貴英的夫家,實際上沒什麼特別的變化,因都姓王,兩家還是鄰居,所以跟二兄長王幸嶺和母親丘良也如自家人一樣生活著,時間一久,王幸歷入贅許貴英

家的事情也被眾人淡忘了，大家都不願意舊事重提。

這日，繡嶺村角西後小山的相思樹上蟬鳴不迭，天空蔚藍，閒雲舒卷。清晨，鄉民們都到田野間去幹農活了。安娜的外婆家住在一幢華僑的大洋樓，這大洋樓是在海外謀生與王美菡同父異母的大兄長王幸極出錢興建的，也是安娜素未謀面的大舅父。

「大娘，行行好，給點錢吧？我們家今年發大水……糧食欠收，活不下去了。」一個衣衫襤褸、黑瘦的中年漢雙拳抱緊用北方口音向正在大門內的丘良婆婆哀求道。丘良婆婆一身黑色衣著，一雙小腳被黑色的寬褲腳給遮蓋住了，頭後梳了一個小的黑色縉髻。這個中年漢一邊說著，一邊抬頭以羨慕和期待的眼神望著這幢二層外表豪華的洋樓。

丘婆婆不識字，她是聽不懂普通話的，但她知道這個黑瘦中年漢的來意。

「你等一下。」丘良婆婆說著毫不猶豫地伸手往口袋裡掏出小錢包拿出來看一看，錢包裡才剩下幾毛錢，瞬間臉有難色，倏忽又想到了新的主意。

「你再等一等。」丘婆婆一面說，一面用手向這個中年漢示意叫他再等一等，她轉身緩緩地向走廊走了過去，一會兒，雙手捧著一堆蕃薯回來。

「我沒有錢給你，就給你這些蕃薯吧。」丘婆婆慈目放亮說道，把蕃薯遞給了這個中年漢。

「謝謝！」中年漢雙手接過蕃薯感激地說，可是心裡卻嘀咕

著這大戶人家的老奶奶怎樣也是身無分文呢？更加悲哀不已，暗自嘆息，轉頭走到別家去了。

其實丘良婆婆是個小腳女人，年輕時已經不能出外幹農活了，何況已經年逾七十多歲了。平時她的一些零用錢都是來自女兒王美菡和香沙港的孫女。丘婆婆每天除了有簡單的溫飽以外，口袋裡也是常常沒有零用錢的，囊中羞澀。但是，這世上有窮人中的窮人，每次有討飯的人向她乞討，她都會想盡辦法不令此人失望而回的，因她覺得自己住在洋樓裡哭窮，別人是不會相信的。丘婆婆天生樂觀開朗，對於生活的窘迫，怨言很少。

安娜在旁邊靜靜地觀察著外婆的舉動，突兀洞開心扉，像記者在採訪一樣，對外婆提出了兩個問題，她似乎也是在向自己提問題呢。

「外婆，你說自己沒有錢，那你的願望是有多少錢才會高興呢？」安娜天真地問了外婆，雙眼眨了眨，散發出一道閃亮的光芒。

「如果哪一日我這個錢包塞滿了錢，我就滿足了。」丘婆婆若有所思地回答，目光投向她手中如綠豆餅大的錢包，少頃，她那布滿皺紋的臉露出了一絲欣喜的表情，她的願望似乎有實現的可能又似乎不可能。

「外婆，你這輩子吃過最美味的食物是什麼呀？」安娜接著瞪大了烏溜溜的鳳眼又問道，然後抿嘴一笑。

「最美味的食物是紅立魚滷大面，那是很久……很久以前的事了。」外婆眯起了雙眼回說，腦海似乎陷入了深深的回憶之中，

臉上表情僵住不動了。

「這紅立魚滷大面我也沒有吃過啊。」安娜既羨慕又失望地說道，緊接著，輕輕地嘆了一口氣。其實她的心中也是在盼望著哪一天能夠過上好日子，有錢又有好吃的，小孩子對生活同樣是充滿了幻想和憧憬。

安娜兩眼發呆望向大門外，過了半晌，正好有幾隻麻雀在地上尋找食物吱喳地叫了起來，她的思緒才回過神來，跟外婆停止了對話，各自忙自己的事情了。

好日子壞日子也是一樣的過著，事實上，小孩子最幸福的是得到愛而不是得到金錢。

雖說丘良婆婆一生坎坷貧困，但她從來都認為女孩子不應到山野上亂跑亂撞。一來皮膚會曬黑；二來會養成像野孩子一樣，不成體統，女孩子必須斯文識字，美麗大方，將來才能夠成為大家閨秀。如果她知道安娜跟隨表兄弟到田野去玩耍，必定會盡力阻止。

時光飛逝，安娜在外婆家繡嶺村上了一學期的小學一年級之後，就和二位兄長回到菁山鎮的家過農曆新年。雖然農村的生活環境跟城鎮有差異，蚊子和蒼蠅的數量比城鎮多得多；而且晚上還是用煤油燈和蠟燭來照明的，但安娜覺得在外婆家是最開心的日子，因周圍沒有吵鬧聲，又沒有人會管束她，可以隨意跟表兄弟去山野玩樂，更重要的是二舅父家的伙食比家裡的好很多，儘管也是少肉少魚但有新鮮的蔬菜吃；家裡卻是天天吃鹹醬瓜、鹹菜和鹹帶魚——一味鹹！鹹！鹹！

第十五章　　幸福快樂似真非真

一曰：

> 跛虎入平原，小虎陷艱險。
> 臥伏草叢裡，靜待五雲掀。

　　安娜和兩個兄長從外婆家回來的第二天，這日正好是星期天，安清木放假回家。安家發生了一件既新鮮又尷尬的事，在吃晚飯的時候，王美菡久久不見安川來吃飯，心裡覺得十分奇怪。她走進裡間看見安川直挺挺、一聲不響地躺在床上，臉色發青，表情痛苦。

　　「安川，你這是怎麼啦，怎麼不來吃飯啊？身上哪兒不舒服？」王美菡咤異地問道。

　　「阿媽，我的肚子很……很不舒服……」安川痛苦地呻吟著說道，右手放在肚子上。

　　「你在外面吃了些什麼東西啊？」王美菡雙眉一皺，急促地問道。

　　「我前天在外婆家鄰居大洋樓的石板埕邊的亂石中撿到了五塊錢，今天下午去街上的小食攤位吃了幾碗的牛肉羹，剛剛吃的時候不覺得肚子脹，回家後肚子越來越脹，這時覺得很難受……」安川緩緩地說著，臉色越發鐵青。

　　安清木、安山、安娜聽到裡間有動靜，都放下碗筷，走過去瞧瞧。

安清木看了安川的病情，回想起困難時期剛剛結束時，有一個政府職員吃得太飽連胃都撐破了。吃太飽也是很危險的，想到這裡，立刻決定用腳踏車載安川去縣醫院就診。安川當晚住進了醫院，醫生給他吃了消食的藥，讓他躺在病床上休息調理，不許再吃任何東西，只喝些少水而已。第二天下午，他的肚子已經正常了，王美菡去醫院辦理安川出院的手續後，把他帶回到了家裡。

這件事情發生之後，安娜和安山嘴上不敢說什麼，心裡一直在責怪安川寧可吃太飽生病也不分一點點給他們吃。這些年，牛肉羹的味道，聞都沒聞過，真是個小氣鬼。其實這也不能責怪安川不肯跟兄妹分享利益，安川生怕兄妹出賣他，把他撿到錢的事情告訴父母親，他因而會受到父母的責罵。這件事情也成了以後安娜、安山跟安川吵嘴時用來調侃安川的話題。

1970年，春節前的一個月，安清木又從燒鉦農場被調到檳西農場勞動。

安娜很開心的過了農曆新年，菁山鎮的初一常常是藍天白雲，這也是她一年中最激動興奮的日子。清晨，安娜一定比往常早起床，洗漱完畢後，穿上阿媽為她準備的新衣裳，然後到宿舍院子的小廣場走一圈，炫示自己的美麗，順便跟其他的女孩子暗中比拚一下。

金溪縣實驗小學正式重新開學了，菁山鎮的家長紛紛給消閒多年的子女報名上學。王美菡給安山、安川報讀小學五年級，安娜報讀小學二年級。當時學校沒有嚴格的入學準則，班級可以隨意報讀。學校猶如枯木逢春，學生多多益善，整個實驗小學很快又熱鬧了起來，課室恢復了書聲朗朗。

金溪縣的小學上課時，老師都以閩南方言授課，中學才用普通話。

安娜二年級的上學期學習成績很好，小學總共才學兩個科目，她的算術和語文分數都在 95 分以上，在全班的學習成績排名第一，這對於性格高傲、敏感小氣和自尊心超強的安娜來說是件快樂的事情。新學期給安娜的學業生涯還迎來了驚喜，首先她獲准加入第一批的少先隊，可以繫上紅領巾，還有二年級年段的大會，班主任讓她上講台演講，可惜的是她下了講台之後，其稿子的內容很快給忘掉了。也許學校準備培養安娜在未來當造反派的接班人或是國家棟樑？這就不得而知了。同班的一個女同學還送安娜一支漂亮的圓珠筆，過了不久同學又向她要回去了，她心中有些不樂，但這種不悅的感覺很快就消失殆盡了。

安娜的當頭鴻運就像天上的彗星一划而逝。二年級下學期，班主任換了另外一個中年粗壯的男教師。儘管她每次大小考試的成績都是排在第一位，但學校已經放棄對她的栽培了，因為他們查到安娜是黑幫安清木的女兒。

有一次在上語文課期間，也許是太悶了，安娜跟鄰座的同學說了一句話，被班主任看見了，班主任突然發飆猛力地用手要把安娜拉拽出課室，當時她使盡全力硬生生地頂住班主任的猛拽才沒被拖出課室。從那次起，她的自尊心受到極大的傷害，也就夾著尾巴做人，做個乖乖學生。

小學的課本第一頁是偉大領袖毛主席的標準像，大家必須恭敬有加，不可褻瀆。

文化教育宣傳冰火二重奏，水火不相容。京劇的樣板戲，憶苦思甜——舊社會大地主黃世仁、劉文彩殘酷剝削和壓迫窮人，西藏農奴被剝皮抽筋，資本主義社會裡如"賣火柴的小女孩"的悲慘下場，日寇侵華嗜殺無度等等的宣傳影響下，安娜內心幸福感總是滿滿的，同時又替出生在其他國度的人們感到可憐可悲。還有全國上下在痛批中國封建王朝的腐敗專制、霸道不公的同時；考古大隊卻到處考古挖掘古墓，把挖掘出來的古物四處展覽炫耀，大力宣傳古代中華民族的偉大智慧與創造能力。在這些猛力的宣傳感染下，安娜作為中華民族的一員，感到無比的驕傲和自豪，暗自慶幸自己出生在正確的年代與幸福的國度。

死亡威脅、望梅止渴、自我感覺良好的宣傳手法起到空前的成功，對於小孩子們特別受用，螻蟻尚且惜命，何況人類。

春逝冬至，一年又悄然過去了。

安清木由檳西農場調去舊埠農場務農，這舊埠農場就在菁山鎮的附近，走路一個多小時即到。舊埠農場的黨委比較寬厚，這個農曆新年春節特別給全農場的工人放假三天，平時每個月也只有一天的假期。

大年那日，寒風凜冽。職工宿舍大院裡，到處油炸食物飄香，難得喜慶的一日。王美菡表情鄭重嚴肅地告訴三個孩子這幾天不許吵嘴、吵架。再說了，父親安清木在家嚴如一隻老虎，小貓那敢起哄呀？晚上三個孩子都有壓歲錢，父母親各給三毛錢，外婆給每個外孫五毛錢，林花村的祖父祖母沒錢給孫兒，一年到頭總共就這一元一毛的零用錢。安山、安川正月期間就把錢花光了；安娜最多花一半的新年錢在買小人書上，還剩一半，因王美菡經

常嫌棄女孩子愛吃是一種丟人的習慣。安娜平時看見街上小攤擺的麥芽糖和冰棒都得忍住不買，久而久之成了習慣，也就少花錢了。因安娜不愛花錢，大哥二哥還給她起了一個難聽的外號叫"鹹橄欖"，意思是小氣鬼，還有"欖"跟"娜"在閩南語發音是一樣的。

當時國家還教育人民不要鋪張浪費，提倡艱苦樸素。小小螺絲釘也得珍惜，衣服新三年舊三年，縫縫補補又三年。這種德育教導是高尚無瑕的，可是當時人民生活匱乏，猶如半反向型的晉惠帝在饑荒年對子民的善言：「百姓無栗米充饑，何不食肉糜？」

初一早上，一家人早早就起床了，洗漱之後，大家圍在方型木桌旁吃稀粥和炸棗。

「安川，今天你上街去看一看牆上的大字報都在寫我什麼東西？回來告訴我。」安清木愁眉深鎖，目光投向安川機靈削瘦的小臉，沉重地說。

「好啊，一會兒，我上街去看一看，只是那大字報都是寫得很潦草的，不知道我能不能看懂？」安川俊目閃爍，信心不足地回答。

「不要緊的，你能看多少是多少。」安清木低聲平靜地說，隨後咳嗽了幾聲。

安川聽了之後，趕緊地把早餐吃完就進入裡間去換那套新的淺棕色咔嘰布衣服，一閃不見了人影。安山、安娜也各自找同學好友玩耍去了。到了快要吃午飯的時分，三個小孩子才前後腳回

到了家裡。

安川興致勃勃地蹦跳著回來，剛進裡間衝著安清木說道：「阿爸，我去街上溜了一圈，仔細看了牆上的大字報，寫你的東西不多，就寫什麼：走資本主義道路的當權派，黑幫，假黨員，還有一個叫什麼……變的？這個字我忘了……不知道是什麼意思？」他說完，臉上半喜半憂地望著父親的臉部表情，心中還有一些惶惶不定。

「很好，你這小學水平還能看懂大字報，真機靈，像個小妖精。至於那個是叫"蛻變"……之前造反派曾說過我的。」安清木微笑著稱讚、解釋道，內心鬆了一口氣。

「阿爸，我想起來了，那個蛻變書上有解釋過的；就是昆蟲蛻變成蝴蝶，這蝴蝶的變化也叫做完全變態……」安川眼珠瞪得如銅鈴般，驚訝地說。

「還有我們班裡的同學經常誇獎我是小神童呢！只不過我們的算術老師恍道渙在班上指責我，說我是黑幫的兒子，我聽了很不爽。有的同學還會打我呢，上次咱院子的林樺扔一塊石頭砸在我的頭上，我流了很多血。第二天，我埋伏在革委會大院的樹叢裡等他路過，我以牙還牙也往他的頭上扔了一塊石頭，他也頭破血流。打架這方面我是不怎麼吃虧的，就是要毫不畏懼，狹路相逢勇者勝嘛。」安川雙眼閃閃發亮，信心十足，滔滔不絕地接著繼續說道。可他臉上布滿了新舊傷痕，被指甲抓傷的印記仍是血色的，安娜聽了半信半疑，兩眼盯著地板，獨自在旁怔怔地發呆。

「你就好啦，我什麼都不輸給別人，最慘是我的右腿傷殘跑

不快。那一日，有一個頑童向我扔石頭，還用閩南話的順口溜罵我："跛腳跛得順，要死，得趁早去死！不死，棺材會漲價！"我氣不過，想教訓他一下，我又追不上他。隨後，我想了一個妙計，我向這個頑童說他很厲害，我服軟了，然後我一手伸入口袋，一手向他招手說要給他五毛錢，求他以後看見我不要向我扔石頭和罵我，他真的走了過來向我拿錢，我立馬給他臉上五巴掌。」安山說得口沫橫飛，撲哧一笑，蘋果型的圓臉泛紅，還有些得意忘形之色。

「我就沒有你們那麼厲害囉，也有小孩向我扔石頭，指著我說這是安清木的女兒。學校放寒假之前，咱們宿舍院子的師廂莉罵我是黑幫的女兒，我不敢正面跟她吵嘴。再過了幾天上學的時候，她正好走在我的後面，我把食堂的大黑門順手關上了，不讓她通過。隔天，我上學經過食堂大黑門時，師廂莉的老母任吾嬌突然出現，一手揪住我的頭髮，另一隻手照我的臉上狠狠地打了一記耳光，打得我頭暈轉向，差點跌倒，半邊臉火辣辣的燒疼了大半天，她還警告我下次見到她的女兒時不許關門。她女兒比我大幾歲欺負我，我用沉默的反抗不成功反而被打。」安娜嘴唇微撅把所受的委屈一一道來，須臾，自己便汕汕的紅了臉。安娜還告訴兩個兄長說自己被扇耳光時並沒有哭泣，因她在極度憤怒之時，反而不流淚，只是咬牙切齒。

安山、安川聽了也無可奈何，不知如何應對。安山腳殘疾，安川長得瘦小，屬於弱勢群體。兩個人的臉上雖然忿然作色，卻啞口無言。

「這個番仔嬌平時在百貨公司裡，非常的傲慢專橫，上班時我得向她問一問，為何大人打小孩？」王美菡盛怒道，她剛剛準

備好中午的飯菜，無意中聽到了安娜的投訴。

「你們各人先把雙手洗乾淨，趕緊來吃中午飯吧，現在是人善被人欺，太不像話！」王美菡說著把過年炸的醋排骨和現炒的青菜端上木桌子，口中仍然在不停地低喃著。

安清木聽完三個孩子的訴苦與吹牛小會，並沒有責怪他們，反而心裡百感交集，不知如何開口。想到人們常說"虎落平陽被犬欺"，自己的不幸遭遇也禍及三個孩子，但又細想三個孩子小小年紀竟有不屈的性格，將來長大成人的際遇可能是大好大壞，想到這裡，就讓諸事順其自然吧。實際上，平時如果有人投訴安山、安川頑皮不是，安清木慣用"攘外必先安內"的方法，不分青紅皂白先把自己的兒子痛打一頓。

中午，吃地瓜稀粥，全家人難得圍在一起吃飯，安清木和王美菡夫妻倆又開始嘮嘮叨叨地教導三個兒女。

「現在你們實在太幸福了，有吃有穿，要惜福才是。各人吃完，碗裡不許留有一粒米，臭的地瓜也不許扔掉，要吞下去，我們小時候都是捏住鼻子把臭地瓜硬吞下肚子的。」安清木嚴肅地教訓說，臉上浮現自傲的表情。

「我們小時候連發霉的地瓜乾都吃不上，經常餓肚子。」王美菡雙眉緊蹙，不加思索的附合著訴苦。

安山、安川、安娜聽完沒有任何回應，三人相互對視了一眼，然後低垂著頭，三對烏溜溜的眼睛各自盯著碗中浮上來的很多隻白色有翼的死蟲子；還有幾塊臭地瓜乾夾雜在稀粥裡，個個臉有

難色，心想還是先把正常的吃下去，趁阿爸不注意再把留在碗底的死蟲子和臭的地瓜乾偷偷倒掉。安娜心裡最不服氣，不禁暗自嘀咕：「死蟲子、壞的食物吃下肚子對身體無益反而難受。」只是不敢頂父母的嘴，不然的話會惹來一頓揍罵。

這三天假期一轉眼就過了，安清木又回去檳西農場勞動了。王美菡上班時遇見任吾嬌質問她為何打安娜，任吾嬌支支吾吾說了一大堆理由。王美菡頗有自知之明，丈夫是黑幫還關在農場裡，對女兒被打之事也就不了了之。再說了，王美菡的母親丘良的家訓是有人上門來吵架，一定要向對方示弱，無論如何全家得關門閉戶躲開事端。

第十六章　　風浪不迭　人間冷暖

　　林催勝、臣員等造反派是當紅的炸子雞，他們已經順利奪權四年多了，舊縣委也老老實實被關進農場務農不在話下。潭一深和妻兒老小早已經搬入縣職工宿舍大院裡居住。每天早晚，只見小潭棕色的褲腰帶掛著一串鑰匙，一搖一擺，出出入入，步伐聲連帶鑰匙聲"崩崩沙沙、叮叮噹噹"的作響。他那小眼如炬，左顧右盼，好不威風，只是天生骨格細小，欠缺威嚴感，院子裡的小孩子心中仍然稱他為"小潭"或是"小深"。

　　星期日，微風拂面。清早，許扶倡遺孀烏善肩挑空水桶一搖一晃，步伐緩慢地走去水井打水，在小斜坡上碰見了王美菡。

　　「吃了沒？唉呀！今天怎麼不見珍妮來打水呢？」王美菡笑容滿面，迎頭問道，許珍妮是烏善的大女兒。

　　「吃過了，前幾天，她和弟弟去了外婆家，我來打水也是一樣的。我正想告訴你們，最近千萬不要拿衣服到水井旁搓洗。」烏善神秘兮兮的挨近王美菡說著，眼神中充滿了恐懼。

　　「到底發生了什麼事啊？你得說詳細一點，我才明白。」王美菡瞪大雙眼，焦急地問道。

　　「昨天早上，我去水井旁洗衣服，碰巧小潭妻妹也在洗衣服，我看見有幾隻活的小蟲子在井邊的水泥地上爬，好恐怖啊！」烏善說著說著不禁打了個寒噤。

　　「這些蟲子是怎麼來的呢？」王美菡聽了也渾身起雞皮疙瘩

瘩，接著追問。

「據說是小潭的妻子得了乳癌已經晚期了，身上開始生蟲子了。」烏善壓低聲音說道，須臾，不斷地唉聲嘆氣。

「把這麼髒的衣服拿到水井邊洗，這也太缺德了吧。」王美菡不忿地說，越想越害怕，不敢再追問下去了。

「是啊。」烏善長長的吁了一口氣。

「感謝你的提醒，我們會注意的，有閒再聊。」王美菡滿眼感激地望著烏善蒼白憔瘦的臉，接著說。

二人無言告別，各自忙自己的事去了。王美菡上市場買菜回家，把烏善的話仔細地告訴了安娜一番。安娜聽了這些令人毛骨悚然的東西，失驚地張大了嘴巴，感到非常害怕。

過了不久，潭一深的妻子病逝了。後來，小潭再婚，娶了他的小姨子為妻，讓她繼續照顧一對年幼的子女。當時金溪縣的人們聞癌色變，都一致認為此病是絕症，連這個字都不敢說，而改稱為"壞病"。

春寒料峭，苦雨淒風。放完寒假，學校又開學了。這學期，王美菡為了追上潮流，安排安娜跳一級上四年級，因周圍有學生跳級上學。王美菡說安娜學習成績優秀，個子又長得比同齡的小孩子高大，有條件跳級上學。安娜也樂意試一下。安山、安川二人順利升上金溪縣第一中學。

金溪縣實驗小學的算術教師恍道渙仍舊教五年級的學生，雖然他不教四年級，由於學校的老師並不多，一般來說學生都認識老師，而老師不一定認得學生。恍道渙年近三十仍未娶妻，生得瘦額尖嘴，雙目深邃，臉色暗黃無光，削瘦身材，個子不高。近期學生中傳說恍老師買了一部照相機，當時懂得攝影是眾人羨慕的事情。因此課餘時間，同學們三五成群去了他在校的宿舍，參觀他的攝影作品，安娜也去了一趟，很多女同學看了很雀躍，安娜卻覺得毫無趣味可談，也許是恍道渙曾經羞辱過她的兩位兄長的緣故吧？

　　安娜從二年級跳到四年級學習，少了三年級珠算和漢語拼音法的課程，從此這兩方面的知識就成了短板。反正也不是學習中的重點，影響不大。上了一個月的學課，第一次的小測所得的成績尚算良好，這也說明王美菡的算盤打對了。

　　四年級的班主任是語文教師斯金箔，年約三十四歲上下，生得五粗身段，闊臉大嘴，劍眉困眼，臉紅耳赤。他在上課時喜歡向一位叫古永康的男同學提問，但每次古同學都不能答對問題，因此斯金箔大嘴一咧哄笑著說“古永康”永遠是空空的，全班同學聽了也不敢附合大笑，卻人人渾身不自在，古同學也口不敢言，低垂著頭，顯得十分尷尬無奈。

　　雖然安娜的期中與期末考試的語文和算術都在 95 分以上，還是全班裡的最高分數，但當時學校莫視學生的學業成績，安娜的天賦未能得到學校的賞識。只有學校的文宣隊員才是風雲人物，文宣隊專門表演樣板戲和跳民族舞蹈。班主任斯金箔對安娜總是橫眉冷眼，每次負責文宣隊的嚴老師來招攬安娜入隊，斯金箔都胡亂編個理由信手一揮把嚴老師拒絕掉了。安娜自視長得美

麗出眾，加上從小聽到很多人當面讚美她的容貌，有人甚至說她美麗的大眼射出的光芒會吹燈滅火。她很盼望能夠和其他同學一起上舞台表演以備受人注目，但班主任的百般阻撓，安娜始終未能如願。

由於安娜的好勝和上進心超強，除了專心學習以外，她也積極參加學校的各項課外活動，包括吃力的體力勞動，樣樣不想落後於其他的同學，可是無論如何努力終究不能和其他的同學一樣備受學校的器重。她只能靠取得全班第一的成績帶來的一些自我安慰。也因為班主任斯金箔刻意排斥她，使她鎮日悶悶不樂。小學生永遠不明白為什麼人世間會有不公平的事情！

人們都在追求得不到的東西，而忽視自身擁有的優點和美物，包括小孩子也是一樣的。

在安娜的世界裡人人應該是平等和不分高低的。有一次，她跟父親安清木出去，剛剛走出職工宿舍大院的大門，迎面來了一個挑大糞的中年漢，臭氣熏天，安娜連忙屏住氣，伸出右手捏住鼻子跑開。中年漢走遠後，父親立即諄諄教導她，以後再碰見這種情況不得有嫌棄的舉動，不然的話會傷了勞動人民的心。從那時起，安娜把這句話牢記在心，所以在選擇做朋友這方面的事情，她不挑選朋友的家庭出身，只選擇好人。因她不善於交友，好朋友寥寥無幾，而且都是別人主動對她示好的。

小學四年級裡有一個名叫顏小茜的女生，是安娜的好朋友。小茜家住在小學的附近，她比安娜大一歲，生得黝黑圓臉，笑靨如花，大眼紅唇，七分俏麗，話語不多。安娜經常到她家裡玩耍，小茜的兩個大姐已經結婚了，家裡還有兩個弟弟。她的母親就在

附近的和源堂食品加工廠當工人，性格熱情大方，她的父親是一位不出名的畫家，早年被打成右派分子，名叫顏驊，年約五十左右，瘦削身材，生得體弱多病，為人溫文儒秀，具有典型的藝術家性格。顏小萸的家庭生活條件卻比安娜家更困難一些。

在閩南的傳統習俗裡，只有兩種職業才被人們稱為先生：學校的老師和為人治病的醫生。安娜知道小萸的父親顏驊是個懷才不遇的高才，見面時會稱他"顏先"，閩南話意思就是顏老師。安清木和顏驊也是相互認識。

學校剛剛放暑假，這一日，驕陽似火，浮雲飄散，熱風徐徐吹拂。午餐，安娜吃完地瓜粥之後，做了一些暑期作業，一徑出了職工宿舍大院的大門，向前直走穿過狹窄的小路再拐彎走過西邊村的幾戶人家，朝顏小萸的家走去，找她玩耍。顏小萸全家租住在村頭的一間小屋，門口小埕鋪有石板地，埕的左右各有一塊石板橽，埕的上空還種了一架翠綠的絲瓜，這裡與實驗小學的教職工食堂只隔一條短窄的小路。

小萸的家常年敞著大門，當時治安尚好，只是還沒有達到夜不閉戶之治。

安娜一進門看見小萸的父親顏驊在略顯幽暗的廳房裡走動。顏驊身著白色的文化衫，灰色短外褲，由於太瘦背脊有些彎曲，安娜向他輕聲問道：「顏先生，小萸在家嗎？」

「安娜，你來啦！小萸在裡間，一會兒她會出來的。」顏驊熱情地說，接著輕輕地嗽了一聲，轉頭向裡間喊道：「小萸，安娜來找你啦。」安娜站在一旁靜靜地等候著。

小萸是個勤快的女孩子，平時在家都在做家務。

「安娜，聽小萸說你的學習成績很好，小萸對學習卻不感興趣。」顏驊說著消瘦的臉頰泛起一絲紅光，接著又輕嘆一聲，這聲嘆息收得很快，盡量不讓安娜察覺到。

「也沒什麼，顏瑛、顏豪都在家嗎？」安娜面帶微笑地說，緊接著問起了小萸的兩個弟弟。

「他們吃完就出去玩了，可能去食品廠找他們的阿媽。」顏驊緩緩地說道。

「噢，顏先生，我對畫畫很有興趣，平時，自己在家裡也學習畫畫。前不久，我看見小萸有兩張她姐姐畫的古代美女畫像很漂亮，你能不能也教我畫畫啊？」安娜的鳳眼散發出閃亮的光芒，臉龐抬起以期待的表情望著顏驊說。

「好啊，沒問題的。」顏驊笑說。

小萸從裡間走了出來。她身穿半新不舊大一碼很不稱身的紫色短袖上衣，黑色長褲；笑盈盈地望著安娜與她父親的談話，並不想打擾他們。

顏驊接著對安娜說道：「你想學畫畫，先讓你畫一幅簡單的畫。明天你去新華書店買一盒油畫顏料、一張油畫布、一塊有小方格的透明塑膠板、三支油畫筆、一塊油畫板和一瓶松節油。松節油可以稀釋顏料又可以清洗畫筆畫板。一會兒，我把音樂家貝多芬的肖像圖片給你拿回家去臨摹，先把油畫布用鉛筆格成跟

透明塑膠板一比一的小正方塊，然後用小格透明塑膠板按在肖像上，一格格地照畫，稿子打好後，再用相應的顏料畫上去，聽明白了嗎？」

「聽明白了，過幾天畫好才拿來給你看一看，感謝！」安娜全神貫注地聽了顏驊的教導並感激地回說。

顏驊細心地教了安娜如何畫油畫，轉身走入裡間去找圖片。這也是安娜第一次接觸油畫，平時她畫的是中國水彩畫。

安娜和小萸在廳房裡聊天，顏驊從裡間出來把貝多芬的圖片和一本安徒生童話故事的小說遞給安娜，她滿臉欣喜地向顏驊道謝。安娜正在為暑假沒有小說看而發愁呢，她小心翼翼地把圖片夾在書中。安娜和小萸聊了大半日，時近傍晚，小萸的母親、弟弟顏瑛和顏豪也分別回家了，安娜微笑著向他們點頭問好。不一會兒，她起身辭別，然後高興地把借的小說和圖片帶回家去了。

次日，平明，安娜早早就起床了，洗漱乾淨，吃過稀粥，換上淺米黃底碎粉花的短袖上衣和深藍色短裙，穿上白色的涼鞋。一徑到了菁山街上的新華書店購買油畫材料，買完東西之後，安娜並沒有走到賣小人書的櫃台去巡視一番，小說的櫃台更不用期望有新的作品。其實也不必去查看有什麼好的作品，喜歡的圖書沒有出版，全部是清一色的樣板小人書，內容大概一致，枯燥無趣，小說的內容也是千篇一律。每次來新華書店逛逛，她都是興致而來掃興而歸的。這次她也沒有順路去百貨公司找阿媽王美菡，直接急急火火地趕回家了。

安娜剛回到家，馬上開始她的畫作。先在新買來不久的棗紅

色小書桌上打稿，然後調配顏料，慢慢地一筆一筆地把顏色畫上去，直到阿媽王美菡屢次催促吃飯才停下手來，吃完午飯，又埋頭畫作了。弄了兩天才把貝多芬的肖像畫好，結果還是挺不錯的，把貝多芬那憤世嫉俗、高才傲氣的表情在畫中體現了出來，其神韻維妙維肖，一看就是音樂家貝多芬，只不過畫工技巧淺薄而已。

初次油畫畫作成功，安娜心情頗佳。把借來的安徒生童話小說用半天時間也看完了，這本是短篇小說，故事描述一些小動物的歷險記。安娜看了竟然沒有絲毫的同感，畢竟她的童年都是成年人的影子，沒有任何童真，而且那些雞鴨是求之不得的食物，談不上是朋友關係。當然這類的小說在當時是珍貴無比，想閱讀都是奢侈的事情，她有感恩的心並沒有嫌棄之意，更希望這類小說能夠多看幾本呢。

畫也作好了，小說也看完了。安娜又像平常一樣，吃過了地瓜粥，穿上前幾天穿的短袖上衣、短裙子和涼鞋，小心謹慎地把貝多芬的圖片夾在書中，把油畫的畫面往裡卷了起來，一手拿著書，一手握著畫卷，心情舒暢，雙腳朝著顏小英家的方向走去。快到小英在西邊村口的家了，鄰近一戶人家的門口，突然一條淺棕色的狗睛射凶光、齜牙咧嘴躥了出來，對著安娜不停地狂吠，似乎要把她撕咬吞落肚子裡，這時，她被嚇得腦海一片空白，雙腿顫抖了起來，手上的書畫差點跌落在地上。說時遲，那時快，她立即把身體和雙腳往下蹲，佯裝撿石頭的樣子，這狗看狀吠聲立馬從"汪、汪"轉成"嗯、嗚"的叫聲，她故作鎮定地在原地站了一會兒，那條棕色狗才低垂腦袋搖著尾巴走開了。

剛才好險啊，安娜深深地倒吸了一口氣。想到不久之前她的堂妹在林花村被狗咬傷小腿的事情；還聽說有小孩子被狗咬傷，

得了狂狗症而身亡呢。此時她打了個冷噤，全身直冒冷汗。從這一日起，安娜沒中"狂狗症"而"懼狗症"卻落下了。她雙手緊握著書畫慢慢走向小英的家，剛到門口，看見小英和她的父親顏驊正在廳房。

「小英，顏先生，我來了。」安娜的額頭上還有些冷汗珠，只是故作鎮定地微笑說。

「安娜，我們正在念叨你呢，那張畫你畫得怎樣了？」顏小英雙靨如花綻放般的笑問。

「已經畫好了，這本書和圖片先還給你們，這是我這兩天畫的貝多芬肖像，顏先生，你看一看，畫得怎樣？」安娜雙眼殷切地望著顏驊說道，把書、圖片、油畫一起雙手遞給了他。

「這裡面光線暗淡不足，咱們到外面才能看得仔細一點。」顏驊一邊笑說，一邊接過書畫，然後把書本放在廳裡的木桌子上。

顏驊、小英、安娜走出廳房，到了門口的石埕，顏驊、安娜坐在右邊的長石橙上，小英站在安娜的身邊，顏驊把安娜畫的貝多芬肖像打開一看。

顏驊看完，面露欣喜地說道：「初次學油畫，畫得還不錯，貝多芬的標準神韻畫得有九成的模樣。你知道嗎？貝多芬是德國的音樂家，他譜的第八交響曲是由很多各式各樣的樂器來合奏，非常的好聽，動人心弦。還有，如果你喜歡畫畫，現在全國最著名的畫院有——廣州美術學院、四川美術學院。咱們南方的畫風叫嶺南畫派，北上是四川畫派最有名氣的。著名的畫家如黃永玉、

齊白石、黃胄和吳作人。黃胄擅長畫驢子，吳作人畫金魚，吳作人的夫人蕭淑芳畫工筆花卉很美。我早年的一個學生現在也是一位出名的畫家叫汪保維，他是咱們金溪縣人，就在廣州畫院，將來有機會你可以去找他學習。」

顏驊春風滿臉，繼續對著安娜娓娓道來：「初初學畫畫必須臨摹名家的作品，把基礎打好，再創造自己獨特的風格，這樣才能夠成名成為大師。」顏驊說完輕輕地吸了一口氣，心中似有無限的惆悵以及遐想。

安娜黑色如水的雙眸閃耀著喜悅和羨慕的光芒，臉頰泛紅，面若桃花，聽得十分入神。小英在安娜身旁坐了下來，顏驊接著把油畫遞給了安娜。

顏驊目光閃爍，又說道：「安娜，你生得如此漂亮又聰明，將來長大代表中華民族和外國人打交道，才能夠盡顯咱民族的美麗和風采，這將是一件美事。還有你的名字是否要改一改？」

顏驊的愛國情懷猶如詩仙李白寫的：中夜四五嘆，常為大國憂。

「那如何改呢？你幫我想一想，好嗎？」安娜不加思索地問道，笑容可掬。

「有一種小鳥唱歌很好聽，叫黃鶯，你可以把安娜改為安鶯，這個名字你喜歡嗎？」顏驊雙目閃動，興致勃勃地說。

「這名字還不錯，我回家跟我父親說一說，感謝你的提議。」安娜說完，嘴角揚起，展露出如花的笑容。

安娜對顏驊博學多才的闊論是嘖嘖稱奇並深感佩服。關於音樂家貝多芬和他的交響樂是頭一次聽說，學校、書上與媒體都不曾提及。同時也感激顏驊對她的賞識、提教和鼓勵。

他們又閒聊了半日，安娜手握著油畫，起身高興地辭別了顏驊和小萸。

在回家的路上，安娜思緒萬千，心裡很清楚顏驊為何叫她改名字。因目前中國跟蘇聯兩國的關係鬧僵了，中國還在不斷地批判蘇聯修正主義呢，安娜的名字一看就像洋人沒有中國風，加上學校有好幾個女生叫：安娜、麗娜、美娜，有些擁擠感，安娜並不喜歡自己的名字。安鶯這個名字聽起來還不錯，可是安娜自認在唱歌這方面並沒有天賦，而且學校班主任斯金箔一直壓制她，不讓她參與任何課餘的文藝活動，因此只能暫時放棄改名的事情，沒有把此事告訴父母親。

今天安娜聽了小萸的父親顏驊對她讚美的一席話，臉上如沐一縷春風，心花怒放，頓時步伐輕快，一股暖流湧上心頭，平時她心懷大志，略有奇才，加上顏驊對她的指導和鼓勵，從此她把有限的生命投入到無限的遐想中去。

可是，當時的世道是：
<blockquote>
六月飛寒霜，絲管不成行。
落筆懼生花，誰敢振雄風？
</blockquote>
也有一詩曰：
<blockquote>
好言三冬覺溫暖，惡語三春刺骨寒。
人生知己不在多，一至兩個已稀罕。
</blockquote>

第十七章　　　恐怖的血腥教育

安娜自從顏老師那裡聽說世上有如此美妙的音樂，心生仰慕。其實她一直很想能夠彈奏一種樂器，卻苦無良師。她從顏小茵的家回來之後，立刻想到家裡有一把父親早年買的小提琴，趕緊把它找了出來，試拉了幾下，想不到拉出來的聲音嘶啞，十分刺耳難聽；再找出父親的口琴，試吹幾聲，聲音也是怪怪的。安娜琢磨發呆了半日，只好放棄學習樂器的奢望了。

接下去的幾日，安娜都在家裡做暑期作業，她不想把事情拖著，儘快把作業完成後才輕鬆地出去玩耍，才沒有後顧之憂。事實上小學四年級只有兩個科目，作業不多，幾日的功夫，她已經把暑假的作業完成得妥妥貼貼了。

職工宿舍院子裡的眾人正在傳著一件不可思議、可怕的事情，位於沿海地區的金溪縣近來台灣特務活動頻繁。近期縣公安局抓獲了一個年輕漂亮的台灣女特務。據說這個美女特務出身於台灣一個富裕家庭。眾人對她的說法紛紛不一，有的人甚至感慨地用閩南俗語說道："為什麼綿績被仔睏，要仁蠔殼頂拋輾斗？"意思是好日子不過，反倒自討苦吃來找死呢？

金溪縣菁山鎮是個小鎮，政府機關四周被不同的小村落包圍著，抓到一個年輕貌美的台灣女特務，是件稀罕的大新聞。正當眾人感到驚訝不解以及嘆吁之際，又傳出縣公安局偵破並當場逮捕一個本地的男特務，此人竟然是金溪縣實驗小學的教員恍道渙，據說他偷聽敵台和暗通台灣情報機構。眾人聽後更加詫異，驚慌不安，街談巷議。

時光如春水般流走，又過了半個月。這日，星期六，天氣炎熱，宿舍大院裡的四周沒有孩童的喧鬧聲，異常寂靜。

　　正午十二點時分，王美菡在中間房大聲嚷道：「你們三個孩子快點洗手，來吃午飯。」

　　王美菡接著提高嗓音又嚷道：「安娜，你聽見沒有啊？三頓吃三頓喊！」

　　「好啊，馬上出來。」安娜在裡間回道，少頃，才遲遲放下手中的小人書。

　　過了一陣子，安山、安川、安娜三人圍坐在木桌子吃中午飯。還是地瓜粥，一碟常年自家醃製的鹹菜瓜，一碗八角燜五花肉，只是每人每餐只准吃一小塊肉，鹹菜和地瓜粥卻任吃不限制，這是多年來王美菡訂制的家規，除了過農曆新年。

　　說到吃豬肉的事情，安娜天生不敢吃肥肉，曾經試過把肥豬肉放入口中，怎麼也嚥不下喉嚨，所以她只能挑瘦肉來吃，有時候弄些肉汁拌起來吃更美味。說難聽一點，家裡已經缺乏吃的東西了，她還挑食。

　　安家還有一個慣例，家裡小孩有患感冒，王美菡會煮一碗熱騰騰的肉絲麵線湯給孩子吃，然後叫孩子躺在床上全身蓋上被子，流一身汗水把感冒病毒發出來，這種古老的方法也叫"發表"。安娜有時甚至盼望快點患上感冒，這樣可以吃上一碗美味的肉絲麵線湯，可是，事與願違，感冒一直沒有來找她。

「明天大操場開公審大會，還要槍斃三個死刑犯，其中有兩個特務，一個是台灣的女特務，一個是教過你們的小學教員恍道渙，還有一個男的農村年輕人，此人生得粗肥體壯。據說那天他殺了他的親生母親之後，拿著菜刀去河邊清洗血跡時，對著村民狂喊自己把家裡那個老貨給殺了。我活了快四十年了，從未聽說過兒子殺母親的事，真是大逆不道，太兇殘……太不孝，如今世道混亂啊！」王美菡大氣吁吁地說，滿臉通紅，脖子的青筋凸起可見。

　　王美菡咬緊牙根，繼續正色嚴厲地說道：「明天，你們三人一定要去大操場觀看那些壞人，特別是死刑犯的公審大會，將來長大了才不敢幹壞事。」

　　安山、安川、安娜三兄妹對母親的訓話耳熟能詳，他們聽了都默不作聲，沒有回應母親的話。三人並不在意去親身領教，而是日子太閒悶，一心想去湊個熱鬧，滿足自己的好奇心。

　　第二天，星期日，兄妹三人吃了早餐後，就結伴一起走去菁山鎮大操場。

　　整個菁山鎮只有這個大操場，由於位置特別，成了多功能的活動場地。操場的四周被政府辦公大院、實驗小學與和源堂食品加工廠全面包圍著。縣政府有時白天在這裡開大會或者公審大會，晚上放映露天電影給老百姓觀看。實驗小學還把這個地方當體育操場使用。小學放假時，白日，和源堂食品加工廠在這裡翻曬蜜餞。

　　公審大會前面坐的都是成年人，有政府工作人員、工人和普

通群眾。小孩子只能站在大操場的出口觀看刑車經過。安山、安川、安娜三人在路邊挑選了一個稍為高一點的地方站著，等了大半日，公審大會終於結束了。

只見三四輛開蓬的刑車緩緩地從大操場開了出來，刑車也就是軍隊使用的大開蓬卡車。每輛刑車上站著三排犯人，每排三個五花大綁低著頭的犯人，犯人清一色的光頭，胸前掛著犯人姓名及罪名的大白牌子，犯人名字上如果有紅色的大交叉，說明這個是判死刑的犯人，有的被判立刻執行死刑，有的被判處死刑緩期執行。

安娜抬頭向上張望，趾著雙腳整個身體往上伸展，兩隻腳尖支撐著身體，此刻巴不得立馬長高一個頭，睜大她那雙烏黑的亮眼仔細看犯人胸前的掛牌上寫的罪狀，有判：盜竊、投機倒把、貪污腐化、強奸、強奸幼女、雞奸、殺人、敵特等罪行。判死刑的有兩種：一種是沿續千年的判法"殺人償命，一命抵一命。"叫做殺人犯；另一種是有關國安與政治立場的罪行，叫做政治犯。安娜雙眼不停盯著緩緩駛過的刑車上的犯人，想看一看台灣的女特務有多美、多妖艷？可惜沒有看見，判死刑的一個也沒有見著。

安娜看了犯人身上掛的吊牌寫的罪狀，只有"雞奸犯"的意思迷糊不清，心想這種罪行肯定是奸淫女子或是弱男子甚至是小孩子的骯髒壞事，腦海中浮想聯翩，亂七八糟。只是她不敢詢問別人，甚至她的父母親，問這種事多難為情呀！儘管她天生有超強的好奇心作祟，現實中有的事情不知道比知道更好。

三個小孩子夾在沸騰的人群中間，尾隨刑車跑了一陣子，個個跑得滿頭大汗，氣喘吁吁也追不上，最後三兄妹無精打采失望

地走回家了。

有年輕力壯的人騎腳踏車跟隨著刑車沿大街上遊行。刑車在大街上遊行了一圈後，開回了看守所，把犯人押回牢房。只有載死刑犯的車輛從菁山大街開到了公路上，執行槍決的地點事先無人知道，刑車的方向隨意繞來繞去，搞得尾隨騎腳踏車的人暈頭轉向，毫無頭緒，團團轉。跟隨的人群變得越來越少了，最後到達執行槍決地點，看熱鬧的閒人也所剩無幾。

當時社會上沒有名人美女帥哥的花邊新聞，這種執行死刑的事情在菁山鎮鬧得沸沸揚揚的，街頭小巷，街坊鄰居，大人小孩事後都在議論這三個死刑犯的逸聞瑣事。

次日，傍晚時分，東君還掛在天邊，紅霞微露。六點鐘左右，王美菡扯開嗓門大聲嚷道：「大家快點來吃晚飯啊。」

三個小孩子已經到齊了，各自去裝米粥。晚上都煮稀飯，一碟炒青菜，一碟煎的鹹白帶魚，一碗前天再翻燜的五花肉。

大家剛剛吃了幾口稀飯，王美菡的眉頭緊蹙，聲音低沉地說道：「今天上班聽人說那個女特務未被押上刑車時，人已經嚇得四肢無力癱倒在地了。還有那個殺老母親的大胖傻子被押出看守所之前，嘴裡還在自言自語地投訴手銬和腳鏈太沉重了，膽敢殺人，連這麼一點點苦也吃不了，真是一個廢物。」

安山、安川忙著吃，似乎沒有反應，安娜聽了很不自在。

「那個小學教師恍道渙點的殺頭餐是香醋炸排骨。還說事後

他的母親傷心極了，哭得死去活來。」王美菡接著又喃喃自語，雙眸發光，似乎自己神通廣大，無所不知。

說到恍道渙被槍斃時，安山、安川和安娜的神經線繃得緊緊的，臉上露出不安的神色，腦海中立刻浮現出恍道渙的形影，個個無不心驚肉跳，陰影纏繞。

「昨天我們也看不到槍斃的現場，聽我的同學說他的大哥有跟到現場。這次是在菁山鎮附近的荊山腳下執行槍決的，他們說被槍決的犯人頭上有一個黑乎乎的深洞，很嚇人的。」安山眨了眨眼，神秘地說著。

「下次我再也不敢去看這種事情了，太可怕了，這種恐怖的事情，小孩子看了晚上會發惡夢的。」安娜瞪大雙眼，驚恐失色地說道。

「咱們也沒有騎腳踏車，那能追上刑車呢？趕到現場是絕對不可能的。」安川雙目閃爍，坦然地說，然後伸手輕輕地搔著頭髮。

說完之後，大家又埋頭吃東西了，片刻無語。

「阿媽，這鹹帶魚的肚子有細細長長的蟲子，你看一下，我不敢吃，很惡心。」安娜慌張地說道，似乎發現了新的大陸，接著用筷子把白帶魚的肚子打開給王美菡看。

安山、安川兩對銳利的目光齊唰唰地投向安娜筷子下的鹹魚上，立刻也檢查了自己碗中的鹹魚，個個臉色突變，噘嘴把鹹魚

放在碗邊，你看我，我看你，一言不發。

「安娜，就你的眼睛最毒，挑三揀四的，專挑毛病，愛鑽牛角尖，也很挑食。鹹魚肚子裡的蟲子一向都有的，不要大驚小怪。餓得沒東西吃時，連三腳木椅子也得啃下去！」王美菡說著滿臉漲紅，順便又教訓了三個孩子一番。

王美菡雖然說得有條有理，可安山、安川、安娜再也不敢碰煎鹹白帶魚了。從此以後，安娜可怕的觀察力，在家裡有一個"挑食精"的雅號，安山和安川在吃食這方面都聽安娜的話，她說不能吃的東西絕對不能吃，說好吃的東西一定是好吃的。

吃完晚飯之後，收拾完畢。大人小孩早早躺下睡覺了，安山、安川睡在中間房，安娜和母親美菡睡在裡間。安娜緊抱阿媽幾秒鐘以後就進入了夢鄉，一夜靜悄悄而過。

正是：
殺雞來儆猴，螻蟻怯哆嗦。
仁政良民多，苛政人蹉跎。

恐怖的血腥教育

第十八章　　　惡鄰相向

物事的炎涼皆從內因引發，正是：

　　　　　　　　烈風摧秀木，木敗因心腐。

一轉眼，暑假已經過去了月餘。

安娜隔壁住的柳縣長全家人已經幾年沒有來住了。人空物在，傢俱什物全在屋子裡；前幾天才看見有人來搬走所有的什物。

立秋之後，秋風剪剪，時有陣風狂飆，時而沙地上卷起一股惱人的沙塵。

隔壁搬來了一家新的鄰居，這家人原本住在體育館附近的職工宿舍，男主人是三二九造反派的第二頭頭，現在官升至革委會副主任，與林催勝是戰友，文革前曾任財政科的副科長。姓名冒大聰，湖北人，早年南下工作，四十多歲，生得高頭大馬，中年發福，皮膚白裡透紅，面泛油光，細長眼，眉毛稀疏，厚唇闊嘴。南下工作以後，把家鄉的原配離掉了，娶了一個南方女人做老婆，生了三個兒子，年齡都在十來歲。二婚老婆的名喚金菊花，年紀四十歲左右，留一頭短髮，生得矮小，胖如甜尖堆，臉似大盆，眼若點漆，扁鼻小嘴，珠圓玉潤，肚子大的似懷孕多月待產。此女人在舊社會時是風月場所的小甜甜，新中國嫁了冒大聰，生活甚是得意，是個喊喊喳喳的家庭婦女，夏天喜穿著淺綠色的短袖上衣和深棗紅大花的蓋膝半身裙。

閒時，很少看到冒大聰。從早到晚，只見金菊花眉飛色舞搖著豐臀在自家門口出出入入，忙忙叨叨的，見人如故，隨時嘻嘻

哈哈的駐足跟鄰居聊上三五句話。搬來沒幾日，金菊花很快跟王美菡熟絡了，有時候二人還站在沙地埋裡閒話家常一忽兒呢。

王美菡白天上班，晚上經常去百貨公司開會學習，安娜再也不跟隨她去開會了。自從 1966 年 6 月文化大革命開始至今已經有五年有餘，安清木淪為階下囚也超過了五年了。安清木原本就一心撲在工作上，文革以來和妻子王美菡更是離多聚少。安清木不再是高高在上的領導階層了，工資也打了七折，加上三個孩子的性格倔強頑皮不甚溫順。常言道："同富貴容易，共患難困難。"漸漸地，王美菡跟一個在百貨公司的男同事有了曖昧關係，這男同事名叫白榮卷，年四十出頭，天生一頭棕黑色的卷毛髮，中瘦身材，細皮嫩肉，五官清秀，只是生得一對小金魚凸眼，平時說話溫文有禮。在百貨商店當日用品的櫃台售貨員，每月的工資也就是那四十多元，妻兒住在龍壺鎮的一個農村裡，白榮卷則長期住在百貨公司的單身宿舍。

這日，秋風催秋雨，王美菡頭痛症又患上了，吃了止痛藥還是無效，一直躺在床上休息，沒有上班。王美菡月事來之前肯定有一次非常嚴重的頭痛，有時吃藥也沒辦法解決的，要請醫生來家裡打一針止痛藥，方可消除痛楚。

「安娜，你媽媽在家嗎？」白榮卷直接推門進來問道，手裡拿著一個小小的牛皮紙袋。

「在……在最裡間躺著呢。」安娜低聲回道，她從小不習慣叫大人叔叔阿姨，阿媽王美菡特別強調要叫白榮卷叔叔，但她還是叫不出口，只有當著王美菡的面才敷衍一二。

白榮卷穿過中間房再入裡間，看見王美菡愁眉深鎖，臉色蒼白，頭半歪在枕頭上，安娜緊跟在他的後面走了進來。

　　「美菡，你怎麼啦？今天看見你沒有上班，趁午休時我來探望你。」白榮卷溫和含笑地問，隨後，趨前一步微微低下頭用關切的表情注視著王美菡。

　　「謝謝你，不要緊的，這是老毛病發作，明天就會好的，坐一坐。」王美菡手指著房裡唯一的椅子細聲說道，接著輕輕咳了一聲，語調變得柔和緩慢，儘量把平時的惱燥度消減掉，不讓旁人感覺出來。

　　白榮卷把椅子挪靠近床邊坐了下來，順手把帶來的蜜餞放在桌子上，二人閒聊了起來。安娜站在旁邊發呆，心裡不斷地琢磨著桌子上那包小牛皮紙袋裡的東西，到底是糖果還是蜜餞呢？耳朵根本聽不清楚二人在聊什麼。

　　白榮卷坐了不久，吩咐王美菡好好休息之後，起身辭別，回百貨商店上班了。

　　王美菡頭痛時，白榮卷就來安家探望王美菡。每次，他會帶來一小包蜜餞作為禮物。這事情很快讓隔壁的金菊花察覺到了，這天大的桃色緋聞，她金菊花能不激動嗎？她那大盆臉上的肌肉急促地抽搐了幾下，面如紅紙，一對小眼射出幽陰的光芒。她高興得心快要跳出來了，激動的電流湧上心頭如發癢又抓撓不到的痛苦在煎熬著她，有立馬要把事情擴大傳播到宿舍院子的家家戶戶，甚至整個金溪縣的衝動。

自從金菊花這個攪屎棍天天準備著把王美菡的事情攪渾，她每天都在注視著職工宿舍大院的大門口和眾人出入的小路上，日盼夜盼早日能夠看見安清木從農場放假回來。她家廚房的玻璃窗恰巧正對大門進來的小路，大院裡的男女老少如果走正路經過院子大門進來的話，全部映入她的眼簾。

　　這一日，晴空萬里，秋風清爽。安清木早早就起床，吃過稀粥，身穿白色汗衫外加一件淺灰色襯衫和深藍色的長褲，都是陳舊的衣服。昨天農場室友幫他剪了頭髮，他自己也把胡子剃得乾乾淨淨。安清木的臉曬得愈來愈黑，頭髮已經半白了，一臉滄桑。他大步走向菁山鎮，心想很快又能夠見到妻子兒女，腳步立刻輕快了起來。一路上看見多年前他帶隊種的木麻黃樹已長成大樹了，心中有無限的感慨，輕輕地嘆了一口氣。

　　「安縣長，吃了沒，怎麼走路呢？我免費載你吧。」一道洪亮的聲音在不遠處傳來，前面有一位中年漢向他熱情地打招呼，安清木仔細一看是個出租腳踏車的師傅。

　　「吃過了，現在我已經不是副縣長了，正在接受貧下中農的再教育。我還是走路比較好，感謝你。」安清木眉頭緊鎖，無奈地說道。

　　「唉呀！你誤會了，是你們那些當官的人在挪弄交椅，與我們百姓毫無關係啊，我們也作不了主的，我們很喜歡你當我們的官。這幾年你種的公路林為我們遮陽擋雨，我們很懷念你啊！」中年腳踏車師傅面帶微笑，真誠地說道。

　　「那很感謝你們，我還是走路比較妥當。」安清木雙目炯炯

有神笑說，一股暖流湧上心頭，展開雙腳大步向前走去。

安清木走了一個多小時的路，這條路並不難走，是一條平坦的直路，走著走著終於到了職工宿舍大院的大門口。他那高大魁梧的身軀剛剛出現在院子的大門，立馬被盼望已久、整天東張西望的金菊花逮住了，她小嘴一咧，心中一陣竊喜。

金菊花看見安清木進了大門後，一徑往小斜坡路走了下來，她急急忙忙嘻皮笑臉的迎了上去。

「老安，你回來啦。」金菊花嬌聲嬌氣地問候，繼而，挺起她那波濤洶湧的巨胸，眼神射出天生的風騷光芒，仰頭把安清木從頭到腳掃了一遍。

「有什麼事嗎？你是剛剛搬來不久的鄰居吧？」安清木正眼也不看金菊花說道。

「是的，老安……我有一句話不知道當講不當講，就是……」金菊花聲調轉低了一度，眼神閃縮不定，吞吞吐吐地說道，接著，回頭四顧一看。

「有事快點說，我剛到家。」安清木有點煩燥地說，側頭把目光投向自家睡房的門口。

「是這樣的，最近我經常看見你那個靚老婆有一個男人來找她，你又是常常不在家，想提醒你一下囉。」金菊花陰聲怪氣地說道，瞬間，她轉用鄙視的眼光瞄了安清木一眼。

「噢……」安清木臉色一沉吟呻著，轉身向自己的家走了過去。金菊花直挺挺站在原地發悶氣，面如紅紙，側目而視，心裡暗自把閩南那些雞鴨狗屎尿的髒話罵了幾遍。

安清木加快腳步，走了十來步就到了家門，推門進去，先到廚房，再跨兩步進了中間房，安娜聽到腳步聲立即從裡間飛奔了出來，看見父親回來了，心花怒放，嘴角上揚笑了起來。

「安娜，你媽媽怎么不在家呢？」安清木心事重重地問道。

「阿爸，今天是星期六，阿媽去上班了，大哥、二哥出去了，等一會兒他們就會回來的。」安娜瞪大雙眼說道，看見父親臉有怒色，語氣不悅，不知道發生了什麼事情，心中甚感不安。

過了不久，王美菡中午下班回到家裡，她一進門把手上買的菜放在灶台上，隨後轉入中間房，看見安清木正坐在木桌子旁吸悶煙。

「安的，你回來啦，我以為你明天星期日才回來呢。」王美菡冷笑地說道。

「人人在星期天休假，農場不就全空了，誰來幹活？」安清木沒好氣地回道，咳嗽了一聲，然後，深深地吸了一口煙。

「安的，叫你不要吸這麼多煙，你就是不聽，咳嗽了還在吸，將來生大病了，如何是好？」王美菡繼續嘮叨著，雙眼把安清木狠狠地瞪了一下。

「我就這麼一個嗜好，你老在管，我生不生病關你什麼事，少活幾年我也不會戒煙的。」安清木大聲吼道，又咳嗽了兩聲。

「你就是這麼頑固，說你一聲就生氣。」王美菡把聲音壓低說著，臉色漲紅，怒氣衝衝的轉身去廚房準備午餐給大家吃。

又過了一忽兒，安山、安川前後腳也到家了。他們二人看見父親回家不敢正眼望著他，安清木對兩個兒子一直管得很嚴，安山、安川都十分怕懼他。

王美菡中午煮了稀粥，全家人圍著桌子吃午餐。本來安清木會問孩子的一些事情，今天他板起他那張判官臉，由於安山、安川畏懼父親安清木，兩兄弟更見拘束，安娜也不敢輕動妄言，三個孩子如同老鼠看見老貓一樣，此時大家都默默不作聲，氣氛顯得很嚴肅，屋子裡變得鴉雀無聞，間中只聽到安清木那沙沉的咳嗽聲。

大家將近吃完飯時，安清木清了一下喉嚨，咳了咳，然後說：「下午，我上菜市買一串小螃蟹，晚上煮螃蟹糯米飯給大家吃，小孩子正在長身體，螃蟹最能補鈣。」

「好啊，我最喜歡吃鹹飯了。」安娜烏溜溜的雙眼散發著天真的光彩喊了起來。

「那好，晚上你來煮飯。」王美菡眼睛望著安清木說道，語氣中並不好聽。

瞬間，安山、安川、安娜三人的目光互相輕輕對視了一下，

三人的嘴角同時泛起了絲絲的微笑。吃完午餐，安山幫手把碗筷收拾洗淨，須臾，三個小孩都出去找朋友玩耍了。安清木和王美菡午休了半個多小時以後，王美菡又出去上班了。

安清木上菜市場買了一串螃蟹回到家裡，把螃蟹放在廚房的盆子裡，進了中間房，安川正在裡間看小說。

「安川，你在看什麼書？」安清木瞄了一眼安川手上的書，關切地問道。

「阿爸，是一本叫七俠五義的武俠小說，很好看的，這類的小說現在很稀罕，我向我一個好同學借的。」安川把身子扭向安清木，滔滔不絕地說道，嘴角微微上揚笑了起來。

「噢⋯⋯最近咱家都有什麼人來走動嗎？」安清木平靜地問。

「沒有人來啊，只是阿媽生病時有一個叫白榮卷的男同事來了幾次，坐了一會兒就離開了。」安川毫不遲疑的把事情說了出來。

「噢⋯⋯」安清木皺起了眉頭，嘆了一口氣，目光呆滯，滿腹狐疑，陷入了沉思許久。

二人說完話之後，安川回頭全神貫注的繼續看書，安清木轉身去廚房準備今晚的螃蟹糯米飯了。過了好一陣子，安娜蹦蹦跳跳地回家，一進廚房門，看見阿爸安清木正在忙著今晚的晚飯。

安娜高興的對著安清木喊道：「阿爸，我回來啦。」

安清木看了她一眼，緊接著說：「安娜，我有事要問你。」

「什麼事啊？」安娜抿嘴笑問。

「近日你媽都跟什麼人來往？聽人說她那姓白的男同事經常來咱家，是嗎？」安清木語氣慎重地問道。

「有是有……只不過他總共才來一兩次，阿媽頭痛時他來探望一下，白天來的，每次我都在他們的身旁。」安娜避重就輕不慌不忙地說道，並且把白榮卷每次帶來蜜餞的事情隱瞞著。

「噢！是這樣的。」安清木淡淡地說，稍微鬆了一口氣。

安娜若無其事的拐進裡間忙她的事情了。安娜心裡很清楚父親在懷疑阿媽跟別人好，她怕父母吵嘴不和，就把事情壓著，用大事化小、小事化了的辦法來應對。她十分了解阿媽的為人，阿媽是個脾氣暴躁、不解溫柔、毫無文藝細胞和不喜讀書看報的婦人，更是每日心思全部專注在家裡一畝三分地的小女人，而且阿媽似乎對男女之間的事情沒有興趣，相比之下，阿爸比那個白榮卷長得好看多了，或許是阿媽一時糊塗對白榮卷有點熱情吧？安娜相信父母親不會有事的。

當時金溪縣的政治環境和社會風俗，男女有不正當的關係是一條罪狀，甚至未婚的年輕男女正常談戀愛也會受到街坊鄰居的指指點點甚至誹謗。

安清木把那串小螃蟹逐一洗淨,切了薑片,糯米用清水洗了,所有的食材已經準備妥當,再等多半個小時就可以開始煮了。安清木轉入中間房歇息,坐在床邊點了一支香煙,這時,安川臉色慘白,眼角有淚光,垂頭喪氣地走了進來,安清木看了他的臉色有異,知道這孩子必定是受到什麼委屈了。

　　「安川,怎樣一會兒就不見你的影子,你去哪兒?出什麼事了?」安清木臉色凝重地問。

　　「阿爸,我看完那本七俠五義的小說後,我正要把那本小說拿去還給我的同學,走到院子大門口,一個革委會的男幹部,冷不防把我插在褲袋裡的小說奪了去,還對我瞪眼惡狠狠地說這本小說是禁書,他必須把這本書沒收了,說完後,頭也不回就大步的離開了。我跟在他的身後喊道這本書是別人的,我要還給人家,我苦苦追在他的後面,哀求他把書還給我,可是追到食堂的石階底下,他快步地走上去,呼!把大黑門隨後關上了,就這樣完全失去了他的蹤影,我只好折返回家。這如何是好呢?若還不出書,我的同學一定會責怪我的。」安川心急一口氣把剛才所發生的事情全部告訴了安清木。

　　安川接著氣憤地說:「這人搶去的小說肯定是拿來自己看的,假死說是沒收,其實是借口。」

　　「那個幹部長得怎樣,你認得他嗎?」安清木慎重地問,臉色變得越來越嚴肅了。

　　「這個人瘦猴身材,臉上有些麻子,我不認識他,也不知道他在哪個科室上班。這次還不上書,我同學會罵死我的。」安川

憂心地說。

「那就不知道如何討回來了，你跟你的同學好好解釋一下吧。還有，以後這種小說不要看太多了，免得被別人抓住了把柄。」安清木語氣鄭重地說道。

「阿爸，現在這類書很難借到的，文革初期已經被上交和沒收得七七八八了，哪有太多書讓我看呀！」安川急忙解釋道，臉色泛紅。

「以後你做事情要小心點。」安清木語重心長地囑咐。

「知道了，以後我會更加小心的，也沒有什麼以後的事了。」安川點頭說道，心裡憋著一團氣。

安山從小不喜讀書也不愛看小說，整天晃來晃去的，連王美菡叫他幫手洗碗也是很不樂意，這時才看見他從門外溜了進來。

安清木看一看桌子上的小時鐘，走去廚房煮飯，他開始著手煮他最拿手的螃蟹糯米飯了。

夜色臨近之時，王美菡下班回到家裡，正趕上香噴噴的螃蟹糯米飯煮熟了。

「安的，你煮螃蟹糯米飯的手藝大有進步，今晚的糯米飯聞起來很香啊。」王美菡心情大好，衝口對著安清木稱讚。

「王菡，難得你也會讚揚人，我在農場向其他的同志學了不

少七七八八的東西，像山東面餅、水餃和蓮藕夾餅我都會做，還有車衣服和木工我也懂一些，這幾年在各個農場勞動之餘學了不少手藝。」安清木兩眼發亮笑道。

「那下次有空做給孩子吃啊。」王美菡抬頭看著安清木含笑說。

須臾，王美菡拉高嗓門喊道：「大家快點來吃晚飯啊。」

一瞬間，三個孩子全部各自拿碗走去廚房裝飯，全家人圍坐在木桌子吃得津津有味，難得一頓美食。此刻，安娜真希望父親天天在家裡。大家吃完飯後，王美菡去收拾廚房和洗碗筷，安清木習慣的點上一支香煙，眉頭深鎖在吞雲吐霧般的享受吸煙帶來的快感，還自己喃喃自語：飯後一支煙，快樂如神仙。

諸事收拾完畢，王美菡把雞籠拿了進來，放在廚房裡。她一直有養雞的習慣，每年冬至那天會殺一隻雞，燉雞給全家人吃，因冬至閩南人叫做"補冬"，傳統上必須要吃雞鴨或是豬肉來補身體。燉一隻雞，平均每人也只能吃到一兩塊雞肉而已。王美菡持家有方，自己養家禽，平時有廚餘不浪費，過年過節不必花錢上菜市場買雞鴨。

全家人洗漱完畢，換上睡衣，晚上八點左右，就都上床睡覺了。等到三個孩子睡熟以後，安清木想和美菡親熱一下卻遭到了冷淡的拒絕。

「老的，我今天有點頭痛，近日經常腰酸背痛的。」王美菡有點不耐煩地說，翻身面向墻壁躺著。

「你跟那個姓白的就不腰酸背痛了。」安清木想到早上隔壁那個胖女人的話，立刻醋味大發說道。

「你胡說什麼呀？什麼姓白姓紅的！」王美菡立即又翻身從床上坐了起來大聲嚷道。

「安川和隔壁的胖女人都說有個姓白的男人經常來咱家。」安清木說話的聲音變得有點沙啞，臉部抽搐。

王美菡聽到這句話，臉色漲紅，咬牙切齒地說：「這個小妖精川和那個肥婆在說七說八，那個白榮卷是百貨公司的同事，我生病時他來探望我，僅僅是同事之間互相關心而已，不信你去百貨商店仔細調查……更清楚。」

王美菡一衝動就坐不住了，下了床到中間房去倒一杯開水來喝，邊走口中邊喃喃細語一些不清不楚的話，喝了幾口水後，王美菡賭氣轉去跟安娜睡了。

安清木把枕頭墊得更高了，半躺著在床上，沉思默想，面朝向屋頂眯起眼睛一言不發的胡思亂想中……心想此生一路走來，心可照日月，無怨無悔的跟著黨走，到頭來落得一個悲慘的下場。現在妻子王菡又有出牆之嫌，不由傷悲感慨，心如刀絞，只是不斷思索，愈思愈亂，諸多猜測，翻來覆去，整夜竟難成寐。天剛蒙蒙亮，就起身洗漱，換上衣服，也不跟妻子兒女辭別，一徑走回了舊埭農場。

早晨，王美菡睡醒後，不見了丈夫安清木，內心癢癢的感覺不是滋味。知道安清木空著肚子走回了農場，更加不自在。王美

菡煮了稀粥與三個孩子吃了以後，拿了菜籃要去菜市場買東西，走出了自家門口，經過房前的沙埕，看見金菊花笑嘻嘻的從她家裡扭扭捏捏地走了出來。

王美菡立馬火冒三丈向前走了過去，眉頭一皺當面向金菊花質問：「昨天早上你向我家老安胡說了些什麼？」

「你在說什麼呀？你那個烏龜王八老公昨天怎麼沒有把你教訓一下？今天你反倒來向我撒野？是不是皮癢欠揍？」金菊花雙眼噴火，瞪著王美菡破口大罵，隨後雙手叉腰，擺上一副要打架的姿勢。

王美菡被金菊花的凶猛架勢嚇了一跳，她立刻故作鎮定地大喊：「你敢打我？我朋友說你是吵架的能手，我偏偏就不信了。」

事實上，王美菡這時心跳加速，臉色慘白。平時她對丈夫子女愛管愛罵的，但與外人甚少吵嘴，打架更是不曾有過。那邊廂的金菊花早已是聞名的吵嘴打鬥高手，之前她住的職工宿舍鄰居沒人敢惹她，很奇怪的是，金菊花住在安家的隔壁從未聽見她對丈夫兒子的吵罵聲。正所謂：善於內鬥的不擅長外鬥，善於外鬥的不擅長內鬥。

這時，安山、安川、安娜聽到阿媽王美菡跟隔壁的吵鬧聲，安娜躲在睡房的偏門後不敢出來，安山、安川則趕緊從門口走了出來，擋在王美菡的前面，兩人怒目直視金菊花，金菊花一看是兩個乳臭未乾的毛小子，衝口吼叫：「夭壽仔，看老娘不拍死你們！」

金菊花石輪般的身軀衝前兩步，右手猛力往安山胸部一推，安山一個趔趄，雙腳失去了平衡，身體向後一跌，整個人摔倒在地，緊接著金菊花伸出左手將安川的右耳朵揪了起來。

這下王美菡可瘋了失聲大罵：「你這個死肥婆，大人打小孩，我跟你拚了。」王美菡的臉色由白變紅，怒不可遏，立刻要衝去打金菊花。

瞬間，一道尖細的聲音在金菊花身後傳來：「菊花，你們在吵什麼呀？」只見冒大聰從屋內走了出來，他們的三個兒子也在旁邊探頭探腦的，金菊花聽到冒大聰的聲音立馬臉色大變，咬著嘴唇，不敢吱聲。

冒大聰的橫腮上似笑非笑的向前走了過來，看著王美菡溫和地說道：「大家都是鄰居不要吵架嘛，你們各自退讓一步吧。」

王美菡聽完冒大聰的溫順言語，怒氣立即消了大半，心裡暗忖道："自己打架實在是打不過金菊花，光是對付金菊花一人已經是很吃力了，加上她身邊還有三個兒子仍未出手。"想到這裡，也只好退一步海闊天空了。三個母子悻悻然轉身退入了家裡，王美菡呆呆地坐在中間房的木橙子上好久，才起身拎著草繩袋上街買菜去了。

經過上次的衝突，金菊花那能善罷甘休呢？心想不是老冒在攪局，那天她可以練練發癢已久的雙手和嘴巴。她突然心生一個歹毒的計策，就是要把安家搞臭，讓他們全家人不得安生。她苦苦思索暗自低喃，不知不覺地念出一句閩南的順口溜："烏龜頭人人來打倒！"須臾，她的小嘴大咧，會心一笑。

接著，金菊花對著她的小兒子嚷道：「小豬，你出去教咱們院子的小孩子唱這句"烏龜頭人人來打倒"的歌，一有機會就唱，看老安一家人不羞死才怪呢。」說完又自己哈哈狂笑了一陣子。

「好的，下午我立馬去兆家和嵩家串門，把這句話教他們唱，碰到安娜我就當面唱給她聽，看不把她氣死才怪，安娜每次看見我，轉頭就走，驕傲得半死。」小豬陪笑道，臉上有怪異的表情。

過了幾天，平時欺負安山、安川、安娜的小孩子看見他們仨人都悠悠地唱罵著："烏龜頭人人來打倒！"安娜聽了氣得無話可說，因為父親被人叫"黑幫"，這字"黑"和"烏"在閩語中發音是相同的。

正是：
> 牆倒眾人推，刮風蓬屋危。
> 一踩百人踩，一紅百人追。

經過了這件紛紛擾擾的事情之後，金溪縣有一個有二分容貌嘴啾的女大學生向一個美女提出了一個問題："人說美女都是公交車，人人可以上。"這個美女回答道："醜女也是公交車，只不過是繞來繞去的，沒人上。美女是公交車不開車門，誰也上不去呀。"

金溪縣的男人沒有一點雄心豹子膽的話，在攀親時，先要打聽和琢磨對方的錢勢，其次才考慮容貌，弱男子特別怕當王八。其實決定好壞女人的因素，不在其外表而在其天生的荷爾蒙和腎上腺的強弱，還有後天的修養，臉皮厚薄的因素，守得住貧窮與寂寞，抗拒得住誘惑也是很重要的。

第十九章　　　轉移視線　端公送祟

金菊花仗著丈夫是當紅的造反派頭頭，煽動羞辱安家的活動一直沒完沒了，在職工宿舍的院子裡肆意妄為、口無遮攔的不停漫罵。冒大聰明明知道老婆兒子用言語在侮辱人，並沒有阻止她們。王美菡忙裡忙外的無暇兼顧去理會她們。安山、安川和安娜倒是氣憤不過，三個兄妹曾經開了一個小會想對付金菊花，會上三人左想右想也無良策，又苦於弱勢不能正面反抗，暫且任由她們欺凌不說。

只能：撞到欺凌你的人，你就把他當作禽獸來看待；遇到幫助你的人，你就當他是佛菩薩派來的仙子來感恩。

文革中期，雖然上面送給百姓的一劑"強心針"——越窮越光榮！百姓只把這階級成份的標誌當作政治資本來使用。眼看著日子越來越艱難，金溪縣政府的大小官員、普通幹部家屬和市鎮居民刮起一陣飼養家禽之風，特別是家裡小孩子多的，更是趨之若鶩，只有少數的家庭無參與。養雞鴨兔子需要大量的飼料，光靠每日吃剩下的頭尾是不夠的，因此大人就半動員半強迫半恐嚇小孩子去尋找飼料來補充給家禽吃。

養番鴨吃的飼料最多，近的是在附近墻頭墻尾去挖掘蚯蚓，遠的是去小水塘撈浮萍和水稻田裡釣青蛙，給番鴨吃。稻谷收成後，去稻田裡掃起掉落在田裡的散稻粒給雞吃，還好是農民不要的東西。養兔子卻是三天兩頭都得去四周割拔青草來餵食。當時要是天上有飛禽；地上有走獸一定會被眾人捉滅得一乾二淨的。

後來周圍的人又有了新的花樣。秋天，去革委會的大院子裡

掃落葉來當燃料煮食；水果龍眼出產的季節，弄一支細竹桿，在竹桿尾端綁一個鐵線小勾，用來勾地上被人隨地丟棄的龍眼核，勾來的龍眼核拿去收購店賣，收購店再把龍眼核賣給酒廠釀酒。落魄的幹部子女猶如"洪七公"的子弟般四處尋找一些蠅頭小利。

王美菡跟風跟潮流絕對是不落伍的。老大安山殘疾走路不方便，這些玩意兒都落在老二安川的身上，安川雖然聰明機靈卻長得骨瘦如柴，身上穿的衣服不整齊又有補丁，乍看有點像小叫花子。安娜最小，加上有父母的偏愛，天生怕髒、怕惡狗又怕癩蛤蟆等等，只是偶而做做樣子，一兩次去附近挖掘蚯蚓和釣幾隻青蛙來交差，因此在職工宿舍院子裡的眾人給安娜起了一個令人討厭的資產階級的綽號"小姐"。她聽了自然是非常的不高興，但又捂不住眾人的嘴呀！

本來小孩子的時間是用來學習知識的，長大以後可以用學識來報效祖國。由於窮困不堪，變成了小散工，白白浪費了寶貴的時間，只為家裡爭取那麼一點點的微利。反過來說，在當時各類的學習機會和書本素材也是少之又少。文革也把小孩子革得很厲害。

展眼又到了八月下旬，這日，頹陽虛掩餘暉，浮雲舒卷。安清木走路回到了家，一到家門口推門進去，轉入中間房，只看見三個子女各自在玩耍，心頭微微一顫，衝口問道：「你們阿媽去了哪裡？」

安娜抿嘴兒一笑，搶先回道：「阿爸，晚飯後，阿媽就出去了，說是去百貨公司開會。」

「噢……你們都吃過了沒？」安清木聲音沉重地問。

「都吃過了。」安山、安川、安娜異口同聲地回答，個個聲音很響亮，隨後，屋裡變得悄無聲息。

安清木默默地進了裡間，換了衣服出來，小憩片刻，看了看家裡有什麼事要做的整理收拾了一遍，他一時也閒不住的。

到了晚上八點左右，三個孩子都上床睡覺了。安清木半躺在床上眯著眼睛休息，愈覺煩悶。本來他這個月的一天假已經用完了，今天特地跟農場場長要求，放工後才回家的，明天早早就得回到農場勞動。因上次金菊花的讒言加上妻子美菡對他變得冷漠了，這些天，他精神不振，抑鬱寡歡，心裡一直暗自狐疑，因此，今晚突然間回家來看一看，看見王美菡不在家，更加煩燥不安，疑心重重。

大半夜，王美菡才開完會，回到了家裡，進入裡間看見一個大黑影躺在床上，剎時心臟怦怦直跳，背脊涼了一半，眼睛往四周轉望一圈，三個孩子已經睡下了，把房燈一開，原來是老安回來了。

王美菡半含酸半動怒對著安清木說道：「安的，你把我嚇了一跳，人嚇人會嚇死人的，你怎麼神不知鬼不覺的半夜回來了，你這個月的假期不是用完了嗎？」

「這是我的家，我愛什麼時候來就來，你管得著嗎？你倒是花到哪裡去了？」安清木身子坐了起來把臉一沉，含怒道。

「老的，你怎麼啦！我這是去公司開會啊。我們新來的經理三天二日都在開會，我不去參加能行嗎？最近，你老是疑神疑鬼的，你以為我的日子好過嗎？這個家裡裡外外都是我在操勞，難道你不知道嗎？真沒良心！」王美菡臉色發紅，喋喋不休地嘮叨著。

其實文革中期以來，王美菡除了發放新年度的布票需要加班以外，其他上班都是遲到早退，把騰出來的時間用來照顧三個子女，因社會上有點亂象，政府管治不力，政令不通，只要不幹犯法和危害政權的事，普羅大眾個個有國家主人翁的心態。金溪縣民間還有一句閩南話順口溜：無黨無團大過中央委員。

安清木聽完王美菡的嘮叨訴苦後，只好保持沉默不語，把怒氣強忍住不發。他知道王菡一貫認為她的所作所為是對的，錯的都是別人，有利於自己的多說，不利於自己的抹掉，因此再糾纏說下去永遠是沒有結論的。王美菡洗漱完，換上睡衣，在床上躺了下來，把身體扭向牆邊，餘怒未消不再理會安清木。安清木又半躺在床上發悶氣，是夜二人暗中對峙，相互不理睬。

大半夜，安清木半躺在床上翻來覆去，坐也不是躺也不是，心潮起伏，悵然若失，煩憂如焚，大腦思慮過度活躍，久久沒有睡意。折騰到了凌晨四點左右，仍然思緒亂如麻，永夜難眠，一時激動順手抓起靠床的桌子上的手電筒狠狠往自己的額頭上砸了下去，此刻，恰巧王美菡口渴正要起身去喝水，看見安清木正發瘋地用手電筒砸自己的頭。

「你瘋了，幹嗎要這樣呢？你要是有三長兩短，咱們的三個孩子如何是好呀？」王美菡歇斯底裡的吼叫著，緊接著眼淚不知

不覺掉了下來。

「我的事你管得著嗎？我乾脆跳下雄雞水庫死了……算了。」安清木聲音哽咽，喃喃低語，眼睛向前直視，神情呆滯，好像泥塑木雕的一樣。他頗有仿效屈子投汨之態，只是一旦沉水之後，恐怕水怪、魚蝦鱉就沒有粽子吃囉。

此時，王美菡看見安清木兩眼微餳，精神頹墮委靡，不敢再開口駁嘴。她立刻起身去中間房倒了一杯溫水，走到床邊遞給了安清木。

「安的，喝一口水吧。」王美菡盡力把聲調變得柔和一些說道，這時，她看見老伴安清木神情有異，態度轉了一百八十度，把平時在家裡那蠻橫不講理的氣焰收斂得無聲無息。

安清木並沒有伸手把水杯接過來，仍然半眯著眼睛獨自出神。王美菡把水杯放在桌子上，坐在椅子上目光時刻注視著安清木，呆呆地守在床邊，過了個多小時，她才起身去廚房準備早餐，煮了一鍋稀粥。她一邊煮粥，一邊在思考安清木的反常舉動，她懷疑老安可能中了邪祟，必須盡快找個巫師問卜一下才行。在菁山鎮她不熟悉這方面的門路，而且政府禁止這類的活動，還說成是封建迷信，還有千萬不能讓安清木知道求神問卜的事。須臾間，她想到娘家兄嫂李熔有一個外甥是端公，在自己家裡設神壇，平時為鄉民解決一些奇難雜症。今日，她必須趕去找這位端公把老安的事情調解一下，此刻，她有了主意，壓在她心中的大石終於卸下了。然而，她和白榮卷的曖昧引起的禍端，她從未把這事和老安聯想在一起，錯的永遠是別人。

粥煮好了，王美菡先裝一大碗粥端到裡間放在桌子上，再急急忙忙把三個孩子叫醒，安娜早上愛睡懶覺，勉強爬了起來，各人洗漱好，就叫大家趁熱吃了。隨後，安山、安川和安娜全部圍坐在木桌子吃早餐。

　　「吃完早餐，我得去公司把一些要緊的事辦理一下，順便打電話去舊埠農場幫你們阿爸請病假，中午我可能晚一點才回來，你們阿爸生病了，你們要懂事一點。今天中午的稀飯就由安山來煮，餵食雞鴨就讓安川負責，其他的家務，你們各自分工合作，別太懶惰了，將來會餓死的。安娜你負責看住你阿爸，他走到那裡你一定緊跟到那裡，千萬記住了。」王美菡說話速度像機關槍一樣吩咐，然後深深地倒吸了一口氣。

　　「好啊，阿媽。」安山、安川、安娜三人一眼不眨地看著王美菡，以清晰的聲音異口同聲回道。

　　不一會兒，王美菡已經吃飽了，轉身快步走入裡間。

　　「安的，快點起床，洗漱一下，把這碗粥吃了吧，今天我得去百貨公司整理新來的布票，在公司打電話幫你請假，你先休息一日，別趕去勞動了，我很快會回來的。」王美菡溫和的對著安清木說。

　　安清木一聲不吭並不理會她，向裡邊轉一個身繼續躺著。王美菡換了衣服後，輕腳輕手地打開衣櫃，拿出一件安清木的舊襯衣放入米色棉布袋子，手拎袋子行色匆匆地出了家門，急步往百貨公司的方向走去。

安山、安川、安娜平日裡經常為一些小事鬧不和，家裡的現象是：一人打水有水吃，二人打水走崴腿，三人打水常斷水。

　　今日，阿爸生病了，阿媽神色很不自然，似乎有大事發生。三兄妹反而個個龍精虎猛，幹勁十足。安山和安川二人去水井打水把家裡的水缸都注滿了水，還去院子的小廣場印製煤球，齊心協力把家務做得井井有條，安娜則寸步不離坐在父親床邊守著。

　　王美菡一徑走到百貨公司後，向經理請了一天假來照顧老伴，然後打電話給舊埠農場的場長為安清木請病假，又急促地走到公交站買了車票，坐車到石鼓鎮後，轉搭腳踏車到了娘家繡嶺村。

　　平時，王美菡經常是走路來回石鼓鎮車站與繡嶺村，為了避免襪子被弄破，走路時還特意把襪子脫了下來，走到村口才穿上去。

　　腳踏車一到繡嶺村近角西的小路就停了下來，王美菡下了車，付車錢給了師傅後，一徑往娘家的洋樓走了過去，快到門口時，看見母親丘良正坐在大門口內的椅子上曬太陽。

　　「阿嬤，我來了。」王美菡聲音變得柔和起來，對著丘良喊道。

　　「寶貝，你急急忙忙來，發生了什麼事呀？」丘良一臉擔憂地問道，目不轉睛的看著王美菡。丘良對王美菡一向很嬌慣的，都快四十歲的人了，見面時還一直對她喊寶貝。

「嫂子在家嗎?」王美菡焦急地問,她來不及坐下問候母親的近況,而是直接找她的兄嫂。

「有,在廚房裡,你找她有急事?」丘良婆婆焦眉緊蹙地問道,心裡不斷在打鼓,不知到底發生了什麼事。

「沒有什麼要緊的事,我公司的同事托我幫忙辦一件事情,你別擔心,一切都好好的。」王美菡心平氣和地佯稱著,然後,故作鎮定的對著母親丘良笑了笑。王美菡的一貫做法是家裡發生不好的事情,儘量少讓老母親知道,省得母親為她擔憂。

王美菡直接走到廚房,看見嫂子李熔正在削蕃薯皮,準備煮蕃薯湯作為今天的午餐。李熔年三十九歲,生得清瘦長臉,中挑身材,短頭髮上別著一個紅色的髮夾,天生樂觀大方。王美菡向嫂子說明來意,李熔聽完馬上撂下手中的蕃薯,二人走出了廚房,把煮午餐的事交給母親丘良來辦。李熔入房換了棕色碎花短衣和淺黑長褲,即刻跟王美菡大步走出了家門。丘良婆婆臉上仍是懸懸在念的樣子,跟著她們二人的身後走出了大門,她站在門口,惘然望著她們的背影直到消失不見了,才轉身緩緩返回家裡。

姑嫂倆走出了角西的小路口左拐向村口的方向去了,到了村口二人僱了一輛三輪車,去隔一條村的兆輝村,路上兩個人坐在三輪車上說了一些沒要緊的散話。這兆輝村是小鄉村,村口有一座小寺廟,村民一半姓兆,一半姓陳。不到半個鐘頭,三輪車到了村口,姑嫂二人下了車,穿過一條小路就到了李熔大姐李艷的家。

李艷的家是一座用灰白色的花崗岩和水泥砌成的房子,連屋

頂也用花崗岩，粗略蓋好沒有裝修過的平常農村房子。這種石屋平時是無害的，一旦發生六級以上的地震有可能會釀成悲劇。卻因國家的鋼鐵材料、杉木材嚴重短缺，百姓沒有考慮這麼多，都用灰白色花崗岩來蓋房子。

王美菡和嫂子李熔從側門進入，正好李熔的大姐李艷和姐夫兆福稱在走廊的過道閒話家常。

「二妹，你們來啦，請到廳裡坐一坐，我去給你們倒兩杯開水來。」李艷對著李熔和王美菡含笑說，然後，雙眼打量了王美菡一下，兆福稱在旁也陪笑著。

「大姐，別客氣啦，這是我的小姑子美菡，我的姑丈以前是咱縣的副縣長，今天她有急事特意來問阿紋，阿紋在家嗎？」李熔眼睛四處轉了一圈，把王美菡介紹給她的大姐認識。

「有，在裡間呢。」李艷堆笑说，眼神發亮又把王美菡多看了一眼。

隨即，帶她們二人走入左邊的一間房間，原來李熔的外甥兆紋文革初期參加滅佛時左眼導致失明，後來在家鄉娶妻生子，在兆輝村是個小有名氣的端公。家裡設一個簡單的神壇供奉"七大巡將軍"的神位，剛剛踏入房間，只見房的右邊有一個正方形的木桌子，桌子靠牆的中間有一座大約 12X8 寸的神龕，神龕裡供奉一位手拿弓月刀的神武將軍，桌的正中間有一個小香爐，香爐的右邊有一小煤油燈和一桶貢香，左邊有一個陶瓷的大煙灰缸。兆紋就坐在房裡面靠桌子的藤椅子上。

「二姨，你們來啦，坐一坐。」兆紋起身禮貌的向李熔和王美菡點頭微笑說，說完又坐了下來。

片刻，兆福稱端了兩杯開水進來放在房內的另一張書桌上，隨手拉兩張木櫈子給王美菡和李熔坐。

「喝杯水吧。」兆福稱熱情地说，姑嫂倆把水杯拿起來喝了幾口水。半晌，李艷和兆福稱退出了房間，順手把房門輕輕地帶上。

「阿紋，這是美菡姑姑，姑丈是咱縣以前的副縣長，叫安清木，你應該有聽說過的。昨天清木人很反常，可能撞到什麼骯髒的東西，今天來請你幫忙破解一下。」李熔眼神閃爍，以期待的語氣向兆紋說道，王美菡坐在一旁瞪大雙眼全神貫注地看向兆紋。

「噢……有這樣的事，安縣長是個出名人，我當然聽說過他。這樣，姑姑先點三支香向七大巡將軍報上事主的姓名、住址和說明所發生的事情，然後我才仔仔細細地查探一番，好嗎？」兆紋聲音低沉緩緩說道，雙眼圓睜向前方注視了片刻，轉頭半眯著眼睛，沉默不語。他的大圓目雖然有一隻視力受損，乍看之下跟常人沒有兩樣。

「好啊，真不好意思，今天來得太匆促了，沒有買果合來敬七大巡。」王美菡誠懇地回道，面色漲紅。

「不要緊，先點香吧。」兆紋的眼睛仍舊半閉著，稍稍低著頭緩慢地說道。

王美菡起身走到木桌子前拈了三支貢香，拿到煤油燈點燃後，跪在神像前，面向七大巡將軍喃喃地訴說著老安的乖亂，說完站了起來把三支貢香插入香爐，又跪下來磕了三個響頭。

　　解放後，王美菡不曾入過寺廟燒香拜佛，但老母親丘良的寢室裡一直供奉著觀世音菩薩，王美菡自然對拜神佛不學自通。李熔隨後也上了一支貢香向神武將軍拜了拜，二人拜完後，退回在橤子上坐了下來。

　　「姑姑，姑丈到底發生了什麼事？說來聽聽。」兆紋眼睛眯成一條黑線，慢慢問道。

　　「是這樣的，我懷疑老安中了邪祟，最近他精神有異，行為反常……」王美菡壓低嗓門說道，並把安清木的行為一五一十地向兆紋說了，然後低頭不語。

　　「噢！人衰鬼入。」兆紋咂了一下舌頭，點頭感嘆，口中喃喃低語，聲如蚊呐，神識似乎陷入另一個境界。

　　「請問事主早年在外地是否有一位同事意外身亡呢？這位亡靈埋怨事主沒有讓他及時調離工作單位而致亡故。」兆紋喃喃自語，神色自若，緊接著大咳一聲。

　　王美菡思索了一陣子，想到了大春鐵廠的許扶倡與這個說法吻合，瞬間，臉色大變，不禁全身汗毛直豎，嚇得全身起了雞皮疙瘩，呆若木雞，只是心裡還是有點不敢相信。

　　「有……有這件事故，可是這位許扶倡生前善良老實，又是

老安的好同志，怎麼會這樣呢？這……」王美菡探出身子抱著半信半疑的態度，口齒不清地說著，臉上露出更加恐慌的神色。

「阿彌陀佛！施主，你有所不知，這人死了以後的性格跟生前恰恰相反，在生溫和敦厚，死後卻是凶惡蠻橫的，多的是，但這也不怕，七大巡是冥界的神武將軍會給你們作主的，呆會兒把這亡靈抓回去關著，讓他不能出來作亂。」兆紋頭頭是道地說，瞬間，右眼射出一道寒光，目光投向了王美菡。

「那可拜託你啦。」王美菡的心撲撲亂跳，愁眉深鎖，感激地說。

「放心吧。」兆紋張開雙眼一邊說著，一邊轉頭起身去拿放在木桌子邊上的一疊黃色的符紙和墨水筆，然後，不慌不忙地坐了下來，把符紙放在手拳心，揮筆在符紙上寫下六字“唵嘛呢叭咪吽”的咒語，總共寫了四張，寫完後，兆紋站起來右手指揑著一張寫上咒語的符紙，口中念念有詞，橫眉豎目，大大聲咳了一聲，符紙在香爐上左右繞了三圈後，往煤油燈上一點燃，燒著了放入煙灰缸直到焚燼，才往椅子上坐了下來。

隨後，王美菡挪動橙子往前坐下，挺起身子更靠近兆紋一點，用銳利的目光瞅著兆紋。

「姑姑，回家之後，用這三張有字的符紙，每日下午三點以後在自家的門口燒一張，連續燒三日。還有這張無字的符紙放在杯子裡用開水泡一泡，然後把符紙撈出來扔掉，這杯符水給姑丈喝下去，很快會有靈效的。我在這裡再燒一些紙錢和念咒語給這位亡靈，讓他不要妄動。還有以後，你們有機會多做一些善事，

一切都會好起來的，別擔心。」兆紋有條不紊地吩咐。

王美菡小心地拿好四張符紙放入衣袋裡，頓時臉上露出了笑容。

「姑姑，如果你有帶來姑丈穿過的衣服更好，我可以給他弄一個"替身"，這樣的話，姑丈身上附的骯髒東西立刻會被趕走，晦氣也會被一掃而光的。」兆紋臉上泛起一絲紅光，耐心地說道。

「有，今天我帶了老安的一件襯衫來。」王美菡說著扭身從袋子裡拿出了襯衫遞給了兆紋。

兆紋接過襯衫二話不說，右手提著襯衫，伸出左手食指和中指夾著一張符紙對著襯衫由上而下慢慢掃了下來，口中念著"唵嘛呢叭咪吽"的六字咒語，在襯衫的前面後面各念一遍，然後大咳一聲又大聲吆喝著，最後把符紙燒掉，弄完之後，兆紋把襯衫還給了王美菡，轉頭坐回了藤椅上。

此時，一抹夏日的陽光從左邊的窗口射入屋子，給昏暗的屋內添上一道光亮。

王美菡接過襯衫胡亂塞入布袋子後，從口袋裡掏出了三塊錢，起身雙手把錢遞給了兆紋，心懷感激以清脆的聲音對著兆紋說道：「這是香油錢。」

兆紋接了下來放入衣袋裡，點頭微笑。王美菡走到七大巡將軍面前，雙手合十低頭拜了拜，心照不宣轉身和李熔離開了房間。閩南有一習俗，凡有不好的事情，告辭時，雙方都默默不言語，

忌諱說：「再來！再見！」因說這種話不吉利，倒霉事不可再來再見的。

雖然兆紋的法術能夠幫到別人，但是對於自家的事情卻是沒有半點的靈驗。去年他的父親兆福稱外出做一點小生意，卻被公安局當成「投機倒把分子」抓獲，還好只是被沒收貨物與款項了事。

王美菡和嫂子走到廳裡，分別向李艷借寢屋一用。李艷和兆福稱夫妻倆千聲萬聲苦留她們吃了午飯再走，可是王美菡執意馬上要回去。李艷送她們到了村口，姑嫂二人僱了一輛三輪車，坐上了三輪車後，擺手辭別了李艷。

一路上，李熔開始有的沒的滔滔不絕地說道：「菡姑，這時剛踏入七月份，咱角西就發生了一些不幸的事情。咱屋前的鄰居王田豆的靚女兒去年和自己戀愛的男人結婚，之前，王田豆一家人極力反對這頭婚事無果，就此翻臉不相往來。這男人是咱村的，就住在角東，他光有一副俊秀的樣子，平時好吃懶做又好賭嗜酒，把家當都輸得光光了。前幾日，這對年輕夫妻又吵了一架，田豆的女兒一時氣憤上吊死了。雖然娘家人去這男人的家吃「人命」，但人死不能復生，又有何用呢？」

李熔說著說著，不禁咬著牙，雙眉緊鎖，沒讓王美菡插上一句話。

李熔又繼續說道：「更恐怖的是，前天，咱宗親王幸榮的小兒子英角在吊屋頂的石板時，石板突然折斷，英角當場被石頭砸死了。七月是鬼出籠的月份，咱半村人都被這兩件冤業給嚇壞了。

昨天，咱角西家家戶戶都帶果合、紙錢去村邊做路祭，燒紙錢給那些無家可歸的孤魂英雄。王伯你應該認識的，他的小兒子王英角今年才十七歲，人長得可帥了，是咱角西最俊美的，太可惜了。」

李熔一口氣把話說完之後，才喘了一口氣，緊接著長嘆一聲。

「太可憐了，很不幸呀，人生短暫啊！還有你們農村人為什麼一直歧視、阻止年輕人自由戀愛呢？現在是新社會了，一些舊觀念要改變的。」王美菡感嘆地說道，滿臉不悅，同時把嫂子訓導了幾句。

李熔強顏為笑，須臾，沉默了下來。不知不覺間，王美菡抬頭一看繡嶺村就在眼前了。

「嫂子，今天我得趕回菁山鎮，你回去告訴阿嬸，下次我再來探望她，這些錢……你幫我拿給阿嬸，今天讓你辛苦了。」王美菡一邊說，一邊拿出五塊錢遞給了李熔。

「菡姑，你太客氣了，咱們是一家人，有事都得出力的，這點小事不算什麼。回家後，我把錢交給阿嬸，我會好好地告訴她的。」李熔眉開顏笑說道。

過了一會兒，車到了村口，李熔自個下了車，回首望了望王美菡，轉身走回家了。

「師傅，這時，載我到石鼓鎮公交車站吧。」王美菡坐在車上好聲好氣的對三輪車師傅說道。

「好啊。」三輪車師傅把車掉頭，右腳用力一踩向石鼓鎮的方向前進。

自從王美菡匆匆出門後，安山、安川正忙著做家裡的大小事務，安娜則傻傻地守在父親的床邊。

過了半晌，安清木起床換上衣服直接走出了家門，安娜連忙趕上去跟在他的身後。安清木走出了院子的大門，向右拐大踏步走去，因他身高腿長，一步等於安娜的兩三步，她只好小跑緊跟上，走著走著，安清木回頭伸出右手對著她一擺。

「回去吧，別老跟著我。」安清木眉頭不展，聲音沉重地說道。

安娜一聲不吭抬頭望著父親，但不理會他。安清木往公路的方向走了過去，她加快腳步跟了上去。走了好一忽兒，安清木突然轉入路邊的茅廁解手，她只好像隻小狗站在茅廁旁邊死死地等著，等了許久，安清木從茅廁走了出來，一臉不忍的看了她一眼，輕輕地嘆了一口氣，又咳嗽了兩聲，只好轉頭走回了家裡。

到了家裡，安清木換上了白色背心和灰色短褲，洗漱一下。此時，正好安山已經煮好了一鍋粥，炒了一碟青菜。安清木把早上沒有吃的那碗冷粥倒入剛煮好的粥裡攪了幾下，和三個孩子胡亂吃了午餐。安清木又回到裡間的床上半躺著，安山洗碗，安川餵雞鴨，安娜在中間房把玩她那些新舊攙雜的小人書，新的都是用過年錢買的，舊的是父母的朋友送的。

下午一點左右，王美菡才滿臉通紅、急三火四地回到了家裡，

走進廚房揭開鍋蓋一看，鍋裡還有剩餘的粥，粥還有餘溫。她走入中間房只見安娜在家，又急急走入裡間看到安清木半眯著眼睛躺在床上，桌子上的那碗粥也不見了，內心鬆了一口氣，回頭轉入中間房把布袋子放在床邊，到廚房裝了一碗粥和幾塊醬瓜吃了。

「阿媽，你去了這麼久才回來。」安娜傾著頭滿臉不解地望著王美菡問道。

「公司有很多工作需要做，安山、安川去了哪裡呢？」王美菡瞪大雙眼，不耐煩地說。

「今天，大哥、二哥幹了很多家務，吃完，剛剛出去的。」安娜抿嘴一笑說，須臾，就自個兒玩耍了。

王美菡隨便收拾了一下，趕緊把那張無字的符紙從口袋裡拿了出來，放入杯子倒了一杯開水，浸泡了半刻，把符紙撈起來扔掉，隨即，把這杯水拿給安清木，符水看上去是淡黃色的，不注意看，察覺不出來有異樣。

「安的，中午你吃過了沒？我剛剛從公司回來，下午就不去上班了。今早，我已經幫你請了病假，你放心休息吧。」王美菡壓低聲音柔和地說道，她有很多事情對安清木都是遮遮掩掩，半真半假的。雖說是："惡妻逆子不可治"，但她內心卻有點畏懼丈夫安清木。

「噢……」安清木只是哼了一聲，立刻轉身躲開王美菡的視線了。

王美菡不禁在心裡暗自嘀咕要是安的快點把符水喝下去就好了，一會兒，她走到中間房把安清木的襯衫拿出來折疊好放在一旁，在床沿上坐下閉上眼睛打盹。過了不久，王美菡猛地顫抖了一下，整個人清醒了起來，看手表才二點多，她起身轉入裡間看了安清木一眼，瞄了一下杯子裡的符水已經被安清木喝光了，心中大喜，嘴角上揚偷笑了起來。

王美菡叮嚀安娜呆在家裡不許出門，她拎著菜籃去菜市場買餸。不到一個鐘頭，她買餸回來了，把菜籃放下，就去門口燒了一張符紙，燒完後，天空落了一陣暑日疏雨，今天正巧是農曆七月初七：七夕，人間沒有多少愛戀，天上照舊下了一場雨，天氣霎時清爽涼快了許多。

王美菡開始準備晚餐，今晚準備滷一盆八角豬腳肉，炒一碟蒜蓉菠菜，煮一盆蔥花蝦丸紫菜清湯，加上煮乾飯，豐富些少。到了快到晚飯的時間，安山、安川也從外面回到家裡了。

兩菜一湯擺在木桌子上，安娜進了裡間硬把父親安清木叫了起來吃晚飯，全家人享受了一頓豐富的晚餐。這一日，經過百般忙亂，安清木似乎精神漸長，盥洗完畢，八點左右，全家人都去睡了，一夜無話。

正是：
　　身病尚難醫，心病更出奇。
　　不問自身事，反向端公咨。

第二十章　　梟雄杳沉　利益誘惑

次日，天還沒亮，安清木就起來了，吃完早餐之後，就匆匆地回舊埕農場勞動了。王美菡把剩下的兩張符紙每天下班後，在家門口燒了一張，待所有的符紙燒完以後，心情覺得安穩平靜了很多。

過了處暑，毒日頭之下的酷暑也宣告結束了。轉眼到了九月，秋氣秋風緊聚。

九月一日，中小學的暑假結束，正式開學了，安山、安川、安娜也都按時上學了。自從安清木犯情緒病之後，縱然王美菡頭痛症再次發作，那白榮卷也沒有再來探望她了，也許是王美菡把最近家裡發生的事情告訴了他，二人也就不好意思繼續來往。但隔壁金菊花的小兒子和院子裡的小孩仍然不依不饒，三不五時還會遊唱那羞辱人的順口溜。

九月十日晚，安清木又請假回家。因農場很近，等放工和吃晚飯後才回來的，一天的假期可以在家住上兩個晚上。第二天是星期六，安山、安川吃完早飯都出去了，安娜也大步邁出了家門，雙腳帶著躍動般的輕盈步伐走去對面的許珍妮家逛一逛，看一看有沒有舊的小說可以借來看，走了幾步向左拐經過金菊花的家門口。

「呸！你那個烏龜老爸沒鳥蛋，一家子全是廢物……殘障！呸……呸！」金菊花雙手交疊在胸，傲氣地挺起她那巨大的胸部，正面碰著安娜，發出一連串惡狠狠的咒罵聲，還衝著她狂吐口水。

安娜被這猝然而至的惡罵和挑釁給蒙住了，正在此刻，一陣怒吼聲在背後響起，這聲音還這麼的熟悉。

「你這個瘋女人為什麼出口傷人？還欺負小孩子。」安清木從安娜身邊怒氣沖沖的一個箭步走到前面。

金菊花看見安清木怒火滿臉，怒目橫眉，聲音裡充滿了火藥味，嚇得轉身閃入了屋內，急忙呼的一聲把門關上，躲開了，在這彈指之間，安清木盛怒之下便抬腿用腳底對著金菊花的木門猛力踢過去，木門的下方即刻塌陷了下去，出現了一個大窟窿，此時此刻，也不知道金菊花家裡有幾個人，只是周圍顯得鴉默雀靜，一片死寂。

這一幕也把安娜看得膽戰心驚，心有餘悸，須臾，眼睛為之一亮，又轉驚為喜。安清木正值四十三歲，尚有男人的火性，還能夠怒髮沖冠雪羞辱。

安清木總算出了一口惡氣，此時，父女倆對望了一下，卻悄然無言，各自走各自的路，安清木上菜市場買餸，安娜去了許珍妮家玩耍。

第二天，清晨，安清木如常回舊埗農場勞動了。金菊花大門的那個大洞很顯眼，秋風灌入，卻不見她家著急修補洞口，從此以後，金菊花、小豬和院子裡的幾個小孩不敢再漫罵安家的人了。

隔日，九月十三日，傳來一個爆炸性的消息，也是振奮人心的消息，身體永遠健康的國家接班人林副主席一家三口意外身亡了。這意味著造反派的勢力被削弱了對半，被迫害的人們心裡十

分的高興，無不歡欣鼓舞，當然此刻，他們仍然沒有被釋放的跡象。這件事震驚了世界，海內外的中國人對此議論紛紛，有的事後諸葛自誇早已看穿林副主席是天生的奸臣相，霎時間，天下，甚有梟雄杳沉，黎民有望之態。

雖然造反派最大的頭目虛無了，金溪縣的幫派只是大佬區派失了勢，其他兩派的權力仍然勢均力敵，平分秋色。

也許是對前景信心不足，王美菡偷偷的找一個在菁山鎮相命的玄學師，幫安清木算一下他的命理，在沒有安清木的生辰八字的條件下，那個師傅靠推算批出來的前事頗準確，未來卻虛幻。說安清木是一個忠厚老實的清官，由於品性剛直所以過往升職緩慢，還說頭胎是兒子準定患有殘疾等等。

由於生活太窘迫，王美菡也無暇去讀書看報，甚至連電影也少看。她之前加入紅色幫派，僅僅是掛個名而已。王美菡是個直腸直肚、脾氣暴躁、心地善良的小女人，不知道政治官場中歷來是互相猜忌、爾虞我詐、風雲變幻無窮的是非地。而男人的利欲熏心、野心膨脹、陰險毒辣；女人的善變、小仁、無知、妒嫉是歷來釀成大錯與災難的起因。

雖然王美菡是個普通的人民公僕，由於金溪縣並不大，菁山鎮也只有那幾條街道，加上是安清木的妻子，所以很多在政府工作的職工、幹部都認識王美菡，也知道她專門負責全縣的收發布票工作。

近日，紅色派的領袖臣員的老婆臣桂姈有意無意的頻繁接觸王美菡，三天兩頭來百貨公司找王美菡敘些家常。這臣桂姈看上

去有四十開外了，一頭短髮，身形中胖，略顯蒼老，臉上有幾點麻子，舉止上有一股陽剛之氣；她為人殺伐果斷，面善心黑，談吐一貫投其所好與甜言蜜語，絕對是有能耐把樹上的黃鶯召喚飛下來站在自己手掌心的人。

再過幾天，國慶節緊接又是中秋節了。這日，菁山街上不見秋高氣爽，只見行人熙熙攘攘，人來人往，一眼望去服色統一，盡是藍藍綠綠灰灰的，偶然有幾點艷色作點綴，似乎是節日前或是月梢的繁忙？此時，王美菡正坐在辦公室裡埋頭整理一大堆的新舊布票。

臣桂妗身著一套乾淨半新不舊的衣服，欻忽從門外跳了進來，立在王美菡側面嬌聲地喊道：「美菡，你在忙什麼啊？」

這天生富有磁力的溫柔語調，王美菡聽了心頭一振，猛地轉頭一看，驚愕地說：「噯呀！我正在整理這個月布票的月結單，月底要準時呈報給經理，你這衛生院的副院長，怎麼有空出來呢？」

臣桂妗鼻子裡笑了一聲，謙虛地說道：「我這鎮的衛生院，整天都是些傷風感冒……打防疫針的事，不比你這個大美女，天天滿地滿桌子全是金山銀山的，看了也舒服。」

臣桂妗說完星眼中光彩四濺，眼睛中溢出了幾滴淚水，差點讓旁人發覺。

「都快四十了，也美不到哪裡去了。金銀財寶再多也是國家的，我可是盡忠盡職，分毫不差的。」王美菡自嘲一下後，急速

地表示了自己的職業操守，暗地裡卻是滿心歡喜，臉上泛紅，她最愛聽好的言語，一字批評的話也無法承受得了。

「是啊，咱們都是老實人，就是子女多，我家老大如潘跟安山還是同班同學呢，日子真艱難。」臣桂妗無奈地說，隨即，大聲長長嘆了一口氣。

緊接著，臣桂妗走到王美菡背後，彎下腰用左手輕輕地搭在她的肩膀上，附著她的耳邊悄悄細聲說道：「咱倆合作一下吧，你稍微調整翻弄幾下，拿些布票給我，我幫你出手，咱們四六分賬，你這千千萬萬張的布票，作廢也怪可惜的，你看怎樣？」

王美菡聽完整個人差點跳了起來，瞬間，把臣桂妗的手甩開，頭一扭，緊張得眼睛如牛眼一般，直瞪瞪地瞅了臣桂妗半晌，一陣愕然後，撂下臉，氣喘吁吁的大聲嚷道：「我不跟你說這些，月底我很忙。」

臣桂妗用舌頭舐了一下嘴唇，紋風不動，嬌聲嬌氣的堆笑說：「美女，你忙你的，我走啦。」

王美菡並沒有回應她，瞬間，卻由怒變喜，轉頭繼續整理眼前那堆布票。公司的其他同事聽到王美菡的大聲嚷叫，都回頭拿眼睛好奇不解地把她們二人飄了一眼，眾人都一頭霧水。

傍晚，王美菡下班後，在回家的路上，臣桂妗的話一直在她的耳邊回盪著，她心裡暗自琢磨嘀咕道："這臣桂妗簡直是——唆使烏鬼去放土砲，不被炸死也剩下半條命，叫我去偷國家的布票出來去黑市上售賣，這布票黑市一尺能賣一元，半肥瘦的豬肉

一斤賣六角，這些市場價格我都了解，我也不是傻子。家裡三個孩子十多歲正在長身體，很大吃又缺營養，生活雖苦，咬緊牙根一切也就過去了。再說了，這偷竊貪污可是大罪，萬一被抓了也會牽連老安的，就算政府不槍斃我，安的這個大塊頭也會斃了我。前不久才聽說過有人偷了一支圓珠筆被抓進牢裡，最後病死在牢房裡呢。"想到這裡，她的神經繃得緊緊的，背脊竄起一陣冷顫，手心冒汗，突然恍然大悟，真是好險啊！

王美菡往日還聽坊間的人說：偷竊貪污國家的財產，猶如騎冥界王爺的馬，直奔閻王殿。

人間道：但凡牽扯到榮華利益上，運作當中永遠是：螳螂捕蟬，黃雀在後，大鵰在最後。

王美菡多年受毛主席的教導，思想行為品格有一定的底線，她才三十八歲，思維還不至於昏憒糊塗，在工作上一直都是一絲不苟、盡忠職守的人，連寫字都是十分的工整，只是字體有點古怪而已，這幾年上班時，偶而她才有點遲到早退的。

今年的國慶節沒有太大的變化，是公眾假日，只有政府機構的門面稍微裝上一些紅色的飾物而已，民間的百姓泛不起激情和喜悅。再過二日，十月三日是中秋節，中秋月餅和彩燈沒有多少人會記得了，像安娜這個六十年代出生的小孩，月餅這兩個字甚至不知道是何物。人們的心更加冷漠了，幾乎把這個傳統的佳節給忘記得光光了，望月歌吟、對月思親更是無緒可發。文革時期人與人之間是鬥、鬥、鬥爭，物質文化生活是清、清、清零。

中秋節的翌日，午間，王美菡下班後，大步跨出辦公室的大

門，心急火燎地直接往回家的路上走去，沒走幾步，後面有一隻手挽起了她的右手臂，還輕輕地摸了她的手掌心一下，細聲溫柔的搭訕笑道：「美菡，你這急著去哪兒呢？」

王美菡側頭一看是臣桂姈笑吟吟的緊追上來跟她搭話，她不屑地甩開臣桂姈的手，提高嗓門沒好氣地說道：「我得趕回家煮飯給三個孩子吃呀，我沒你那麼得閒，你好像什麼事也不要幹。」

「唉喲！我剛剛路過這裡，正巧碰上你唄，飯為什麼不讓孩子去煮呢？美菡你一個女人忙來忙去的，確實不容易啊。」臣桂姈以十分關心和同情的口吻說道。

「有，老大、老二都會煮飯，只有炒菜不會炒。」王美菡臉色漲紅，一邊說，一邊走著。

「我猜你是怕孩子炒菜用太多油吧？」臣桂姈頗有同感地說道，她緊緊挨近王美菡的肩膀向前走著。

「什麼事都瞞不過你，每個月全家五口供應不到一斤花生油，買豬肥肉來炸豬油也是很花錢的，不省著用，月底就沒得用了。」王美菡抱怨道。

「咱們的生活都一樣，前幾日叫你弄一些布票來賣，你考慮得怎樣了？」臣桂姈勉強笑道，竭力裝出漫不經心的樣子。

「你說得倒好聽，是弄不是偷，我可不是膽大包天的人，萬一被政府發現抓了起來，不單單是我要坐牢也會連累老安的。」王美菡目色有些驚恐，細細聲說道，須臾，瞪大眼睛環視身邊四

周一遍。

「這絕對不可能的，咱們的事，人不知鬼不覺的，誰會知道呢？再說了，你那個老安已經被關在農場勞動好幾年了，不知道要到猴年馬月才能被放出來呢？」臣桂姈耐心委婉地解勸王美菡，眼神閃縮。

「呸！就你這烏鴉嘴發厄願，不行！我不會幹犯法的事，下次別再問我了，聽了令人心煩。」王美菡斬釘截鐵地說道，心窩起了一股寒意，一時被臣桂姈的話氣得渾身亂戰，身子一扭，頭也不回，加快腳步向前直走去。

臣桂姈站在原地無趣的發怔了許久，才沒精打采地轉身離開了。

正是：
　　秋風秋月愁，人生悲哀多。
　　人間行路惡，不慎易墮落。

第二十一章　　　第二次解放

一曰：

    痴心臣子無情主，今赴刀山明被辱。

    贏得虛名輸實情，蹉跎歲月雄傑無。

人間的日子無論好與坏都是留不住的，歲月匆促，世道翻覆。

十月中浣，安清木又從舊埠農場被調往紅帽山農場繼續勞動改造。這紅帽山農場是泉興地區出名的果林農場，滿山遍野的果樹，楊梅樹特別多，有幾株稀奇的楊梅樹長出的楊梅還是黃色的，水果攤上是見不到的。

轉眼又到了學校的寒假來臨。今年學校的學業年度比較特別，是在冬季結束而不是在傳統的夏季。雖然國家放出來的信息是讀書無用論，但是學校仍然採取學業評分制度，老師對學生有著恨鐵不成鋼的心態，只是不言明而已。

金溪縣中小學學期末分發成績單有個慣例，小學生的成績單都由各個班主任親自登門造訪向家長派送，少數的鄰近鄉村的學生才自己拿成績單回家；中學生的成績單卻由學生自個帶回家，家長是不需要在成績單上簽名的，班主任只有去特別的學生家裡做家訪。

安娜的學習成績自然又是全班最好，僅此語文和算術，簡單又沉悶。安娜內心很希望課本內容深一些，甚至多學幾個科目，這樣可以盡展自己的才華，示與眾人，博得尊重。

中學總共有十科：中英數理化、地理、歷史、政治、體育和音樂，只有音樂成績不記在期末成績表上。安川的數理化三科學習成績在班裡皆名列前茅，其他科目的成績只是平平常常，因他上學連書包都懶得用，課本和筆胡亂用手握著或插在褲袋裡就上學了，僅僅靠天賦得來的成績要獲得全優是不可能的。

　　這一日，星期天，職工宿舍的院子很熱鬧，三不五時看見小孩子尾隨著學校的老師在派發學期末的成績表。誰家孩子的成績好壞都不是什麼秘密，這就是人類的好奇心在作祟的結果。

　　午飯後，安山的班主任蔡亦記來到安家做家訪，走到門口正好看見王美菡。王美菡把他迎入中間房，請他坐在靠木桌子的木凳子上，她則坐在木桌子另一端的凳子上。

　　「美菡，自我介紹一下，我是安山的班主任蔡亦記，我負責教語文，今天是特別來派發安山的期末成績單的，順便把安山在學校的表現跟你說一說。」蔡亦記溫和的對王美菡說了來意，須臾，向屋裡漫不經心地瞄了半圈。此刻，安山不在家裡。

　　「蔡先生，請喝杯水吧。」王美菡笑容滿臉，客氣地說，把一杯開水放在蔡亦記的面前。

　　「蔡先生，你是哪間中學畢業的？看上去挺面熟的。我那老大安山在學校肯定很不懂事的，要不是前幾年學校停課，今年十七歲應該上高一年了，他的弟弟比他小兩歲還跟他同一年級呢。」王美菡沒等蔡老師回應，含笑繼續說，她說話總愛扯東扯西，海闊天空。

「我是僑南中學畢業的，你也是僑南的學生？」蔡亦記雙眼一亮，驚喜地問道。

「是的，我也是僑南中學的學生，只不過我才讀到初中畢業。原本我家這麼窮是不能夠上學的，我母親一直堅持要培養我讀書，所以勉強上到初中。全家人只有我一人識字，其他人都是文盲。」王美菡若有所思的把自己的過往向蔡亦記娓娓道來。

「真是太巧了，我們竟然是校友。這是安山的期末成績表。」蔡亦記說著眉頭一皺，把安山的成績單遞給了王美菡。

王美菡把安山的成績表接過來仔細一看，紅色的數字比藍色的多，英文這一科考得最差，只有十幾分，她的臉色為之一變，氣得半晌說不出話來，手一撒把成績單放在桌子上。

「美菡，安山因為腿走路不方便，體育這一科給他豁免考試，隨便都會給他記合格的，安山的數理化、英文和歷史這五科成績全部不及格，其他的三科成績也不怎麼樣，學校想讓他留級一年，不知道你們同意不同意呢？」蔡亦記緩緩說道，眼神稍微的注視了王美菡的臉部表情。

「蔡先生，留不留級也要安山同意才行，再說了留一年，要到十八歲才初中畢業，比正常的時間足足遲了兩年。要不這樣行嗎？這學期讓安山升上初二吧，你們老師在學校對他再嚴格一些，我們家長平時也多加督促他認真地學習，希望下學期他的學業有所進步。」王美菡以懇求的口吻說道。

「好吧，下學期就讓安山正常升上初二年。但有一些事情我

還是要對你說一說，安山上課時像在發白日夢，一點也不專心聽課，作業經常欠交，上學期有些作業還一直拖欠著，在學校碰到我的時候，他還故意低下頭，怕跟我有眼神接觸，我想他是怕我向他追交作業吧。」蔡亦記無奈地回道。

「這個不懂事的孩子上課時發白日夢，肯定不假，吃不了讀書的苦，將來不知道如何是好。平時他就是古靈精怪的很，上次還調侃他老爸，說他老爸將來的退休金貶值不夠買一塊菜果呢，全家人聽了都覺得很離奇，也絕對不認同他的預測。」王美菡說完嘆了一口氣，耳根子變得愈來愈紅。

「現在的孩子都很難教育啊，美菡，我走了，還有幾個學生的家庭我得去拜訪呢。」蔡亦記說著禮貌地微笑著，起身告辭。

「那好，慢走，再見！」王美菡也站起來，客氣地送蔡亦記出門口，然後，站在門口望住蔡亦記老師的背影消失不見了，才轉身返回屋裡，心情七上八下的，忐忑不安。

傍晚，安山才從外面溜回了家裡，一見面，王美菡就把他臭罵了一頓。安山從小在外受別人欺負慣了，養成一種逆來順受的脾氣，並沒吭一聲去反駁母親王美菡，還有他的學習成績這麼差，也知道自己理虧。他平時沉默寡言，但一出聲卻語不驚人語不休，經常話中帶刺，入骨三分；又夾帶一些幽默，惹人哄笑。

落花無奈，流水無情。學校上學期又結束了，安川和安娜的學習成績依然保持優秀，安山的學習成績只是稍微好那麼一點點。淡棕色粗糙的課本都是些無色無香無味無聲的沉悶靜物，吃這種讀書的苦甚至比吃體力的苦更不容易，因此多數的小孩子不

愛讀書，原因並不是智力有缺陷。

安清木自去年十月中旬開始在紅帽山農場勞動，放假回家卻從來不帶給孩子一粒水果。在安娜的詢問下，才勉強帶回來一顆如茶杯大的小菠蘿，可是太小沒有果肉不能吃，只能放在窗台讓人聞其香味而已。

今年的春節對於安清木和王美菡是個特別令人興奮與鼓舞的日子，春節前安清木被解放了。王美菡作為安清木的妻子是最最高興和釋懷的。第一、安清木不再蒙上黑幫的標誌和被囚禁在農場勞動，名譽上也恢復了清白；第二、安清木的工資不用打七折了；第三、她不必抬不起頭來做人。安娜只知道父親不必再去農場勞動了，見到父親的時間會多一點，其他的事情，她並不十分的清楚，但是她覺得父親無論是皇帝還是乞丐永遠是這世上最好的。安山、安川得知恢復父親的名譽是件好事，可是這樣的話與嚴父碰面的機會自然比往常多了，因此被打罵和教訓的次數也會增多。父親從農場釋放出來對他們無形中產生了諸多不便和無形的壓力。

1972年，二月三日，這一日，安清木終於結束長達五年分別在六個農場——龜石大隊、賴銼、燒銼、檳西、舊埠、紅帽山的勞動改造，這種從勞動改造出來的全國統稱為"解放"，這也是自1949年第一次中國共產黨把中國人民從舊社會解放出來的第二次解放，只不過第一次解放是把勞苦大眾從水深火熱的大牢籠裡解放出來；第二次解放是把全國的領導幹部、高級知識分子從小牢籠裡解放出來。安清木一生也經歷過二次"解放"，第一次是參加革命解放全中國，第二次是黨中央把自己從農場裡解放出來，一個是主動型的解放另一個是被動型的解放，兩種解放的

意義有著天壤之別，此中的滋味是多麼的不同，心裡簡直是悲喜交加，感慨萬千啊！

有一點很多人一直百思不得其解的是：為什麼老板對像安清木這些人如此的虐待和侮辱，可他們在老板一呼之下，又毫不猶豫地衝在最前線，之前也沒有染上吃"三屍腦神丸"的惡習？也許是信仰的力量？也許是初衷的呼喚？真是爹親娘親不如毛主席的親，黨中央和毛主席號召他們到哪裡去，他們就到哪裡去，這種精神與忠誠震驚海內外的有識之士，人們常常驚嘆不已，為之佩服得五體投地。

安清木被解放出來才幾日，很快地被委任當金溪縣沿海地區圍海造田的總指揮。儘管上級沒有立即讓他官復原職，他依然意氣風發，神采飛揚，二話不說又踏上了征途。

安家隔壁的鄰居冒大聰和金菊花全家人春節前已經悄無聲息地搬走了，去向不明，也許是冒大聰的工作被調到別的縣城，在金溪縣再也聽不到金菊花的委跡奇事了，她好像人間蒸發一般。

圍海造田的地區是金溪縣的龍壺鎮，在江蚶村附近，簡稱江蚶圍海。安清木團隊的指揮部就設在江蚶村的一幢華僑大屋裡，房東無償的把房子借給了政府使用。房東名汪義，在海外謀生，汪太太的娘家就在菁山鎮，她還是個大美人，有三個子女，最大的兒子年齡比安娜小一兩歲。

這座江蚶村最豪華的二層洋樓，洋樓左邊連接一排三間平房，平房做廚房、飯廳和雜物間。洋樓用花崗岩和紅磚建築而成，大門左右兩側用花崗岩雕刻的人物、飛禽走獸、花卉，還有一對

石刻的紅漆對聯，大門口前面有同字型的圍牆，圍牆內有一個鋪滿灰白色花崗岩的石埕，石埕的左邊有一口水井，水井上有一架葡萄樹，旁邊有一株紅色的大喇叭花。圍海工程指揮部就設在樓下這層，幾位領導幹部的宿舍在二樓的右邊，房東一家人平時住在左邊的房間。

金溪縣五月的天氣不冷不熱，真是人間好時節。江蚶村是傳統的漁村，民風樸實。安清木在文革初期被打至吐血加上關在農場勞動有五年之久，如今也已經步入了中年，身體狀況自然不比當年健壯。當這個圍海造田的總指揮是他被解放出來的第一個任務，他也是盡心盡力地去完成工作，不辱使命，一如既往的有工程在身，很少回家。經過多月的奮鬥之後，圍海造田工程已經進入了尾聲。

這日，星期六，王美菡請了一天的假，帶著安娜去江蚶探望安清木。清早，她們坐公交車再轉三輪車才到達江蚶村。到了村口，兩三個膚色黝黑的小男孩帶她們到汪太太的家裡。漁村的小朋友看見城裡來的小朋友很是熱情，特別是見到安娜這個肌膚白皙、大眼睛的小美女，個個臉上笑嘻嘻的，很想多看她一眼，甚至想跟她一起玩耍。

王美菡和安娜到了指揮部，廳裡擠了很多人，有來領取工錢的，有來找會計出納部算賬的，也有來找人的。汪太太熱情地接待了王美菡母女二人。此時，安清木正在海邊的工地指揮收尾的工作。

抬頭望去，海上的浪花正拍打著岸邊的礁石，不時擊起一股泡沫般的衝天浪花，帶著鹹味的海風迎面吹拂。安清木和副指揮

驪龍正站在工地上談論著工程接近完工的一些細節，突然一道粗厲的聲音從不遠處傳來。

「安清木，上次向你們政府要求給我們補償一些生活上損失的事情，辦得怎樣了？工程也快結束了，你不是要耍賴吧？」一個生得粗獷壯猛身材，臉色赤紅的中年漢子怒氣衝衝的站在離安清木十來步的地方大聲喊道。中年漢子身旁還有兩三個同伴也是一臉慍怒，朝著安清木呲牙咧嘴，口中喃喃低吶。

「上次我已經向你們表明了一切，政府歷來沒有這個政策允許補助生活損失費的，我也作不了主。」安清木無奈地說道，平靜的挺起胸膛，臉上顯得更加嚴肅了。

「現在，你們把這裡的淺海圍起來造田，也把我們養家糊口的路給堵死了，平時我們可以抓一些花跳魚、螃蟹、蛤蜊去市場上賣，現在什麼也沒有了，我們要求得到些少補償並不過分。」中年漢子嚴詞厲色的吼道，嘴角溢出了些許唾沫，身子朝著安清木趨走了幾步。

「我也是沒有辦法，因為政府沒有這個政策。」安清木繼續耐心的解釋道。

「安清木，難道你不怕我們把你扔進大海去餵魚嗎？」中年漢子脖子漲紅，咬著牙恐嚇道。

「這個我倒是不怕！但是，你敢嗎？」安清木臉色一沉，朗聲說道，他那張判官臉和魁梧的身材有相當的鎮懾力量。

安清木這一聲反問把中年漢子嚇了一大跳，心下自思也不能全怪安清木，畢竟世道不容易，而且共產黨一貫的鐵手腕，不是開玩笑的，弄不好連自己的小命也會搭進去，不值得。中年漢子越想越後怕，霎時背脊起了一股涼颼颼的感覺，整張臉一片土灰色，緊接著，中年漢子和他的同伴的嘴裡還是罵罵咧咧的，惱悻悻的轉身離開了。

安清木望著中年漢子和他的同伴遠去的身影，不禁咳聲嘆氣。可嘆的是自從文革以來，民眾對於真善美信任的態度改變了不少，他安清木這三個字寫到政府機構為國家辦事情也諸多不順暢，百姓對國家的基建工程的熱情也不復往日。正如人們常言：“上梁不正下梁歪，學好三年，學壞三天。”更可悲的是一些重大的政策沒有經過詳細的科學調查研究，又不尊重傳統習俗，光憑領導突然頭腦一熱，心血來潮就下命令讓屬下去執行。其結果有兩面性，一利一弊，如果弊大於利的話，構成勞民傷國，禍福難料；利大於弊的話，那是造福百姓，為國謀利，凡事必先權衡，孰輕孰重。此刻，安清木不知不覺長長吁了一口氣，頭腦有些混亂。

挨近中午，安清木和驪龍他們一起收隊回了指揮部吃午飯，到了指揮部才知道王美菡母女來找他，中飯就在指揮部買餐隨便吃了。晚上三人擠在宿舍裡，安娜是個標準的跟屁蟲，能跟父母黏在一起是最幸福的，只有偶而父母打罵她，她才有些懊惱，但很快又忘記了傷痛。

第二天，安清木照樣去了工地工作。上午，安娜很快跟汪太太的三個子女稔熟了，大家一起玩了大半日，樓上樓下走來走去的，到處亂竄，其中一位中年男幹部對她們的行為不甚歡迎，臉

上時有慍色。下午，王美菡和安娜辭別了汪太太一家人，坐車回菁山鎮了。

安清木圍海造田的任務很快就完成了，王美菡跟房東汪太太也成了好朋友。

安清木回到菁山鎮沒幾日，另一個水利工程馬上就要進行了。這是在金溪縣金溪江流域的山麗水庫的工程，工程叫南渠。金溪縣革委會任命安清木當南渠工程的總指揮，安清木很快的積極地投入工作，領導指揮民工進行南渠的修整工程。

安清木每次指揮基建水利工程都有一個希望就是領導團隊和民工能夠順利平安完成黨交給的任務，可是經常事與願違。這次南渠工程中，有一個民工用手推車運沙石走一條斜坡路，下坡時跌倒竟然直接死亡，這件事也讓他唏噓不已，甚感惋惜。

到了年底，安清木帶領的團隊已經完成了南渠的工程。接著上級委任他當金溪縣第二輕工業局的局長，雖然級別下降了，但是加入中國共產黨並不是為了當大官，他的理想和使命是要參加建設一個嶄新的中國，他毫無任何思想包袱，很快投入了新的工作。這二輕工業局是統管全縣大小幾百間的輕型工廠——農械廠、竹編廠、繡花鞋廠、皮革廠、牙刷廠、軟木雕刻美術廠等等，連棺材廠也有。

安山、安川、安娜又長大了不少，家裡有些擁擠。王美菡向革委會要求在門口多建一間房間，把原來的小廚房擴大一些當睡房，前面再連接一間廚房，這樣就有了三房一廚房了。

第二十二章　　　美女哭死人　寒士娶妻難

一曰：

坦腹西床上，寒士娶妻難。

西北風偏緊，黑婦宿家園。

話說回來，自從去年九月梟雄杳沉，給社會的各行各業有了一線生機。多年的千篇一律的樣板戲大眾已經看得有些膩了，觀眾免費入戲院觀看樣板戲甚至會在戲院的座位上無聊得打瞌睡。

金溪縣剛剛刮了一場八級的颱風，暴風驟雨過後，縣革委會大院的樹木花草被吹毀了不少，到處一片狼藉。安家門口唯一的木麻黃樹也險遭吹倒，在颱風狂亂猛烈吹襲時，安山、安川、安娜三人用繩子綁住樹幹用力拉扯住，才把這棵長得不太茂盛的中樹保留了下來。

學校暑假過完不久，有一部北朝鮮的電影叫"賣花姑娘"風靡全國，戲中的女主角有著天仙般的美貌，加上有幾個南韓著美服嬌艷動人的美女在燈紅酒綠的場所的鏡頭，電影由頭到尾有著標準的韓風，戲中男女老少皆是大哭小哭，哭個不停，甚至嚎啕大哭，是一齣十足的苦情戲。

星期六，在縣革委會政府大院前的大操場上，晚上首演免費室外電影"賣花姑娘"，安娜和許珍妮結伴一起去觀看，安山、安川自然也找他們的朋友去看，只有安清木和王美菡從文革開始以來未曾看過一齣戲或者一部電影。安娜是自懂事以來第一次看到電影裡有如此神彩飄逸、秀色奪人的女子，如同豬八戒入了女兒國，看見美女欣喜若狂，欲罷不能，當然戲中的悲慘故事，安

娜難免也陪同一起落淚。像安娜這樣十來歲的小學生都為賣花姑娘的美麗趨之若狂，如痴如醉，看完電影回家的路上一直想再看一次甚至再看多幾次。

看完首場的觀眾事後都在閒談著賣花姑娘，眾人皆趨之如鶩；沒看過首演的心裡卻是癢癢的，都盼望著能夠盡快觀看。

因此，下一個星期六的晚上，政府又在大操場上放映電影"賣花姑娘"——七點正開始放映，有焦急的市民提早一兩個小時就拿小木槳子去電影銀幕前先占個好位子，在銀幕的不遠處的右側還有幾個賣小吃、水果串、冰棍的小攤位，這場電影的觀眾是菁山鎮歷來最多的一次。電影銀幕前的位子都是市民自己帶槳子、小椅子來坐的，左右與後面三方都是層層疊疊站著的觀眾，當然小孩子一定要坐在銀幕前與正中間才能夠看得到電影，大半個操場擠滿了男男女女的觀眾，人頭湧湧，人聲鼎沸，熱鬧非凡，電影正式開始放映後，眾人的嘈雜聲才稍微安靜了下來。

電影銀幕上的賣花姑娘清純美麗、楚楚可憐的樣子把觀眾看得神魂顛倒，忘乎所以，旋即掀起了騷動。一時站在後面的觀眾為了得到更佳的視野，能夠清晰地看到電影的畫面，開始了推撞和擠壓，情況逐漸失控，站在前頭的觀眾有人呼喊著：「不要擠，不要再擠了……」但是這呼聲很快的被淹沒在洶湧的人群中。沒過多久，再一陣推擠，前排的人們身體趨前腳跟站不穩，整個身體離地浮了起來，身子往前一跌，摔倒了下去，瞬間產生了骨牌效應，後面的人踩著前面跌倒的人，坐在槳子與椅子上的老幼觀眾更是來不及躲避，這樣就發生了人群踩踏的慘劇，現場很混亂，尖叫聲不斷，可是沒有一個公安人員在場維持秩序，疏散人群。

事故發生後，有的民眾立馬撤身離開，有的民眾自發用人牆圍起來搶救傷者，把重傷者用板車推到縣醫院搶救，有的用紅藥水膠布幫輕傷者處理一下傷口之後，才讓他們自行回家去了。折騰了許久，在場的眾人才漸漸全部散去，大操場留下很多垃圾等待明天清理。

　　這次人踩人事故，傷者都是心口、背脊、頭部受不同程度的傷，普遍是骨折和皮膚擦傷，悲劇的結果是一死多人受傷。遇難者是一位金溪縣實驗小學的女學生，比安娜小兩級，還是個小美女。慶幸的是踩踏事故發生在大廣場，群眾有退路，不然的話，死傷人數會更多。政府痛定思痛，決定這部"賣花姑娘"電影不在露天免費放映了，而是改在縣戲院與俱樂部兩家戲院同時售票放映。

　　踩踏悲劇發生以後，菁山鎮的群眾驚魂未定，眾說紛紜，說法不一。有一種說法是"賣花姑娘"戲裡由頭哭到尾，是十分不吉利才會導致傷害人命的；也有人認為是多年來無論是海報、圖畫、電影裡的女子形象都是一致的臉若金盆、嘴吃四方、紅光滿面同身材十分矯健，兼愛著戎裝，標準健康型女生，跟美女這個詞搭不上，所以民眾對弱質纖纖、風流婉轉的美女渴望已久，才會對賣花姑娘如此的狂迷。據說別的地方也有在觀看"賣花姑娘"這齣電影時出了一些狀況，也發生了悲劇。其實咱們民間也是美女如雲，可是卻無炫美之地。

　　這幾年樣板戲裡有一齣名叫"白毛女"的芭蕾舞電影，女主角也是一個大美女，只不過芭蕾舞表現的是舞蹈技巧和整體的表演視覺，面部表情不講究，觀眾欣賞的是演員的超卓舞技而不是美貌。後來上演一齣電影叫"海霞"，戲裡的女主角皮膚白皙也

人間道‧紅與藍

迷倒了千萬觀眾。都說男生看美女是懷著欣賞的態度；女生看美女是相互比較的；老男人看美女通常是色迷迷的有心無力；老婦人看美女是回憶往日的輝煌；兒童看美女是笑呵呵的。

話說安清木的三弟安青淵自從 1967 年初被東北哈爾軍事學院開除退學以來，從一個文質彬彬的高才生轉行當農民，還是一個戴上"現形反革命分子"黑帽的農民，雖然自幼很少碰農具，幹重活，他依然跟村裡的小伙子一起上大山砍柴，傍晚挑上百斤的木柴走下山，走下山的步伐還得有些技巧，俗話說："上山容易下山難，"上大山砍柴可是農活裡最辛苦最重的一項。安青淵有一次砍柴時不慎傷到自己的大腿，傷口很久才痊愈。

這五年餘，安青淵一路走來尚算成功轉型，把讀書人轉成地道的農民。農村的年輕人比城鎮的早婚幾年，而且農村人全部以虛齡來計算歲數的，男的二十二、女的二十左右已經開始談婚論嫁了。雖說國家提倡男女自由戀愛，只是在金溪縣甚至整個永福省范圍內的自由戀愛仍然受到民眾的暗中歧視。安青淵這年虛齡已經二十六歲了，還是單身，有點偏高齡，再過幾年超過三十歲，想娶妻恐怕是難上加難了。這些年除了有華僑背景的有點錢之外，舉目望去個個家裡沒有幾個錢，大家都是窮人，未婚找對象的條件比拚的只有身體容貌和家庭身份了。雖然安青淵的身材容貌堪比宋玉，為人老實勤奮，不煙不酒不賭，品行乾淨，可是僅僅這個反革命分子的黑身份，已經是罪大惡極，村裡村外的姑娘都嫌棄他，沒有人願意嫁給他。

去年國慶節以來，安青淵不斷地寫信給哈爾軍事學院為自己申冤，信件終究石沉大海，沒有收到任何的回應。皆因哈爾軍事學院地處東北，鄰近蘇聯，1969 年，中蘇發生珍寶島衝突之後，

哈爾軍事學院被改名為哈爾工業大學，大學不再是隸屬軍隊的學校，性質與背景大大的不同了，學院的管理層也改變了，所以舊學生來信申訴無人顧及，涉及往事的人大多數已經各奔東西，無從追究。

安清木的三妹安巧慧早在五年前已經和鄰鄉的一個退伍軍人結婚了，夫妻二人在永福省明山市的一間國營化肥廠當工人。明山市地處山區，生活條件比較貧乏。

安清木的母親林音是個性格溫和闊達、無心無肺的農村婦人，對於小兒子青淵已屆適婚年齡毫不擔心和焦急，宗親族有紅白兩事，她會熱心的去幫手，家裡有正在下蛋的母雞，她也會把母雞殺了燉給客人吃，過年過節做年糕都比別人做得多，這種性格是來自她的父親和娘家的家境。

林音奶奶的娘家就在林花村不遠處的一個村莊——海石村，父親名林程，在解決前是海石村的首富，可是他經營的生意不是什麼正經的行業，是販賣小量的煙土。如果這種小打小鬧的營生不慎被民國政府逮住，也會惹禍上身的。平時他在家裡設了一個流水粥棚，天天煮一大鍋粥給左右鄰村的乞丐吃，那個叫花子乞討不到食物了就去海石村找“臭程”吃粥，包管永不落空。乞丐一有異常情況立馬給林程通風報信，因此林程的生意做得順風順水。他給兒子娶妻的婚宴竟然從月頭辦到月尾，宴席還超豪華。林音從小生長在天天有大鍋粥的環境下，其性格形成了視金錢如糞土，自從她嫁到安家來，無論富與貧，在她掌家的日子裡，家裡從來沒有隔月錢的。

安清木知道母親林音不善持家，兩年前已經把母親的掌家權

奪給了弟弟安青淵，這事令林音非常的氣惱。越窮越光榮在論及婚嫁時並不受用，現實中還是要有點錢的，男方至少也要買一張婚床，添置幾件新衣服和辦幾桌酒席。這一年多下來，安青淵持家盡量節省用度，手上終於有了一點點的積蓄。

年中，在媒人婆的極力撮合之下，鄰村有一個姑娘願意嫁給安青淵，但是條件有點古怪，安家必須有一個姑娘嫁給她的哥哥，這種像買賣的交易叫"姑換嫂"。安青淵三叔的小女兒安艾正好還沒有找到婆家，她自願嫁給那個未來堂嫂子的哥哥，這樣一來二去的商討，男女三家達成了協議，擇日在年底，兩對年輕人同時舉行婚禮。

再上一學期的課程，安山、安川就讀完初中了，安娜也小學畢業了。安娜跳級上小學四年級以後，知道學校每年都有一種榮譽的評核制度，那就是"三好學生"。學校會發一張彩色印有學生姓名的獎狀給獲獎的學生，獎狀還可以貼在家裡炫耀一二，以安慰小孩子的小小虛榮心。所謂的"三好學生"是思想品德好、學習好、身體好為標準，同時也表示這學生在德智體美勞樣樣達標出眾。

這評核"三好學生"的制度可把安娜這個心細、好勝、傲氣的小學生折騰死了。為了能夠獲得這個"三好學生"的光榮稱號，她不忌骯髒與勞累，積極參與學校的課餘勞動，極力和女同學打好關係，每次的大小考試成績幾乎都是班裡的最高分數。安娜已經努力了三個學期了，還是沒有被評上三好生，剩下最后一個學期就畢業了，她更加的努力爭取在最後這一學期獲得三好生的獎項。沒有得到三好生對於安娜這個素來好猜忌的小女孩，是如此解題的：不是好就是意味著壞，所以她更加想得到別人的公平對

待，有個好標籤。

　　評選為三好生的權力主要掌握在班主任的手上，班上小組投票是一個形式上的走過場，沒有學生能夠親眼看到投票的結果。這種三好生的標籤對於很多小學生是不屑一顧的，安山和安川這兩個男生對於三好生毫不在乎，安山甚至一好生也不想要；安娜則視之為唐僧仙肉，求之不得。

　　安娜的班主任斯金箔一向對她不太友善，過往更有打壓的行為。全班學生分成五個組，三組男生，兩組女生，每組學生只能選一個三好學生。安娜同組有一個叫臣如如的同學，是臣員和臣桂姈的小女兒，她的課外勞動表現不比安娜積極，而且安娜這個學期末的考試成績又是全班排名第一位，雙方的身體都是完整無恙的，同學之間也相處和睦。

　　班主任斯金箔在班上派發期末考試成績表的同時又公布了"三好學生"的名單，安娜那一組的學生，臣如如被選中。安娜努力兩年的結果最終還是落了空，這個不公平的決定，她是滿心委屈氣忿，但又不敢向班主任斯金箔直接提出意見。

　　這時已經是深冬時節了，外面是冷風淒淒，寒氣逼人。這一天，星期日，安娜並沒有出去找同學玩，而是在家裡走來走去，無所事事。王美菡看見她愁眉不展，滿臉慍色，整天不言不語，悶悶不樂的。

　　「安娜，你這是怎麼啦？黑頭黑臉的不高興，你一不高興，人就變得特別醜，有什麼事情說來聽聽。」王美菡目光如炬瞅著安娜的臉，以半關心半譏諷的口吻問道。

「就是……今年是我們小學的最後一個學期了，我努力了兩年，學習成績都是全班最好的，學校的課外勞動也很積極參加，我們小組投票三好生，很多同學都投我的票。你認識的，衛生院院長的女兒臣如如的表現和考試成績都比我差，班主任斯金箔選中她當三好生而不選我，這分明是很不公平的，我越想越不開心。」安娜一五一十毫無保留把不高興的事情向母親通通說了，說完依然滿臉不悅。

「你們這個班主任斯金箔也是太壞了，專欺負老實人，那個臣如如讀書沒你好，怎麼就評上三好生呢？你就是笨嘴笨腮的，也不向他提意見。」王美菡臉色發紅，氣的目瞪口歪尖聲嚷道。

安娜被王美菡奚落了一番，無話可說，把頭垂得更低了，一聲不響轉身離開家裡去找顏小茵閒聊了。

次日清早，王美菡上班路過實驗小學時，突然心頭一熱，轉身邁步向學校的校務處走去，進了學校的大門再直走十多步就是校務處略大的辦公室了，一眼看見斯金箔正直挺挺立在自己辦公桌的側面，跟一個叫丁娥眉的家長在理論什麼事，原來是丁娥眉的家長正在投訴斯金箔故意撫摸他女兒的臀部，二人正爭辨得面紅耳赤，久久毫無結果。

王美菡見狀二話不說，單刀直入，毫不客氣地質問斯金箔道：「我女兒安娜讀書成績這麼好，還積極參加學校的勞動，你為什麼專門針對她，不讓她當三好生呢？她到底在哪裡得罪了你呀？」王美菡愈說愈氣憤，連脖子的青筋也暴凸了出來。

斯金箔轉過頭來眼露凶光，惡狠狠地盯著王美菡厲聲喝斥：

「你這是無理取鬧，你這個過氣的縣長夫人的臭架子還沒有放下，是否還要再被揪出來鬥一鬥，你才會老老實實的做人？」斯金箔利用跟王美菡吵嘴的空隙趁機把丁娥眉的父親擱在一旁，調轉矛頭，轉移視線。

「你這個臭老九也不是什麼好東西，我等著你來鬥，看你敢不敢？」王美菡也不甘示弱的破口大罵反擊斯金箔。

這時，四周多了幾位來看熱鬧的老師，沒有人敢上前給他們二人勸解，此刻，忽見校長走了過來。

「你們剛才的對話我都聽到了，下次我們學校對評選三好學生的方法方式會進一步的改善，大家各退一步，都散了吧。」校長笑呵呵地委婉調解，把臉一扭對著王美菡咧嘴一笑。

校長溫文謙虛的態度使得場面變得鴉默雀靜，斯金箔與王美菡雙方都無言以對，不好意思再繼續爭吵下去了。少頃，王美菡惱忿忿地扭身離開了。

至於丁娥眉的父親之前已經跟斯金箔理論了一番仍未有結果，滿臉怒色，也只好不了了之快快的回家去了。從此以後，丁娥眉就不再上學了，停學在家。也許是對學校失望或是對讀書沒有了興趣吧？這丁娥眉是安娜的同班同學，大安娜幾歲，生得高頭大馬，乾淨秀麗，身體外表比較早熟，平時沉默寡言的，家就住在菁山鎮附近的農村。

王美菡下班回家以後，把向斯金箔投訴的詳情告訴了安娜。安娜對於母親去校務處找班主任斯金箔理論而產生口角的事深感

驚訝，心想還好學校已經放寒假了，她小學也畢業了，不需要再面對斯金箔，不然的話，斯金箔會故意找碴兒來報復她的，還會在同學面前盡力奚落她。

文革社會亂紛紛。幼女弱男碰到渣男猥瑣男經常會吃虧；因為政府對小偷小摸的事情不在意。前兩年，有一天安娜放學後去百貨公司的辦公室找王美菡，辦公室正巧沒有人，靜悄悄的，王美菡的同事老佐冷不防跳了出來，笑淫淫的強行把安娜抱了起來，像一隻猴子抱竹桿緊得很，嚇得她魂銷魄散，拚命掙扎才得以脫身，霎時間就拔腿跑掉了。這老佐生得五短身材，人物委蕤，這種突襲令安娜感到十分厭惡與驚惶。從此以後，她對老佐的印象很差，老遠就避開他了。

林音奶奶讓人擇了一個吉日，選在農曆十二月二十三日，星期五，為安青淵舉行婚禮，也是安青淵的堂妹安艾出嫁之日。安山、安川、安娜都很雀躍想去林花村湊熱鬧，順便吃一頓豐富的美食。如果想看新娘子是否漂亮，結果肯定會讓人失望的，因條件是苟刻的"姑換嫂"，推算一下不會是美女。這畢竟是大人的事，而且是三叔的事，安娜就不操這個心了。

林音奶奶年頭開始養了一頭豬；這頭豬是準備年底用來辦喜事的。安青淵把家裡所積攢的錢和兩位兄長、三個姐姐各自送的一些賀禮金，全部用在這次婚禮上，買了一張紅油漆木製的新婚床，木製的洗臉盆架子，一張長方形桌子配長櫈子，做了一套淺棕色的中山服，兩套春冬的衣服，送了 280 元的聘金給了女方，禮物、菓子和喜餅由女方自己購買。安艾的男方也送來 180 元的禮金，兩擔三層的竹花籃裝滿了花生糖、麻棗、炸菓子、喜包子、麵線等等。

安青淵的新婚房簡單布置了一番，在木門上、牆上各貼一張有"囍"字的紅紙，周圍貼了很多的繁花剪紙。

星期四，早上，安山、安川、安娜各自穿上家裡最好看的衣服，三兄妹結伴乘公交車到了安郊鎮再轉坐三輪車到了林花村。到了祖家，安郊運爺爺和林音奶奶看見三個孫兒女，二老皆喜上眉梢，笑呵呵的，只是兒子和兒媳婦公務纏身不得閒回來，有些失落感而已，其他遠的親戚今天都來了，近的明天才會到。

次日，天蒙蒙亮，眾人已經起身了。大人忙著準備迎接和送走新娘子的事情，小孩子高興得在六間紅磚大厝的院子裡與大門口外的土埕跑來跑去，進進出出，在大人的身邊穿來穿去的，好不熱鬧。不一會兒，安青淵的二兄長安青苙一家大小五口也到了。安青苙在安郊鎮小學當校長，為人忠厚老實，寫得一手很好的毛筆字，長得儒雅清秀，妻子是家庭主婦，二子一女，女兒今年九歲，叫安婭靈，活潑好動，長著一雙水汪汪的大眼睛。

清晨，大家送走了全身紅焰焰的新娘子安艾；緊接著又迎來了另一位也是紅通通的新娘子鄭雨。看見新娘子來了，一群小孩子迫不及待地衝到新娘子的旁邊用好奇的眼神觀看。新娘子的嫁妝都是一些床上用品，一副紅色仿絲被褥，一條大紅色毛毯，幾套春冬新衣服和一些日用品。

安郊鎮附近的農村還有一個很特別的風俗，就是新娘子出嫁那天必須得哭起來，哭聲越大、淚水越多越好，是不捨得父母兄弟姊妹？還是另有忌諱、吉利的表達？安娜對此心裡充滿了疑問，百思不解。

安青淵和安艾兩家合共擺了八桌酒席，選在午餐時段。酒席設在自己的紅磚大厝院子裡外的空曠地方，雇了一個會整宴席的大廚，宗親裡有兩個青年給大廚在旁打下手。林花村的傳統宴席全部是把魚、豬肉先粘上麵粉入大油鍋炸好，然後加上切片的白蘿蔔、蔥花、薑絲一起煮成清湯狀的菜式，總共有十道菜式，煮法幾乎是一樣的，這對於大家來說已經是豐盛的吃食了，最後二道食物是傳統的閩南菜式，一道是封肉夾喜包子，另一道是花生仁甜湯。

宴席剛剛結束，大人還沒有離開座席，小孩子已經各自跑開去玩耍了。安娜也離席跑去新婚房繼續看新娘子，堂妹安婭靈則跑到外面土埕跳來跳去的。這時，屋角轉出安艾的二哥安有銅，安有銅比安青淵小兩歲，尚未娶妻，生得五官整齊，中等身材，臉色蠟黃，一副病殃殃的模樣。

「婭靈，來，我有一樣很好玩的東西讓你看一看，還有一大把糖果給你吃呢。」安有銅一面向著安婭靈搖晃著右手，一面笑嘻嘻的低聲和氣喊道。

「在哪兒呢？」安婭靈滿臉稚氣，咧嘴一笑問道。

「在我的房間裡，就在不遠處，你跟我來吧。」安有銅臉上綻放喜色，笑吟吟地說。

安有銅平時不跟父母兄妹住在與安青淵同一座大厝裡，他喜好僻靜的地方，因此自己住在舊的祖屋裡，三頓才來父母這裡吃，幹農活是三天打魚，兩天曬網，他平時愛跟安青淵閒聊，所以安婭靈跟他也很熟稔。安婭靈聽了堂叔安有銅的話之後，天真地眨

了眨眼，糊里糊塗、蹦蹦跳跳跟著安有銅去了。

二人走了不一忽兒，拐個彎就到了舊的祖屋。安有銅帶著安婭靈從大厝的右側門進入，右邊上面的第一間就是安有銅的寢室，房門敞開，滿屋魆黑，也沒點燈。二人四腳剛邁入房門口，安有銅猴急雙手把安婭靈抱到屋裡的床上，安有銅全身壓住安婭靈，混身扭動，滿口心肝寶貝亂叫起來，安婭靈嚇得放聲尖叫，手抓腳踢，安有銅左手按住安婭靈右手除自己的褲子，褲子剛剛除下，安有銅掌不住"噯喲"一聲，安婭靈趁機一手撐住身體一轉身溜下了床，奪門而出，撒腿就跑，一口氣跑了回去，剩下安有銅癱坐在床沿上怔怔的發呆了一陣子，才回過神來把身上床上黏濕的髒東西清洗掉。

「婭靈，你慌慌張張的……在狂跑什麼呀？」林音奶奶看見安婭靈雙眼射出恐惶之光，急忙忙亂跑過來，忙大聲喝道。

「奶奶，也沒…什麼……只是剛才有銅阿叔帶我去他的房間裡……」安婭靈腳步停了下來，抬頭緊張地望著林音奶奶，氣喘吁吁，支支吾吾說道，說完垂頭盯著大門口外的土埕地面。

「有銅……他帶你去幹了什麼？」林音奶奶雙眉緊鎖，厲聲問道，臉皺得縮小了一圈。

安婭靈稍微抬頭兩眼散漫的望著前方，驚魂未定地說道：「奶奶，有銅堂叔……把我抱到他的床上，他的身體壓得我喘不過氣來，後來我不斷掙扎才溜了出來，他不知道拉一些什麼髒東西，黏黏的，像雞蛋清，很惡心，我得去洗洗手。」

林音奶奶聽了安婭靈說的事情，如雷轟電擊一般，氣得滿臉紅漲，也顧不得今天是小兒子的大喜日子，破口咒罵道：「有銅這沒人倫的夭壽，半路死的東西，大白日天，幹出這種不要臉的事。」

宴席剛剛結束不久，三姑六婆正舉步辭別諸人回去，聽到林音的罵聲，立刻圍了上來。

「林音，這是怎麼啦？」宗親的五嬸趄笑著故意問道，其實林音和安婭靈的對話她都聽得一清二楚。

「沒什麼，不要臉的夭壽。」林音說著朝地上啐了一口唾沫。

「什麼事呀？」另一個阿婆懵懵懂懂的低聲問。

「沒有什麼事，大家散了吧，下次再來啊。」林音陪笑著，掃視眾人大聲說道。

這些親朋戚友聽了覺得無趣，不情願的一行走，一行嘰嘰喳喳討論個不停，訕笑聲、咒罵聲不斷。

安婭靈早就跑開，進入大厝的中庭舀水把雙手洗乾淨，順手把衣服上的一些污點也一併洗了。

不消一刻鐘，安有銅的醜事很快在親戚裡傳遍了。安有銅的父母親，也是安婭靈的三叔公、三叔嬸被這事氣得目瞪口歪，羞得滿面紫漲，三叔公安郊田真想立馬把這個不肖的孽障狠狠揍一頓。想歸想，安有銅事後早已溜之大吉了，不見人影，而且他

已是成年人也不可以對他動粗了，兩個老人口中不停地咕咕噥噥的，長吁短氣，皺眉蹙額，淒然相視。

安婭靈的父母也是氣忿不過，自感羞愧，為了不讓醜事惡化，到處傳揚，只好含羞忍辱，因安有銅也是自家的堂弟，事情就這樣不了了之。閩南農村有一種風俗，遇到這樣的事情，占便宜的人必須到吃虧的家門口放一大串鞭炮，以示賠禮道歉，事情方可了結。但安青荏礙於是小學的校長，這種事情要讓外面的人知道了，他多尷尬啊。閩南有一句俗語：買的比賣的覺得更羞恥。

過了一兩個時辰之後，安娜驚疑的向堂妹婭靈問道：「今天你是怎麼啦？」

「也…沒什麼，只是床上有一些像雞蛋清……黏乎乎的東西，很惡心。」安婭靈滿臉訝異，咧著嘴笑嘻嘻地把前不久發生的事情說得一塊塊的不整齊。

安娜聽了傾著頭一臉懵逼，不明所以，暗想黏乎乎的肯定不是好東西。前不久，她向許珍妮借看了從海外帶來的繁體字紅樓夢，書裡生字卻是很多，遇到難懂的詩詞，深奧的詞彙就跳過去。只是賈寶玉說男子都是濁物，真真的沒有說錯，林黛玉注重的乾淨，一點兒也不假。從此安娜對男子的印象更差，戒心更重了。

安娜就因為看了紅樓夢，未來的日子險遭人算計。

傍晚時分，吃過晚飯後，安婭靈和父母兄弟辭別眾人，回安郊鎮的家去了。

次日清晨，安山三兄妹也乘車回菁山鎮的家了。

安青淵娶了妻子後，才知道妻子鄭雨不識半字，是個文盲，更是極無知識的，但卻身強力壯，是幹農活的一把好手。鄭雨對於丈夫安青淵不煙不酒不賭的好習慣並不欣賞，反而一直嫌棄，說他這種人在社會上一定不受歡迎，甚至一輩子沒出息。後來，安青淵勉強附和老婆的要求，吸起煙來。

自從安有銅幹了那件不可見人的事之後，大小親戚心裡都瞧不起他。隔年，他也娶妻生子，可是沒過幾年的大人日子，他就因病而逝了。

第二十三章

東施效顰　學好慢　學壞快

一曰：

> 亂世多妖孽，黑白能顛倒。
> 學子盡譁然，白卷逞英豪。

光陰亂度，歲月無痕。

安娜的小學畢業成績與安川的初中畢業成績還是保持著一貫的水準，安山的學習成績仍有欠缺，英文、數學、化學均不及格，其他科目的分數也是勉勉強強的碰觸到及格的那條線，無論好壞，三兄妹都順利升了年級。

安娜的好同學顏小英不上中學了，停學在家幫忙做家務，照顧體弱多病的父親。安娜由於太喜歡美術，閒時會去小英家找她聊天，順便也聽她的父親顏驊講一些有關中國美術的事情。

當時，中小學生全年的學費大約兩三元，開學時一次過交完。一些家庭經濟負擔能力不逮的學生可以向學校申請學費全免。每次開學的時候，班主任會在教室裡說有需要申請學費全免的同學到校務處去申請，甚至有的學生上了一學期課才去交學費，學校沒有刻意催促學生交學費，可是有的家長看見自己的孩子對學習毫無興趣，就隨意讓孩子輟學，留孩子在家裡幫忙幹雜活等等。

安娜上了金溪縣菁山鎮唯一的中學——金溪縣第一中學。六七成的學生是當地的居民與來自鄰近的農村，其他的學生是國

家幹部與職工的子女，還有是附近駐軍部隊軍官的子女。初一年級有八個班，每班有五十個左右的學生，學生大都長得偏瘦，所以並不覺得課室有擁擠感，安娜被安排在第一班。

此時，中學沒有評選三好生這個榮譽了，這對學生是一件好事，給學生設立意識形態上的標籤，對於心靈脆弱的無形中增加了壓力與抑鬱感。但中學有共青團，共青團是青少年未來加入共產黨的門檻，如果沒有先加入共青團，將來要加入共產黨會有很大的難度。

開學後，班主任選出男女正副班長各一位，五位股長：學習股長、體育股長、生活股長、勞動股長、文娛股長。安娜被選當上文娛股長，副班長是一個叫伍又蓁的女同學，她比安娜大兩歲，一副削瘦身材，一頭短髮，雙目飄忽有神，扁長的鼻子，為人陰沉淡定，胸有成竹，野心勃勃。這伍又蓁很快成了學校培養的重點學生，是班裡第一批加入共青團員的學生，還當上年段的團支部副書記。大多數的人不能也不敢追求物質生活；唯有一味追求當官，官癮十足。

學校也讓安娜加入了學校的文宣隊，學習跳舞，副班主長伍又蓁也有份參加，可她在藝術舞蹈表演這范疇沒有天賦，學來學去，跳來跳去，她的舞姿動作仍然十分的僵硬別扭。剛剛入學的學生都沒有上台表演的機會，平時看看高年級的校友表演文藝節目也是一樁樂事。

雖然中學一共有十個科目，但對於安娜這個敬業樂業的學生，並沒有任何難度。只是她天生笨手笨腳，體育運動總是落在同學的後面。由於伍又蓁是一個十分好學勤奮的學生，又是團支

部副書記兼副班長，安娜也希望自己能有更大的進步，所以三番兩次主動要求去她在鎮上小街的家裡一起復習功課。有幾個星期日，安娜去了伍又葓的家裡，只是她家那扇大門很特別，安娜每次需要低頭彎腰鑽進去，房間內暗昏昏的，二人只能伏在一張矮桌上一起溫習功課。

三月春紅綻放，春風化雨，天氣時晴時雨。

學校中期考完之後，初中的英文科主任蔣瓊好決定舉行兩場全年段的學科競賽，比賽時限一小時，讓學生有一個星期的準備時間。下星期一，第一場競賽是默寫英文單詞，以寫最多單詞者為勝。星期五，第二場是英文書法比賽，以寫最優美的字體者為勝。

安娜得知這個消息，心裡十分的激動和期待。因她從來不曾得到過一張獎狀，眼看許珍妮家裡的臥室牆上貼滿了三好學生、體育比賽的獎狀，常常羨慕不已。這次機會終於來了，她希望能夠獲得一張獎狀，到時貼在家裡最顯眼的地方，也好讓朋友羨慕以及長輩稱讚一番。因此安娜拚命地溫習，默寫英文書本裡的單詞，練習英文書法，把很多張白紙寫得密密麻麻的，像一張張蜘蛛網似的。

安娜好不容易等到了星期一，比賽場地就安排在初一的課室裡，同班的同學都錯開著座位來坐。老師派發給每個學生兩張白紙，比賽一開始，安娜坐在課桌前，埋頭唰唰不停地寫著頭腦裡浮現出的英文單詞，宛如電影銀幕上的雲朵一朵朵飄過去，狂寫到限時結束才交卷。

有一位女同學實在寫不下去了，提早離場，站在課室的窗外觀看安娜全神貫注的騷作，頻頻搖頭嘆息，喃喃細語道：「這安娜活像個妖怪，英文單詞寫得太快太多了。」

比賽完畢，初一年段的學生之間都在眾口相傳，說安娜這次比賽寫的英文單詞是全年段最多的。

星期五，另一場英文書法比賽也舉行了，也就是蔣老師印一篇英文短文讓學生照抄一遍，安娜同樣也是全力以赴。大凡比賽，入賽場的大多數參賽者，賽前對自己絕對是信心爆棚，可是結果卻是差強人意。

轉眼又到了接下來的星期一下午，課餘小息的時候，女同學都留在課室裡三三兩兩的閒聊。

突然間，副班長伍又菈眉頭一揚，雙眼發光，腦袋一晃，盯著安娜的臉，尖聲地排揎道：「安娜，你的學習成績是很不錯的，可惜思想上大有問題，可以說是落後守舊的黑思想。」說完還陰陰地冷笑了幾聲。

安娜一聽到"黑思想"不覺轟去魂魄，目瞪口呆，心中非常惱火，又不敢則一聲去反駁伍又菈。心下自忖："你太冤枉我啦，你說的這黑思想，難不成有朝一日要把我揪上高台去批鬥？我爸剛剛脫掉黑幫的大帽子不久，你又往我身上安上什麼黑思想的罪名，我又沒幹壞事，什麼黑思想、紅思想的？這都是一些虛無空洞的名堂，說紅就紅，說黑就黑，這不是擺明在誣陷我嗎？你才十幾歲的人竟然如此的陰險歹毒。"

安娜一向是心拙口夯，加上害羞又怕惹禍，之前被番仔嬌扇臉的陰影還在，所以她選擇沉默不言，轉身離開了課室。安娜對於伍又葄的無端抹黑，敢怒不敢言，所以往後同學之間的關係只是表面上的禮貌，內心已經斷定這伍又葄天生是蛇蠍心腸，不宜成為朋友。

星期三，初一年段的英文科老師蔣瓊好突然宣布不公布英文單詞的賽果，也就是變相把這一場比賽取消了。這一宣布伍又葄暗自竊喜，安娜卻是悶悶不樂，深感惋惜，不明所以。

課餘時間，同學們都在課室外的走廊裡嘻哈聊天。

安娜班裡有個女同學叫晉紫萍，她是泉興軍區副司令的獨生女，生得肥頭大耳，渾身上下圓滾滾的，笑起來眼睛眯成了一條縫，滿臉雀斑，鎮日臉上總是樂呵呵的，是個標準的開心果。晉紫萍自認父親是軍隊的高官，心中有一股"自來紅"根正苗正的傲氣，對學習不太感興趣，上學好像是在過日子一樣，得過且過，所以她每科的成績都很差。她每日總是一副悠悠自在、漫不經心的模樣。她們軍區的小茴同學告訴安娜說：紫萍吃肉包子時，包子裡的肉餡要挖掉才敢吃，因怕肉餡亂七八糟的不乾淨。安娜聽了心羨不已，更深感奇詫。

這人世間無論是盛世還是亂世，總有人吃得太好太飽；有人吃得太差不飽。

有些軍隊的子女相互之間還在鬥，誰的老子官大，誰就威風一些，身上總有一股不知天高地厚的蠻勁兒，就是不敢在平民百姓中顯擺"我爸是不鏽鋼"。當時偉大領袖對百官的操守管得甚

人間道・紅與藍

嚴厲。

「哼，屌毛飛……」晉紫萍突然鼻孔一哼，氣喘吁吁的自言自語道。

伍又葒聽到了晉紫萍的話之後，雙眼轉了半圈，假意含笑道：「安娜，你的學習成績最好，這"屌毛飛"是什麼意思呀？你得教我們。」

「我也不是語文老師，再說了這句話，書上也沒有讀過，我真的不懂。」安娜直截了當地回道，須臾，苦笑了起來。

瞬間，伍又葒臉色很難看，咬牙切齒，頭一扭，轉身走開了。

安娜自忖道："這句話估計是奇怪的粗話，可是自己實在琢磨不出來。再說了，這普通話的髒話到哪裡去學呀？時下的大人小孩明裡暗裡天天都在講髒話粗口，你這副班長在裝什麼正經斯文？扮假死，有機會就找藉口專門為難我。"

星期五，早晨，安娜剛剛進入課室就聽到了上星期英文書寫比賽的結果，最優秀的得獎學生是第二班的陳晚霞同學，這陳晚霞是安娜的好朋友，她還是蔣老師的得意學生呢。安娜為她的獲獎感到高興，實至名歸，當之無愧，同時為自己感到十分的失望。

陳晚霞的學習成績也是非常的優秀，她為人謙虛溫文，勤奮好學，還是一個混血兒美女。她的父親早年被打成右派，母親是菲律賓歸僑，在水產公司上班，弟弟在上小學四年級。安娜有時候會去她的家裡找她聊聊天。

接下來就是初一年上學期的期中考試，只考八科，音樂和體育沒有期中考。雖然文革以來學校不記考試成績的名次，但老師每次大小考在派發考卷給學生前，都會在班上讀出前三名最高的分數，因此安娜收到試卷之後，知道自己所有科目的分數都是全班最高的，除了中文作文分數稍微落後一些，這些亮麗的成績取得並不難，八個科目只要辛苦開夜車復習十多天就成了。安娜很快的忘記了英文競賽的不悅，這也是學校老師決定的事情，自己無能為力去改變，再說了，學生也不知道真實的賽果，只是有一點點的遺憾而已。從此以後，安娜競賽折桂無望，再也沒有機會去獲得任何獎狀了，完全與榮譽無緣。

　　文革以來，大學院校已經停止正常的全國高考招生。直到1973年國家換了另一種入學制度。首先從農村和農場裡的上山下鄉知識青年中挑選、推薦一批預備學員，這批學員再參加一場簡單的文化考試，經過官方幾方面的慎重考慮，才決定入大學的人選，這種學員美稱為"工農兵學員"。

　　六月，夏風灼熱，春紅零落。國家舉行了多年來首次的入大學考試，有一個叫張鐵生的考生為了表達個人的意見，在一份試卷上交了白卷，還在試卷的背面寫了一篇訴苦文章。張鐵生出格的行為驚世駭俗，不但沒有受到批評責備，反而被有心人把這件奇葩利用了起來，在國家的傳媒大肆宣揚報道，並把張鐵生炒作成反潮流的"白卷"英雄，因此轟動了全國以及海內外的知識界。

　　某些人藉此契機妄圖推翻高考制度，打擊政敵。張鐵生借用顛倒黑白、胡攪蠻纏的騷作成了政治暴發戶，因此順利上了大學，春風得意，一時無兩，後來甚至當上了政府官員。

張鐵生反智的騷作，大小學子有人歡喜有人愁。安山對"白卷英雄"是又愛又羨，抬頭一想就眉開眼笑，喜不自禁；安娜卻是若有所失，心低意沮，自忖唯一證明自己能力的機會也被剝奪了；安川則是抱著即來之則安之的態度，無所謂。現實中是東風壓倒西風，眾人還得隨機應變為妙。

　　"白卷英雄"的炒作恰巧碰上學校的期末考試，安山也就有樣學樣，東施效顰。在英文考試時，自己充當老師在試卷上爽快地畫了一個大鴨蛋，就直接把試卷交給了老師。平時脾氣溫和的英文科周老師看到試卷，當場被氣得七竅生煙，臉色鐵青，無言以對！

　　學校期末考試結束後，中學的班主任甚少去學生的家裡做家訪，可是安山的表現實在令人頭疼，不吐不快，儘管在日照相當強烈的大熱天，星期日，上午十點左右，班主任李墨陽還是執意要登門造訪安家。

　　王美菡正好在家，她剛剛在廚房裡給爐灶添上一個新的煤球。

　　「你是老王嗎？我是安山的班主任李墨陽。」李墨陽走到安家的門口，微笑說。

　　「是呀，李先生請進來坐一坐。」王美菡向李墨陽點頭笑道，立刻停下手中的家務。

　　「好的，今天我特意來說一說有關安山在學校的表現。」李墨陽一邊說，一邊在長條木櫈子上坐了下來，滿臉嚴肅。

「李先生，喝杯水吧。」王美菡倒了一杯開水放在李墨陽的面前，笑容滿面說道。

「這是安山高一年上學期的成績表，老王，你看一看。」李墨陽繼續說，抬起頭把成績表遞給了王美菡。

王美菡一手接過安山的成績表，走到桌子邊，在長木櫈子上坐了下來，認真的看著成績表，越看眉頭皺得越緊，脖子凸起青筋，臉色漲紅。安山的成績是慘不忍睹，差透了，裡面九科有五科不及格，英文竟然是零分。

「安山的英文科零分不是真的零分，而是他自己畫上去的，英文科周老師非常生氣，向我投訴了這件事情。最近有一個考生張鐵生交白卷成了英雄，可是咱們學校還是以教育、學習為主，人人交白卷成了英雄，那天下的英雄太多太擠了，英雄也不是英雄了。所以安山的學習態度需要大大的改進，你們家長也要配合我們學校，多關心一下他的學業。」李墨陽語重心長地說道。

「這個不長進的東西，今年已經十八歲了，還是這樣不知好歹，有樣學樣，殊不知別人能當英雄，他自己可能成了狗熊。正如人們常說的：學好三年，學壞三天。李先生，真的很不好意思啊，我會好好教訓他一頓的。」王美菡怒氣衝衝的說道，雙眸閃著怒火，心跳加速，掌心冒汗。

「老王，你也別太生氣了，教育孩子是一門複雜艱難的工程，有時需要關愛；有時要嚴厲。我們作為老師的也是常常受氣，愛莫能助。安山回來，希望你能耐心的教導他，他也是一個聰明的孩子，我這就告辭了。」李墨陽心氣平和的笑著勸勉王美菡，起

身離開了安家。

李墨陽老師剛走不久，安山一瘸一簸的從外面回來了，一腳踏入家門，右手還扶著門框時。

王美菡迫不急待地向他大聲罵道：「你這個死孩子，二橋河沒有鋪上蓋子，你好死……不去跳下去死？長了這麼大了，又是殘疾，還這樣不爭氣，剛剛你的班主任李老師來投訴，說你考試竟然自己畫上零分，你好的不學，專學壞的，你的膽子也是太大了，又沒有禮貌，真的氣死人！」

王美菡氣得臉紅頭脹，連罵帶說，把安山教訓了一頓。安川、安娜知道這件事情之後，都在偷笑，感覺不可思議，二人更覺得安山只有半個腦袋，別人做十六歲生日；他也要做十六歲生日，不曉得人世間有些事情是不能夠複製的。因王美菡少時讀書時自己覺得很辛苦，成績也是勉強及格，所以把安山這件事隱瞞著，沒有告訴安清木，加上安清木工作起來對家裡總是不管不顧的，因此安山避免了一頓嚴厲的管教。

安山聽完母親的教訓後，停了許久才支支吾吾的回嘴道：「阿媽……我也不知道事態這麼嚴重，別人交白卷火紅的很，我交白卷卻受到諸多批評，我就不太明白有這樣不公平的事。我對讀書沒什麼興趣，不想再讀下去了，不如你們幫我找一份學徒工吧。」

「你也太不懂事了，像你這種殘疾人，在舊社會是要做乞丐的。你父親被人打又關在農場勞動這麼多年，你太不長記性了，別人能幹的並不代表你也可以幹。上次蔡亦記老師是我的校友，你才勉強能夠升上高中。既然你不想繼續讀下去，那就找一份工作吧。」王美菡尖酸刻薄，毫不留情的又教訓安山一回。

安山忙低下頭，沉默不語，步履維艱，緩緩走入了裡間。

安川的學習成績一直保持很好，安娜則更加優秀，王美菡對此甚感安慰，有時候還可以向親戚朋友吹牛炫耀一番。

文革時期，雖然偶爾有一樁二件的奇事會產生不可思議的效果，但是，平民百姓的生活想得到平平安安，不惹禍上身，還是沉默寡言，安分守己，與世無爭最好。

一日：
　　亂世亂紛紛，有志尚難存。
　　言行隨大風，苟且能偷安。

從去年中以來，金溪縣紅色派、三二九的勢力已經被逐漸削弱了很多。林催勝、臣員二人分別官復原職，回到文革前的單位，重操他們原來的工作。只是中央領導人還是十分肯定文革的重要性與取得的輝煌成果。

安家隔壁的房子自從金菊花一家人搬走以後，一直空置著。1973年，夏季，搬來了一家新鄰居，這鄰居是新上任的金溪縣縣委書記兼革委會主任，叫宋其賢，年約四十六歲左右，妻子陳映是個家庭主婦，在家照顧丈夫和兒女。夫妻倆育有三子二女，大兒子宋逸在電訊公司工作，大女兒宋雲，二女兒宋麗，二兒子宋飛，最小的兒子宋軍才四歲。宋其賢祖籍不在金溪縣，一家大小七口為人熱情和善，是個好鄰居。

去年初，安清木從農場結束勞動後，帶領同事和民工連續順利完成兩項水利工程，才到縣二輕工業局當局長。三天二日他就下鄉到各地的工廠去調研，同工廠的廠長、技術人員、工人一起

探討了解生產的進度與提高產品的質量，每次碰到午、晚膳時，他都是自己買餐票排隊取食物的，在工廠食堂跟工人一起就餐。

秋光色色，秋氣涼爽。

十月份，安清木率領幾位生產民間工藝品和普通日用品的工廠廠長去廣州參加秋交會。他們帶上金溪縣獨特的民間傳統手工藝品去廣交會展覽，產品有：竹編工藝品、軟木雕刻擺件、珠繡拖鞋等等。由於金溪縣沒有外語人才當他們的翻譯，所以安清木他們只能在廣交會未開館時，進入展覽廳擺放他們帶去的展品，弄妥後就坐長途汽車返回金溪縣了。安清木他們所擺放的樣品，要等到外貿工作人員在交易會上接到外商的訂單，才下單子給他們的工廠去生產。每次接外國的訂單，可以為國家賺取外匯，同時為年輕人提供工作的機會。

為什麼說金溪縣沒有外語人才呢？因文革前有一對美國夫婦自駕遊艇環遊世界，經過金溪縣海岸停了下來，要求補充物品。全縣懂得外語的人，沒有一人能夠聽得懂這二位美國夫婦在說些什麼，結果要去省城調來翻譯人員，問題才全部明了，得以解決。

自從謝怡素和王儉師傅救了安清木他們幾個人之後，王儉師傅仍然在革委會食堂當炊事員，謝怡素結婚後生了一對子女，因她的丈夫在石鼓鎮工作，為了更好的照顧家庭，兩年前她申請到石鼓鎮的刺繡廠工作，當了一名出納員。這刺繡廠屬於安清木工作的二輕工業局管轄。有時候安清木下鄉到她們的廠裡，碰見謝怡素的時候，她會隨口問安清木"紅旗牌"怎樣了，關心一下安娜的近況。

第二十四章　　就業難　求人更難

一曰：
　　低處未算低，人間無情災。
　　謀一卑職難，豈敢望天開。

安山正式輟學在家，王美菡立馬安排他煮飯、洗碗等其他的家務，他剛剛做家務沒幾日。

這一日，星期六，天氣晴朗，安川、安娜沒有上學，安清木下了工廠。此時，大家正圍著桌子吃午飯，安川先吃完，站了起來，身子剛剛離開餐桌時。

「你們各人吃完飯，要自己把碗筷端到洗碗盆裡放下，這裡又不是餐廳菜館，有服務員專門伺候著端茶倒水，收拾碗筷。」安山在弟妹面前嚴肅和認真的告誡道，他說得在情在理。

安川、安娜二人都瞪大了雙眼，呆楞的看著大哥安山的臉，不敢回嘴，花了半晌，方才恍然大悟，忍不住噗嗤一聲笑了，笑得彎下腰，因他們從未上過餐館，一時間沒有反應過來。

「你這個大哥也做得太小氣了，讓你讀書你又不愛讀。現在，一天到晚閒著沒事幹，弟妹得上學、做作業，你多做一些家務也是應該的，就愛計較。」王美菡面帶著嘲諷的笑容，以教訓的口氣高聲嚷道。

安山被駁得啞口無言，默默的繼續做他的家務事。安娜急急忙忙把飯吃完，站了起來，把碗筷放到洗碗盆裡後，轉頭離開，

便一徑出去了。安川轉身一溜煙如飛的外面去了,轉眼間就不見了人影。

人間道的是是非非在百姓心中自有一桿稱仔。雖然上面鼓吹交白卷是抗爭反潮流的英雄,但是人們把孩子送進學校是希望得到良好的教育,將來成為德智兼備的國家棟樑,而不是成為冒險家、政治暴發戶,因此對於交白卷的事件,百姓心裡並不認同與支持。

王美菡眼看安山鎮日在家做家務也不是個辦法,看見隔壁鄰居宋其賢的大兒子宋逸跟安山年齡相若,宋逸已經出來工作了,還是政府工,一時有了想法。她決定星期一去縣革委會找負責安排新工作的縣委副書記金湖,幫兒子安山向金副書記討一份政府的學徒工。雖說學徒工每月工資才十八元,卻是非常的稀罕搶手。這個年月,年輕人能夠獲得一份工作是難上加難,甚至得走後門才有機會獲得一份工作。

次日,星期一,中秋已過,天氣依然有些悶熱。王美菡一早就起床了,洗漱完畢,對著小鏡子,臉上塗抹了一層薄薄的百雀羚雪花膏。吃過早餐,稍微打扮了一下,換上白色粉碎花翠葉襯衫,深棕色的長褲。少頃,她顯得精神飽滿,容光煥發,雙眼如炬,大步邁向通往革委會大院的小路,很快地走到了食堂外門的石梯底,抬頭一望,門正開著,順著雲步石梯上去,經過了大食堂,往右拐再穿過黃樓,到了正大門的門崗,問了門衛,得知金湖副書記辦公室的位置後,一徑走到金湖的辦公室。

金湖副書記的辦公室門剛巧敞開著,王美菡探頭入內一看,心中一喜,金副書記正好在裡面。這金湖身著淺棕色的中山裝,

就業難 求人更難

253

官樣十足，年五十歲左右，圓臉大眼，中等身材，微胖，是北方南下的幹部。

「金書記，你好！」王美菡雙眼發亮，滿臉堆笑，壓低嗓子柔聲道。

「什麼事？」金湖歪坐在辦公室的椅子上，面無表情，厲聲問道。

「我的愛人是安清木，我叫王美菡……」王美菡自己端一張椅子在金湖的面前坐了下來，恭恭敬敬地自我介紹。

「噢……」金湖雙眼半眯，抬起頭望向天花板，慢條斯理的哼了一聲，此時，他心裡十分清楚誰是安清木。

「金書記，我那個大兒子有殘疾，今年已經十八歲了，現在輟學在家，希望政府安排一個學徒工給他。」王美菡殷切的目光望著金副書記那張高傲的臉龐，低聲下氣的請求道，半刻，臉上不禁露出了羞澀的表情。

王美菡說完，兩眼直盯著金湖冷冰冰的臉。半日，金湖傾斜著頭，才從喉嚨底哼出：「……現在…勞工市場已經很滿了，沒有空出來的位置安排給你的兒子，回去吧。」

「殘疾人是否有特別的優待？你關照一下，可以嗎？」王美菡焦急的再次懇求道，滿臉漲紅。

「沒有了，回了……回去吧。」金湖不耐煩地擺手回道，眉

頭一皺，臉色很難看，身子立了起來。

「你這是什麼態度，別人都有工作，你就不公道，安排一個十八元的學徒工，有這麼困難嗎？金溪縣有上百上千家的大小單位和工廠，我看你就是大小眼，看不起我們！」王美菡連珠炮向金湖發了過去，脖子凸出青筋，眼神中怒火燃燒，挺直腰板兒從椅子上站了起來。

「去⋯⋯出去⋯出去⋯⋯囉哩囉嗦的⋯⋯」金湖右手向前不斷揮舞著，眼睛露出了凶光，一邊嚷著，一邊驅趕王美菡出去。

王美菡突然間"魯智深"上身，睜圓了雙眼，怒火中燒，右手往桌子用力一拍，左腳把身邊的椅子踢翻在地。

「你這是官大壓死人，你這個狗官也沒什麼了不起的，狗眼看人低，不給我兒子安排工作，也就算了，何必像趕乞丐一樣呢？狗官⋯⋯」王美菡緊接著破口大罵，怒不可遏，不依不饒的嘮叨著。

金湖被王美菡憤怒的舉動弄得不知所措，要還口跟她對罵怕失去為官的風度；不反擊又難忍心中的忿怒。正在騎虎難下，躊躇不定之間，通訊員小王走了進來，小王看見滿臉怒氣的王美菡，翻倒的椅子，瞬間，戡戳剛才發生了什麼事情。

「大姐，你這就先回去吧，有招工的消息，我立刻通知你，好嗎？」小王溫婉和氣的對著王美菡說道，然後望住她傻笑。

王美菡心裡很明白再繼續糾纏下去，也是於事無補，加上小

王的極力勸解，半晌，收住了埋怨的怒火，咬緊牙根，她來了個急轉身，怏怏不樂地離開了。

金湖畢竟是老練的官場中人，自然不跟王美菡這個婦人一般見識，他很快收拾心情，繼續幹他的官事了。

事實上，當下國營勞工職位很少有空缺的，即便有了也輪不到安清木兒子的份上。安清木才剛從黑幫被解放出來不久，政治鬥爭仍然激烈且有暗湧，所以金湖副書記絕對不會安排一份工作給安清木的兒子的。

王美菡大鬧金湖副書記辦公室的事件，很快傳遍了整個金溪縣革委會的領導和幹部職工圈子，大家當成一個茶餘飯後的閒話來談論，同情王美菡的人沒有幾個，暗地裡說她是悍婦潑婦的人卻是不少。

次日，傍晚時分，安清木下班回家，吃過晚飯。晚上臨睡前，王美菡把昨天去金湖辦公室為安山求工作的事，說了一遍。安清木聽了，只是緊皺眉頭，沒回幾句話，無可奈何地接受現實。

「安的，我堂兄王幸造的結拜兄弟董算在石鼓鎮的小街上修理腳踏車，我想叫董算收安山為徒。一個年輕人在家裡老是呆著，浪費時間，出去幹點正事，學一項手藝也不錯，將來不致於娶不到老婆。」王美菡用銳利的眼神望向前方，若有所思，半躺在床上絮絮叨叨地說著。

王美菡從小在農村長大，農村人的意識頗重，孩子長大成人必須男大當婚，女大當嫁，因此為了安山這個殘疾兒子一直煩惱

不堪，生怕安山將來娶不到老婆。

「也行，這個不懂事的逆子，也要出去歷練一下。」安清木嚴肅地說道，須臾，狠狠咳了一聲，接著吁出長長一口氣。

又過了兩天，王美菡帶上安山坐公交車到了石鼓鎮，安山隨身攜帶簡單的換洗衣服和日用品。王美菡的堂兄王幸造在鎮上開了一家小餐館，一家人的日子過得溫飽無憂。雙方一見面，倍覺親切，閒談了一會兒。王幸造就帶王美菡母子二人去見董算，董算一見到他們，爽快地答應了收安山為徒。

當日，安山便留了下來。下午，王美菡笑容盈盈，獨自一人坐車回到菁山鎮了。

這董算在小街上租了一間舖子，舖前擺了一些簡陋的工具，幫人修理腳踏車，舖後住了一家四口。妻子是家庭主婦，兩個兒子比安山小很多，小董正在讀小學，大董剛上初中。董師傅年約三十五上下，身型瘦削，有點駝背，不高不矮，黝黑的皮膚，長著一雙銳利圓滾滾的大眼睛，削直的刀鼻子，略尖的小嘴巴。

董算的店舖後有二間臥室，一間小廚房。由於兩個男孩都長得瘦，晚上，安山就跟他的兩個兒子擠在一張大床上。次日，天剛剛亮，董算、董妻已經起床了，董妻就迫不急待地進入安山的臥室把他喚醒，此刻，他依然在做早晨的清夢，聽到喊聲，半身一下子緊張地彈了起來。

吃過早餐，安山就殷殷勤勤的跟董師傅一起打開舖門，把工具拿到舖子的前面。開工時，安山在師傅旁邊打下手，可是師傅

似乎無真心想教他的手藝。

第二天，早上起床後，吃了地瓜粥，舖門未開，董算就瞪大雙眼對著安山高聲嚷道：「山啊，趕緊把尿壺端去倒了。」

安山聽了，立馬提著尿壺一搖一擺的走出去把尿倒入大尿桶。這大尿桶滿桶時會有農民專門上來收購，挑回去給農作物施肥。董算和董妻看見安山並不是個勤快的小伙子，所以一天到晚對他呼來喚去，盡叫他幹些瑣碎的事情。

安山當學徒的第五天，董算一家四口人對他越來越厭煩與嫌棄。當董妻和安山目光相迎時，她對安山更是鄙視得一直翻白眼，嘴裡咕咕嚕嚕的叨嘮不停。

安山學師的第六天，這一日，天氣清朗，秋風爽爽，令人神移心曠。舖門一開，客人就絡繹不絕地來找董算修理腳踏車，安山也忙得頭暈轉向，大汗淋漓，臉上被車油抹得黑乎乎的，午飯胡亂喝了一碗稀粥後，又接著一搖一擺的忙了起來。從頭到尾，董妻收修理費也收到手軟，鎮日高興得嘴巴沒有合攏過。

下午，董妻去了菜市場買了一斤半的五花肉、兩塊豆腐乾和一把青菜，準備晚餐加菜。

傍晚，太陽已經下山了。董算和安山把工具收拾齊整，放入舖內，關好舖門。董妻煮好了三菜一湯，香噴噴的紅燒肉、青蒜炒豆乾和蒜蓉炒青菜各一碟，一大碗紫菜蛋花湯，煮了一大鍋乾飯。董算一家四口和安山圍著餐桌吃晚飯。安山來了這幾天，頭一頓吃得如此豐富，一時間忘乎所以，竟然連續夾了三塊紅燒肉

放進自己的嘴裡，惹得董妻的眼睛瞪得像牛眼似的一直注視著安山的嘴巴，兩眉皺起緊巴巴的快擠在一起了。晚餐結束的時候，董妻收拾碗筷的碰撞聲'叮叮當當'響個不停。

第七天，天未亮，天空烏雲密布，響了一陣悶雷，秋風颯颯，飛雨不斷地拍打著窗門。過了一陣子，雨停了，東君剛剛露出了笑容，地面被雨水淋得濕漉漉的，到處一坑一窪的積水。董算和安山合力把舖面打開，工具放到外面，準備一天的生意。

繼而，安山右手提著沉沉的尿壺一瘸一拐的走著，走出了門外，腿突然一軟，腳板踩入地面的一個小坑，身體失去了平衡，身子傾斜一搖晃，手中尿壺裡的尿溢了出來，他的半條褲子被濺滿了尿液，地下也潑濕了一大片。頃刻，一陣陣刺鼻的尿味飄了出來，臭氣熏天，董妻在旁瞅見了這一幕。

「你這個拐腳仔，走路不長眼，腳廢了，連手也廢，做那麼一點點小事都不行，真是個廢物！」董妻不分青紅皂白，把安山羞辱臭罵了一頓，自己也氣得臉上扭曲變了樣，面目可怖。

安山從小到大最恨的是別人叫他廢物，聽到師母罵他是廢物，一時間氣得七竅生煙，火冒三丈，不禁心裡暗自罵道："你母的，我來了這些日子，天天幹活，不曾休息一日，也沒有收一分工錢，吃的都是稀粥和鹹菜，而且，董算還沒有教過我一丁點的修車技術呢。我知道平時在自己家裡，每餐我阿媽也只准我吃一塊肉。昨晚就多吃兩塊紅燒肉，剛才走路不小心尿壺溢了，你至於這麼羞辱漫罵我嗎？老子真的不想幹了，回家算了。"

雖然安山氣憤極了，臉色變得一陣子紅一陣子青的，他仍然

強忍著不回嘴，默默地把弄髒的褲子換了，隨後把髒褲子洗乾淨再掛在涼衣繩上，轉頭又去幫董算幹雜活了。

這一日，因為下雨天，來找董算修車的客人特別少。下午，小董放學回家，右手揮舞著一根竹條子，一路走來，不斷的左右開弓，一忽兒打了這兒一下；一忽兒鞭了那兒一下。此時，安山蹲在董算旁邊打下手，他協助董算雙手按著一輛腳踏車，小董冷不防揮動竹條子向安山的背脊狠狠地來回抽了兩下，他痛得身體搖動了起來。

「幹嗎？誰在打我？」安山心裡一直罵娘，嘴裡大喊著，扭頭一看，正是小董手握一根竹條子在欺負他，董算裝作不知道，繼續埋頭修整腳踏車，小董一臉得意的哈哈大笑，董妻站在旁邊咧嘴陰陰笑著觀看，眼神裡覺得自己兒子最有長進。

今日，安山被這一對母子從早到晚欺凌，氣得渾身發抖，滿心委屈，眼淚差點掉了下來。一念之下，兩手撐住雙膝緩緩站了起來，二話不說就走去收拾自己那些不值錢的隨身物品，手提著帆布袋子，頭也不回，一徑步履蹣跚的往公交車站的方向走去。

董妻立在舖前鼻孔一哼，怒目直視著安山拖著瘸腿漸遠的背影，狠狠地往地上啐一口痰，嘶吼：「夭壽仔，長志氣了，要不是看在阿造的臉上，我們才不要你這個廢物……呸！呸！」

那邊董算連頭也不曾抬起來，繼續忙著他手中的活計。小董放下書包，若無其事的自己去倒水喝，剛才所發生的一切對他來說似乎事不關己，高高掛起。

一路上，安山懷著沉重的心情又羞又惱地走到公交車站，到了售票窗口向售票員一問，慶幸往菁山鎮的尾班車還有幾個空位置，他長長吁了一口氣，買了一張車票，搭上車回家去了。

車行走一個多小時終於到了菁山鎮，此時夕陽西下，四周昏暗了起來，安山懷著躊躇不下的心情下了公交車，手提著行李，身體搖搖晃晃地穿過一條林蔭的公路，經過菁山街，西邊村，左拐入一條狹窄的小路，才進入職工宿舍大院的外門，不遠處就是自己的家了，心裡五味雜陳。

安山一腳剛踏進家門，王美菡正在廚房洗碗，看見安山垂頭喪氣的手提帆布袋子回來，眼睛瞪得像銅鈴，雙手停了下來，劈頭蓋臉就問：「死孩子，才幾日，你就被人辭退了！」

安山低下了頭，一句話也不敢解釋自己這些天來的窘境，他心裡很清楚阿媽絕對不會相信自己的話。

這日，恰巧碰上王美菡女人月事前的煩惱情緒未曾發洩出來，王美菡臉色漲紅，脖子青筋暴跳，高聲罵道：「你這個拐腳夭壽，不長進，讀書不成，學藝也不行，什麼事也幹不成，是個逆子，生你這個紅蛇赤鼠，早知今日，當初剛剛出世時就得把你掐死算了。」

王美菡緊接著屬聲喊道：「你這個逆子，還有臉回來，給我死得遠遠的，別讓我再看見你。」

今天，安清木下了工廠不在家，安川、安娜在裡間不敢吱聲。王美菡怒火中燒，雙手把安山推出門外，砰然一聲把門關上，不

讓他邁進家門。

安山呆愣在自家的門口，久久沒有回過神來，等到聽到饑腸轆轆的聲音，才記得自己今晚仍未吃飯，急忙伸手去掏口袋把錢拿出來看一看，手中還有幾毛錢，立馬有了主意。他加快步伐走出大院，朝著菁山鎮大街的方向走去，也是剛才來的同一條路上，快步使他的身體搖晃得更厲害了。

安山又餓又慚愧地走到了菁山大街，走滿了大街小巷，所有的吃食店都關門了，剩下一間唯一的中型國營餐館還未打烊，可是自己口袋裡的錢又不夠，從小到大也未曾入過這家餐館，也不知道裡面賣些什麼東西，連進去的勇氣都沒有。心想："這時候轉頭回家，阿媽肯定不會開門讓他進去的，宿舍大院也沒有一塊地方令他可以棲身的，人人都說自己這樣的殘廢人，只配做乞丐，今晚先做一個夜間的乞丐試一下。"想著想著，找了百貨商店門口的走廊角坐了下來，不一忽兒，竟然有些睏意，不禁打起了盹兒。

突然間，一陣叫喚聲在安山的耳邊響起：「這是誰呀？無家可歸的，怎麼流落在街邊呢？」

安山抬起頭一看，是一個三十來歲的殘疾漢子，眾人在背後都叫他拐腳林的男人在對他說話。此人長得矮小，相貌平平，他的那隻殘腳長年穿著一隻特製高墊的皮鞋，他的腿疾比安山更為嚴重，長年在小街邊擺一個小攤子，幫人修理手錶與鬧鐘，菁山鎮的大人小孩都認識他。

「是我……」安山結結巴巴地回道，一臉羞臊。

「哎喲！你是安清木的兒子，你母親王美菡我也認識的，我在街上擺攤子已經有十多年了，我的腳也是有毛病的，今天你是怎麼啦？發生了什麼事啊？」林師傅露出訝異的眼神傾頭望著安山問道。

「沒⋯⋯沒什麼⋯我阿媽把我趕出來啦⋯⋯」安山很不好意思的低聲說道，然後，垂下雙眼，嘆了口氣。

「可憐啊，好狠心呀，你阿媽也是太直接太粗暴了，自己的孩子，怎能說趕出家門就趕出家門呢？這時，我帶你回家，跟你阿媽解釋一下，你放心跟我回去吧。」林師傅眉頭緊蹙，咂了一下舌頭，一面說著，一面伸手把安山拉了起來，隨後不停地搖頭嘆氣。

安山沉默的低垂著頭跟在林師傅的後面走著，此刻，街上行人稀少，夜幕下，一個大瘸一個小瘸左右搖晃，緩緩向著職工宿舍的方向走去。一路上，林師傅問了安山為什麼被家人趕出來和一些閒話碎語，安山沒有如實的告訴他，只是一直唯唯諾諾地敷衍他。

二人走了很久，來到了安家的門口，敲了一下門，瞬間，王美菡就開門了。

「老王，我是阿林，剛才看見你的兒子流落在街頭。晚上黑燈瞎火的，冷風颼颼，我不忍心硬是把他帶來的，我是小時候患上小兒麻痺症落下殘疾的，他也是殘疾人，我和他是同病相憐。現如今，正常人討生活都不容易，何況是我們這種人，我們只是走路不太自在，其他方面都很正常，只是很多人說我們是又殘又

廢的，可我也是自食其力，沒有向任何人伸過手去要求資助。再說了，他還是個孩子，有錯誤也得讓他慢慢改，對他要耐心的教育，一下子趕出家門並不妥當。」林師傅苦口婆心地勸解王美菡，隨後輕輕咳了一聲，清了清喉嚨。

「打擾你啦，這孩子很不懂事，我也是一時生氣……忍不住才趕他出去的，感謝你。」王美菡很客氣地說道。

她總是喜怒無常，刁鑽古怪，對自己的家人永遠是尖酸刻薄又愛嘲諷打擊，但對於外人有時候卻是十分的客氣，謙卑殷勤。

「這時候也很晚了，我這就回去了。」林師傅說著瞄了安山一眼，看他進了家門，才放心轉身回去。

「慢走，感謝！」王美菡望著林師傅艱難走路的背影，好聲好氣地喊道。

安山被趕走以後，王美菡心中感到有些後悔，但礙於顏面，不好意思去把安山找回來，這時林師傅帶他回來，她也鬆了一口氣。

安山肚子餓壞了，可是家裡沒有現成的食物，又不敢向阿媽說，只好倒一杯開水喝了，洗個臉，換上睡衣，上床歇息了。安川、安娜也困了，不一會兒，大家都睡了。

次日傍晚，安清木回到了家裡。吃晚飯的時候，王美菡開始喋喋不休地嘮叨起來。

「安的，老大說他去董算的舖裡學修車多日，董算不曾教過他什麼東西，他也不想再去那裡了。你們二輕局有幾百間工廠，隨便安排一個學徒工，有那麼困難嗎？你一直就是那麼怕死，前怕虎後怕狼的。」王美菡半含酸地說道，滿臉不悅。

「我們二輕局在石鼓鎮的農械廠近期要擴建，欠一位開推土機的工人，開推土機是很吃力的，不知道安山右腳乏力能不能勝任？」安清木若有所思地說著，眼睛瞟了安山一下。

「阿爸，讓我試一試，可以嗎？」安山立刻踴躍向父親安清木說，臉上露出了一絲的笑容。

「那，明天我帶你去石鼓鎮農械廠報到，今晚你把自己的行李先收拾好。」安清木微笑說。

「好啊。」安山不加思索的點頭答應，整個人高興得眨了幾下眼睛。

第二天清晨，父子倆吃過早餐，安清木為安山提著行李，二人走去搭公交車到了石鼓鎮，然後前往農械廠劉廠長的辦公室。安清木向劉廠長說明來意，劉廠長欣然答應了安山來工廠當臨時工，專門開推土機平整地盤，工資每月 18 元，一個月休息四天，就住在工廠的宿舍裡。安山當天就留了下來，安清木幫他在食堂買了一個月的餐票，還給了他一些零用錢，吩咐了幾句話。父子倆在工人食堂一起吃過午飯後，安清木自個回了菁山鎮。

次日，蕭師傅開始教安山如何開推土機，安山很快就學會了，只是駕駛室在左邊，他的右腿有疾無力踩車的油門制。他天生藝

高膽大，竟然是身體進入車的右邊，用左腳踩動油門制後，才快速跑去駕駛室開推土機，雖然開推土機比較吃力，他還能夠正常駕馭到的。

第二十五章　　　閩南正西風

一曰：

　　紅地正東風，西風偏冽冽。
　　外來華服絕，眾人嘴咧咧。

　　金溪縣是出名的僑鄉，文革也進行了七年多了，一些移居海外的華僑陸續回來探親。縣僑辦在菁山大街口設一間狹窄的辦事處，為華僑出入境時辦理登記手續。

　　縣僑辦門口天天有一群從海外回來探親的僑胞在等待辦理手續，男男女女、大大小小都身穿奇裝異服，羊毛背心穿在外面，褲子是大喇叭的褲腳叫喇叭褲，還有牛仔褲。男人留著長長的齊肩頭髮，有的甚至還卷燙著頭髮。女人穿著短短的迷你裙，花哨的圍巾，呢絨長、短大衣外套，花式多樣的太陽傘，墨色太陽鏡等等。其服飾顏色華麗鮮艷，化纖布類無皺紋，更使得造型筆直。儘管有的僑胞膚色棕黑，臉皮皺巴巴的，身型削瘦，五短身材，但他們的服飾造型酷斃了，似乎是天外的來客，身份神秘又貴氣，讓當下的眾人趨之若鶩，讚嘆不已。更加誇張的是有的人用羨慕的眼光在追隨著這些華僑，咧開嘴，口水都快滴了出來。

　　眾人眼看著海外和國內的人的裝飾上和口袋的錢差別太大，海外僑胞一些適齡的男子回家鄉相親娶妻，金溪縣的大小美女紛紛嫁給僑男。瘋的傻的也極度的吃香。就算是殘疾、智障、半瘋的僑胞都有女子願意嫁給他們，這樣的話，女方的家人可以得到一筆可觀的彩禮，女子即可衣著風光艷麗，娘家人似是得到了一個小靠山，兼可以贏得親友鄰居四周熱羨的眼光。

七十年代的金溪縣，國家縣級幹部最高工資是每月一百幾十元，最低工資是十八元。海外僑胞在外打工最低工資是幾百元，最高工資無封頂。海外僑胞每月把零用錢省下來，寄出一百元給國內的親戚，就是國內一家人一個月的生活費了。人們也不能自由出國探親，對於海外的生活工作方式無從考究，一味羨慕向往。一時間，金溪縣西風冽冽，崇洋媚外之風盛行，洋火燒得十分灼熱。

人世間，有時候金錢的魅力會擊倒才華美貌甚至權力，在金錢面前，人們會懷疑人生，失去自信，最終作出人生錯誤的選擇與決定。

秋辭人間，冬日來寒。

金溪縣的十一月份，人們都穿上羊毛衣了。羊毛衣都穿在裡面，因怕弄髒，洗了會變型兼失去暖和；還有人們的傳統穿法是把羊毛衣、羊毛背心穿在裡面的。

「阿媽，你給我穿的羊毛衣有很多個顏色，五花八門的，像五彩雲朵，難看死了，同學會笑我的，我穿的衣服比農村來的同學還差很多。」安川一臉不悅的向王美菡投訴，心裡一直埋怨阿媽大小心，不公平，對自己不疼愛。

「穿在裡面也沒有人看得見，你是男孩子不必太講究穿著。你爸那一百多塊的工資也不怎麼樣，他抽煙也得花錢，我這個管家不是那麼容易當的。」王美菡沒好氣的解釋給安川聽，眼神迷茫。

安川聽了母親的話，也只好無可奈何的接受了。高中生的安川開始注重外表了。原來他所說的五花八門的雜色羊毛衣，就是王美菡把三個孩子幼兒時穿的毛衣毛褲拆散重新編織的。

王美菡一向精打細算，勤儉持家。上有老下有小，每月的工資不多不少，只是她心裡很明白大兒子安山是殘疾，如果沒有一間自己的房子，將來沒有姑娘願意嫁給他的，所以她已經暗中把每月的工資積存一些下來，準備有朝一日蓋一間房子，因此全家人平時的生活質素自然一直徘徊在低位。安清木曾經嘲笑她像母老鼠一樣愛藏東西，太會積谷防饑了。

正當西洋風盛吹時，王美菡在海外的侄兒和侄女首次回鄉探親，侄兒和侄女已經長大成人了，他們兄妹跟大嫂去了英國殖民地香沙港僑居已經有十多年了。王美菡的同父異母大兄長在菲律賓僑居經商也有幾十年之久，只是大兄長早已在菲國另娶菲女為妻，生了一大群子女。大嫂和一對子女長期住在香沙港。大兄長已經很少來探望在港的髮妻和子女了，到了後期連家用也停了，理由是孩子已經長大成人，得自立養家。

王美菡的大侄子叫王溫，年二十七歲，生得儒雅風流，身材適中，油亮短髮，性情敦厚，為人還自命不凡，至今尚未娶妻。王溫在海外香沙港一家華資百貨公司當售貨員，是個左派激進分子，背誦起毛主席語錄是朗朗上口，1967 年，他曾經參加左派的暴動。王溫身著一套淺灰色細條紋的西裝，黑色的皮鞋。這次回國他帶了馬克思、恩格斯和列寧的肖像過中國海關時，海關人員覺得很訝異，一路上眾人對他都投以驚奇的眼光。

侄女叫王倩，年二十四歲，生得面如滿月，眼若秋水，肌色

似雪，一頭烏黑的短頭髮，生性豁達大度，早就與青梅竹馬的戀人結了婚。王倩在香沙港一家玩具工廠當車間主管，她的文化水平不高。這次她身穿混棕色仿皮草的外套，淺棕色的緊身衣，乳白色大喇叭褲，腳上穿棕色的仿皮高跟鞋。還有，她帶來很多新舊的衣服、多彩的仿絲圍巾和美味可口的糖果餅乾，這些東西全部分贈與親戚。兄妹二人回國的第二天，就來菁山鎮探望姑母王美菡一家人，王倩帶了一大包各式各樣的洋貨送給了王美菡，順便也到縣僑辦報到。

安娜感到特別興奮，一時虛榮心暴漲。因表姐送的衣裳都是女裝的，儘管衣不稱身以及款式成熟，她很樂意的穿上，畢竟是洋貨，色彩和式樣都與眾不同。再說了，平時阿媽也不會給她多做新衣裳，固定每逢新年一套新衣裳，夏衣只有舊的穿不了，才會做新的。她的大哥二哥就沒那么幸運了，因表姐沒有贈送男生的衣物。

這日下午，王美菡帶了侄兒侄女二人去縣僑辦報到後，順便帶他們二人去菁山街逛了一圈才回家。回到家裡，叫他們先休息，自己提著菜籃急急忙忙地去菜市場買了很多東西回來，準備晚上接待貴客。王美菡在廚房裡忙了半天，晚餐做了一碟生姜滷豬腳，一碟香煎鮮白帶魚，一碟青蒜炒豆乾，一碟蒜蓉炒菠菜，一盆蔥花沙魚片清湯。

吃晚飯時，王倩笑容滿面對著王美菡說道：「姑姑，你們這裡的食物很可口美味，我們那裡的東西都不新鮮，很多是冰凍的。」

「那你多住幾日吧，我天天煮給你們吃。」王美菡滿心歡喜，

盛情地說道，人們常說姑媽最疼愛侄兒侄女，因都是同姓。

「那可不行，我才請十天的假，很快就得回去了。我們那裡生活節奏比這裡快多了，晚上經常要加班加點。」王倩睜大她那雙美麗的眼睛，笑呵呵地說道。

「明年再來吧。」王美菡熱情的邀請二位侄兒侄女，他們二人笑著點頭答應。

王美菡又問了王倩的父母和她的丈夫婆家的一大車閒話家常，王倩也一一樂意告訴她，只是報喜不報憂，專挑好的方面說與大家聽，令大家聽了對海外的華人更加羨慕不已，浮想聯翩。

王溫卻是與安清木在滔滔不絕的談論著國家大事以及馬克思主義理論，甚有讀書人憂國憂民的情懷。

「阿溫，你也該娶個老婆了，如果你那邊找不到合適的對象，你喜歡什麼類型的姑娘，告訴我，我幫你找一找。」王美菡雙眼看向王溫，熱心地說。

王倩與王溫互相對視了一眼，王倩卻毫不留情面，拉高嗓子以半挖苦尖刻的口吻說道：「這幾年有很多人給他介紹對象，他都看不上人家，嫌東嫌西的。他喜歡美女，香沙港的美女都想嫁給有錢人，像他這種打工仔是娶不到美女的。」說完後，瞄了王溫一眼，他一臉尷尬，低垂著頭，沉默不語，剎時，氣場突然變得很安靜。

過了一忽兒，王美菡打破靜默，開口朗聲道：「我們這裡不

缺美女，我幫你找一個，包你滿意。」

王美菡一心想當個無償的媒人婆，這是閩南人的一種愛好。只是民間有一句俗語：做媒人，不包生兒子。

「好啊，謝謝姑姑。」王溫眼前一亮，轉憂為喜說道。

四個大人圍坐在木桌子邊吃晚飯兼聊天，安山、安川、安娜各人夾一些菜在旁邊散坐著吃飯，三兄妹胡亂吃了，就各自各散了。

吃完飯，王美菡收拾碗筷，安清木也一起動手幫忙，王溫和王倩坐在旁邊繼續閒話家常。

「阿溫，美女的標準各花入各眼，你心目中的美女是怎麼樣的呢？你得告訴我，我才好去幫你尋找。」王美菡一邊洗碗，一邊扭頭望向王溫問道。

王溫沒有立刻回答，似乎不太好意思開口說明。

王倩眼神一亮，搶著插嘴笑道：「他要求很高的，最好是像香沙港小姐一樣的美麗出眾，除了臉孔漂亮以外，身材體態也要婀娜多姿，不胖不瘦的，體高最好不低於五尺六寸。」

「我們這裡的大人小孩沒有一個是胖的，瘦的倒是很多，胖得有大肚子的只有廟裡的彌勒佛和部隊的軍官裡面才有，地方政府官員工作辛苦，弄不好還要挨打受罵，身上不容易長肉。你說的五尺六寸是多高呀？」王美菡喋喋不休地訴苦，眉頭一皺，眼

神中有些疑惑。

王溫忍不住開口道：「比姑姑高半個頭吧，五尺六寸是英式的，國內應該是 1.68 米左右？」

「你的這些要求也不難，我認識的人很多，一定有長得俏麗的姑娘，明天我就去打探一圈。」王美菡胸有成竹，笑盈盈地說。

王美菡繼續說道：「你們在這裡多住幾日，好嗎？」

「謝謝姑姑，明天我們先回去繡嶺村，回香沙港之前我們也要再來僑務辦辦理離境手續，我會提前兩天來的，姑姑你才帶我出去看看，好嗎？」王溫不緊不慢地說。

「那好吧。」王美菡點頭笑道。

王美菡和安清木合力把家務做完，又與王溫、王倩天南地北的聊了很久才歇了下來。是夜，床鋪並不寬敞舒適，王美菡調整安排一番，大家也隨便湊合擠一擠，王溫、王倩兄妹也能夠適應這樣的環境，沒有任何意見。

第二天早上，吃過早飯。王美菡帶著王溫、王倩走去公交車站搭車回家，路上經過菁山鎮的大街，兩個身著華服的香沙客帥男美女，沿途羨煞了許多旁人。

王美菡送走了二位香沙客侄兒侄女後，當日就腦洞大開，不斷的細細琢磨哪家有美麗的姑娘，是夜竟然未曾好好的休息。

金溪縣的民風一向樸實又強悍，凡事計較中又有些俠義之心。大凡從目不識丁的農村人到有文化的城鎮人，人人心目中自命不凡，自謂"好琵琶掛在土壁上"——英雄無用武之地，略有懷才不遇之感。所以青年男女婚嫁必定選自己家鄉的人，過縣過省一概不予考慮，只有少數人才會與外地人通婚。此時此刻，雖然崇洋迷外，貪慕虛榮的人不少，但是金溪縣的眾人都管菲律賓與香沙港的華僑叫番客或者是番仔，意思有些少貶義，"番"字閩南語意思就是"不懂事"與有點"傻逼"。

　　早上起來，王美菡煮了一鍋稀粥和家人吃了。安清木吃完飯，就匆匆地出門上班去了，安川、安娜也上學了。王美菡上下班比較不定時，文革以來，她總是覺得自己不是黨員官員，凡事可以自己安排調整，當家作主人的心態超強。

　　王美菡苦思冥想了一番，職工宿舍的姑娘年紀還小不合適，她突然之間想起舊鄰居柳奇亮縣長的大女兒，今年應該也有二十來歲，小時候看她長得挺美的。自從柳奇亮一家人搬走以後，再也沒有見過他家的孩子。聽說文革一開始他們全家人為了避開造反派的迫害，就搬去自己老家農村裡居住。

　　王美菡想到一個人跟柳夫人是好朋友，此人正是鼓動她偷布票的臣桂姈。今天上班以後才去衛生院找她聊天，探聽一下柳奇亮一家人的消息。王美菡到了百貨公司之後，把手上的業務整理好，就站起身來，大步走去衛生院找臣桂姈。

　　「老臣，好久不見了，近來可好嗎？」王美菡進入衛生院的走廊，就看見臣桂姈在辦公室裡，滿臉堆笑地嚷道。

「老王，稀客！怎麼今天有閒來找我呢？」臣桂妗笑嘻嘻的對著王美菡說。

「我是來找你聊天，有一事相求。」王美菡放低聲音笑道。

王美菡接著繼續說：「我有一個侄兒今年二十七歲了，長得一表人才，這次從香沙港回鄉探親，我想幫他介紹一個對象。柳奇亮的大女兒小時候長得很漂亮，現在不知道怎樣了？你與柳夫人素昔交好，你幫我侄兒介紹一下，好嗎？拜托你啦！」

「我也很長時間沒有見到柳家的孩子了，聽說他們的孩子都住在外婆家龍壺鎮的鄉下。」臣桂妗一臉無奈地說。

「那你幫我忙，明天我們去柳夫人的老家拜訪她，可以嗎？」王美菡眼神發亮，笑呵呵地說。

「好吧，你這位縣長夫人一聲令下，我那敢不從，明天早上九點咱們在公交車站等吧。」臣桂妗柔聲的滿口應承，眼神飄來飄去地看著王美菡。

王美菡聽到了臣桂妗的這番奉承話，心裡樂開花，臉上綻開了如花的笑容說：「好啊，好……明天見。」

二人眼神互相對視了一下，王美菡就轉身回去百貨公司繼續上班了。

次日，王美菡和臣桂妗結伴一起去龍壺鎮的鄉下找柳夫人，大家見面後敘舊說了一大堆家常閒話。這柳夫人名陳雪，中等身

材，樣貌娟好，面上時常掛著笑容，文革前當金溪縣宣傳部的副部長。文革初期，由於她是黨員幹部，所以她與丈夫柳奇亮二人常常被紅衛兵揪去批鬥，有一次，柳縣長被紅衛兵毒打至重傷。柳奇亮和陳雪被解放以後，不再任職於金溪縣政府部門，而是調往泉興地區的黨校任職，因此他們全家一直在陳雪的娘家暫住。

柳奇亮夫婦生有一子三女，大女兒今年二十歲，兒子正在附近中學上高中，小的是一對雙胞胎姊妹，正在上初中一年級。

過了一忽兒，柳夫人的大女兒忙完農活回來，只見一個二十歲上下，健康型的漂亮姑娘，身著藍格子淺粉紅底色的上衣和普藍色的長褲，削肩蜂腰，高挑身材，一頭濃密短髮，瓜子臉，柳葉眉，杏眼，唇紅齒白，高高的鼻子，雙頰緋紅。王美菡把柳夫人的女兒從頭到腳細細打量了一番，弄得這姑娘有點不好意思。

「老陳，這是雅絲吧？時間過得真快！都長成大姑娘了，還是一個勤勞美麗的姑娘。」王美菡滿心歡喜地問陳雪。

「是的。」陳雪自豪地回道，柳雅絲站在旁邊抿嘴微笑，隨後禮貌的走開了。

王美菡兩眼發光，內心暗自嘀咕：「這柳雅絲長得如此標致俏麗，侄兒王溫看了肯定喜歡。」由於她有點畏懼陳雪，所以不敢直接向陳雪提親。

中午，陳雪煮了兩碗閩南麵線請王美菡和臣桂姈吃，吃完以後，她們又閒聊了一堆話，王美菡和臣桂姈才告辭離開了柳家。

回家的路上，王美菡一直懇請臣桂姈幫王溫做個媒人，好好說服柳夫人把她的女兒許配給王溫。臣桂姈是個八面玲瓏的人，自忖王美菡和陳雪都是舊時縣長夫人，她也樂意巴結她們二人，憑她這三寸不爛之舌，她會盡力地去撮合這兩個年青人的，加上她也相信王美菡說王溫是個英俊老實的年輕人。再說了，時下香沙客在金溪縣很是吃香，國家領導幹部每月百多元的薪水顯得十分的小氣。在諸多的權衡之下，於是她爽快地答應了王美菡的請求，擇日再走一趟柳家。

自從那日王溫兄妹二人回繡嶺村以後，有三姑六婆知道王溫有意在老家找一個對象，很快的有媒人婆介紹幾家姑娘給他認識，男女雙方對看了以後，有的女方嫌他不是才俊；有的他嫌女方不夠漂亮，一時之間，事情沒有著落。

又過了兩三天，王溫自個兒來找姑媽王美菡打探相親的消息。王美菡把柳奇亮女兒的情況一五一十都向他說了，王溫十分歡喜與期待。於是，王美菡又去衛生院找臣桂姈，臣桂姈說她已經專程又去找過陳雪了，把王美菡的意思全部告訴了柳奇亮夫婦，那承想，夫婦倆一口拒絕，表示自己的女兒年紀尚小，仍未到談婚論嫁的時候。臣桂姈唯有叫王美菡帶王溫去柳家多走幾趟，看一看有沒有機會和緣份。

王美菡采納了臣桂姈的建議後，隔天，她就和侄兒王溫急急忙忙坐車去了龍壺鎮鄉下拜訪柳奇亮夫婦。

姑侄二人到了龍壺鎮以後，在附近的小商店買了一些手信，才雇三輪車到柳家。二人剛剛邁入柳家，恰巧柳奇亮全家人都在。王溫一眼瞧見柳雅絲，驚為天人，兩眼發直了半晌。自忖這便是

自己心目中的佳人，若能與她結成夫婦，簡直是三生有幸。由於眾多人在場，王溫不敢再多看雅絲幾眼，他禮貌的對柳奇亮夫婦點頭微笑問好。

「老柳，老陳，這是我侄兒王溫，剛從香沙港回鄉探親。」王美菡興致勃勃地介紹王溫給柳奇亮夫婦認識。

「坐一坐，喝杯茶。」柳奇亮熱情地招呼。

柳夫人泡了一壺鐵觀音濃茶，大家坐在茶几旁一面品茶，一面聊天。王溫俊朗溫文的外表舉止給柳家人留下了良好的印象，兼者他那一腔馬列主義的愛國情懷，偏紅進步青年的高談闊論甚得柳奇亮的歡心。柳奇亮忖思王溫身處資本主義的社會，竟然不是那種不學無術的俗人，更把最初嫌棄王溫年齡略大的想法也消除了。柳雅絲對王溫的印象也不錯，只是她仍未有嫁人的想法。大家一齊天南地北的聊了一大堆家常閒話之後，眼看快到午飯的時間，王美菡和王溫急忙起身告辭，柳夫人好言留他們吃了午飯才回去，王美菡推說下午得趕回菁山鎮百貨公司上班，因此辭別了柳家。

姑侄二人離開了柳家後，到了鎮上的小街餐館，每人胡亂吃了一碗閩南大麵，就急急坐車回家了。

時光匆匆，王溫兄妹回鄉的十天假期即將結束了。由於王溫太喜歡柳雅絲了，他決定多在家鄉住三天才回香沙港，吩咐妹妹回香沙港後幫他到公司說有急事多請三天的假。那天拜訪柳家後，王溫自己又去了一趟。王溫的誠心誠意終於打動了柳奇亮夫婦，夫妻倆答應了王溫和雅絲的婚事。由於時間匆促，只能先訂

婚，打算明年兩個年青人才舉行婚禮。

王溫回香沙港的前一天，和姑母王美菡去了柳家，王溫身上穿著一件到膝的深棕色尼子外大衣，大衣內穿著淺灰色的薄羊毛衣和深灰色的毛質細格子長褲，顯得格外英俊瀟灑。他把自己從香沙港帶來的不用穿的衣服用品全部送給了柳夫人，買了一隻足金的戒指給雅絲作為訂婚的信物。

就這樣，基於信任和良好的印象，前金溪縣縣長的美麗千金就許配給了海外的青年王溫。從外表來看，王溫和柳雅絲是俊男配美女，天生一對。雖然柳夫人也有親戚在菲律賓謀生，但他們一家人從未去過香沙港，對於資本主義社會的居住環境、生活質素和風俗習慣卻是一無所知，僅僅是受金溪縣狂刮西洋風的影響，人們一味崇洋迷外，領導幹部對政府的操作也失去了信心所致。柳雅絲未來的人生道路只有聽天由命了，當然未來的事情，柳奇亮夫婦和女兒雅絲並沒有深思熟慮過，或者是想像不到吧？當時國人要出國不是一件容易的事，真是隔山隔水又隔國度，插翅難飛啊！

坊間傳聞：有一個美女嫁給一個香沙港的番客，這男人說他在香沙港是開舖頭的，這個美女到了香沙港會夫，才知道丈夫開舖頭是早上幫老闆打開店舖門的工作，而不是自己當老闆做生意。因閩南語開舖頭是開商店做生意的意思，是語言上的誤解？還是有意蒙騙呢？這就不得而知了！

第二十六章　　做大人難　當學生也不易

一日：
> 無事生事忙，存心傷寸腸。
> 百口莫能辯，唯有任意傷。

安山去石鼓鎮的農械廠工作了已經有兩個多月，從最初開推土機結束後，繼而轉到廠裡當學徒工，每月工資仍然是 18 元。由於安清木常常下鄉到二輕局屬下的工廠，安清木有到石鼓鎮的工廠時順便會去看一看安山工作表現得怎樣，晚上就借宿在安山的宿舍，趁機檢查一下安山手中的餐票是否正常。因近期社會上掀起了賭博風，他怕安山拿餐票去跟工友賭博，安山還算安份守己沒有參與賭博。

安清木對兩個兒子有恨鐵不成鋼的抱怨，對女兒安娜比較放心。但是，在家裡一有機會，他就對著全家人進行思想教育，他經常對著妻子兒女像是說教般的嚴肅地說道：「你們個個要老老實實的做人，千萬不要抱有幻想，共產黨是沒有長頭髮讓人去拉扯的，吃銅將來會吐鐵的。」每當他說這些話的時候，家裡的氣氛會緊張得整個空氣像要凝結起來，快要發出聲音一樣。安娜聽了覺得渾身不自在，撇嘴暗自嘀咕道：「自己還是個孩子，哪有地方去貪取國家的財物呀？老爸盡說些多餘的廢話，頂多這叫做未雨綢繆吧？」

安山從小就不循規蹈矩，到了農械廠不久就開始偷偷學抽煙了；學了不到月餘的維修發電機的知識，就到處吹噓自己的維修技術如何了得。

有一天，星期日，小街上有一個體戶叫老烏，安山認識他，恰巧他的一部發電機燒壞了。安山自告奮勇要幫老烏修理這部發電機，條件是修好發電機之後，老烏得送一條"牡丹"牌的香煙給他作為酬勞。

　　「安山，萬一你修不好這部發電機呢？」老烏幾乎睜圓了雙眼，滿腹狐疑，質疑說。

　　「哪有修不好的理，這種末事難不倒我的，修不好，我立馬跳入那龜石湖游一圈，你看如何？」安山胸口一拍，信心十足地說。

　　「這大冷天的湖水很凍，而且你的腳……你行嗎？」老烏繼續疑問道，臉上皺得緊巴巴的。

　　「你不相信我，我叫工友小邱和小楊二人來作證，這叫做君子一言，快馬一鞭，好嗎？」安山接著信誓旦旦地說，喜色盈面。

　　就這樣老烏和安山二人你言我語的討論了一番，安山把工友小邱和小楊叫來作證，隨後還跟了幾個工友來看熱鬧。安山立刻投入了維修發電機的活計，誰知道他折騰了大半日，終於把老烏的發電機拆開了，不但修不好連重新裝上去也無法還原，把老烏氣得渾身發軟。安山看著這尷尬的場面，只好願賭服輸，加上眾人在一旁連聲起哄。安山、老烏與眾人一起走到公路旁的龜石湖，安山把上身的衣服除了下來放在地上，毫不猶豫地跳入湖中游了一圈。雖然朔風凜凜，湖水冷冰冰的，但對於安山這個熱血青年並無大礙。安山的腳殘身不殘，體質也很棒，膽色更過人，游泳技術真不錯。游完上岸後，眾人有的笑得拍手打腳，有的笑彎了

腰，有的笑疼了肚子。安山連忙手抓著衣服披在身上，渾身顯得狼狽不堪，二話不說，一溜煙往農械廠一瘸一拐的狂奔了過去，一場鬧劇結束了。過後有人背地裡把這件事告訴了安清木，他氣的不知如何回應，自嘆安山這孩子行為稀奇古怪、難於教育。天下父母心，誰不承想自己的子女個個自覺成材呢。

安山事後向弟弟和妹妹說：老爸管子女太過於嚴厲，反而適得其反，得不償失，俗話說"嚴官府出厚賊"。

沿海地區的金溪縣，這一日，冬風凜列，天漸漸變得黑暗了起來，淅淅瀝瀝下起了寒雨。縣一中開始進入了期末大考，同學們都在一面緊張的復習功課，一面應付考試。八個科目，考完一科又一科。

「安娜，剛才我路過老師的辦公室，咱們的化學科賈老師正在批改試卷，她說這個安娜的試卷肯定是偷看隔鄰同學的，不可能考得這麼好。」班長林雨暉興衝衝對著安娜說。

「賈老師剛剛調來咱們學校不久，對我不了解，這是個誤會，我怎會偷看隔鄰勞莉軍的試卷呢。」安娜淡定地說道。

賈老師經過了解知道安娜學習成績一向是很優秀的，並不猜疑安娜的誠信問題，也許是不太相信女學生的理科成績可以這麼好吧！

人生有時候是禍不單行，早上剛剛有化學老師誤會安娜考試作弊；下午，小息的時候，教物理科的班主任蔡水淺臉色發青把安娜叫去校務處。這蔡水淺年四十上下，中等身材，不濃密的頭

髮夾雜幾根白髮，國字臉，臉色蒼白，雙腮偏大，細長眼，高鼻梁，雙唇又薄又長，身著磨洗褪色的淺綠色棉大衣，深褐色的長褲。

「安娜，有同學舉報你，說你經常在背後說同學的壞話。」蔡水淺用力睜大兩隻細長眼，脖子凸起青筋，凶巴巴地說。

「沒有…沒這樣的事……」安娜羞得兩腮通紅，垂頭低聲說道。

「以後多注意一點，要團結同學，發揮互助友愛的精神。」蔡水淺臉色鐵青，不分青紅皂白，念出標準的八股文對安娜胡亂教訓了一頓，但他沒有指出安娜到底說了什麼壞話。

安娜怔怔的站著，不敢回嘴，過了一會兒，才惱悻悻地離開了校務處。回到了課室後，思忖半晌，心裡又羞又惱，覺得很冤枉。自己哪有經常說同學的壞話？就算有，俗話說："坐著說別人，起身離開被別人說。"從來沒有女同學被班主任叫去校務處訓話的，安娜知道班主任蔡水淺有意刁難她，皆因前嵩副縣長的夫人跟他的老婆是糧食局的同事兼好朋友，嵩副縣長的女兒叫嵩秋亭是安娜的同班同學，這嵩秋亭只有中上的學習成績，蔡班主任在班上卻處處猶如明星般地捧她，讓她當學習股長，每次讀文章之類的活動都是她在朗讀，唱歌也是她在領唱。蔡水淺看見安娜亮麗的學習成績，渾身不自在，所以他想方設法對她進行打壓和羞辱，這些僅僅是安娜單方面的猜測。如果是蔡水淺出於對她的妒忌、針對、排斥、心理障礙或者是階級仇恨等等更深層次的意念和動機，心直口拙的安娜是無法想像得到的。

經過班主任的訓斥，安娜之前要求加入共青團的申請，恐怕是沒指望了。無形之中，安娜又多了一條罪狀，她那玻璃般的心突然發冷了起來，加上課室的寒冷，外面的冬雨，更覺萬分的淒涼和不安，突然間不知如何面對學校複雜的環境，連拿鉛筆的手指也變得僵硬了起來。

　　安娜自從上了縣一中以後，她那志大心高的個性迫使自己無時無刻在追求進步。學校的課外活動、體力勞動都積極地參加，連那種明知會失敗至惹人譏笑的運動會也參與。可是班團支部每次開會時，會議裡上至官員下至普通團員個個反對安娜加入，副班長兼班團副書記伍又荏對安娜更是又忌又恨，第一個站出來反對，她給安娜羅列了四大罪狀：一、沒有互助友愛精神；二、一味沉浸於分數掛帥的學習；三、專門在背後說同學的壞話；四、思想偏黑。會上只有班長兼班團書記林雨暉一人同意安娜加入共青團，因此班上的同學背地裡言三語四的，說林雨暉是在暗戀安娜。共青團裡大比數反對安娜入團，她那入團的願望成了夢幻裡的泡影，但她仍然沒有放棄努力，默默的付出與等待。

　　大哥安山和二哥安川在學校時，卻是從來不參加校外活動，一放學就回家了。他們二人從未想去上台、當班幹部或是得獎，更不想加入共青團，也許他們在為人處世方面比妹妹安娜聰明得多。學校在培養骨幹方面是有政治立場和方向的，單純的學生是想不明白看不透的。

　　每次考試前，安娜都是臨急抱佛腳把所有的學科溫習了一遍又一遍，幸運的是她天生有超強的記憶力，不必過於費心地學習就能夠達到自己所預期的目標。安娜除了體育科勉強達到及格以外，其他的七科皆是優異的成績，特別是數理化三科都在 95 分

以上，這事情把班主任蔡水淺惹得心癢癢的，十分的不爽快。

星期一上午，寒風微拂，班主任蔡水淺把分數單派發給全班的同學，由於成績優異也沒有任何的獎項，好壞成績是沒有人知道的，只是學生之間略有傳聞而已。

下午，全校師生準備在學校大禮堂開會。班主任蔡水淺早幾分鐘進了課室，安娜和同學們正閒著在百般無聊之際。

「現在，有海外華僑關係的學生，其學習成績超好也不允許進入中國科學院的。還有以我上大學的經驗來說，年齡偏小的學生在中學期間成績可以很好，到了大學成績就一落千丈了，跟不上大齡的同學，讀大學難度大得多了。安娜，你大哥安山是我的學生，他比你聰明很多，他要是努力學習，你完全不是他的對手。」蔡水淺開口滔滔不絕，咧嘴笑吟吟的對著一堆女學生說道。

同學們聽了蔡老師有聲有色的闊論，個個目光遲滯，面無表情，連對望一下都不敢。須臾，場面一片鴉雀無聲，只有蔡老師興奮的表情一直停留在他的臉上。安娜臉上表情很尷尬，笑哭不得，垂頭喪氣的盯著地板自忖道：“全班年紀最小是我，這分明是在說我。再說了，未來的事無人能夠預知，何必這麼早警告我呢？讓我無端多加壓力。說到我大哥安山讀書會比我好，我自己的大哥我還不了解嗎？他的成績表見紅比見藍的多得多，他還差點成了交白卷的生鐵英雄呢！我都考了 95 分以上了，難不成他會考滿分？要是說我二哥安川讀書比我好，還比較在情在理。打壓羞辱我用這個作為比喻實在太過份了。”安娜只是在心裡自己跟自己對話而已，表面上連半句話也不敢回應。

過了一忽兒，同學們排隊去了大禮堂，安娜排在最後面，因她在女同學裡面個子最高。大禮堂是空蕩蕩的，沒有一張椅子，全校的學生都是站著聽演講，只有觀看文宣隊表演節目時才有椅子坐。會上校長、校務主任和校共青團書記分別上台講話，學校共青團書記宋雲正是安娜的鄰居，縣委書記宋其賢的大女兒，私底下，她們二人還是好朋友呢。安娜對於能夠上台的宋雲常常心生羨慕，她知道自己永遠沒有機會上台的。

　　中學除了學業的期末考試和班主任的評語之外，還有一個特別令人郁悶的帶有意識形態的優缺點鑒定；是自我鑒定與同學之間的互相鑒定。這項空洞無實的東西對於平日裡愛猜忌愛度量，心裡細微，自尊心超強，自認高才，追求完美無瑕且愛露鋒芒的安娜來說，是一種精神枷鎖，兼且誠惶誠恐。

　　這日，班上每個小組開優缺點自我鑒定與同學之間的互相鑒定會議。全班同學分成三組，女同學一組，男同學二組，每組分散在課室裡的角落，這樣分開，相互之間才不會聽到彼此之間的對話。每個學生有一張表格，填上姓名、年齡、籍貫、階級成份和家庭成員的姓名，表格下方有大半的空格填寫學生這一學期的表現與優缺點。

　　一件令安娜鬱鬱寡歡、難於釋懷的事情發生了。

　　「我要提意見，就是……安娜在背後經常說同學的壞話。」安娜班上最要好的同學勞莉軍揚眉挺身，舉手朗聲道。

　　勞莉軍的話音剛落下，周圍同學的臉色各異，目光齊刷刷的看向安娜，副班長伍又莛立馬拉長了臉，兩隻陰冷仇視的眼睛像

探照燈射向安娜，旋即冷靜的把安娜這項缺點用筆記錄了下來。

安娜看到眼前的這一幕，差點驚叫出聲來，比起生氣，更令人感到難堪，她的眼睛使勁地眨了幾下，簡直不敢相信這是真的，頭腦如被五雷轟頂，魂飛天外。

這勞莉軍來自本地駐軍軍官的家庭，比安娜大一歲，冬天喜穿棗紅暗花燈芯絨上衣和綠色軍裝長褲，中等身材，頭髮分梳成兩根小掃帚，正方臉，下巴微翹，有三分容貌，生得白白胖胖的，笑起來令人覺得憨憨忠厚，一看就是標準的北方女孩。課室裡，她坐在安娜的左邊，她們二人共用一張書桌。除了是好同學好鄰座以外，她們還是推心置腹、無話不談的密友，平時二人分享一些秘密的事兒，安娜更經常耐心地教她做作業和溫習功課，對她有恨鐵不成鋼的感情，可是她的學習成績一直是中規中矩，不夠優秀。安娜還把自己精心畫的一幅松樹仙鶴圖送給了她，去了兩次她在軍營裡的家玩耍。

對於勞莉軍這種無根無據的檢舉，沒有當面跟勞莉軍對質。畢竟曾經是好朋友，平時閒聊中難免不注意言詞，直言不諱，得罪了同學。此時，安娜只是羞得滿臉飛紅，垂頭不語，失望到了極點，內心十分後悔交錯了朋友。

如今有了勞莉軍的檢舉的這個因由，加上副班長伍又蓕也當場指責安娜沒有互助友愛的精神和思想不夠專紅，她指出曾經一兩次要求安娜教她物理和數學，都被安娜拒絕了。這兩個同學的鐵證坐實之後，給安娜這學期末品行鑒定跟在之前在團支部會上的評核幾乎是一致的，鑒定上寫著：「一、背後說別人的壞話；二、沒有互助友愛精神；三、思想不夠專紅。」這張鑒定表並沒有派

發給家長，只是放在學校裡存檔。伍副班長刻意打壓安娜的舉動，無形中提高了在班裡的領導威信。

這段時期，學校的政治環境是：當面說別人的壞話叫做"批評指正"——是優點；背後說閒話叫"背地裡說別人的壞話"——是缺點。能夠當面說別人壞話的人必須是十分膽大強悍的，誰敢正面批評指責別人呢？搞不好，輕者對罵，重者大打出手。所以一些遊戲規則都是強者所規定的，弱者只能唯唯諾諾，低頭不語，老老實實的做人罷了。有時候弱者越是反抗受到的打擊力度就越強，只好乖乖認命吧！

從此以後，安娜一直都在琢磨著如何克服容易遭受別人非議的弱點，她對勞莉軍的不義之舉，心存芥蒂且蒙上了一層陰影，至耿耿於懷，不能原諒。安娜從心低裡發誓此生不再與北方人結緣交好，其實被人誣陷只是人生中的一碟小菜，她除了讀書以外，對人情世事可以說是一竅不通，入世未深，有時候還顯得有點痴呆，完全不知人間險惡，她更不是一個喊喊喳喳、造言生事的女孩。她的這種誓言只是一時氣憤罷了，這世間上東西南北上下左右的烏鴉都是一般黑的呀。

誰知，初中二年級的新學期再也見不到勞莉軍來上課了，聽說她的父親從軍隊轉業到了地方，她隨家人遷回了自己的老家，從此再也沒有她的消息了。

第二十七章　　文革風未止　半喜半憂

一日：

> 聖人成妖孽，六合倒轉列。
> 強者翻雲月，螻蟻聲了歇。

冬辭人間，春又至，氣溫輕寒乍暖。

1974年初，在中共黨主席的批准下全國展開了批判已歿的前副主席林彪與孔子為主題的政治運動。主席崇尚秦始皇，還自比始皇，深惡孔孟之道。由於文革以來，中小學生未曾認真的全面的學習中華民族歷史，中學歷史科的內容只是選擇性的學習，秦始皇的萬里長城和兵馬俑課本有描述，歷代的農民起義如陳勝、吳廣、黃巢、李自成、洪秀全等都有一一詳細的介紹和大力讚揚過，三皇五帝卻極少提及。閩南民間尊稱孔夫子為孔子公，意思是學子的遠古先師，舊時上學堂之前得先拜孔子公。由於舊書很缺乏，新書都是圍繞著紅色政權的故事，學生們要學習和認識自己民族先祖的事實經歷卻是難上加難。

金溪縣第一中學的教學方向必定是緊跟中央的步伐，這時所有的文理課本都是全國統一編排印發的，學校裡也掀起了批林批孔的熱潮。每次政治運動必定是對被批判的對象進行絕情的口誅筆伐，甚至是實體毀壞。

金溪縣是閩南沿海的小地方，孔廟及相關文物古跡是沒有的，因此沒有洩恨的實體物。學校只能安排所有的學生寫批林批孔的文章當成文科的作文，作文是有評分數的，怎麼寫呢？像安娜這樣的初中學生對孔子的底裡為人一無所知，書裡戲裡從未見

過，前林副主席的罪過也是民間坊間的風言風語所得，也是一些推測猜疑的事情，最上層的實情交結，平民百姓是無法得知的。從何批判呢？作文的任務一到，為了寫好文章獲得較高的分數，安娜就懇求阿媽王美菡從百貨公司借來時下的報紙，東抄西摘、無根無據無考地湊合了一篇矯揉造作的批林批孔文章，還把萬世師表的孔夫子罵得體無完膚、不值一文。安娜對於這個違心的操作，往後的人生內心一直對此事深感愧疚，十分的抱歉。

縣一中除了叫學生研討和寫批林批孔的文章以外，還專門在體育館召開一場盛大的全體師生的批林批孔大會。會場內外貼滿標語，有奉承的，有污辱的，五彩繽紛，十分熱鬧與隆重嚴肅。會上有各式各樣的人物上台講話，間中有司儀領頭高呼口號。安娜坐在裡面，臉目朝向講台，靈魂早已出竅，四處漫游，並不清楚台上的人在講些什麼，喊口號的時候，也隨口如蚋蚊般的聲音喊了一兩聲，敷衍旁人。她對於上街遊行喊口號和參加批鬥大會特別不感興趣，甚至有些厭惡。

安娜天生善良不好鬥，不想從傷害別人中為自己謀取利益。孔子是誰？對她來說很陌生。經過這場批林批孔的政治運動，她從中得知孔子家鄉在山東，他還有另外兩個名字：孔丘、孔老二，還知道他有一個殘疾的兄弟。這場批判運動中還加入很多羞辱孔子的言論，安娜卻認為孔子就算不是萬世師表，只是一位先古的老人，何必死死揪住不放呢？還有一點，安娜的父親安清木曾經也被批判揪鬥過，也許是同病相憐、惺惺相惜吧？

最具調唆性的言論是：孔子曰"唯女子與小人為難養也，近之則不遜，遠之則怨。"其實孔子講出這句話有其背景和原因的，凡事斷章取義，會構成許多冤枉的。再說了，一個家庭裡的女子

的一生扮演著三個角色：女兒、妻子、母親。女子善良無私、通情達理、勤勞勇敢，這家庭必定和睦，家庭和睦，國家必定強盛，家好國好，女子於家於國確實至關重要。

把師傅打倒了，徒弟也可以放大假了；老師迫走了，學生也不必再上課了。教育局的領導眼看著學生的學習興趣不熱，去年又鬧"白卷英雄"，今又搞批林批孔的政治運動，教育界乾脆來個學業考試制度的大革命，就是大小考試全部改為開卷考試，考試時可以隨便翻閱課本、作業、筆記本，大門敞開，自由發揮。縣一中也積極響應上級的指令，把傳統的閉卷考試制度改成開卷考試。學生聽到這個消息，很多是喜之不盡，心情輕鬆了不少。安娜感覺卻是一般，只是溫習課本的時間又省去了不少。

殊不知這種開卷考試不但沒有提高整體學生的成績，分數反而拉低了。學生更多的是漫不經心的學習，溫書的時間更少了。安娜的考試成績依然是班上最高分，平時考不好的學生同樣是沒有寸進。

「安娜，我琢磨著無論我多麼努力學習，跟你同班，我永遠得不到第一名的。」伍又茬雙眉緊蹙，灰心喪氣地說道，她那雙如炬的小眼睛在課室裡溜來溜去。

安娜聽了，沉默不語，沒有正面回答伍副班長的抱怨，轉身走出了課室，到外面吸收一些新鮮的空氣。好勝心強的安娜永遠不懂得示弱，藏不住鋒芒，而且把學生的職責完成得無懈可擊。如果把考試的分數故意拉低一些，有意無意之間讓伍副班長取得第一名，這樣一來，或者安娜學期末的個人鑒定表會乾淨一些，人際關係會好點？或者她能夠早日成為一名共青團員也不一定。

這場批林批孔的政治運動，表面上是批判先逝者，暗地裡卻是在含沙射影地挖苦在生人。像安清木這些被第二次解放出來沒幾年的中共老幹部，個個是噤若寒蟬，人人自危。

雖然社會上刑事案件不多，人民生活水平也不見提高，有的甚至更加困窘，可是金溪縣畢竟是僑鄉，社會上逐漸刮起賭博與穿奇裝怪服之風。武裝部的官兵竟然整天在抓捕賭民，有見賭民逃跑的，激烈一些就開槍警示。政府部門還在一些地點專設路卡，用空的玻璃瓶插入路人的褲管測試，如果玻璃瓶無法通過褲管，就把褲管剪開，因海外來的喇叭褲上面特別緊，這也說明了官民兩閒的現象。

有時候，人們既厭惡舊物舊人，又不能夠接受新物新人，自相矛盾，冰火二重奏。

批林批孔運動和學校開卷考試並沒有取得任何正面的成果，沒過幾個月的時間，中共中央發出《關於抓革命、促生產的通知》，全國各地的批林批孔運動也就偃旗息鼓，不再鬧騰了。學校的開卷考試也從此消失了，重新恢復了正常的閉卷考試制度。

中華民族歷史悠久，祖先留給後代的文化很多是瑰寶，不是舊事物都是壞的，新事物才是好的。說俗一點：新衣裳未做好，就把舊衣裳扔掉了，這豈不是要穿上"皇帝的新衣"？

安川這年已經是高中二年級了，他的數理化成績在班裡依然保持在前三名內。暑假開始了，自從安娜和安川上了中學以後，不再去外婆家做人客了。老師布置的暑假作業並不多，安川和安娜用了幾日就做完了。安娜除了四處向同學朋友借舊的小說來

看，便是百無聊賴，無所事事了。安川比較忙碌，王美菡經常叫他上菜市場買東西。

舊物可以砸爛毀掉，好人壞人也會死亡，可是人類的基因習慣會傳承，有時候會出現舊事悲劇重演。

近期，幾十年沒有發生過的惡劣事端又出現了，金溪縣的一些農村頻頻爆發封建械鬥。這些所謂的仇恨都是村莊宗親之間歷朝歷代積延而來的，他們的祖先有的因為械鬥結怨，曾經發毒誓今後的子孫決不互相婚嫁。前不久，安娜的外婆家繡嶺村的村民與鄰村的村民爆發了械鬥，械鬥中除了用農具鋤頭以外，還使用了槍枝。外婆丘良的宗親王幸榮的二兒子英彭還被子彈打中下身，從此落下殘疾，形成人生悲慘的結局。閩南農村封建械鬥之中，還有一個禁忌："械鬥中不准女子觀看，怕產生晦氣。"這些農村的械鬥，政府並沒有進行整治和參與調解，而是靠民間的"老大"出來調解調停的。

近年來，金溪縣掀起一股習武風，到處都有大大小小的演武場，皆是友情教導，師傅沒有向徒弟收取任何學費。

這一日，安山放假回家，安清木下廠工作。傍晚時分，王美菡和三個兒女圍坐在一起吃晚飯。

「阿媽，現在很多青少年都在學習武術，在石鼓鎮有一位武師名叫惡拳頭的武功可厲害了，他的弟子在咱們縣是最多的。你們百貨的同事衝海的武術也很高強，我的一個朋友正在跟他習武呢，我閒著沒事，你求他收我為徒吧。」安川以哀求的口吻說道，抬起頭用期待的目光望著王美菡。

文革風未止　半喜半憂

293

「可以呀！明天我上班時問他一下？」王美菡爽快地答應，她與同事衝海平時比較談得來。

「我們這個同事衝海的武術很高強，單人可以打倒十多個人，還能夠把人扔翻出牆外呢！」王美菡閃著銳利的眼光，驕傲地誇口接著說。

「我就是想將來也成為一名武術高手，別人才不會欺負我。」安川雙眼閃閃發亮，頗有信心地說道。

「那是，公司的同事知道衝海會武功，沒人敢惹他，連公司的經理對他都是恭敬有禮呢。」王美菡以羨慕的口吻說。

安山忍不住插嘴道：「沒有武功的人才要出拳頭打架呢，有武功的人像一隻老虎擺在人們的面前，不動也威風八面，不必動手，人人怕他。我右腳不正常而且沒力氣，不然的話，我早就想去拜師學藝了。」他說完之後，臉上發愁，心中似有萬千的感慨。

安娜默默無語，心想自己天生不是這種材料，再說了，並未聽說有女孩子學武術的。如果自己的兄長有武功，說不定咱家不會再受別人的欺負了，須臾，她對安川滿懷期待。

大家又聊了一會兒，吃畢晚飯，安川幫忙收拾清洗碗筷諸事，近八點鐘左右，個個安睡無話。

次日，王美菡問了同事衝海可不可以收安川為徒，衝海欣然答應。安山也回農械廠上班了。

隔日，王美菡和安川、安娜吃過晚飯後，三人去了百貨商店找衝海，安娜只是跟隨著去湊熱鬧。百貨商店晚上七點關門以後，衝海利用店舖裡的大堂教授有興趣學習中國武術的年輕人習武。全部是男的青少年，武功有高有低。安川的第一堂課，學的武術名叫“三戰呂布”，中國武術有“南拳北腿”之稱，南方是擅長拳術。安川天生聰明機靈，武功招式一學即會，還得到師傅的誇讚。安娜在一旁也看得津津樂道，羨慕的眼光都落在表演武術的青少年身上，王美菡順便在旁跟她的同事、閒人東拉西扯的聊天。

　　這衝海師傅年約二十七歲上下，中等身材，外表生得斯文清秀，一頭烏黑茂密的頭髮，圓臉大眼，目光敏銳，唇紅齒白，皮膚白裡透紅，橫看豎看都不像是個有武功的人，更像一個文質彬彬的教書先生。

　　衝海師傅把入門武功招式教授給安川。其餘的時間，安川一會兒練扎馬步，一會兒自己演練“三戰呂布”，有時候停下來觀看其他師兄的武術訓練。到了晚上九點右左，武術課才結束，大家分別回家去了。

　　第二天，安娜去了好同學顏小茰家聊天，剛走進了她的家，只見小茰和她的父親顏驊正在廳房。

　　「安娜，好久不見，坐一坐，近期在忙些什麼呢？」顏驊滿臉笑容說道，他的背脊似乎更彎了一些，臉色更加蒼白。

　　「沒有忙什麼啊，暑期作業已經做完了，天天很閒悶呢。我二哥安川昨晚去學習武術，我跟著去看了，我也喜歡學武術，可是我的體質不適合，再說了，也沒有女孩子在習武。」安娜找一

張櫈子坐了下來，一五一十地把近況說給顏驊和小萸聽。

「安娜，有一個好消息正想告訴你，近期縣文化館打算開一班美術班，那裡有咱縣的美術老師親自教授，每逢星期二晚上授課，每堂兩個小時，而且是免費的。這些老師都是早年畢業於中國各大美術院校的。你想去參加嗎？」顏驊心情有些激動地告訴安娜這個難得的好消息。

「我當然想去學習，太好啦，你幫我報個名吧，小萸和顏瑛也去學習嗎？」安娜抿嘴一笑說。

「我和弟弟顏瑛肯定會去學習的，我們都是美術的愛好者，那有不去的理。」小萸笑盈盈，開口說道。

「安娜，明天我去文化館說一聲，後天星期二晚上七點正，你去文化館上課吧，到時帶白色的畫畫紙、鉛筆、橡皮擦和畫板即可，老師會先教你們素描。」顏驊揚眉說道，然後，輕輕喘了一口氣。

「好的，後天晚上，六點後我來這裡，跟小萸一起去文化館。」安娜點頭微笑道，接著她又跟顏驊和小萸父女二人聊了一大堆話之後，才立起身來告辭，一徑回家。

這種正式學習才藝的機會，安娜是求之不得；這是她夢寐以求的大好機會，她當然是萬分的願意和期待，還對顏驊老師懷有感激之心呢。

是晚，安娜再也沒有跟二哥安川去百貨商店湊熱鬧了，只有

安川獨自去學習武術。

到了星期二傍晚，安娜胡亂吃了稀飯後，告訴阿媽王美菡她要跟同學顏小英結伴去縣文化館學習畫畫，王美菡不假思索的同意了。安娜稍微打扮整齊，帶上昨天準備好的畫作材料和工具，快步往小英家走去。小英早就在家裡心急火燎的等待著安娜的到來，見到安娜忙迎了上去，二人轉頭急匆匆地向縣文化館走去。

這文化館孤單單的坐落在縣俱樂部戲院的正對面，走過一條小路即到，四周全是農田。這幢建築美輪美奐，是金溪縣所有政府最有特色的建築物。

安娜和小英進入文化館的大堂，已經聽到右邊有人在竊竊私語的聲音，往右拐的第一間大房子早已有四五個少年坐在椅子上手拿著鉛筆，面露笑容，一面交頭接耳細聲閒聊，一面等待老師來上課。這間房間原來是給文化館的畫師作畫用的，沒有上課的黑板，幾個少年坐的前面有一張桌子，桌子上擺放著一座洋人卷髮男青年的白色石膏頭像，也許是洋人的臉部輪廓明顯，加上素描的來源於國外的原因吧？所有學習美術用的石膏頭像都愛用洋人的模樣。

安娜和小英各自找了一張椅子坐了下來，半晌，小英的弟弟顏瑛也到了，隨後又陸續來了兩個少年。來的學生只有安娜和小英二人是女孩子，其他全是男生，都是一些熟悉的面孔，在縣一中上學的校友。

「大家好！自我介紹一下，我叫洪石韋，今晚我負責來給各位美術愛好者上第一課。」洪石韋微微一笑說道。

「洪老師，好！」在座的學生齊聲喊道，須臾，課室裡一片寂靜，大家都目不轉睛地看著洪老師，心中有無限的期待。

「在坐的同學對於畫畫都有一些基礎了，我簡單講一些美術的知識。美術是一門美學，首先要懂得如何欣賞鑒定美麗的事物。例如，男子最美的體形是體操運動員，還有畫面的人物風景色彩都會相互影響的；例如，一個女子站在一株紅色花兒的旁邊，在光線的照射下，她的臉部和身體多多少少會有花的顏色的投射。今晚大家學習的素描是畫畫的基本功，雖然素描只有黑白素色，可要是素描練習好了，將來你們畫畫的立體感會更加的明顯。還有畫畫是不能焦急的，要平心靜氣，畫畫也是鍛煉調好脾氣的一種方法，咱們那些國畫大師大多數很長壽。我會在旁逐一調教你們，大家開始畫吧。」洪石韋老師耐心地講著。

這洪石韋年四十歲上下，中等身材，生得斯斯文文，嘴唇右上角有一顆小痣。早年大學在省美術學院學習，專業是西洋油畫，大學畢業之後，因他喜歡在老家工作，他向國家申請在老家的縣文化館工作。

這是安娜第一次畫素描，先把頭像臨摹下來成形，再用鉛筆畫粗細輕重的線條使畫面有明暗成立體感，好的素描有的甚至能夠體現出質感來。洪老師站在學生的身旁逐一輔導畫作技巧並適當提出問題，間中，還進來了另外一位李老師協助教授學生。

安娜全神貫注，一會兒看著石膏頭像，一會兒低頭用鉛筆在紙上輕輕來回畫線條，偶而洪老師、李老師會分別來調教她的畫作。時間一霎眼就過去了，安娜猛地聽到洪老師宣布下課，才知道兩個小時已經用完了，轉頭看了看小英，小英已經收拾好畫具

在一旁等待她。由於金溪縣的民風很保守，男生和女生雙方都是非常的腼腆，相互之間不興說話聊天。下課後，安娜就跟小英、顏瑛結伴直接回家了。

安川則每天晚上吃完飯以後，就去百貨商店跟衝海師傅學習中國武術。第一套武術"三戰呂布"學了一個星期餘的時間，已經學會了，師傅正在教他第二套武術。

星期日，傍晚時分，安清木回家吃飯。大家吃完飯之後，只見安川用毛巾抹乾淨嘴，匆匆忙忙一溜煙就離開了。

「王菡，安川近來在忙什麼呢？怎麼一會兒不見了人影？」安清木疑雲滿腹，急忙詢問。

「孩子的暑假太閒了，除了一些學校的作業之外，天天沒事幹。我們百貨公司的同事衝海武術很厲害，很多年輕人正在跟他習武。安川也愛習武，他剛剛學了不久，衝海還誇他很聰明，一學就會。」王美菡一邊做家務，一邊把安川習武的前因後果以心平氣和的口吻說了出來。

安清木沉思了片刻，突然正言厲色道：「安川這孩子很調皮，將來了有武功在身，會惹事生非的，萬一跟別人吵架，把對方打死，這孩子就廢了。明天開始就不要去學什麼武術了，我不同意他習武。」

「噢……我沒有想這麼多，你說的也是，那明天晚上就不讓他去學習了。」王美菡心頭一緊回道。

翌日，安清木早早已經去上班了，他很少回家吃中午飯。

午飯時間，王美菡相當認真地說道：「安川，今晚你就別去百貨商店習武了，你爸不同意，怕你將來會打死人⋯⋯惹禍。」

「怎麼會呢？不讓去也就算了。」安川有些失望地回道。

安川心裡很清楚父親在家一向是很霸道的，父母不允許的事情絕對沒有商量的餘地。再說了，自己已經十七歲了正在發育時期，平時家裡的伙食差，吃了飯不久肚子很快又餓了，加上練武功，三更半夜就餓的饑腸轆轆，難以安眠，不讓習武也就算了。

這是自從宋太祖杯酒釋兵權之後，國策尚文不尚武，文武分家，並且刻意打壓武將。社會上一直以來對習武者有偏頗之見，都認為習武者都是一些四肢發達、頭腦簡單的孔武之人。大都數人不知道宋代之前中國歷史上的優秀全才之人通能夠"出將入相"，且文武雙全，文武並不相悖。其實社會上的習武者很少有敵人，皆有不戰而屈人之兵的威力。

安娜得知父親阻止二哥安川習武，內心感到十分失望和無奈。

星期二晚上，安娜吃完飯就去找小英結伴去文化館學習畫畫了。到了文化館的課室，剛剛坐了下來，看見有新的男生加入，是一中的學生，比安娜小一年級，他的手上還拿著一張自己畫好的頭像素描，其畫功很細膩。在坐的同學僅僅是眼神交流了一下，接著就埋頭繼續畫上星期二未完成的素描畫作。今晚，還是洪石韋先生來上課，洪老師在課堂上只是略略的講了一些美術畫面的光暗影和視覺的偏差而已，其他的時間都在每個學生的身旁輪番指導。李老師也來協助輔導學生畫畫。李老師三十多歲，與妻子和一個年幼的兒子長期住在文化館裡。

兩個小時眨眼間又飛逝了。課後，安娜沒有停留下來跟其他的同學相互切磋畫畫的技巧，直接跟小英回家了。

　　學習美術畫畫是一條漫漫的長路，而且得十分的耐心，沒有興趣和熱情是無法堅持下去的，天賦少的學子要取得可見的進步更是不可能的。

　　安娜每次來學畫畫，都有新的男生加入，有的還是由父親帶來的，可能是文化館開畫畫班的風聲不斷的傳出去吧。這個年月，青少年除了上學以外，想要參加課外興趣班或者學習才藝課程的途徑是少之又少，正確來說是完全沒有的。

　　到了第六堂課，學生的人數比剛剛開始已經增加了一倍有餘，整個課室坐滿了美術愛好的青少年。誰知好景不長，安娜從素描這方面的技巧還沒有學到半點皮毛，下課時，洪老師就宣布美術班停課了，復課無期，原因是文化館的老師要參加政治學習，沒有時間繼續教授學生了。對於文化館停止美術課這件事情，安娜覺得特別沮喪，悵然若失。

　　在這個動蕩專制愚昧的年代，青少年的出路很狹窄，大事小事都被壓制得死死的；雞毛蒜皮之事都禁止。有的是家長阻止；有的是社會上不允許；有的是政府學校禁止。好路壞路皆寸步難行，一切都被扼殺在搖籃中。

　　正是：
　　　　豆蔻年華血，一燒瞬間熱。
　　　　胡為管太絕，芳華隨風歇。

第二十八章　　好奇偷眼

一日：

好奇心驅使，冒險也願意。
本無傷大雅，上下管嚴死。

光陰虛費，時節微涼乍熱，暑假很快結束了。由於學校的學制又從春季始業改回秋季始業，因此安娜的初中課程須延多一個學期，也就是初中要上兩年半的時間。按照毛主席的指示；文革時期的中小學學制是"五二二"的形式。

安家的鄰居金溪縣第一把手宋其賢的大女兒宋雲不但品學兼優，還生得容貌豐美，中等身材，身體康健，年十七歲比安娜大三歲，是高中二年級的學生，和安川是同一個年段的。安娜每天上學時都喜歡跟她結伴一起去，宋雲還是學校的風雲人物，除了是學校的共青團書記、班裡的班長以外，在學校文藝宣傳隊裡還擔任演出的主角。安娜也是文宣隊的隊員，可是一直以來沒有排練任何節目，從未有機會上台表演，是個閒角。

秋分節氣至，秋風颯颯。

這一日，星期天，安娜吃過午飯之後，到了隔壁找宋雲聊天，湊巧宋雲正在看一本筆記本。她看見安娜來找她，立刻放下手中的筆記本，忙站起來迎安娜。

「安娜，坐一坐。」宋雲笑呵呵地說道，瞬間，她的臉頰泛起一絲絲的紅暈。

「阿雲，你在看什麼書呀？讓我也看一看，好嗎？」安娜那雙閃亮的大鳳眼盯著桌子上厚厚的筆記本，好奇地問。

　　「沒什麼，是同學借給我看的一本手抄的短篇小說，叫"少艾日記"，是本禁書，你還小，不能看。還有大家是偷偷的傳閱，讓學校知道就不得了，也不能讓家長知道的，他們一定會罵人。」宋雲悄悄地告訴安娜，不覺滿臉通紅。

　　此刻，安娜的心思全都在那本"少艾日記"上，也沒有找椅子來坐，直接站著跟宋雲對話。

　　「我看一看也不要緊的，咱們二人不對別人說，誰會知道啊！我正閒悶的慌，這本手抄本你看完了沒？」安娜迫不及待地表態道，目不轉睛地看著宋雲。

　　「我剛剛看完，好吧！你拿回去看，明天必須還給我。記得要偷偷地看，不能讓第二個人看見的，也別說與別人聽。」宋雲對安娜千叮嚀萬囑咐的說。

　　「好的，你一萬個放心吧，絕對不會讓任何人知道此事，我回啦。」安娜一邊從宋雲手中接過"少艾日記"，一邊高興地說，須臾，急忙告辭了宋雲，轉身離去。

　　宋雲望著安娜消失的身影，心裡對於這個憨直的小鄰居一百個放心，相信她絕對不會出賣自己的，也因自己是學校的學生領袖，斷然不可看這種淫猥下流的書本；可她又翻倒過來想，這本書既然別人敢寫又有這麼多人敢抄來傳閱，也不是一件什麼罪大惡極的事情。年輕人對於禁制的書本都會產生好奇心而勇往無懼

的去追求，世上難得的東西往往顯得更加神秘與珍貴。

安娜手拿著那本"少艾日記"的手抄本緊貼著自己的右大腿從臥室門直接走進家裡，也就那十幾二十步的路程，她也害怕被人瞧見，雙腳一邁入臥室，關上門，立刻坐在床沿上把手抄本打開來看。這本用藍色鋼筆手抄的"少艾日記"裡寫的是一個少女遇到一個少男的日常，其內容專門描述兩個痴男痴女的雲雨風情之事，過程風流纏綿，還特意夸張地描繪男女身上平時少見光的私處，手法淫穢惡心。當然，安娜從未看過此類的大說小說，初初看了，心頭不免會起了一絲絲的漣漪，但並未達到熱血沸騰的程度。雖然安娜已經十四歲了，但仍未發育，還是個乳臭未乾的小孩。過了半日，安娜已經把這本幾萬字的短篇小說看完了，須臾，她就急急慌慌的把"少艾日記"還給了宋雲，此刻，她們四目相撞，兩張面孔都漲得緋紅，相對無語，安娜默默地走回了家裡。

安娜看了這本手抄短篇小說之後，心中的罪惡感比好奇感更嚴重，還把這個秘密深深地埋在內心深處，羞於啟齒，慚愧不已。

十月初，王美菡的侄兒王溫已經匯款來給繡嶺村的叔叔幫忙置辦結婚的諸事，王溫準備農曆新年前回鄉迎娶柳雅絲。

金溪縣有一個很特別的現象是，鎮與鎮之間的風俗略略不同，雙方的距離就是兩個多小時公交車的路程，說閩南話的口音都能聽得出來是屬於那個區域的。

同樣地，王幸嶺在王溫未返鄉之前已經把他的婚房籌備得十分齊全，一套閩南標準的紅漆刷金木製的新婚床、桌椅、梳妝台

和放臉盆掛毛巾的架子。傳統上，閩南人這套臥室傢俬是用一輩子的，這張床三面都有飛禽走獸和花草人物的雕刻，只是夏天睡在床上不透風，顯得很悶熱。

1975 年，元月 17 日，王溫隻身從金沙港的海關關口乘搭長途汽車回到了金溪縣，這次他向公司請了一個月的婚假，帶了幾千元準備娶親的所有費用。之前，他在菲律賓的父親還贈與他兩句金句："娶妻的本錢容易有，養妻的飯不容易掙。"

王溫回鄉的第二天就去拜訪柳家了，他把自己從香沙港帶來一大包的洋糖果、餅乾送給了柳夫人。由於柳奇亮和陳雪夫婦是政府官員，嫁女兒自然跟舊風俗不一樣，很多形式上的禮儀能免則免。王溫直接送給柳家五千元作為結婚的聘金，他還特意吩咐柳夫人不必送貴重的嫁妝給雅絲，還說他這次已經從香沙港帶來了手表和自行車，還有結婚之後的兩三年內，雅絲就可以拿到通行證去香沙港會他了。

王溫叫二嬸李熔去端公那裡為他和雅絲擇個結婚的吉日，日子擇在二月二日（農曆二十二），星期日。繡嶺村的風俗習慣跟林花村有很大的不同，王溫的婚禮諸事都是二叔王幸嶺和二嬸李熔幫忙操辦的，他對於家鄉的結婚禮儀是一無所知，只是負責出錢而已。結婚前二日，王溫派人送給角西的鄰居和王姓的宗親每戶一份含有花生糖和耗花麻棗的喜糖，告知親友們，他過兩天就要結婚了。

學校此時正在放寒假，二月一日，下午，安娜和王美菡乘車來到了繡嶺村的外婆家參加王溫的婚禮，安川則留在家中不來。明天是星期日，安山也會來的，因石鼓鎮離繡嶺村很近，就算是

走路一個多小時也能到達。

安清木從來無暇出席親友的喜宴，白天除了上班下廠，晚上還經常要開會。近期上級還開辦了學習班，讓他當了學習班的大組長，專門整頓文革造成各個領域裡的嚴重問題，掃除化解之前的幫派組織，落實黨的各項政策，促進安定團結，加強民生。

閩南傳統上有一個奇特的現象，鄉里頭尾的鄰居宗親在紅白二事中的態度是："紅事不積極參與助興，白事積極參與幫忙；而且偏向幫窮不幫富，幫倒不幫起。"

王溫結婚前早已下了請帖給諸位親友與王姓宗親，禮金一概不收。然而，結婚當天的婚宴，要把客人全部按時請來是一件勞心費力的事情。王溫的二叔三叔兩家人還得四處三請五請的去邀請客人來入席，因王溫是海外來的番客，屬於有錢人辦喜事，宗親裡也有忌富愧貧的不來；也有平日不友好的賭氣不來；也有羞臊的不愛見人的不敢來。經過王溫主人家的幾番努力催促才把宴桌的客人半拉半請來入席。

王溫的婚禮辦得熱鬧非凡，從早到晚，大洋樓內外上下的人皆是忙忙碌碌的，人聲嘈雜。老少都穿上平日最好看的衣服；婦女皆打扮得紅紅火火。語笑喧嘩，爆竹聲時起時落。

中午喜宴結束之後，大人返回自己的家裡，有的小孩子仍然呆在主人家的內外看熱鬧。眾人吃過晚飯，愛看熱鬧和戲弄新人的大人小孩都會來鬧洞房，有的還會一連鬧了好幾晚呢，閩南人俗稱"攪冬瓜"。當晚眾人坐著站著圍繞在客廳的四周，好像在觀看一齣雙人戲。

「快點把新娘子請出來吧。」一個男青年興奮的高聲嚷道，此時，眾人都以期待的目光投向新婚房。

「來啦……來啦。」王溫禮貌地回道，他把打扮得倩麗火紅的雅絲請了出來，兩個新人就站在客廳的中央隨時聽候眾人的提問與指令。眾人還說"攪冬瓜"也能把新娘子的脾氣攪出個好壞出來。

「新郎、新娘同喝交杯酒吧。」宗親小王扯開嗓子一面叫著，一面手拿兩小杯酒遞給兩個新人。

「好……好……」王溫接過酒杯和雅絲面對面對勾著手把酒一飲而盡，二人含情對視了一眼。

眾人對王溫和雅絲這對新人比較客氣，看見柳雅絲是個大方得體長相美麗的新娘子，加上是當官的女兒，眾人也就是隨機問她一些簡單的事情，說說笑話，嘻嘻哈哈，沒有鬧出一些出格的玩意兒來。整晚，安娜站在一旁靜靜地觀看熱鬧，感覺一般，沒有太大的驚喜。

第二天，安娜、安山和王美菡辭別了眾人，安山踩單車回農械廠上班去了，安娜和母親乘搭汽車回了家。

過完農曆新年，正月初四，王溫萬分不捨地告別了新婚妻子，自個乘搭長途汽車返回了香沙港。

第二十九章　　　虛度年華

一日：
　　歲月留無痕，青春花無根。
　　流年如逝水，一去不復返。

　　安娜上學的那個年段，從初一年級的八個班到了初二年級已經剩下六個班了。，再上完春季的額外一學期，安娜就初中畢業了。眼看同年段很多同學已經成為了共青團團員，她的申請仍然未有動靜，她希望在初中就能夠加入共青團的願望一直懸著，心中乾著急，一點辦法也沒有。

　　三月，春風拂臉，萬綠催芽。

　　星期一下午，最後一堂課是體育課，學生在學校大操場的跑道上練習跑步，男生聚中在東邊練跑，女生在西邊練跑。跑道是400米一圈橢圓型的，如果跑足一圈，女生必定跟男生會碰上面的。有一兩個女生發育成熟的竟然不敢跑得太快，因怕胸前波濤洶湧，到時覺得不好意思難為情。安娜天生笨手笨腳跑得最慢，她不太喜歡上體育課。

　　小息的時候，女生三三兩兩在操場旁閒話聊天。

　　「哎喲！秋亭，你的褲子上有血跡。」晉紫萍手指著嵩秋亭的褲子失驚打怪地喊了起來。

　　「沒什麼……」嵩秋亭扭頭用手抓了褲子看了看，臉色發紅，低聲說道。

「大驚小怪幹什麼啊？就是月經滲出來唄。」副班長伍又菫一本正經嚴肅地說道。

半晌，伍又菫眼神飄忽四顧一看，她把目光落在安娜的身上。

「安娜，你長得這麼高，肯定一早就發育了。」伍又菫故意扯開嗓門喊道。

「我還沒呢……」安娜嘴角微微翹起，不好意思地回答。

「你騙誰啊？你長得比我高這麼多。」伍又菫酸溜溜的揮手說，半臉陰沉。

在場的女同學個個臉色怪異，你看我，我看你，大家無話可說，默不作聲。

安娜從心底快要暴出粗話來了，憤怒的暗暗自忖道："我發育不發育關你甚事，你不就是嘲諷我撒謊和成熟嗎？發育了也不是什麼醜事，你不過是針對我而已。再說了，我也不心急於長大成人，當小孩子比當大人好得多，大人的世界更加複雜。"安娜想歸想，還是不敢開口與副班長伍又菫分證。

臨近學期末，有一天，在年段課室的走廊裡碰到第三班的女同學吳青蘿。

「安娜，你在學校表現這麼好，如此優秀，為什麼還沒有入團呢？」吳青蘿一臉不解的向安娜問道，她的語氣裡似乎替安娜不值。

「我……也不知道啊。」安娜呼了一口氣，吞吞吐吐地說道，然後，苦笑一下，低頭轉身進入課室。

時光暗逝，驕陽似火。

安娜初中畢業了，班主任蔡水淺和副班長伍又莛下學期應該需要另找被耍戲的對象了，因為學校會另行編排高中的班級，初中和高中的教師不一樣，同學也不一定在同一個班級了。

安川這學期高中畢業了，畢業也意味著失業。唯一的出路是遵照毛主席的教導："農村是一廣闊的天地，在那裡是可以大有作為的。"安川選擇去了龍壺鎮的一個叫"晉水農場"的國營農場勞動，響應上山下鄉的運動，接受體力勞動的再教育。儘管安川已經十八歲了，可是生得體形瘦小，臉黃體弱，因此他向農場領導要求看守廣場上曬日的稻谷和一些看護農場的活計，順便也看一看舊課本，保持學習的狀態。

近期，縣級領導幹部的工作地點頻頻在調動。縣委書記宋其賢調離金溪縣到仙桃縣任職，安娜的好朋友宋雲也跟隨她的父母兄妹一家人遷往仙桃縣。宋雲正好是高中畢業了，同樣地加入了上山下鄉的隊伍，在當地的農場參加體力勞動。由於在金溪縣一中她已經是學校的大紅人了，所以她到了農場不久就獲准加入共產黨。安娜和宋雲這一別，就沒有再見面了。初初的時候，她們彼此還有一兩次的書信來往，到後來就無端端的斷了音訊。

安家的另外一個鄰居嵩副縣長與家人也搬走了，嵩副縣長被調到泉興市任職。

上級有意調安清木到山區的德華縣去工作，可他的妻子王美菡執意不答應。舊時，王美菡自幼喪父家貧，全家人一直都受人歧視。現如今她的丈夫是本地官員，名聲甚好，極有錦衣不夜行的霸氣。安清木為了一家人和睦相處也就依了妻子的意思，向上級表明自己更願意留在金溪縣繼續工作。

初中畢業之後，安娜從來不愛學針黹女工諸務，加上母親王美菡沒有嚴格對她要求做家務。這個暑假，她閒來閒去更覺得百無聊賴，因這學期沒有暑期作業。安娜三天兩頭去許珍妮家探一探，目的很明顯，是看一看珍妮手上有沒有小說在閱讀，因珍妮在學校是班上的副班長，而且她為人深得人心，交遊廣闊，手上一直有源源不斷的小說，她是安娜看小說的最大來源。當時好看的小說都是禁書，珍貴無比，有錢難買。正確來講，人人沒錢，能夠借到小說是友情的交流。

「珍妮，這本書借給我看，好嗎？」安娜雙腳剛剛邁入珍妮家，一眼瞧見一本小說在桌子上，迫切地問道。

「不行，明天這本書我必須還給我的同學，我已經和她說好了。」珍妮斬釘截鐵地說，表情為難。

「那你今天就借我看一看吧，明天中午我一定准時歸還給你，好嗎？」安娜苦苦哀求珍妮，然後，深深地看了她一眼。

珍妮不忍心拒絕安娜的哀求，只好把這本楊沫著的"青春之歌"借給了安娜，只是她心裡直嘀咕："安娜，這本有幾十萬字的長篇小說，在這麼短的時間，你怎能看完呢？"

安娜借來了"青春之歌"之後，一刻不停地翻看下去，想到明天就要交還這本小說，只能以青春的火花對碰"青春之歌"，用最快的速度來閱讀，三餐也沒有心思去吃了，晚上加開夜車，全神貫注，心無旁騖地閱讀。次日清晨，又繼續看下去，到了中午總算把整本小說看完，而且按時還給了珍妮。安娜一直以來覺得承諾是很重要的，不然的話，下次什麼也沒得借了。還有，書中的女主角林道靜給安娜留下美好的印象，安娜也喜歡美女。

安娜有時候會去找顏小萸聊天，自從上次素描班被停掉以後，間中，她們還會結伴一起去文化館逛一逛的，看看洪老師他們近期在畫些什麼美術圖。

安娜此時興起寫毛筆字，一有空閑的時候，就在桌子上練習寫毛筆字。這日，安清木正好在家。

「安娜，寫毛筆字沒有千日功，筆管不要倒下，筆要直豎起來，手肘抬高，注意力要集中，下筆時有輕有重才好看。」安清木在一旁忍不住開口道。

「阿爸，你也會寫毛筆字？」安娜一臉不服氣，驚訝地問道。

「我年輕時搞地下工作，有一段時間在農村教書，又當校長又當校丁，教書和敲鐘都是我一人包幹的，有時候還給村民寫對聯。」安清木揚眉一笑說，拿起毛筆寫了一個"福"字。

安娜看見父親一揮而就寫下的毛筆字竟然如此好看，寫毛筆字的興趣一瞬間煙消雲散得無影無蹤了，從此以後，安娜不再練習寫毛筆字了。

一個暑假在悄無聲息之中過去了。當時的兒童青少年都在悠悠的歲月中浪費時間，除了在學校學到一些基礎知識以外，閱讀的書籍僅僅是靠民間少量偷偷留下來的，還得藏著掖著，因為都是禁書，其餘的全是政府這些年出版的書籍，可是書籍內容千篇一律，而且不夠豐富多彩，一般來講，學生是沒有耐心看撓悶的小說。

　　安娜那個年段到了高中只剩下四個班了，她被分配到第二班。原來同班的同學只剩幾個還是在同一個班裡，班長林雨暉跟她最有緣份，從小學四年級一直和她在同一個班。心術利害的伍又茬終於可以鬆一口氣沒有跟安娜同班，從此可以大展拳腳。伍又茬被安排在第一班，依然當副班長，她能不能夠在班裡拿到第一名，安娜就不得而知了，也不想去探究一二。

　　安娜高中的班主任是語文老師叫蘇懷芹，蘇老師年約四十五上下，個子不高，眼大嘴大，倜儻風流，笑口常開。他的妻子王欣，生得風韻飄逸，是學校裡少有的美女教師，她還當過安川的高中班主任，也是教語文的。他們夫婦倆育有一對子女，一家四口就住在學校的教師宿舍。

　　高一年一開學，班主任蘇懷芹就把班上的班幹部委任妥當，安娜仍然被委與文娛股長。這文娛股長有點張冠李戴的，讓她當學習股長才是名副其實，因安娜的強項是學習好並不是唱歌跳舞。有當上班幹部比沒有好，起碼讓人覺得她是一名求進步的好學生。還有更加欣喜的是她很快獲准加入共青團，她的入團介紹人是副班長高岫玉。岫玉是個善良開朗的女孩子，家就住在職工宿舍的大門口前面不遠處，她們二人還經常結伴一起去上學。

不知道是不是為了響應毛主席的號召："知識青年到農村去，接受貧下中農的再教育，很有必要。"學校鼓勵高中生做更多的體力勞動，因此每一個班級在課室後面的小山丘上各自開墾了一塊菜園，每星期有一堂勞動課，所有的學生必須參與勞動。另外平時照顧菜園的工作隨學生的意願，積極分子放學之後與假期都自願參與，這就是所謂的"表現"。學生能夠成為班幹部與加入共青團的條件，學校一定把學生的"表現"作為考慮的主要因素。

　　種植蔬菜需要施肥，只有在學校的廁所撈大糞作肥料。撈大糞的活由男生負責，女生幫手扛大糞。平時在家裡少做家務的安娜，在學校為了多表現，忍著臭氣熏鼻也跟同學一起挑起了大糞，有時候，一不小心，大糞發飆還會噴到臉上甚至嘴上，也只能用手擦掉了。

　　上學讀書吃的苦並不比體力勞動少，只是兩種苦不一樣。況且很多學生是貧下中農的家庭，天天在接受勞動教育。現如今，學生又加多一層體力勞動，這樣一來，在學校學到的知識減少了很多。毛主席的指示：句句是真理，一句頂一萬句。人們還是要專心一志誠誠懇懇的把他老人家的旨意貫徹執行到底。

　　值得慶幸的是安娜上到高中依然名列前茅，沒有掉鏈子；同學之間相處友善，沒了爭強鬥智的同學。在這學期裡，安娜還當了女同學夏玟的入團介紹人。這夏玟的父親是當地駐軍的軍官，母親是縣革委會宣傳部的一位科長，生得一副蘋果臉，唇紅齒白，七分俏麗。夏玟和另外一個女同學安悅，她們二人的家就住在縣革委會的政府大院裡。平時放學時，安娜、高岫玉、夏玟、安悅四人常常結伴一起順路回家，一路上閒聊嬉笑無忌。更令人欣喜的是學期末，學校也取消了煩人的意識形態的批評與自我批評的個人鑑定，笨嘴拙腮的安娜總算不必為此擔驚受怕、抑鬱寡歡了。

第三十章　　　一波三折　無底深淵

一曰：

　　樹欲靜狂風不停，人生輸輸又贏贏。
　　左傾右傾誰來定？官字兩口說不清。

　　1975 年，周恩來總理和領袖前後患病。年尾，領袖與四人幫又開始醞釀發動一場大規模的政治運動。1976 年，元月一日，安清木被升任為金溪縣革委會工業交通辦公室的主任。八日，周恩來總理與世長辭。這一日，早晨，安娜還賴躺在床上未起來，聽到廣播電台宣布周總理逝世這個不幸的消息，不禁流下了悲傷的眼淚。還有金溪縣附近駐軍的兩名軍官由於周總理逝世而悲傷過度，導致心臟驟停而離世。

　　不久，這場名曰批鄧和"反擊右傾翻案風"的政治運動已經漫延至金溪縣了。鄧小平帶領老幹部為扭轉文革以來的混亂局面的努力被全盤否定與推翻，全國剛剛趨於穩定安祥的形勢再度陷入了混亂。舊時的造反派和野心勃勃之人再次蠢蠢欲動，磨拳擦掌準備大幹一場，想把之前未完成的夙願早日實現。

　　這場批判鄧小平的運動中，安清木被金溪縣的造反派污蔑為右傾翻案風的"還鄉團裡的急先鋒、黑幹將！"政府革委會辦公大院的大門口特意設一幅批判安清木的專欄，專欄上貼滿各式各樣醜化安清木的漫畫和批判文章，還故意把他的名字寫上含有貶意：安朽木，說他曾經在整頓工作中發下豪言："不畏艱險，扛棺材上陣！"還說他是縣裡頭號的極端右傾分子，造反派挖空心思、竭盡全力的侮辱漫罵他。高中生安娜路過革委會的大門口，看了這幅專欄，覺得哭笑不得，因漫畫畫得太生動了，畫功了得。

一波三折　無底深淵。

二月二十日，政治鬥爭的氣息越來越濃烈，三二九的幫派又重新奪回金溪縣的政權，林催勝又當上了革委會主任。安清木再次被打倒，給他冠上的罪名也是很滑稽，都是瞎騙的一大車無根無據的罪狀。對於這種三般二樣的污鬥，他對黨組織的信心降到了冰點，灰心喪氣，再撅不振，整個人似乎陷入了無盡的黑暗深淵。每次搞國家建設與民生的生產就是右傾──走右派路綫，難道左傾左派就不需要生活嗎？百思不解，千思萬想，往後的革命道路不知道該如何繼續走下去？他突然間非常厭惡文化大革命運動，由於文革把一個好端端的國家破壞得滿目蒼夷、慘不忍睹。且不說浪費時間不思進步，更有肆意迫害忠誠的革命志士和國家棟樑，蒼生竟何罪呀？舊愁新憂湧上心頭，此時此刻，安清木的心中萌起了辭官歸故里的念頭，想帶一家大小回農村去務農，從此不再踏入政治舞台。

　　天剛剛下了一陣黃昏雨，王美菡下班之後，雙腳剛剛邁入家門時，看到安清木坐在廚房的桌子旁抽悶煙。

　　「老的，聽說那些造反派已經擬好一份金溪縣將來要槍斃的名單，你的名字就排在第一位。我看你還是去我娘家繡嶺村暫時避一避，我娘家王姓宗親族人多，而且是僑鄉。造反派不敢硬闖入村去抓人，我的兩個兄長和侄兒會盡力保護你的，反而你的老家林花村會比較複雜多變，那裡不安全。」王美菡滿臉通紅，脖子青筋凸起，緊張兮兮地說道。

　　「是啊，有些人很仇恨我，現在我也十分的心冷，又再一次被打倒了，鬥爭不斷，看來這個國家已經沒有指望了。我贊成你這個建議，我去繡嶺村還可以參加一些勞動，到時辭官歸田也順手。」安清木一邊吸煙，一邊淡淡的回道。

「那今晚我幫你收拾一下換洗的衣服，明天，咱們搭早班車去繡嶺村投靠我兄長他們。」王美菡眉頭微皺，低聲說。

次日拂曉，安清木夫婦二人匆匆地離開了家，投奔繡嶺村去了。一到繡嶺村，王美菡的二兄長王幸嶺義不容辭的接受了安清木，安排他在家裡住下。王幸嶺還是角西生產隊的隊長，他為人和善，妻子李熔闊氣大方，四方鄰居甚得人心。安清木一來到繡嶺村，村民心裡知道他是逃難而來的，並不介意，而且對他十分熱情有禮。

王美菡當日就回菁山鎮了，安娜不知道事態嚴重，沒有向母親過問父親的事情，照常上學上課。

沒多久，批判鄧小平和"反擊右傾翻案風"在金溪縣愈演愈烈，羞辱鄧小平和本縣一些官員的大字報、漫畫和批判標語貼滿了菁山鎮的大街小巷。學校的語文課本裡有批鄧的文章，班主任蘇懷芹在課堂上直接向全體學生表示這一章可以翻過去了，沒有什麼好教的，安娜心裡暗暗稱讚佩服蘇老師的正義感和勇氣。學校先後在體育館舉行了兩場批鄧與"反擊右傾翻案風"的大會，會上同樣是有人上高台發言，口號高呼聲不斷，安娜在會上照樣的應付一下而已。

1976年，四月初，清明節期間，首都北京天安門廣場所發生的"四五運動"事件，在金溪縣的民間暗地裡四處傳聞，民眾議論紛紛，惶恐不安，內情有實有虛，社會上的政治氣氛一度非常緊張。

學校隨著批鄧與"反擊右傾翻案風"運動的深入展開，對於

本業的教學更加鬆懈不顧，變本加厲的讓學生參與更多的體力勞動。金溪縣菁山鎮郊區有一個廢棄的飛機場成了縣一中學生的農場，各個班級的學生各自在飛機場上硬生生地開墾一片水稻田。這種廢學勞動的操作，學生裡有人樂有人愁。由於飛機場離菁山鎮有一段的距離，走路實在太遠了，要騎腳踏車才能到達。笨拙的安娜硬著頭皮騎腳踏車沿著凸凹不平的小路去飛機場參加勞動。

有一次，安娜在水田裡播插水稻秧苗時，一不小心踩到尖銳的異物，腳板破損流血，她立即跳出水稻田，處理好傷口之後，就不敢再下水田了，因水田有很多吸血水蛭，聽說這種吸血水蛭會沿著傷口鑽到人的體內呢？

高一年級的下學期，不見副班長高岫玉來上課了，她停學去了工廠上班。安娜的好同學陳晚霞在割水稻的時候不小心割傷了自己的小腿，傷口發炎之後，身體發高燒不退，家人把她送入縣醫院住院了一段時間，出院後，晚霞也輟學在家了。安娜為晚霞深感惋惜，因她在班上一向是很優秀的，無奈種種原因的阻礙，沒能繼續學業。

安娜在高一年級的學習有很多時間是參加體力勞動的，而且她還是一如既往的努力表現自己。殊不知道政治鬥爭暗湧迭起，刀光劍影，有些智者心裡很清楚中國未來的變化是時間的問題，歷史上歷來是："勝者為王、敗者為寇。"百姓卻是逆來順受，無可奈何的面對現實。

小暑小熱，菁山鎮卻連一絲微風也少得可憐，無風無搖。學校的暑假又開始了，在這個閒悶的期間，文化館的洪石韋老師正

準備畫一幅"歸僑圖"的油畫，他請安娜做他的油畫模特兒，安娜一有空閒就去文化館坐在椅子上讓洪老師畫畫，作為畫畫的模特兒是一件苦差事，半日，要一動不動地坐在椅子上，渾身難受。

正當洪石韋老師停筆小憩片刻之時，李老師進來與他聊天。

「老洪，明天咱縣要開公審大會，還要槍斃一個演高甲戲"包公審郭槐"的民間戲子袁鳴龍。這個袁鳴龍是龍壺鎮人，偶而在農村表演傳統的古裝戲，文革以來古裝戲一直是被禁止演出的，去年他或許以為政府開放了，有村民邀請他，他才出來表演的，誰知道呢？不久之前，他被公安局抓了起來，被判處死刑。還有石鼓鎮的那個武功很高的"惡拳頭"也被公安局逮捕了，據說他只是手下弟子眾多，還有他的弟子跟人打架，此事端才連累了他，他可能會被判處二到三年的有期徒刑。」李老師故意扯開嗓門大聲講道，似乎要讓更多的人聽到這個消息。

「現如今，有的人無端端撞到槍口上，七死八死的。」洪石韋眉頭微蹙，喟然嘆息道。

安娜站在一旁默默地聽了李老師和洪老師的對話，心中泛起了憐憫之心，自忖道：這演古裝戲也得槍斃，那個袁鳴龍怎麼這麼倒霉呀，這種罪狀不至於給判死刑吧？怎麼沒有人敢站出來為他申冤減刑呢？多可惜的一條人命啊，要是阿爸是第一把手縣委書記，我一定會說服他減輕這個刑罰。還有連教人武術的師傅也會被判處徒刑，真的很訝異悲慘！

想歸想，安娜一句話也不敢說。她是一個傻乎乎的小姑娘，此時，自己的父親正逃到鄉下避難呢，她竟然沒有想到這一層，

一味可憐袁鳴龍，還暗自責怪沒有正義人士出來為他打抱不平，同時也為那個武術師傅覺得有點冤屈。

當時，各地各縣市槍斃人也像指標一樣，上級指令槍斃強奸犯，下面各個縣市就挑出強奸犯出來槍斃；上級指令槍斃敵特分子，下面的各個縣市公安也要抓一兩個敵特分子出來應景，這也叫做政策性的執行死刑。聽起來很恐怖，令人毛骨悚然。可是一直以來公安機關都是這麼幹的，金溪縣的民眾也是坐山觀虎鬥，誰也不想惹禍上身，有言：「槍打出頭鳥！」再說了，事不關己，高高掛起。每次公審大會槍斃人，還像演一齣大戲一般，有得觀看又可以茶餘飯後閒談一番。

次日下午，安娜繼續在文化館給洪老師當繪畫的模特兒，一陣聲音打斷了老師與學生聚精會神的作業。

「老洪，你說這事情怪不怪啊，今日的公審判決大會，當公審員宣判袁鳴龍死刑的那一刻，突然間烏雲蓋頂，天昏地暗，狂風乍起，公審大會四周飛沙走石，好不恐怖！」李老師眉頭不展，眼內出火，驚訝失聲嚷道。

洪老師放下畫筆，扭頭看了李老師一眼，無語苦笑了一下，緊接著，他抬起頭朝天花板凝神注視了一會兒，然後，低頭輕輕的嘆了一口氣。

李老師不敢再打擾洪石韋的畫作，收住了話語，翻身離開了畫室。

安娜聽到這件事情，自忖道：這袁鳴龍一定是冤情太深，天

地鬼神實在看不下去了，才作起詭異的風浪吧？

然而，這個年代是唯物主義掛帥，有天不怕地不怕的豪情壯志，遇神斬神，遇佛殺佛，更有天地萬物唯我獨尊的氣概，想殺就殺，想毀就毀，哪有誰會敬畏天地鬼神呢？

洪老師的油畫裡的人物畫成後，安娜的任務也完成了。只是袁鳴龍冤情的陰影一直在她的腦海中揮之不去，如果金溪縣有人再訴說新的冤情，她會立刻想起袁鳴龍案。

自從王溫回鄉結婚之後，一直在香沙港忙於工作，無暇回鄉，柳雅絲只有坐長途汽車去廣州與他會面幾日。前不久，柳雅絲生了一個可愛的男嬰，王溫才回鄉。又過了幾日，王溫的母親陳巧弦、妹妹王倩和大姑媽王美袖也一起結伴回鄉探親。

這王美袖是王美菡的同父異母的姐姐，早年嫁給同鄉的菲律賓華僑安慶穩，生了一子一女，兒子叫安雄，女兒叫安梅梅；兒女都和她住在香沙港。這次她回鄉是件難得的事情，她純粹是陪同嫂子陳巧弦一家人回繡嶺村探親和遊玩的，她的夫家在繡嶺村已經沒有親人了。王美袖比王美菡大了八九歲，下巴又長又翹，長相一般。早年的生活費來源都是靠菲律賓的丈夫接濟；近期，她也要到工廠打工賺錢養家了。

自從王美菡的長兄王幸極出錢在繡嶺村角西興建了這幢洋樓，這次，大嫂陳巧弦還是第一次回來住的，侄兒王溫一家三口，侄女王倩和大姐王美袖，加上安清木也來借住，還有母親丘良和二兄長王幸嶺全家人，大洋樓一下子熱鬧了許多。

艷陽灼灼，微風帶熱。這一日，星期六下午，王美菡和安娜乘公交車到石鼓鎮再轉搭三輪車到娘家繡嶺村，探望母親、安清木和海外來的親戚。

　　王美菡一進門就朝著大嫂大姐激動地喊道：「大嫂，大姐，好久不見。你們回來各方面可習慣嗎？」她興奮的心情都表現在臉上，笑容滿面。

　　「還好，菡姑……多年不見，你還是這麼瘦。」嫂子陳巧弦微微一笑說，稍微打量著王美菡的面孔。

　　「美菡，聽說你忙裡忙外的，很是勞累，我差一點認不出你來啦。」姐姐王美袖淡淡的接口說道，臉頰上閃過一抹憂愁。

　　「啊喲！我老了，日子都是這樣過的，當時沒有嫁給菲律賓番仔客，現在有點後悔了。」王美菡無奈地說道。

　　「你也別後悔什麼，我和嫂嫂這種人好聽叫做番客嬸，實際上是在守活寡。自己的男人都在菲律賓另娶番婆，在那裡成家立業，子女成群，那有我們的立足之地啊，我們都是在苟活度日呢。」王美袖緩緩說道，心中似有無盡的苦水未吐出來。

　　王美菡咧嘴一笑，岔開話題說：「我進去看一看阿嬤。」

　　王美菡話音一落，即刻轉頭進入丘良的房間，安娜剛進入大門後，趁大人在你言我語之間就閃入外婆的房間了，她正心急想知道父親安清木此刻在哪裡呢？外婆丘良告訴她：安清木在她的三舅父王幸歷那裡。

王美菡向母親問安之後，又出來繼續跟大嫂大姐殷殷勤勤絮些別後的閒話，大家都有久別重逢的感觸。

　　當晚，陳巧弦請王美菡、安清木和安娜吃飯，王美袖、王溫、柳雅絲母子、王倩都在，煮了滿滿一桌子好肉好菜，氣氛顯得很熱鬧。吃飯之前，陳巧弦挑選了幾樣煮爛的食物給丘良吃。

　　「姑丈，我們喝點酒吧，這是我從香沙港帶來的葡萄酒，不知道合不合你的口味？」王溫拿起酒瓶一邊倒酒入酒杯，一邊滿心歡喜的向安清木說。

　　「隨意吧，咱們乾一杯，祝大家身體健康！」安清木說著喝了一口酒後，面露笑容把酒杯放在桌子上。

　　「姑丈，這次反擊右傾翻案風又把你們這些老革命迫得很慘，我們海外的很多華人都看不下去了，真為你們擔心啊。」王溫借著酒興聊起了國家大事，臉色微紅。

　　「世事難料啊，這政局一波三折，風浪不斷。我們都無可奈何的支撐著，現在只有"等待"這兩個字。還有，如果我們黨與人民離心離德，得不到人民的支持，那之前所有的努力與犧牲都是白費了。」安清木眉峰鎮斂，滿臉通紅，感慨萬千地說道。

　　「姑丈，姑媽，表妹長得這麼漂亮，我覺得不如把她申請去香沙港更好，將來你們也有一個退路。」王倩在一旁忍不住插嘴道，隨後，眼神飄向了安娜。

　　「阿倩，你懂什麼呢？不要胡亂向姑丈姑媽提議這種事情，

安娜還小，去了香沙港這樣的花花世界很危險的。」陳巧弦嚴詞厲色地說，隨後，狠狠地向她丟了個眼色。

「怕什麼呢？姑丈，姑媽，安娜去香沙港一事由我來負責，多一條路多一個選擇。」王倩快言快語說道，雙眸散發著光彩。

「阿倩，你的想法，我很贊同。這些年我們過得很辛苦，如果安娜能夠出去，比在家鄉好多了。」王美菡眉飛色舞地說著，心中泛起了無限的憧憬。

隨後，王美菡和王倩二人相視而笑；王溫、王美袖卻是在一旁靜靜聆聽王倩的闊論，並沒有作出任何的回應；安清木只是神色凝重，一言不發的沉思著。

半晌，王溫轉移話題，和姑丈安清木邊吃、邊喝、邊談天說地、東拉西扯地聊了起來，其他人在旁很少插嘴加話。散席之後，王美菡和安清木商議關於是否讓安娜申請出國之事，大半夜，安清木經過反復的思想鬥爭才下定決心同意讓安娜去香沙港投靠舅母和姨媽。為了更方便申請出國手續，夫妻倆決定把安娜過給姨媽王美袖當女兒，因安娜跟姨丈安慶穩是同姓，不必改姓。姨媽王美袖只同意幫助辦理手續，其他的事情一概不理，以後的瑣碎事全由王倩單獨來負責。

星期一早上，王美菡就同大姐王美袖去繡嶺村的村委會辦理安娜過戶的事宜，村長爽快地答應並協助辦理有關手續，辦完手續之後，王美菡等不及吃午飯，與安娜匆匆地辭別安清木和眾人，二人搭車回菁山鎮了。翌日，王美菡利用工作的空隙四處走動打探誰的手上有出國申請表格，因出國的名額有限，表格非常稀缺

寶貴，而且出國的條件有分等級和緩急的。

王美菡在金溪縣的人脈很廣，很快的從朋友手上求得一份出國申請表格，但不是本縣的，而是鄰縣安南縣的。有了申請表格，出國的路邁進了第一步。這申請出國的步驟是：第一、繡嶺村村委會同意申請，核實申請人的身份之後在申請表格上蓋上公章；第二、石鼓鎮批准；第三、金溪縣公安局的僑務股審核批准；最後一關，泉興地區僑務辦正式簽發港澳通行證由縣僑務股派發給申請人。

王美菡為了安娜申請出國之事四處奔波，到處找門路，托朋友幫忙，忙忙叨叨的。

王溫、王倩兩兄妹回鄉十日左右就返回香沙港了，王美袖和陳巧弦姑嫂二人在繡嶺村的大洋樓住了將近一個月的時間也一起回去了。送別了香沙港的親人之後，柳雅絲帶著兒子回娘家。繡嶺村的王家大洋樓又恢復了原來的生活秩序。

第三十一章

黎明之前下黑雨　曙曦漸現

一曰：

防人之心不可無，人心在肚不可估。

害人之心不可有，蒼穹在上瞧清楚。

　　九月一日，安娜興高采烈的上高中二年級，這是上中學的最後一年，還是在第二班，仍舊蘇懷芹老師當班主任。開學的頭一兩天沒有正常上課，同學之間在謠傳著一個信息，就是很多青少年看了紅樓夢的小說之後，頭腦產生了愛情的幻覺，浸溺在小說中不能自拔，患得患失，神志靡頹。他們有的看了紅樓夢以後才熱衷於談戀愛，失戀後患上了精神病，有的自殺，有的殺人等等負面的事情。安娜聽了半信半疑，感覺有點危言聳聽，難於置信。自忖：紅樓夢這部小說未有什麼蠱惑人心、荼毒人魂的內容啊。怎麼自己看了紅樓夢這麼多年以來，頭腦還是這麼的清醒，心中不起波瀾呢？也許是當年自己才小學五年級的程度，而且小說是用繁體字的，有太多生字的原因吧？看了一知半解，還為賈寶玉和林黛玉這對有情人不成眷屬而感到惋惜和遺憾呢。

　　開學的第三天，班主任蘇老師在班上把這學期最後的兩本課本分發給學生之後，半响，他叫安娜到課室外的小樹下，安娜覺得很詫異，有不祥之感，因被班主任單獨叫去談話，一般不是什麼好的事情，這個年月壞事不斷，好事稀缺。

　　「安娜，聽說你曾經看過“紅樓夢”與“少艾日記”？」蘇懷芹低聲平靜的向安娜問道。

「沒……有看過……沒……」安娜半吞半吐的否認。

此刻，安娜內心非常不安，只是面部表情保持異常的鎮靜，儘量把驚慌的情緒硬生生地壓住，不讓蘇懷芹老師有所察覺。安娜微微傾著頭，雙眼注視著蘇懷芹。

「是這樣的，有同學向學校舉報你看過"紅樓夢"與"少艾日記"。」蘇懷芹臉無表情，淡淡的說。

「噢……」安娜輕輕的在喉嚨底發出一聲，沒有作出任何解釋，轉身向課室走去。

安娜進入課室後，坐在自己的座位上。驚慌地睜大雙眼，差一點兒失聲喊了出來，腦海中不斷思索著她曾經把自己看過紅樓夢和少艾日記的秘密告訴過哪一個同學？安娜翻江倒海般地想來算去，思量良久，今年以來，只有同學夏玟和安悅跟她走得最近。安娜、夏玟、安悅經常同路同行，放學的路上，三人行都是嘻哈山南海北的談論一番。

安娜終於回想了起來，曾經有一天，夏玟去安娜家找她閒聊，二人分別坐在床沿邊的頭尾。安娜講了兩個玄疑故事給夏玟聽之後，夏玟一時興起拉起安娜的右手掌仔細看了半日。

「安娜，你這掌紋真好，中間的事業線又長又直，還有一個M字圖樣。M字表示money，將來你一定會很有錢的。」夏玟面露微笑，深深的看了安娜一眼說道。

「也許吧？能夠承你的貴言就好啦。」安娜喜不自禁，抿嘴

一笑說。

二人越聊越投機，越聊越開心。斯須，安娜竟把夏玟當成掏心掏肺的知己來看待，因此傾心吐膽的把她之前看過"紅樓夢"與"少艾日記"的事情告訴了她。

這一刻，安娜心裡斷定是夏玟舉報了她，也許是安悅陪同夏玟一起去校務處舉報？因她們二人天天形影不離的在一起，但安悅卻是一個木訥少言、與世無爭和學業優良的女生。想著想著，不禁嘆息起來：人間道充滿了爾虞我詐的花招，假意虛情，表裡不一，到處佈下了陷阱，一不小心就會掉入了深坑，難於解脫。

安娜對舉報之事佯裝沒有發生過，更不敢當面去質問夏玟，見到夏玟和安悅時，表情若無其事，沒有顯示出有任何的不悅，就讓此事永遠是一個未被揭開的謎底吧。安娜在心裡自忖：俗語道"捉賊要在田，捉奸要在床。"自己看書的時候沒有人在場，可以完全否認。猜測是夏玟去舉報她，此事又得不到證實。再說了，看"紅樓夢"又有什麼罪啊？真的難於接受這種污蔑；看"少艾日記"這樣的淫穢小說的確不太好，可是自己看完此書之後，也沒有幹出什麼壞事呀，何必大驚小怪呢？

舉報的人也許是想讓我的政治前途有污點吧？獲得情報的人想把自己當成指標一樣抓起來批判或者是判刑？槍斃應該不會吧？想到這一點，安娜全身起了雞皮疙瘩，不寒而慄。接著，安娜想起阿媽已經為自己申請辦理出國的手續，暗自輕輕的吸了一口冰涼的空氣。

這個階段，上層的政治鬥爭非常激烈，基層的政治鬥爭同樣

是暗潮洶湧。一旦政治局面一百八十度的扭轉，金溪縣準備執行槍決的頭號人物是安清木，十六歲的高中女生安娜也有可能因看紅樓淫書而被判上十年八載的徒刑，屆時老安小安一起遭殃。這些年來，金溪縣三不五時會送給上面一顆人頭應景應時。這年頭兒，逢人只說三分話，遇鬼要跑得遠遠的。

少不更事的安娜，性情固執，心性驕傲自大，不合時宜，萬人不入她目，對自己屢次被同學舉報的事情竟然沒有好好自我檢討反省一二，反而對這種事情耿耿於懷，不能自釋。

過了幾日，九月九日，偉大領袖毛主席永久的辭別了紅色江山，全國上下舉行了隆重的追悼大會。華國鋒作為毛主席最放心的繼承人，成為了中國新的最高領導者。九月十一日，安清木從繡嶺村回到了縣城菁山鎮。這次逃亡了半年多，人生又是另一次重大的轉變，第三次，是華主席解放了安清木。泉興地區重新安排工作給安清木，任命他為金溪縣縣委副書記、縣委常委、縣革委會副主任。

安清木接到黨的新委任，心裡誠惶誠恐，思緒萬千。回想這十年來所遭受的種種困境和無緣無故的羞辱，對革命事業有些少的抵觸情緒，加上自己年紀快奔半百了，對於當官有點厭倦了。雖然這次安清木的官職提升了一大級，由於金溪縣明裡暗裡的政治鬥爭依然十分激烈，他怕自己對新的職位難於勝任，左思右想，於是他親自向上級領導推辭這個任命，同時他也表示願意繼續為黨和人民作出貢獻，只求保持原來革委會工業交通辦公室主任的職位即可。

安清木的推辭得不到上級的支持與批准，軍代表軍分區參謀長李波耐心的做他的思想工作，經過李參謀長的談話與鼓勵，為

了黨的事業能夠健康的發展下去，安清木才回心轉意接受了黨的新委任。

過了不到三十天的時間，十月六日晚，華主席、葉帥與其他的老革命帶領軍隊一起對肆虐中國人民多年的四人幫集團採取了果斷的措施。文化大革命宣布結束，一切虛幻無明、文攻武鬥、鼓唇搖舌之戰的殘酷冤孽遊戲正式落下了帷幕。

十月七日，殘日下，三二九的頭頭林催勝被紅色派的人抓起來隔離審查，查辦他在文革期間所犯下的罪行。翌日，誰知這林催勝思慮驚慌過度，求死心切，趁上廁所時跳下屎坑自盡，用一種最骯髒和殘酷的方式自絕於人民。紅色派的頭頭臣員就幸運得多了，因他們是站在"四人幫"的對立面，過了不久，他的官位連升數級。

秋盡，寒風微拂。

十月十八日，中共中央正式向全黨公布了粉碎"四人幫"的消息，舉國上下歡呼喝采四人幫倒台。安清木家裡的辦公桌子擺放一座華主席的白色石膏像，牆上貼上一張寫上華主席萬歲的彩色華國鋒標準像。

一時間，金溪縣到處傳聞著毛主席病重時給華主席寫的紙條："你辦事，我放心。"全國人民對於新的領袖，一切形式照舊，還是崇拜式的高舉華主席的旗幟把紅色革命進行到底。

打倒了四人幫，多年來壓抑在安清木心中的悲憤情緒和感觸像雄雞大水閘開閘時的水瀉了下來，他不禁暗自涕淚滿面。十月二十四日，金溪縣舉行一場慶祝粉碎四人幫的盛大遊行，安清木

激動地高舉大幅標語走在遊行隊伍的最前面，表達革命取得新勝利的喜悅。遊行之後，安清木回到家裡後，他的頭腦一直處於激動的狀態，竟然連續三個夜晚不曾合過眼，沒有好好的歇息。

縣一中也舉行了慶祝粉碎四人幫的活動。學校要求學生參加體力勞動的活動也減少了九成，飛機場的水稻田消失在無聲無息中，校園裡的菜園子也不必打理了，學校重勞作不重學的做法貌似已經畫上句號了。可是高中二年級二班的班主任蘇懷芹又奇發特想，想出在學校科學樓低層一間廢置的課室種植培養蘑菇。在菇房裡設置棚架，配置養料由同學們一起勞動，把牛糞、稻草、馬尿混合鋪陳在棚架上，其味道刺鼻薰人。放入菇菌和管理蘑菇的生長過程都是由班長林雨暉、勞動股長丁書勞和幾個男同學在負責操作，安娜和其他的女同學偶而去菇房探究一下。由於養植蘑菇的經驗不足，長出的蘑菇很少，有時候還要澆少量的牛奶給蘑菇，以助其生長得白嫩一些。不久之後，二班的同學就放棄了種植蘑菇的這個玩意兒。

四人幫倒台之後，安清木的堂兄安青寶的現形反革命分子帽子也被摘了下來，回到原來的小學當一名普通教師。被處決的民間藝人袁鳴龍也得到了平反，人死不能復生，有平反比沒有平反好。冤刑的後果並沒有任何政府官員被問責，所有的過錯都推給上層的"四人幫"身上。縣一中也沒有進一步的追查安娜看"紅樓夢"與"少艾日記"的事情了，憨直的安娜很快把這個被舉報的危機不當一回事，由於對"少艾日記"一直懷有羞惡之心，不好啟齒，她未曾向任何人提起此事。還有古井仔的頑童不再抄近路穿過安家住的職工宿舍大院了，一些惡作劇自然不再發生。

亂世中，大人小孩想要平平安安、無風無浪的活著都是一種奢想，世情都是："一榮俱榮，一損俱損。"

第三十二章　解除頭頂上的橫刀　大局已定

一曰：

> 春風化花雨，大地回春時。
> 愛國心不死，革命幹到底。

中國人民經歷了十年的內亂浩劫之後，百廢待興。受迫害的一批老革命家逐漸獲得了平反，政府不再強調知識青年上山下鄉去幹體力勞動了，很多事情也沒有之前管得那麼死板和嚴厲，注意力都集中在建設社會主義現代化國家的工作上。

十年文化大革命大肆破壞了中華民族的基業，還害苦了三代人。不但千年的優良中華文化蕩然無存，老實憨厚的民眾也不再互相信任了，有些人更是染上了空話虛語連篇的壞習慣。十年文革：老年人沒有過上一天的好日子，有的懷怨含冤而終；成年人常年處於爾虞我詐的鬥爭之中，對家國貢獻很少；兒童青少年碌碌無學而浪費寶貴的時間，科學文化後繼無人。文革之後的一段時間：政府的管治威信下降了，政府官員的領導措施經常受到民眾的抵制。社會上仍然一片灰頹的現象，殘山剩水不忍直視。

安清木又恢復了對革命的希望和熱情，他理想中的建立一個沒有壓迫、沒有剝削人的紅色中國的願望又有了機會。他和縣裡的同志正在一齊努力把文革留下來的爛攤子逐步收拾改善。在黨中央的領導下，金溪縣的幹部和軍代表首先把地方上的幫派逐一鏟除掉，其過程也是十分的尖銳與複雜，加上需要做的大大小小事情實在太多了，安清木天天忙得不可開交，安娜很少見到父親有一日悠閑的。

市鎮的年輕人就業機會還是少之又少,安川依然在農場勞動。

今年的春節是文革結束的第一個大節,安清木特別高興,買了一瓶白米酒,大年三十晚飯跟妻子兒女一起喝一杯。今後子女將各奔東西,一家人相聚的時間也會變得越來越少了。

之前,安娜很羨慕隔壁好朋友宋雲的父親當縣裡的高官,似乎她們一家大小很有榮譽感,子女出入有吉普車坐。現在,自己的父親安清木也是縣裡的高官,怎麼心裡絲毫沒有什麼榮譽感呢?想乘坐縣革委會的吉普車一兩次也是相當的困難。一個星期六的傍晚時分,安清木正好回家吃晚飯,聽聞他明天去石鼓鎮下鄉工作,王美菡想搭他的順風車回繡嶺村的娘家,安娜自然也想跟著阿媽一起去玩耍。

「明天早上你們二人不要直接去縣革委會的大院上車,九點正在宿舍後面的公路旁邊等我們。不要讓群眾看見你們乘坐公家的小車,這樣招搖過市,群眾心裡會有意見的。」安清木臉色嚴肅,正言說道。

「好啊,明天早上我們九點就在公路旁等你。老的,你做人也太膽小怕事,就搭一次順風車也怕別人看見。咱們院子的老吳才是一個材料科的科長,天天有人送禮物給他家,一家人吃香喝辣的,很是風光。」王美菡一邊回答,一邊酸溜溜地調侃安清木。

「你懂什麼?那些人貪圖了別人的財物之後,一定要辦一些損害國家利益的事。將來還不是吃銅吐鐵,說來說去你就是不理解,老愛胡說八道。」安清木滿臉急怒說道,雙眼狠狠地瞥了王

美菡一眼。

王美菡感覺老安生氣了，忙掩了口，轉頭去做家務事了。王美菡明知在大事上管不了丈夫安清木，只是平時總愛在他的面前嘮三叨四，東拉西扯說了一堆七七八八跟別人比拚的無聊話出來。

自從王美菡母女搭這次順風車之後，安清木推託開吉普車的老王和老黃師傅天天都很忙碌，再也不讓家人乘搭公車了。

"四人幫"垮台後，少了意識形態的逼迫，可是政府沒有實施大刀闊斧的改革，前進的步伐仍然是緩慢的。在青少年的教育前景上，看不到競爭向上的動力，大學之門遙不可及，畢業等同失業。僑鄉金溪縣的許多民眾的目光都投向了海外，有直屬海外親戚的人都在極積向僑務辦申請出國謀生。

安清木每天都會收到從各鎮各鄉送來寄來的人民來信，內容五花八門，有的他能力可以做到的就幫忙解決，有的他無力辦到的就擱下，有的不合理的訴求就不理會。家裡的辦公桌上疊放了一堆信件無暇處理，每日家裡門庭若市，有近與遠房的親戚、朋友、不相識的人來找他，來訪的人都有各式各樣的請求，他們把安清木家裡的紅磚地板踩得髒兮兮的，都是泥土鞋印。

近來的天氣漸漸變冷了，安娜剛剛吃過晚飯。

「阿爸，家裡天天來了這麼多人，一天到晚擦兩次地板還是不夠用。」安娜沒好氣地投訴。

「你懂什麼，俗語說：人的腳印最肥，有人來比沒有人來福氣多了。」安清木以教訓的口吻向安娜說道。

安娜聽了阿爸的話，覺得似乎有些道理，事實上，投訴也不能改變這個現象的。

菁山電影院每日放映的電影比之前多了，文革中後期的娛樂節目全部是京劇的樣板戲，很多青少年幾乎都會唱戲裡的京劇了。

縣一中的學生對學習仍然提不起幹勁，學習氣氛令人焦躁。特別是上英語、地理、歷史這幾門課，整個課室像菜市場一樣嘰嘰喳喳，很多學生都在不停的聒噪。安娜也忍不住和隔座的同學吳青蘿低聲拉三扯四的談話，青蘿為人嫻靜溫和，不好意思推辭她。這個年代的教師實在悲摧，學生還很不尊重他們，除了校長與班主任，學生不敢給他們起外號之外，其他科目的老師全部都有一個不太好聽的綽號：老番客、羅馬尼亞、歪頭等等。

這日，雲淡風輕，天色晶明。安娜上完體育課返回課室，抬頭瞧見黑板上寫了很多稀奇古怪的名稱：飛機場、大籃球、女特務、竹竿……

「青蘿，這個女特務是什麼意思呢？」安娜瞪大雙眼，露出了詫異的神色問道。

「安娜，這……女特務……好像指的是你。」吳青蘿眨了眨眼，半吐半露的擠出一絲笑容告訴安娜。

「這是誰給我起的外號呀？」安娜一臉慍色問道。

「近來電影院放映的蘇聯電影"列寧在十月"裡的那個刺殺列寧的女特務叫安娜，跟你同名同姓。黑板上的外號全部是班上的男同學給女同學起的，每個女同學都有一個外號，人人有份。」副班長庄寒翠禁不住失聲笑道。

經過安娜仔細了解才知道渾名叫做"飛機場"的是指一個女同學瘦得平胸如飛機場一般，叫"大籃球"的是有一痕巨脯，叫"竹竿"的是又高又瘦的意思。副班長庄寒翠生得白淨，有三分俏麗，又博得眾多男同學的青睞，所以她的渾名是"蔥頭"不太難聽，最貶義是叫安娜為"女特務"。

安娜看到班上的男同學給她起"女特務"的渾號，心裡覺得受的傷害忒大。安娜細細思量：男版伍又荏又出現了，班上的兩三個學習成績較好的男同學對我的意見最大，每次考試成績都被我壓住，屈居第二，哪有不怨恨我呢？所以把我形容成人人口中痛恨與欲誅之的壞人。深想一層他們只是在背後說我，而且女同學個個都有渾號，也就心平氣和了許多。

文革十年與痛批孔夫子的餘毒深入人們的骨髓和思想，人們不再尊師敬老憐弱了，變成欺弱懼強。文革時期文化娛樂乾枯乏味，學校的男生女生雙方見面都很拘束，連互相對話都不敢。青春期的男生的青青紅紅火花亂放，就擺弄一些給女同學編渾號來娛己娛人的玩意兒。

這一學期，安娜與班上的女同學參加學校的文藝舞蹈比賽得了冠軍，學校贈與每個參賽的同學一隻玻璃杯，這玻璃杯上還用

紅油畫筆寫上得獎項目和個人的姓名。安娜帶這獎杯回家之後，把它放在家裡最顯眼的地方，可惜玻璃杯的樣子不太明顯。過了不久，杯子上的字句慢慢地剝落了，這是安娜上學有史以來的第一個群體的獎項，遺憾不是個人的，可最終不能保留下來。

　　光陰飛逝，轉眼間一年又過去了。人們迎來了文革結束後新的一年——1977年。精神上少了枷鎖，只是物質生活素質變化不大。這個時候，有一種叫"的確良"的布料推出市場，這種布料雖然不涼快，但耐用不皺，而且色彩鮮艷，還有買這種布料不必用布票。"的確良"布料在全國風靡一時，王美菡管理全縣的布票工作也變得不那麼的重要了。

　　年初，安清木的弟弟安青淵的學院專門派了兩個校友來到金溪縣把他的冤案平反了，還讓政府給安青淵安排到農械廠當一名技術員，因安青淵是大齡了加上已經結婚生子，不能夠再上大學了。

　　今年春季之後，安娜就要中學畢業了。安娜想到畢業以後就得告別學校，心裡有點無奈和難捨，前途茫茫，申請出國之事更是困難重重，了無音訊。

　　新學期開學了，最後的一學期安娜班裡的幾個讀書好的男同學暗自商量著如何加倍努力學習。

　　「安娜，咱們班上的男同學看你這麼刻苦學習，這學期對你下了戰書，期末考試跟你作最後的較量，看誰能夠拿到最好的成績。我天生不是讀書的材料，那怕是反反復復的溫習功課到深夜，明天早上拿到試卷時就把昨晚上溫習好的題目忘了一大半。你是

一個好學生，我很期待著看哪一方會勝出。」蔣克同學咧嘴一笑說。

「噢，這樣很好。」安娜會心微笑點頭說，她很樂意接受男同學的挑戰。

蔣克同學是一個臉上經常帶著笑容的少年，雖然學習成績一般，但他開朗活潑的性格給同學留下美好的印象。原本安娜為了節省時間經常在小息的時候把作業順手做一做，為了讓男同學不誤會她死讀書，乾脆把這習慣改了一下，小息時跟女同學放鬆聊天。相反地，小息時，男同學都圍在一起討論數理化的課題，學習氣氛很濃厚。

日子過得真快，期末考試開始了。數理化三科最難的試卷，安娜都提前十五分鐘交卷，成績全部在 96 分以上，每當老師在班上宣布最高分數時，安娜看一看自己手上試卷的分數正好是她的。雖然學校不會給安娜任何的表揚和榮譽，但凡任何勝利都會給人帶來些少的喜悅。

學校並沒有給應屆畢業生舉行畢業典禮，班主任蘇懷芹和班長林雨暉商量決定在散學當天晚上在校園的一塊空地上舉行一個簡單的茶會，四年半的高初中學習期間，男生女生從來沒有正常聊過天。這晚，天氣不冷不熱，二班的全體男女同學都暢開心扉，不再靦腆，大方談笑。

很令人感到詫異的是：高中畢業之前，安娜年段的同學裡面竟然沒有產生一對戀人，難道是學生之交淡如水？

「安娜，你真厲害，咱班的畢業考試成績還是你拿第一名，聽體育科李老師透露咱們年段你的成績總分數也是最高的。」蔣克走過來衝著安娜笑了笑，低聲說道，露出一臉佩服的表情。

須臾，「噢……」安娜心花怒放，望向蔣克莞爾微笑應了一聲，心裡傲氣自誇還是我贏了。

九點正，茶會結束之後，大家也沒有相互說告別的話，就悄悄地各自離開了。

畢業之後，除了一些鄰居街坊以外，安娜很少再見到舊時的同學了。很多城鎮的畢業生依然到農場去勞動，以圖將來有機會被推薦上大學或者是被安排到工廠裡工作，青少年竟日閒呆在家裡也不是個辦法。

第三十三章　　走出家門　被迫提早老成

一曰：

老不知將老，幼不覺幼樣。
身衰不退場，年少趾高揚。

安娜對自己住的縣職工宿舍大院毫無眷戀，年長三兩歲的好朋友都陸續搬走或者到農場去了。這縣職工宿舍大院，十多年來的生活環境竟然沒有絲毫的變樣，只是大人變得蒼老了，小孩子長大了。

不日，安娜去了繡嶺村，戶口也遷到了那裡並且插隊在角西生產隊勞動，吃睡就在外婆丘良家的大洋樓裡，安娜獨自住在二樓的一個房間，一床一桌，一盞煤油燈，應簡則簡。安娜來到繡嶺村的時候正趕上農作物秋收之季，她馬上跟隨二舅母李熔去參加角西生產隊的農活。由於二舅父王幸嶺是角西生產隊隊長的身份，家門口天天人來人往的，二舅母李熔每日毫不吝嗇的在家裡煲一壺抗暑的粗茶水供給路過的鄉人，方便眾人解渴。

烈日當空，艷陽暴曬之下，安娜彎下腰雙手拔收成熟的黃豆，黃豆枝葉上下長滿毛毛，拔久了手都被扎破，汗水濕透了全身。一天幹二工活，角西生產隊給每人記八個工分。幹生產隊的農活是記工分的，農作物收成之後才根據每人的工分多少而分糧食。一個工分其價值微薄，安娜不禁內心感慨道：千年來中國的農民生活是最艱苦的。

沒過多久，安清木和王美菡急急忙忙的來繡嶺村探望安娜。當天晚飯後，夫婦倆帶上安娜走路去繡靈山腳下的軍營駐地找

林營長聊天。這林營長是永福省人，當過金溪縣的軍代表。林營長泡了三大杯的去暑熱粗茶，熱情地招待了他們。三個大人坐在軍營門外的櫈子上邊喝茶邊談天說地，四周草叢中的蟲蟲不斷低吟，安娜只是靜靜地坐在一邊旁聽，三人聊到了大半夜，安清木夫婦才站起身來辭別林營長。林營長怕夜裡不安全，叫了一位解放軍戰士護送安清木他們三人回去繡嶺村。這解放軍戰士是一位年輕的小伙子，背著衝鋒槍默默地走在他們三人的後面，一直護送他們到了洋樓的門口，說了一聲再見，轉身就離開了。此時，軍隊與人民還保持著魚水之情。

次日，早飯後，安清木和王美菡就回菁山鎮了。

這段日子正好是學校的暑假期，安娜跟隨生產隊的大嬸們只幹了一個多月的農活。

繡嶺村有一所由一位旅居菲律賓名叫王召華的同鄉華僑捐贈的小學，名繡嶺小學。位於村口的小學建築是倒T字型的二層樓房，全部用白麻色花崗岩石建成的，校務處設在二層，一層有一間偌大的禮堂，右邊是長條形的二層樓房用來做課室。學校前是一個正方形的大操場。

校長叫王福生，年約四十多歲，長臉，又高又瘦。因今季小學開辦兩班初中一年級的課堂，把原來的小學提升為中小學，這樣可以讓一些不願意走長途路到鎮上讀中學的小學畢業生不失學。學校沒有現成的教師只好向外面聘請，王美菡得知此消息後，隨即向王校長要求讓安娜在學校當代課教師，王校長一口就答應了，他還說代課教師每月的工資是30元。在正常情況下，教中學必須是大學畢業生，可是十年文革，整個繡嶺村沒有出一個大

學生，要到社會上找幾個大學生來也是不可能的，只好請高中畢業生來代課。

八月二十六日，星期五，下午二點正，一臉嚴肅的王福生校長身著衣角經磨洗有幾處稍微發白的深藍色咔嘰布中山裝，與全體教員在校務辦公室召開教職員大會。王校長很專業地對大家講了一大堆標準的話語之後，才逐一對每一位教員吩咐了開學的具體工作。

「安娜，讓你來教三年級的語文和算術吧？」王校長扭頭微笑看向安娜說。

「王校長，我不懂得如何教小學，小學生上課時很吵鬧，還有語文的拼音和算術的珠算我也沒學過，你讓我教初中的英語吧。」心高氣傲的安娜一臉不悅，急急地解釋道。

「英語已經說好讓蔡老師教了。」王校長眉頭一皺，朗聲說道。

「那我教初中的數理化也可以啊。」安娜滿懷自信地說道，她內心還想就算是教高中的數理化自己也完全可以勝任的，教小學反而不容易，因自己還不太懂得使用中華字典與漢語拼音。

王校長聽完安娜的請求之後，臉上划過一抹輕視的表情，心裡嘀咕著：你這個乳臭未乾的鬼丫頭，實歲才十六，不教小學還挑中學的理科來教，哪有女生喜歡教理科的，就你最愛出風頭，愛炫耀。看在你父親是縣委副書記的份上，我也只好遷就你一下囉，接下來不知道你會不會教呢？

「好吧，你就教初一年段兩個班的數學和物理。」王校長低了一回頭，開口緩緩說道。

「好啊。」安娜抿嘴一笑說，接著，心想沒得教英文有一絲絲的失望，因不久的將來自己去了香沙港英文還有用處。

最後，王校長又向全體教員補充了一些話，會議結束之前把教科書分發給各位教員，大家才散了。

安娜回去只稍稍把兩本課本翻了幾下，心想教書方式不必再學習了，就把上中學時老師教學的方法一五一十的照搬即可。

九月一日，星期四，開學這日，學校直接讓教員上課了。校務處安排安娜每日上四堂課，每堂 45 分鐘，小息 15 分鐘。課鈴一響，安娜毫不遲疑地走進教室，她滿腔熱情希望通過自己的教學能夠讓農村的孩子對學習有正確的價值觀，更希望他們將來能夠走出農村，不必一輩子呆在農村務農。

「老師好！」一班的全體學生齊聲大喊道，其聲音既純樸又自然，聽了令人感到舒服。

「同學們好！」安娜雙眼環視了整間課室，笑盈盈地回道。今日的第一堂是數學課。

安娜接著說：「現在同學們已經是中學生了，應該開始練習聽普通話了，因此我上課時會用普通話教學。」她的語音一落，大多數的學生一臉驚訝，有兩三個同學會心一笑，似乎覺得沒有問題。因在閩南小學老師上課時都用閩南語授課，中學才開始用

普通話。

安娜教完第一課，下課之前布置了一些作業給學生，還吩咐學生如有疑問隨時到校務處去問她。小息之後，安娜到第二班上課，同樣的是數學課。二班裡有兩個學生是她的表弟，一個是二舅父的小兒子叫王展現，另一個是三舅父的兒子叫王守義，兩個是同齡，已經十四歲了才上初一年。在農村很多孩子不愛讀書，因此有些孩子遲了兩三年才開始上學。

下午的兩堂課是物理，物理的第一節課是力學定理的槓桿原理。安娜來繡嶺學校教書的消息很快傳遍了整個學校和繡嶺村。雖然她的年紀不到十七周歲，乍看之下有十八九歲的樣子，體高已經是 1.68 米，生得斯文大方，皮膚白皙，烏黑的頭髮梳成兩條垂肩的辮子，兩彎濃眉，一雙明亮傳神的大鳳眼，小直鼻子，兩片紅潤的薄唇，姿容俊美，自認壓倒群芳。小息的時候，經常有三五個學生在校務處門口外探頭探腦的瞧看安娜，有的臉上一味呆笑，有的嘴裡直喊她是大學生。

安娜教了一星期的書，連續講課，喉嚨隱隱作痛，嗓子也沙啞了。過了一段日子，喉嚨不藥而癒，應該是當教師的職業病吧？她還有一個想法，為人師表，其責任要盡力把學生教好，讓學生能夠全面掌握課本裡的知識，一樣也不能漏掉。儘管每月工資 30元很微薄，可是她不會計較這些的，只是一心一意的把自己的知識傳授給她的學生。安娜當了教師之後，有一個感慨是自己曾經在中小學的試卷上為了取得最高的分數，常常為多取得一二分而不懈的努力，原來那一二個分數都在老師的手上拿捏著，有些東西忽略不見也就是那麼一回事。

晚上，學校經常在校務處開教職員大會，王福生校長在會上念中共中央下達的文件，講述上級的最新指示。在會上，安娜不管三七二十一，一面聽王校長的演講，一面批改桌子上一疊疊的學生作業，她一貫認為學生的學業大於天，慶幸的是王校長並沒有批評她這種沒有循規蹈矩的行為。

這一日，晚上，會議剛剛結束，王校長轉身就朝向安娜走了過來。

「安娜，吳老師請病假，明天下午第二節課正好你沒有課，三年級二班的語文你代她上一堂吧。」王校長微微一笑說，順手把課本交給了她。

「好的。」安娜接過課本低聲回道，心想代一兩堂小學的課是沒有問題的，而且這些小事她也不敢忤違校長的指令。

次日，安娜上完自己的課，下午，去代吳老師的語文課。

安娜剛剛走到講台前：「老師好！」、「老豬好！」學生們齊聲大喊道，有剛剛換牙的學生牙齒漏風，加上閩南口音重發出的普通話變成閩南語的"老豬好"，既好笑又可愛。

「同學們好！」安娜看向學生們，微笑回道。講問候語大家一定用普通話的。

安娜接著吳老師還沒有教過的章節講解了起來，上課不到五分鐘，全班的男女學生開始三三兩兩的說起話來，聒聒噪噪，整間課室登時鼎沸了起來，如同菜市場一般。安娜一時氣的臉色通

紅，不知所措。想發脾氣又不便，繼續講課又不能集中精神，只得強硬控制自己的情緒把這一堂課上完。安娜不禁自己思量著：當教師的工作實在太累了，如果將來自己一定要當教師的話，只有教大學才會感興趣的。

安娜已經在繡嶺學校教了一個月餘的課，除了手上的數理兩本書以外，並沒有其他的參考本。安娜決定給兩個班的學生來一次小測。晚飯後，她專心一致的在小桌子上把課本的例題和作業題綜合研究了一番，然後把題目的描述、路線和數字改變一下，作了數理兩科各自一份二頁紙的試題。

第二天，清早，秋雨綿綿，安娜走出大洋樓的門口，打著傘走過了兩條小徑，轉入了橫在繡嶺村中間的一條長長的赤土路直走到了學校。她帶來擬好的兩份試卷，需要刻字印刷，這刻字所用的工具是鋼板、鐵筆和蠟紙，先把方格蠟紙放在鋼板上用鐵筆把試卷的內容刻寫上去，還有鐵筆不能劃破蠟紙，萬一劃破，需要重新刻寫。安娜利用上課的空隙在自己的辦公桌上刻好兩份試卷之後，把刻字工具還給了校工老蔡，同時遞上蠟紙讓他幫忙印刷。次日，老蔡已經把兩疊各一百份的油印試卷交給了安娜。

一個星期前，安娜已經分別對著一班和二班的學生說好了今日與明日進行數學和物理的小測。今日，星期四早上考數學，下午復習物理，明天早上考物理。兩場小測的成績出來正常，每班有三個學生的分數在 90 以上，80 分以上的有九個，60 分及格以上的有三十多個，不及格的占少數。二班的黃秉子的成績最好，他是一個文靜乖巧的學生，父親是繡靈山上駐軍的軍官，跟家人隨父親住在繡靈山上。王校長看到安娜對教學認真執著的態度，也不再對她的教學能力存有疑異了。

讀書無用論的餘毒在金溪縣的民間仍然未消除，課堂上農村的學生比城鎮的學生更加喧囂聒噪，教書是一門清苦活。一班有一個十三、四歲的男孩叫王閱，學習成績一般，由於生得大頭粗腳，是班裡的孩子頭。安娜剛剛來上課的時候，這個王閱還算安靜，後來越來越吵，有時候功課拖延甚至不交。安娜為了讓王閱有正確的學習態度，她向其他學生打聽到王閱住家的地方，直接走到他的家向他的家長投訴，一路上還有一群看熱鬧的小孩子跟在安娜的身後，到了王閱的家門口，王閱的大兄長從家裡迎了出來對話，這大兄長聽了安娜的投訴後，只是頻頻點頭傻笑，什麼話也沒有說，安娜只好轉身悻悻然離開了。

　　紅陽轉淡，深秋暗。

　　隔周，下午，安娜剛剛上完一班的數學課，學生王閱手拿著數學課本急匆匆跑上來。

　　「安娜老師，這兩題怎麼做呢？」王閱左手拿著課本，右手把課本打開指著課本後面的兩個練習題，扯開嗓門問道。

　　「噢……這個章節我還沒有教你們呢，你想提前知道如何做，沒有問題的，現在我解釋和做給你看看吧。」安娜把題目仔細地看了幾眼，立刻耐心的解題給王閱聽，並且在練習紙上寫下所有的步驟與答案給了他。

　　王閱看見安娜很快就把他提出的兩道數學練習題解決了，臉部表情顯得很複雜。

　　安娜微微不高興地向王閱說：「下次你最好不要把未教的題

目讓我做，我一定會把課本上所有的章節按次序教你們的。還有我先鄭重聲明，如果你拿一些稀奇古怪不在教科書裡的題目讓我解題，我不一定能夠做到的。」須臾，不由開心的淡然一笑。

安娜不禁暗暗自言自語道："王閱你似乎來砸我的場子吧？你還是對我的專業不信任？你太小瞧我了，教這初中的理科對我來說是易如反掌，就算教高中我也行。"安娜小氣又自負的脾氣又發作了，經過學生的試探，一時，竟然想七想八的，不能釋懷。事實上，她對於文革前的數理難題，心中無底，恐怕不會解題。

繡嶺中小學雖然屬於農村的學校，學校的老師卻是人材濟濟，特別是才藝方面的老師更是出眾。教體育的王老師是體校出身的，教文藝的王易仁老師更是一身充滿了文藝細胞：笛子、二胡、小提琴樣樣精通，能歌善舞，還是排演文藝節目的高手。學校還有一個學生文宣隊，經常會去鄰近的駐軍地表演各種文藝節目給解放軍戰士觀賞。

有一天，安娜正在辦公桌上批改學生的中期考試卷子。

突然間，王易仁老師從她身旁走過，扭頭呵呵一笑喊道：「安娜，有一個長得很帥的男子來找你啦。」

安娜抬起頭往門口一望，什麼人也沒有，隨後不屑地說：「你亂說什麼呀，哪有什麼美男子來找我啊？」

「安娜，這易仁老師是在試探你有沒有談戀愛的對象。我的女兒可美呢，上次她從香沙港回來時，她的男朋友也跟著追了回來。」坐在安娜對面的王嫻老師淡淡地說道，須臾，眼中閃過一

抹炫耀的亮光。

「我⋯⋯沒有什麼戀愛的對象。」安娜和善的嫣然一笑說，接著低頭繼續改卷子。

這王嫻老師把她在海外香沙港的女兒說得貌若西子王嬙，忒能招蜂引蝶，尊貴無倫。安娜又抬起頭把王嫻老師的臉上細細一看，看不出有美人的影子，莫非香沙港到處都充滿了香花露水味？？一股好奇和羨慕感夾雜著在安娜心中來回翻騰。

王福生校長每次開會都是傳達上級的指示文件，對於學校如何更好的改善教學方法竟然從未提及，安娜只管"自家孩子自家抱"盡心盡力的把數理兩科教好。上課時個別學生仍然吵嗓，尤其是王閱特別厲害。

安娜一有假日就會回菁山鎮的家，有時沒有回去就把表弟王展現、王守義叫到面前溫習功課，提升兩個表弟對學習的興趣，她有一種善念總希望周圍的同輩人有所覺悟與進步。

年底政府宣布恢復高考，王美菡把這消息壓住不讓在農村的安娜知道；安清木提議讓安娜參加高考，但王美菡堅決不同意。理所當然，安川參加了第一屆的高考。

一個學期快要結束了，初一年級數理期末考試的成績也是正常的，軍官的兒子黃耒子的成績最好，都在 93 分以上，有兩成左右的學生考試不合格，在 60 分以下。學期結束之前，學校並沒有舉行什麼活動，靜悄悄的散學了。安娜略有不捨地離開了這個昔日可聞書聲琅琅之地。

寒假一開始，安娜就帶著幾件換洗衣服回到菁山鎮的縣職工宿舍大院的家裡。由於她每月的工資才 30 元，剛剛可以抵消簡單的生活費，沒有餘錢送給外婆，甚是遺憾。心想總有一天生活會大好起來的，到時候才送一大筆錢給外婆，讓外婆得償所願。她沒有想到人生有的時候是經不起等待的。

　　農曆新年過後，華夏迎來了駿馬年。王美菡沒讓安娜回去繡嶺中小學代課了，向學校辭職和清理安娜在大洋樓房間的事務全部由王美菡一手包辦。王美菡還向親戚朋友說安娜代課是小孩子教小孩子的事情。

　　安娜回到縣城才知道高考的事情到處傳得沸沸揚揚的，她立即把高中的課本拿起來看一看。縣一中舉辦了高考復習班，班主任蘇懷芹還特意幫安娜報了名，同學碰到安娜都問她到底是報北大還是清華，安娜聽了只報以一臉的苦笑。這四方八面的信息把安娜的心弄得七上八下的，精神上有左右為難的煎熬，她對接受高等教育的願望太熾烈了。可反復思量著自己名義上已經給了海外姨媽做女兒，中共組織是不能接受有異念的人，就算能夠上大學，自己的政治前途也會沾上一些瑕疵的，再加上母親王美菡執意要她出國，打算將來讓她嫁個有錢人。她沒有去縣一中參加復習班，只好在家乾著急。

　　安娜在家無所事事，天天煮午飯和晚飯。自從好朋友許珍妮到農場勞動以後，很少再見到她了。

　　過了不久，文化館組織了一個寫生小組，由洪石韋老師帶領安娜、小英和本縣的青年美術愛好者到沿海地區的龍壺鎮寫生，一組有八九個人。眾人乘公交車到了龍壺鎮，寫生組裡有一個長

得頗有帥氣的青年叫陳飛閣，年約二十上下，身材高挑，他的畫作還曾經獲過國家的獎項，家住龍壺鎮。他帶大家到了海邊寫生，組裡還有一個男青年叫楊建喬，他跟陳飛閣是好朋友，二人一高一矮、一前一後的走在一起。喜歡美術的人都知道什麼叫寫生，寫生就是把真實的風景或是人物速寫描畫下來，去蕪存菁，初學者都用白紙、鉛筆作畫。安娜的美術天賦與基礎比其他的同學差了很遠，她畫不出好的寫生畫，這次多認識了幾位學長，全是男生。洪石韋老師為人很是樂觀幽默，講了許多笑話給組裡的學生聽，最後大家一起拍了幾張照片留念。第二天，下午四點，大家才乘車回菁山鎮，這次是一個既難忘又愉快的短期學習旅程。

這段期間，晚飯之後，王美菡經常帶安娜去縣委書記高樂祖的家裡閒聊，順便懇請他高抬貴手讓安娜早日獲准出國。安川的高考成績也出來了，所得的總分數剛剛超過全國大學的招生線，他被永福省大學錄取了，安排到生物系，他的頭三個志願科系皆沒能達成。許珍妮考上了省師範大學，安娜那個年段參加高考的同學很少有達到大學最低錄取分數線的。據說這場十年文革所積壓的考生多如牛毛，考生年齡差距有十歲之大，競爭超級的激烈，有的考生取得招生的分數也只能去省師大臨時開辦的專業課程學習，不得入大學的校園。

時間一轉眼就過去了，到了七月，幾經周折，安娜的出國申請經高書記幫助批准之後，王美菡母女去了軍分區拜訪李波參謀長的家，李夫人熱情地招待了她們二人。中午，李參謀長身著軍裝，雙手臂穿上藍色的套袖，笑呵呵地親自下廚煮了兩碗麵給她們吃。李參謀長與安清木年齡相仿，中等身材，玉樹臨風，他那和藹可親、平易近人的作風感動了安娜。出國的最後一關是經過李參謀長的幫助才獲得批准的。

這出國的通行證是如同唐僧肉，人人想吃一塊；也好像取得通往財富自由的門票，人人趨之如鶩，十分的向往。可是今年初，安娜的三舅母許貴英從香沙港來信說："她去年到了香沙港至今，因語言不通，就業困難，生活很是艱辛。香沙港是富人的天堂，窮人的地獄。"年少高傲的安娜聽到舅母的這些言論竟然無所畏懼，抱著既來之則安之的態度。

第三十四章

離別家鄉　前往藍色米字旗的花花世界

一日：

> 在家日日好，出門路遙遙。
> 貌似青雲路，實底心焦焦。

這一日，清晨，晴空萬里，涼風陣陣。安娜換上淺紅色撒花襯衫和深藍色的長褲，眉梢眼角喜色盈盈，邁出家門，腳步卻是忙忙亂亂的，左右環顧，生怕被四鄰八舍知道她去領取出國通行證。安娜來到了僑務辦公室的外面，已見一群人站在大門口等候喚名取證，等了半日，終於聽到叫她的名字，安娜急忙忙迎了上去，從僑務辦公室的職員手中接過一小張貼有自己的照片、姓名、籍貫和蓋上兩三個紅色公章的港澳通行證，安娜心中一陣竊喜，把通行證小心翼翼地放入衣袋，轉身走回了家裡。

金溪縣出國的途徑只有一處，那就是每星期二有一輛開往廣粵省福網口岸的長途汽車，這長途汽車由石鼓鎮的華僑旅行社專門管理。安娜拿到港澳的通行證之後，王美菡便急火火的去華僑旅行社幫她買下星期二的車票，這車票包含路途上一晚的住宿和所有的餐食，路程需要兩整日。

七月十日，星期一，安娜把從小不捨得花的過年錢全部給了阿媽，挑了一套最難看的衣服穿上，把好的衣服留下，因想到家裡物質匱乏，帶走的東西越少越好。她也沒有帶任何行李，只帶一張通行證和五毛錢，以便路上買飲品來解渴。原本王美菡給她二塊錢，她說五毛錢就夠了。

下午五點，王美菡、安清木、安娜早早就吃了晚飯，王美菡和安娜神神秘秘的乘搭去石鼓鎮的公交車，安清木沒有一起同行，怕樹大招風，甚至連安山、安川也不知道妹妹安娜即將出國去了。

　　母女二人出家門前，「安娜，一路上小心，那張通行證來之不易，千萬不要把它給弄丟了。」安清木語重心長地叮嚀。

　　「阿爸，你放心吧，我會小心的。」安娜淡然一笑說。

　　「快走吧，不然會誤點的。」王美菡不耐煩的催促。

　　安娜與父親辭別時，並沒有絲毫悲傷的情緒，更多的是沉醉於美好未來的期待之中。當晚王美菡和安娜住在華僑旅行社，二人進入房間才一忽兒，安清木又神色匆匆趕來再三叮囑安娜出門在外要自己小心行事，這一出去是隔山又隔水，有事發生家人是不能夠及時幫上任何忙的，說完之後，就轉頭急步離開了。

　　翌日，清晨，王美菡和安娜吃過早餐。六點鐘，王美菡和安娜站在旅行社大門口汽車旁等待檢驗車票證件。

　　「安娜，你一到香沙港就要立刻給我們寫信報平安，你這一出去，阿媽也不能夠再幫你什麼了，一定要跟你舅媽或是姨母一起住，這樣我比較放心………」王美菡說著說著喉嚨就哽咽了，眼圈紅了起來。

　　「阿媽，你放心吧，我會按照你的意思去做的。」安娜認真的回道。

一會兒，華僑社的職員開始叫喊眾人上車了，安娜上了車坐在車窗前，王美菡滿眼淚水抬頭望向安娜，接著口中囉哩囉嗦的說了一大堆話，又千叮嚀萬囑咐叫她凡事要小心。車開了，王美菡心中仍然依依不捨，兩隻淚眼直瞪瞪地望著汽車遠去，呆愣愣的站了許久，才猛然用手抹掉臉上的淚水，轉身走去公交車站搭車回家了。

汽車一直朝前駛去，公路兩旁有整齊郁郁蔥蔥的木麻黃樹；附近僑鄉的村口都豎立著幾幢大洋樓，一路上沒有令人為之讚嘆的奇山異水風景。安娜坐在車裡，對離開生活了十多年的金溪縣沒有一絲的留戀之心，心情十分舒暢，腦海裡對前往的香沙港浮想聯翩，也無心與旁人交談。長途汽車有二位司機輪流駕駛，遇到就餐時段，司機把車停留在附近公路旁的食店，讓乘客下來上廁所、吃飯、舒展筋骨，眾人順便環視四周一圈，歇了半刻，司機又叫喊乘客上車了，點齊車上的人數，才關上車門，上了公路繼續前進。

長途汽車開到了永福省和廣粵省的分界線——潮州，兩省交界的這段公路沒有人維修，路面凹凸不平，車子顛簸不穩。經過潮州時，被一條大河阻隔，因沒有橋梁，車子乘客需要搭渡輪過去。車子開上渡輪之前，司機遞給渡輪的師傅一包永福省的鐵觀音茶作為禮物，二人還閒聊了幾句，看上去是老熟人。司機叫所有的乘客下車後，進入客倉裡呆著一直到對岸停船時才出來上車。

車子穿過潮州，也就是進入了廣粵省了，兩旁的農田寬闊了許多，不像永福省到處都是丘陵巒山，只是沿路的村莊沒有華僑的大洋樓，而是土墩平房居多，看上去村民的生活並不富足。天

色漸漸的暗了起來，車子開到了一家簡陋的旅館前面停了下來，司機喊著大家把隨身行李帶下來，安娜兩手空空跟隨大家下了車。這晚，司機和所有的乘客都在這家旅館食宿，安娜與一個大嬸同住在一間有兩張單人床的房間，幸好房間有提供牙刷、毛巾給客人使用，安娜盥洗完畢，就上床睡覺，須臾，她很快進入了夢鄉。

翌日清晨，根據司機規定的出發時間提前兩個小時起床，安娜吃過一碗稀粥、一些鹹菜和半個鹹蛋之後，又隨整車人出發了。一路上，安娜強忍著口渴，不敢買飲料來喝，因沿路的廁所實在太骯髒太惡心了，少喝水少上廁所。經過兩天的行程，下午三點，車子進入了福網的邊界停了下來，一位穿著邊防制服的人員上車檢查所有乘客的證件之後，車子才開入了福網區。

突然間，車上一個中年男乘客以高亢的嗓音喊道：「快到了，你們這些新港客即將踏入人間地獄，將來有你們好受的。」說完之後，他自己狂笑了起來，笑聲怪怪的。

車上沒有人回應這中年男人的話，看他的頭髮和衣著像是老香沙客。安娜聽了此番老話覺得不太准信，心中自忖："此人一定是不思長進和不耐吃苦，才發發牢騷吧？故意嚇唬新人。"

這福網海關地區周圍的環境比想像中落後了許多，農村不像農村，城鎮不似城鎮，土墩平房零零散散，有廢置的農田，一條破舊的鐵路。剛剛下過雨，地上坑坑窪窪的還有積水，遠處幾座筒子樓，這裡人口稀少，行人疏疏落落。天氣有點悶熱，車子開到了邊境關口前的停車場，安娜一下車後，立刻瞧見表姐王倩在不遠處四顧張望，她快步迎了上去。

「姐姐！」安娜面露欣喜，高聲喊道。

只見王倩一頭烏黑髮梢卷燙的短髮，身穿粉色縮褶娃娃裝寬條吊帶背心和淺水色的大喇叭褲，腳穿灰色的高跟鞋，右手拎著一個銀色的手提仿皮包和一個小膠袋，白皙瑩潤的皮膚，風姿綽約，成熟優雅，陽光下顯得更加美麗動人。

王倩聽到喊聲轉頭看到了安娜，高興地說：「你來啦！我已經等了好久，還不見你。」須臾，開懷大笑了起來。

她把小膠袋裡面放有一塊紙包蛋糕和一盒紙包的維他奶遞給了安娜。

「安娜，你一定餓了吧？這些先給你當點心吃，填填肚子。」王倩笑呵呵地說。

「好啊。」安娜輕輕地點頭說。

安娜接過表姐手中的飲品和蛋糕，站立著胡亂吃了。由於暈車浪，胃口不好，維他奶很快地喝完了，另一小塊蛋糕才吃了一半，剩下的偷偷和維他奶的空盒一起扔進了垃圾桶。半刻，王倩帶她走入福網邊境檢查站，檢查站上一邊是掛著五星紅旗，一邊是英國藍紅色的米字旗。五星紅旗這邊檢查證件的人員都是穿著解放軍軍裝的戰士，個個英姿挺拔。表姐帶著表妹順利走過邊境橋，前往不同的迷離世界。

穿過紅色邊境，經過一條小橋到了另外一邊貴族藍邊境檢查站，新移民和香沙港居民分別到不同的檢查櫃台。安娜排隊等候

查證，前面是一位男的青年入境處職員，身穿白色短袖襯衫、黑色長褲的入境處制服，頭戴一頂黑色的有一個皇冠徽章的帽子。半晌，輪到安娜了，她向前走了上去，把通行證遞給這位職員，他抬頭一看安娜，雙眼放亮，被她的美貌給驚了一下，那也只是一瞬間的事。他把證件打開仔細從頭到尾看了又看，一面看證件上的照片，一面抬起頭看了看安娜，校對證件與人是否相符，隨即在桌子上填寫資料。

「你叫什麼名字？」這位青年職員雙眼直視著安娜，用半鹹淡的普通話認真問道。

「安娜。」安娜微微驚愕地回答。

「你是不是在國外出生的？看上去你好像是混血兒。」青年滿臉笑容，又問。

「不是，我出生在中國，我從來不曾出過國門，這是我第一次出境的。」安娜面無表情，緩緩說道。

「噢⋯⋯」青年一面應一聲，一面用手大力往通行證裡蓋上藍色的印章。

「OK⋯⋯」青年朗聲道，接著伸手把證件還給了安娜。

安娜把證件小心放進口袋，耳邊穩穩約約聽到一種似唱閩南梨園戲歌調的粵語，一句話也聽不懂，不禁心裡忽上忽下的，憂慮重重。

表姐王倩已經在前方立著等候安娜了，安娜快步走了上去，挽著王倩的手，二人並行去乘搭火車前往市區。

　　香沙港位於中國東南方，與福網口岸僅一河之隔。第二次鴉片戰爭之後，清政府把她割讓給英國，成了英國的殖民地。內陸面積一千多平方公里，由大大小小的 265 個島嶼構成，人口約 500 萬，是一個美麗的海島。

　　晚清詩人公度有一首詩貌似香沙港市面上的風情萬物："沸地笙歌海，排山酒肉林。連環屯萬室，尺土過千金。民氣多儃行，夷言學鳥音。黃標千萬積，翻訝屋沉沉。"

　　這唯一通往市區的火車是由蒸氣火車頭推動的，安娜跟隨王倩走上幾級鐵梯進入了火車廂，裡面座位很少，很多乘客是站立著。站在安娜的不遠處，有一個身著杏色編織花 V 領寬袖上衣的女子，其身上的肌膚略隱略現，安娜感覺這裡的女子衣著大膽性感，跟國內的相差甚大。這是安娜第一次乘搭火車，一切都顯得十分的新鮮奇異。

　　火車到了香沙港市區的九鳳半島之後，王倩和安娜轉搭雙層巴士前往香沙港島，巴士開入了一條幽暗長長的隧道，車上的空氣變得悶熱了起來。

　　「安娜，這條是香沙港的海底隧道，就是在伊麗莎伯港的海底挖一條通道出來的，大陸沒有這麼先進的技術。」王倩嘴角揚起，面露笑容，得意洋洋，朗聲說道。

　　「噢……」安娜站立著單手抓緊巴士的扶手桿，她開始暈車

浪，臉色發白，渾身不舒服低聲應道。

雙層巴士穿過海底隧道後，轉上天橋過了兩站，王倩和安娜下了車，再乘搭港島區的地面有軌雙層電車，上了電車找到了座位，二人坐了下來，安娜坐在在電車上偶而聽到旁人的三言兩語都是陌生的。入了港島區，四周的人衣著穿戴更顯得整齊鮮艷，安娜心裡非常後悔來香沙港沒有穿得漂亮一些，比著別人，自己有點相形見絀，一直發急希望快點到達表姐的家裡。隨著電車行駛時發出"叮叮"的聲音，沿途兩旁的大廈林立，狹窄的街道上行人熙熙攘攘，行色匆匆，各種車輛把女皇道塞得水洩不通。這裡確實比家鄉繁華熱鬧很多，但比想像中的奢華遜色。

「安娜，到西陂了，我們下車吧！」王倩扭頭說道。

王倩投放一個銀色的硬幣入了收費筒，二人下了電車。

王倩接著語氣溫和說道：「這電車無論乘搭多少站的收費都是划一每人五毛錢，是全港最廉價的交通工具，只不過太花費時間了，車走得慢吞吞的，我平時就很少搭電車。」

「噢……」安娜扭頭看向王倩強勉一笑，應了一聲。

王倩帶領安娜穿過紅綠燈的道路，走上了港島區最長的女皇道，轉左又走了五十來步，越過一條小路，再行了十多步，來到一幢四層的唐樓，大門口的門眉上寫著三個繁體字"蟾宮樓"，門眉右旁釘著 66 號的牌子，這蟾宮樓看上去黑不溜秋的，大門的樓梯口四周盡是髒兮兮的還粘有一層黑色的油污。王倩和安娜一前一後上了階梯，到了第二層，王倩伸手往一個寫 A 字的鐵門

旁邊的門鈴按下，刺耳的門鈴一響，半刻，柳雅絲打開了木門。

「你們來啦。」雅絲很客氣地說，隨後打開了鐵門讓王倩和安娜進去。

王倩和安娜剛剛走到客廳裡，一個面容娟好略帶滄桑身著粉紅色短袖睡衣裙的女人從右邊的房間急促走了出來。

「阿慧，這是我的表妹安娜，今天剛剛從大陸來的。」王倩面帶微笑向這個叫阿慧的女人介紹說。

「啊呀！這個來對貨色了。」阿慧兩眼發光，睃了安娜一眼，笑吟吟地向王倩說道。

安娜聽了阿慧的話，心裡有些不自在。半刻，舅母陳巧弦從中間的房間走了出來。

「大舅媽。」安娜天真地喊道。

「你來啦。」陳巧弦平靜地說。

「阿媽，我回去我婆婆那裡吃飯了，阿虹還在等我吃晚飯呢。」王倩一面向陳巧弦說，一面眼睛望向安娜，須臾，轉身離開了。

眼前這間七百尺左右的唐樓，三面單邊有窗口的一共有三間臥室，另一邊有一間四十尺左右無窗的儲物間，客廳昏昏暗暗的，客廳有一台小電視機安放在一條矮櫃上，一套陳舊木製的餐桌

椅。王倩的表姐阿慧是二房東，阿慧自家住一間，中間房與儲物間分租給她的姑母陳巧弦一家三代人居住，左邊房分租給一對中年夫婦。

晚上，七點左右，陳巧弦煮了三菜一清湯，安娜胡亂吃了晚飯。她生性羞怯，從小到大出門不太敢吃親朋戚友的東西，加上母親一貫克儉的作風，在任何飯桌上，她都是小心翼翼的吃飯夾菜，吃個七分飽就停筷了。晚餐吃完之後，雅絲一開四切了一粒新奇士橙放在一個小碟子裡端上可以摺疊的方型餐桌，她拿了一塊給安娜吃，安娜第一次享受到飯後吃水果的樂趣。

晚餐過後，安娜一面很想幫手洗碗筷，一面害怕打碎器具雜物，也就沉默不敢有動作。過了不久，安娜向雅絲借了一套短袖配長褲的睡衣，到浴室洗了一個水龍頭有花灑的冷水浴，倍覺心曠神怡。她已經好幾年沒有入浴室洗澡了，很多年前的夏天，她經常叫隔壁宋雲的妹妹宋麗帶她去革委會的浴室洗有花灑頭的涼水澡，因當時她的父親安清木不再是副縣長了，她膽小自卑不敢自己去。另外一個更加令人開心的是這裡有乾淨的廁所。

安娜的表哥王溫並不在香沙港，去年初，雅絲和兒子來了香沙港不久，他便去菲律賓謀生了。今年開春，雅絲又生了一個女嬰，四口人住在這一間半的房間，甚是擁擠。阿慧和三個兒子住一個臥室，她的丈夫也是在菲律賓謀生，長年不著家。這裡加上安娜一人，大小一共住了十一人，三個家庭共用一廚一廁，上廚房入廁所也要看准有空隙才能進入。入夜，屋內四處三不五時有一兩隻小蟑螂出沒。

七月中旬，香沙港的天氣既酷熱又潮濕，氣溫經常是超過 30

度。安娜的大舅母陳巧弦一家人習慣上比較早休息。大房一張雙人木床，儲物間一張小鐵床，雅絲和一對年幼的子女睡在大房裡，陳巧弦睡在儲物間；這儲物間是密不透風的暗間，又沒有電風扇，在炎夏裡，室內溫度至少有40度左右。

雅絲的臥室騰不出可以讓安娜睡覺的空間，陳巧弦把自己床上的草蓆和一條毛巾毯子拿給了安娜。雅絲臥室的房門只好敞開著才有足夠的空間讓安娜在地上鋪睡，她把草蓆鋪在從臥室的門框伸延至雅絲的大床底下。這二日旅途疲勞困頓，且安娜沒有擇蓆之癖，身子躺在木地板上的草蓆，頭橫在門框內、雙腳伸入床底，蓋上毛巾毯子，她把毯子蓋住了她的整個頭，只露出了鼻孔呼氣，這樣乍看之下分不出男女，伴隨著女皇道上車水馬龍的震動作響與電車有節奏"叮叮"的聲音，她很快地進入了夢鄉。半夜三更，雅絲端著嬰兒的尿壺出出入入對安娜沒有絲毫的攪擾，安娜天生好睡眠，夜晚不需要起身上廁所，每次睡醒時就是天亮了。

翌日，星期五，這裡的早餐都是吃西式的麵包，安娜早上吃了兩片抹了花生醬的"生命麵包"，王倩就來了。這兩天，她特意向工廠請假來幫表妹安娜辦理初入港的事情。她帶給安娜一件黃色大圓領的無袖棉質上衣，一條深紅色撒花小啡葉及膝仿絲的裙子，一個胸罩。

「安娜，這套衣服給你穿吧，我買來才穿過一次，還是很新的。」王倩笑嘻嘻地說，把衣服和胸罩遞給了安娜。

「好的，謝謝！」安娜禮貌地含笑說。

安娜接過衣物走進洗手間把衣服換上和戴上胸罩，把舊的衣服放入塑料袋後，立刻扔到門口外的垃圾桶裡，轉身走到廳裡，王倩雙眼一亮，把安娜上下掃視了一遍，雖然這套暖艷色的衣服跟安娜的年齡有點不附，看上去她還是小美人一個，王倩內心一陣竊喜。安娜也是一個有要求和富審美觀的人，畢竟自己從遠方而來，空手入港欲套金狼，萬事隨意罷了，表姐的饋贈，歡喜還來不及，怎敢挑三揀四呢？

王倩帶安娜去灣角的入境事務處辦理身份證。在入境處顯眼的位置掛著英女皇的頭像。入境處先發一張臨時身份證明書給安娜，三十天以後，再來換取正式的身份證。由於安娜還不滿十八周歲，拿的是兒童身份證。辦好身份證後，王倩帶安娜去銀鑼灣逛商場，買了夏天衣服和睡衣各一套送給了安娜，還給她十元作為零用錢。午餐時段，表姐妹二人去麥當勞吃漢堡餐。大半日，二人已經走遍了半個港島區，進進出出各個有冷氣的商場店鋪，全身時冷時熱的，二人的腳板走累了才回去蟾宮樓。王倩送安娜到了母親陳巧弦的家門口，就急溜溜的離開了。

第三十五章　　世上無後悔藥　勇於接受

一曰：

一富遮十醜，一窮百眼睃。

本是同鄉里，何苦惡言戳？

傍晚時分，陳巧弦煮了三菜一清湯：一碟白灼芥蘭，一碟香炒五花肉，四條香煎的小紅杉魚，一盆紫菜蛋花湯。

陳巧弦與孫兒王樂志、雅絲手抱著女兒阿貝圍著桌子坐下，安娜拿了一個碗和筷子放在桌上，她不假思索就拿起熱水瓶把水倒入空碗中，用熱水把碗筷燙洗了一下。

「噢？」陳巧弦雙眼一瞪，一臉錯愕的表情喊了一聲。

安娜知道不對勁，臉色一紅，硬著頭皮把碗中的水拿到廚房去倒掉。

飯桌上，安娜畏畏縮縮吃著晚飯。她吃到碗中最後一口飯，即將停下筷子時。

「安娜，把這尾紅杉魚吃掉吧。」舅母陳巧弦冷笑道，用手把碟子推到安娜的面前。

安娜知道這些紅杉魚是隔夜餸，已經有了異味，因沒有冰箱的隔夜餸很容易變味。如果不吃會惹來舅母的不滿，要吃卻很難嚥下喉嚨，只好咬緊牙關把這條異味的紅杉魚慢慢吃進肚子裡。

晚飯後，安娜向雅絲要了兩張信紙和一個信封，借了一支原子筆，寫了一封簡單報平安的信給父母親，信上她不敢透露自己來香沙港的半點實情。

安娜初次嘗到寄居親戚家中的滋味，心中暗自思量："大舅母比繡嶺村的二舅母有錢多了，可是她連一口熱水都不捨得浪費，在家裡阿媽美菡隔夜開水會倒掉的。我從小挑食，寧缺勿濫，在這裡就不一樣了，有時候窮人對金錢比富人更加看破一些。眼看舅母一家人回鄉衣著光鮮，實情在香沙港的日子過得不是很寬裕。自己真不該到這兒來啊，這次來香沙港，真是天下最倒霉、最失算、最錯誤的事！可是這世上沒有後悔藥呀？往後的日子有得受著呢。"

星期六，王倩忙於上班沒有來蟾宮樓。她和丈夫丁橋虹的表妹合租一套二房一廳的房子在離蟾宮樓十分鐘步行路程的一幢高級住宅，丈夫的母親烏費在附近另租一間小房，王倩夫婦倆兩餐都在烏費那裡吃飯。王倩的家翁也是在菲律賓經商，但已經離世多年了，烏費守著獨子丁橋虹過日子，她對兒子很是溺愛，因此對媳婦王倩有著三分怯懼。

星期日，王倩的老板黃先生約她一起吃飯和打麻將。安娜的三舅媽許貴英工作的製衣廠周日沒有加班，早餐之後，她就來帶安娜出去走親戚了，安娜把昨晚上寫好的信也帶了出去。她們二人乘搭電車去探望王美袖，電車經過四站後，拐進一條名叫春苗街的內街，瞬間，一陣油膩魚腥腐臭的味道撲鼻而來，安娜心頭一緊，這曾經讓她有著無限遐想的"春苗街"竟然是一條菜市場的街道，而不是春天秧苗般的如畫景致。安娜和三舅媽許貴英二人下了電車，瞬間，聞到如此難受的異味，安娜胸口一陣惡心，

她用手捂住了嘴巴，急匆匆跑到街邊蹲了下來，對著路邊的去水渠，嘔吐了起來，把早上吃的麵包和麥片都吐得一乾二淨。許貴英雙眉緊皺，臉繃得緊緊的，垂頭立在安娜身旁，安娜吐完了，身子站了起來，她遞了一張紙巾給安娜抹掉嘴邊的髒物。安娜深深地吁了一口氣，放眼四顧，整條街道的兩側全部是擺賣蔬菜水果雞鴨魚肉的大大小小攤位和店舖，對面還有一列賣衣服和小商品的攤位，地上到處都是一灘灘污水和垃圾雜物。少刻，二人轉身走入春苗街３號德全大廈。

這德全大廈是一幢七層有電梯的住宅，狹窄骯髒的大堂有一位老伯在當值。這樣的保安員無論在白天或是黑夜上班，一律統稱為"看更"，因為工資低，一般是上了年紀的老伯擔任這種工作。安娜的姨媽王美袖一家人就住在三樓Ｄ室。安娜和三舅媽搭電梯上了三樓，剛走到Ｄ室的門口，王美袖早就把木門打開在等著她們二人的到來，王美袖推開了鐵門，安娜和許貴英進入客廳在椅子上坐了下來。安娜初次見到了表妹安梅梅，阿梅年十三歲，生得面闊體肥，心性愚懵，行事言笑中稍微有點憨呆出格，正在香沙港閩南中學上初中。表弟安雄常常不著家，他幼年時不喜讀書，早晚在街上流連忘返，王美袖忙裡忙外的沒有注意管教子女，不知什麼時候他加入了社會上的黑幫，至今難以解脫。

「安娜，這隻日本製造的手表送給你，聽說你要來香沙港我就預先買好了。」王美袖臉上洋溢著笑容說，一邊把一隻Citizen的手表遞給了安娜，一邊拿兩包紙盒的檸檬茶給她們喝。

「謝謝！姨媽。」安娜說著接下了手表，帶著如陽光般的笑容把手表戴在左手腕上。

姨媽王美袖的二房東任意母子二人正好不在家，她們三人就在廳房裡閒話家常，一轉眼間，阿梅返回臥室自己玩耍了。

「阿英，中午你們在這裡吃飯吧？」王美袖眉頭一揚，眼睛看向弟媳許貴英，含笑說道。

「阿姑，你別客氣了，你忙你的吧，等一下安娜想去我那裡看一看，我們自己弄吃的吧。」許貴英扯開嗓音說道。

「我們也得走了，萬一房東任意他們回來，咱們坐在客廳裡，他會有意見的。」許貴英眉頭一縮接著說，不經意扭頭看向大門。

原來在資本主義制度下的香沙港，把資本的物質利益支配權發揮得分毫不差、淋漓盡致，個人財物的保障也是非常的嚴謹，可以是一針一線和分毫不差的計算法。租客向房東、二房東租用一個床位或是一間臥室，租客平時只能在付租金的范圍內活動，除了用廚房裡劃分好的寸尺空間或是使用廁所以外，租客不允許使用客廳、過道的任何地方。

不一會兒，許貴英和安娜就起身告辭了。她們乘搭電梯下來，二人走去許貴英租在不遠處的春苗街 15 號全安大廈。

「安娜，我就住在一樓，咱們走樓梯上去吧。這裡的電梯經常無故壞掉，如果困在電梯內就麻煩啦。」許貴英自言自語道。

「好啊，聽你的。」安娜隨口應道。

她們二人邁步走上了一樓轉角到了許貴英租的房子，這間住

宅正好在電梯口的對面。許貴英拿出門匙把折疊的鐵門和木門逐一打開後，聞得滿屋的油羶之氣，進入一條很狹窄的通道，右邊是一廚一廁，前面一間上鎖的房間，左邊二間房。許貴英租了向街的那間房，房裡放有兩張雙層單人的鐵床，她租在上一層，每月租金 200 元。房東是二房東，也是閩南人。許貴英早晚在鐵床的梯格爬上爬下的，床上三分一的地方放置了她的所有日常用品，房客到齊的時候，她還得坐在床上吃飯，因為租金廉價，生活起居很不方便。

「安娜，今天這裡的人都不在，你嘔吐後的胃口一定不好，我煮白粥給你吃吧，我剛剛買了一瓶台灣的醬瓜讓你嘗一嘗，這醬瓜特別爽脆好吃。」許貴英咧嘴一笑說。

「好啊，白粥很好吃的。」安娜高興地說。

安娜話音一落，三舅媽立刻去廚房煮粥了，安娜隨後跟了去廚房。因舅媽是用火水爐來煮粥的，必須時刻盯著鍋子，不然的話，粥很容易沸瀉了出來。粥煮了很久才熟，二人回到房間裡，安娜站著吃，許貴英坐在室友的床沿上吃，台灣醬瓜既鹹又甜，家鄉的醬瓜卻只有鹹味。二人吃完後，許貴英把碗筷鍋刷洗乾淨。過一會兒，許貴英送安娜回去。

「三舅媽，這裡的郵箱在哪兒呢？我有一封報平安的信要寄給家裡。」安娜一邊走下樓梯，一邊問道。

「那我帶你去吧，我們走路回去，沿途你也熟悉一下環境。這西陂不大，總共一條小的電力道，一條大的女皇道，旁邊的都是小橫街。」許貴英邊走邊說著。

「好啊。」安娜低聲回道。

「安娜，之前我寫信告訴你們："這裡是富人的天堂、窮人的地獄。"你不信，現在你自己親眼見到了。我這樣的大年紀，加上目不識丁，不認識巴士上的字，去遠一點地方都有難度，廣東話也聽不懂，想找一份好的工作更不容易，只有在製衣廠剪線頭，而且天天晚上要加班，才能夠多賺一點點錢。要是你三舅父早點來，我的日子會好過些。前不久，我在工廠門口看見工友帶著她的孫女時，想說一句讚美的話讓她高興，誰知道這工友聽了之後，馬上抓起掃帚打我。後來我才知道，這閩語"美"叫"水"，廣東話聽起來跟"壞"叫"衰"一樣，真是言語不通又不識字，到處碰壁。」許貴英接著愁眉深鎖，喋喋不休地訴苦。

安娜聽了三舅媽的一番話後，一時，無言以對，陷入了沉思，不禁茫然抬起頭望向天空，須臾，低頭心中自忖："這裡的天堂反倒是沒看見，地獄般的生活已經看見了不少，都說中華民族是個善於內捲內鬥的民族，一點兒也不假，金溪縣與香沙港的國人都一樣。還有街上的路牌全部是中英雙語，不要說廣東話不懂，就是英文不懂也像文盲一樣，哪有出頭的日子呢？我必須快點學好粵語和英文，只要生命還在，我是不會向命運屈服的。"

她們二人走到了女皇道的一間郵局，安娜把信件投入了在郵局外牆的郵箱裡。她們一路上走走瞧瞧，許貴英斷斷續續地扯了一大堆閒話，最後，她把安娜送到蟾宮樓的樓下，就告辭離去了。

安娜雙腳踏入大門口，進屋不久。

「喂！你進門怎麼沒有把門關好呢？萬一有壞人跟上來，有

什麼事誰來負責？」隔壁房間的中年男人怒氣衝衝，手指著大門，扭頭看向安娜大聲嚷道。

安娜聽了這個男人嘰哩咕嚕的話，儘管聽不懂他的粵語，但明白他說的意思，她雖然著惱，但不敢作聲，有沒有關好大門只是出自這個容貌黝黑瘦小的男人口中的責怪話。

這個男人看見安娜心裡就冒出一股無名怒火，安娜連正眼也不曾看他一眼，他心想：「這間屋裡只有我是成年男人，這個鄉下妹每晚裹著毛巾毯子不男不女的像個死人躺在地下睡覺，是什麼意思？還不是有意避著我，鄉下人扮高級菜。」

這兩三天不見王倩的影子，陳巧弦是個鐵石心腸、秋風不悲的婦人，對女兒王倩開始有了微言。

安娜剛剛吃過午飯，大舅母陳巧弦突然露出嚴肅的表情，冷冰冰地說道：「這王倩膽大妄為，把你帶來後，這些天連個影兒都不見。安娜，你來我這裡，我的責任最大，萬一你被壞人奸殺了，警察會來找我麻煩的。」

安娜聽了大舅母的話之後，心中忽覺澆了一盆冷水一般——涼了半截，低頭沉默不語。心裡暗忖道：「我為人保守膽小又自愛，哪有牛不吃水強按頭的事？我怎會被人奸殺呢？再說了，萬一我不幸死了，也就一了百了，你怕承擔什麼責任呢？為什麼要用這麼難聽的話來詛咒我呢？」

星期二，晚飯後，王倩來了，並告訴安娜已經幫她找到了一份電子廠的工作，朝八晚六，午膳時間停一小時，星期日休息，

每月工資 700 元。工廠就在不遠處，雅絲也在那幢工業大廈裡工作。明天早上，雅絲會帶她去工廠見工的。

次日，天氣炎熱，細風微拂。安娜吃過簡單的早餐後，她跟表嫂柳雅絲走了七八分鐘的路程，到了位於西陂的海洋工業大廈七樓一家叫雷利電子廠上班。雅絲送她到了工廠的門口，她自己進去工廠的人事部報道，她把臨時身份證給人事部的文員登記後，拿到一張印有自己姓名的出勤卡，再到門口把工作卡放入打卡機過了一下，工作卡立即印上她出勤的時間記錄，隨後，她被工廠的工頭帶去包裝部工作。

安娜坐在一條長長的工作桌子旁把已經成品的收音機裝入硬紙盒子。工作桌子旁有二排工人面對面在勞作，有的坐著，有的站著不停地進行產品包裝。半日，有一個年十五左右的少年走了過來，他的臉龐不自覺地抽搐了幾下，把擺放在安娜身旁的電風扇用手指按開電掣，瞬間，一股熱風直吹向安娜，她的長頭髮一時亂舞，頭髮把她眼睛的視線半遮住了，過了一忽兒，她站起來伸手把電風扇的風向轉撥到另一面。

「嘻嘻……鄉下人不習慣吹電風扇。」這個少年一臉鄙夷瞪了安娜一眼，半譏半諷的嘲笑起來。

眾人聽了這少年的調侃後，一時，咭咭呱呱，不斷地輕笑狂笑著。

安娜來香沙港剛剛才七天，聽不懂廣東話，但從少年的舉動和話音裡聽出"鄉下人"這三個字的意思。安娜覺得這個困眼朦朧的少年看似閩南的老鄉，可是為人舉止談吐對國內來的同鄉充

滿了鄙視輕蔑，當場傲氣凌人的揶揄她。

其實這廣東話並不是很難學的，短時間內就略懂一二了。粵語大部分的音調跟普通話和閩南語是同音型的，只有一小部分英語化和發音獨特的，只要把這小部分發音特別的粵語死記硬背下來，大致上就可以用廣東話跟人溝通了。

所謂的"鄉下人"是知識匱乏、眼界狹窄的人。有的人就算是住在黃金屋裡也是鄉下人；有的人隱居在深山老林裡卻是才高八斗的文化人。可憐見！擁有富貴眼的人觀人視物總是以金錢輕重來定斷的。

正午十二點，工廠的鈴聲一響，通知所有的工人可以下班了。工廠裡的工人蜂湧出來排隊打卡，大門口有一個印度男保安守護著，人人都得經過他的法眼掃視一遍，有掛包和袋子的統統都要打開讓他看一眼並檢查一下。安娜兩手空空的走了出來，她擠進了塞滿工友的電梯下了樓。她走回大舅母家吃了午飯後又到工廠繼續工作，第一天的體力工作下來，安娜覺得工廠比教書辛苦很多，廠裡沒得喝水，連上廁所也免了。

這電子工廠是香沙港工業中的一大行業，專門生產收音機、錄音機和收錄機等小型電子產品，正常一周工作六天，每日工時八個小時，工資最低，也是所有工廠裡最輕鬆的工種。

第三十六章　　　逆風逆流而行

一日：

> 蘿卜與青菜，人人有所愛。
> 強扭瓜不甜，安好人自在。

　　星期日，早餐後，王倩帶安娜去附近的伊麗沙伯公園遊玩和拍照。這伊麗沙伯公園是港島區最大的公園，公園的正門立了一座維多利亞女皇銅像，園內有各種各樣的康樂設施。夏季，青少年最喜愛的游泳場館天天開放著，公園到處有綠色的植物，棲居在園區的一群野鴿子飛來飛去；幾隻麻雀在樹梢上歡叫著；老人呆坐在椅子上曬太陽；還有讓安娜雙眼一亮的是看見一對對情侶毫無顧忌旁人的眼光在卿卿我我的談情說愛；有的甚至躺在草地上滾來滾去，王倩和安娜到處走走停停玩了大半日。

　　午餐時段，王倩請安娜到公園對面的酒樓飲茶吃點心。粵菜的點心是中式菜裡特別的一項料理，小點心以蒸炸兩種做法為主。雪白的叉燒包是安娜最喜歡的點心，因從小到大她最愛吃的是饅頭。

　　飲茶之後，王倩帶安娜坐的士去了西陂的另一端，在與春苗街隔一條天橋的路口停了下來，安娜拽著王倩的手，二人並行走入了一幢半新不舊的大廈——僑民大廈，她們上到僑民大廈十二樓的一個單位，二人還沒有走到門口已經聽到一股強勁節拍的音樂在屋裡震蕩翻滾著。王倩按下門鈴，來開門的是安雄，看王倩和安雄四目相交的神色，他們早就約好到這裡來的。王倩帶安娜進入屋內的客廳，她們找一個角落裡有椅子的坐了下來，廳裡光線昏暗，忽暗忽亮的燈光搖曳不停，音樂和喧鬧的噪音巨大，眼

前有十多二十個青年男女在跳的士高勁舞，女孩穿著很性感，有穿吊帶低胸的上衣和熱褲的，有穿露肩Ｔ恤和超短裙的，一個穿高跟鞋的長腿女孩扭動腰肢和豐臀在搖來晃去，一時肉香四溢。四周煙霧彌漫，酒味、香水味、汗味時而撲鼻而來，安娜覺得十分煩躁和厭惡，須臾，王倩從放滿各種飲品的小桌子上拿起一瓶可口可樂，打開來遞給了安娜。

「安娜，這是年輕人喜歡喝的美國可樂，你試一試。」王倩笑嘻嘻的大聲說。

「好啊。」安娜接過來喝了一口，她的心裡不禁暗自叫喊了起來："哇！這可樂太苦啦。"她放下可樂，沒有再喝第二口。

純潔無瑕的安娜雙眉微蹙，心情悶悶不樂，她對這樣的場合一點兒也提不上興趣，感覺自己的耳朵快要被巨音震聾掉了。少時，她對王倩示意想儘快離開這裡，她們沒有向安雄告辭就離開了。

安雄繼續在這裡跳舞、喝酒、吸煙、講髒話，眾人跳完舞之後，有幾個青年男女提前離開了，剩下的人一起玩"集體活動"，眾人黑日白夜忘我的顛耍，玩了幾天幾夜才各自散去。這些人裡有幾個還是未成年的少男少艾，香沙港的坊間對這些少年男女還有另外的別稱叫做："古惑仔、魚蛋妹"。

王倩和安娜走路回去，一路上表姐妹二人沒有閒聊什麼，王倩看到安娜對年輕人的狂熱派對不感興趣，甚至有些厭惡，她心裡很清楚安娜不是走這條道的人，從此不再提出與涉及有關此類的東西了。

近期，安娜十分關注在生活上、工作上所碰到的人群中的粵語對話，她想盡快聽懂這裡的方言。

「姐，這個廣東話的 " 褲子 " 是不是叫 " 夫 "，這個發音跟普通話和閩南話完全不一樣啊？」安娜好奇的向王倩詢問。

「我不知道，你很煩人，我沒有閒工夫教你廣東話。」王倩臉色一沉，不耐煩地說。

安娜碰了一鼻子灰，討了個沒趣，瞬間，沉默了下來，她們走到半路，二人分手各自回家了。

此時此刻，安娜很明白依賴別人的滋味，她下決心會在為人處世方面：步步留心，時時在意。回到大舅母家，她換上睡衣，洗了換下來的衣服，把洗好的衣服晾好，望向客廳，房東阿慧和她的三個兒子正在客廳裡看電視節目，安娜不敢跟他們一起觀看，因她知道租客只能呆在自己的房間裡，還有不可隨便使用他人的東西。

過了將近七八天，星期六，晚飯之後，王倩手上提著印有百貨公司商標的購物袋上來找安娜。

「安娜，這條連身裙借你穿吧，一會兒，我請你到下面的茶餐廳去飲奶茶，我介紹你表姐夫的朋友讓你認識一下。」王倩兩眼射出一道光芒，一面興致勃勃的開口說道，一面從購物袋裡拿出一條淺湖水藍吊帶縮胸的連身長裙遞給了安娜。

「好啊。」安娜順從的回道。

少女安娜穿上少婦的連身裙略顯性感成熟，腳穿白色條紋的平底涼鞋，露肩的連身裙襯托出安娜雪白的肌膚，鳳眼如盈盈秋水，長髮飄逸，看上去甚有仙氣宛如畫中人，王倩把安娜從上而下掃視了一番，十分滿意地咧嘴一笑。

「我們下去吧。」王倩擺手說道。

她們二人走去銀鑼灣菜市場旁邊的一間茶餐廳，剛到茶餐廳門口，丁橋虹在裡面揚手向她們示意，他的身旁還坐著一個年紀大概在二十八、九歲的男子。這丁橋虹的年紀大約三十出頭，生得小眼小嘴，唇色深紅，五官配得正好，皮膚黝黑，不高不矮，微胖。他的頭髮梳得服服貼貼，鬍子也剃得很乾淨，身穿杏色短袖襯衫和黑色的西褲。

「你們來啦，請坐！」丁橋虹起身笑吟吟地說。

丁橋虹身旁的男子也起身點頭微笑向她們二人示意打招呼，須臾，四人在桌子四旁各自坐了下來。

「安娜，這個是你姐夫阿虹，這位是阿虹的朋友阿善。」王倩逐一把眼前的這兩個男子介紹給安娜認識，安娜怯生生地坐著沒有出聲。

安娜第一次見到表姐夫丁橋虹，她不太喜歡表姐夫這種長相的男子，可是常常聽到表姐自言自誇阿虹是西陂長得最帥的男人。

「阿善，這是我的表妹安娜，剛剛從大陸來不久。」王倩含

笑向洪小善說道。

這洪小善身穿短袖紅色運動Ｔ恤和牛仔褲，生得五官端正，雙眼炯炯有神，臉頰稍微有點凸凹不平，身高 1.7 米左右，中等身材，略為瘦了一點點。父親在菲律賓經商，和兄長洪永在灣角開了一間叫"甜蜜蜜"的麵包西餅店，店裡最受歡迎的麵包是菠蘿包和雞尾包；只是麵包跟菠蘿和雞尾毫無關係。小善同母親兄嫂侄兒一起就住在這茶餐廳對面的大廈頂樓。他跟丁橋虹從小就認識，一直以來都是稱兄道弟的好朋友。

「阿倩，你們喝什麼？」洪小善滿臉笑容問道。

「我自己來點吧，安娜你喝什麼呢？」王倩快口回道，接著扭頭問了安娜。

「我不渴，別點了。」安娜低聲說。

「那不行，一進餐館不可以不點東西的，我幫你拿主意吧。」王倩急火火地說。

「麻煩你！」王倩揚手對著侍應生喊道。

侍應生急腳走到王倩面前，拿出紙筆候著。

「給我來一杯冰凍奶茶，還有給我一支飲管，給她一杯熱的阿華田吧。」王倩抬頭一面對著侍應生說，一面手指向安娜。

洪小善一見到安娜，頓時面露喜色，接著笑得合不攏嘴。

他笨嘴笨舌的談論了一些無關痛癢的話題，其他人喝著各自的飲品，過了半晌，四人起身，洪小善快走兩步搶先到收銀台結賬。須臾，大家相互告辭後，分開朝三個不同的方向離去了。

安娜寄居在大舅母陳巧弦的家將近一個月了，白天上電子廠的班，晚上裹頭裹臉的躺在木地板上睡覺，對於年輕又好睡眠的安娜並沒有邁不過去的坎；她心無芥蒂，因來之前有了一些心理準備，且對於自己的未來抱著十分樂觀的態度。前幾日，王倩辭掉了和丁橋虹的表妹合租的高級房子，夫妻倆搬家到電力道富貴大廈的頂樓 AB 室，洪小善把家裡的一間空房平租給他們夫妻二人居住。

一個月之後，安娜拿到了正式的兒童身份證；又過了七天，她領到第一個月港幣 700 元的工資。她不敢開口說要交錢給大舅母作為寄居的生活費，因這裡連一塊讓她休息的地方都沒有，再說了，舅母並沒有打算留她長住下來的意思。

「安娜，你人生第一次賺這麼多的錢，感覺如何呢？」柳雅絲好奇地探問。

「噢！沒有什麼感覺。」安娜語氣沉重地說道。

雖說安娜的父母親二人每月工資總共不到 200 元的人民幣，但起碼有房棲身。在這裡看上去好像賺很多，想找一處安身之地甚是困難。安娜領到工資後的第一件事情就是到電力道 38 號的通易英文夜校報名學習英語，她只報讀小學五年級的英文班。還有她特意去買了一部卡式錄音機和兩塊錄音帶，一塊是鄧麗君的歌曲，她甜蜜的靡靡之音翻動了人們青春的遐思；另一塊是貝多

芬第五交響曲"命運"，這首交響曲的確如顏驊老師說的那麼好聽和激動人心。未來的幾年裡，貝多芬的這首"命運"交響樂曲一直激勵著安娜去排除萬難與命運搏鬥，最終從黑暗走向光明。

又過了幾日，晚飯之後，表姐王倩來找安娜。

「我和你姐夫已經搬到阿善那裡住了下來，你也跟我們住在一起吧。晚上，先到阿善的母親房裡睡。他家的天台搭建了幾間房間，之前已經全部租出了，他說將來會在天台的客廳多搭一間房間出來租給你，這樣行嗎？」王倩兩眼注視著安娜，高興地說。

「姐，可以的。」安娜點頭微微一笑說。

當天晚上，安娜把自己的幾件衣服放入一個大的購物袋，手提著購物袋告辭了大舅母陳巧弦和表嫂雅絲；也告別了一個多月睡地板的生活，跟著王倩到了富貴大廈的頂樓洪小善的家暫住。原來洪小善的父親買了 AB 二間連天台的房子，AB 室打通成了四間臥室和客廳、廚房、廁所各兩套的大房子，上面天台搭建幾間房間分租了出去。王倩夫婦和洪小善住 B 室；小善母親、兄長洪永夫婦和他們年幼的兒子住 A 室；小走廊圍起來做過道連接著一扇大鐵門。

王倩買了一張尼龍摺疊床給安娜，晚上安娜打開尼龍床在小善母親的房裡睡覺，早晨起床後收摺起來，只是沒有講到要交租金的事。從小不愛做家事的安娜，也得開始獨自煮飯給自己吃了。還好她可以隨意使用小善家裡的廚房用具，既省錢又省事。

洪小善一家人對安娜非常熱情客氣。第二天，晚飯後，小善

的母親阿嬸、嫂子和侄兒三人坐在客廳的沙發看電視，安娜也坐在一旁跟她們一起觀看。不知不覺中安娜猛然發現她們三人早已進入臥室裡睡下了，夜越來越深了，安娜走到電視機前面想把它關掉，可是不知道哪一個按鍵是關的，又不敢胡亂操作，也不敢去打擾阿嬸和小善的嫂子，心想今夜要看電視看到天亮了。安娜正在急得像熱鍋上的螞蟻，十分無助之際，大門有了動靜，洪永回到家裡來了，安娜立刻詢問他如何關閉電視機，洪永伸手幫她把電視機關掉後，她才敢離開客廳，入房去睡覺。從此以後，安娜再也不敢看電視節目了，還有她覺得看電視會占用學習英語的時間，她沒有條件去浪費時間。

每天，安娜下班後胡亂吃了之後，把書本、鉛筆和橡皮擦放入購物袋，提著袋子走去通易英文夜校上課。星期一至星期五晚上都有課，課本是針對成年人學習的速成英文，一年的課程用半年完成，中五上完以後還可以跟日校的中學生一樣同時參與政府舉辦的中學會考，這個成績是政府官方認可的。

自從安娜在富貴大廈住了下來，她很少與小善碰到面。因他除了是"甜蜜蜜西餅店"的老板之外；還是做麵包西餅的師傅，凌晨三四點就得去店裡做麵包了，上下班時間跟安娜不一樣。香沙港的麵包烘焙師傅行裡有一個奇怪的條規："老板不能炒師傅的魷魚，不然的話，全港的師傅誰也不許去打這家老板的工。"因此老板小善自己親自做麵包有一定的優勢。

有一天，安娜在客廳裡無意之中看見小善平時愛看的報紙是一份名叫"生報"的報紙，報紙首頁全部是賭馬跑馬的東西，次頁竟然是滿滿的炙熱淫穢的性感女郎，其言語內容寫得更是骯髒不堪入目，這一看把安娜嚇得心府亂跳，暗想香沙港的人跟家鄉

的人太不一樣了，不禁對小善起了輕視之心。

香沙港小學五年級的英文比國內高中的還稍微深了一些。夜校的老師都是一些持有不受英政府認可文憑的人士，有點懷才不遇，有的教學技巧頗有水平。安娜經過一個多月的摸索和學習，上課時基本上能夠聽懂老師的粵語。每晚，安娜上完夜校，走路回到家裡已經是晚上十點以後了，洗完澡，接著復習課本和做作業。有時候，安娜放學回來，表姐夫丁橋虹會到街口去接她，因挨近富貴大廈的轉角菜市場的街上黑燈瞎火，人影稀疏。

這一天，晚上十二點以後，安娜正在洗手間手洗衣服。

「安娜，來香沙港確實太辛苦了，你三更半夜才在洗衣服，誰會相信呢？」洪永下班回家後，走過來半開玩笑說道。

安娜抬起頭對他禮貌的微笑了一下，表示回應，接著低頭繼續洗衣服。

香沙港的夏天灼熱潮悶，街頭巷尾時不時有股異味沖出來。安娜在沒有冷氣和電風扇的房間裡睡覺，天天汗流浹背。她看到這裡的人對水電石油氣的用度很是關注的，因此不敢隨便使用有消耗能源的物件。

時間過得真快！她從蟾宮大廈搬到富貴大廈已經快兩個月了。小善一家大小對她甚好，有時候，阿嬸還把賣不完的菠蘿包、雞尾包送給她吃，凡是麵包類的都是她的心頭好，安娜心裡是滿滿的感激。每天早晨，小善的母親阿嬸站在大門的玄關內念佛經"大悲咒"，阿嬸個子不高，白白胖胖的，是個可親的長者。

秋風裊裊吹南島，淫雨綿綿落鎖窗。

星期日，午飯後，安娜下樓去菜市場買菜，賣菜的大叔當面說她一定不是本地人，因她腮頰緋紅。安娜隨便買了一樣菜就回來了。從小到大她不喜歡入廚房，煮食就不講究了，因為收入有限，加上白天進工廠，晚上讀夜校，生活上就隨隨便便了。她天生有一種百折不撓的性格，雖然有算命師曾經說她活不過四十歲，但她依然樂觀面對人生，堅持自己的夢想一直走下去，命運總有改變的那一天，她一門心思希望讓父母家人早點過上好日子，以報答雙親的養育之恩與疼愛之情。

「安娜，我有些話要對你說。」王倩眼神向上一瞟，笑眯眯地說，她也是剛剛從外面回來。

安娜莞爾一笑，「噢⋯⋯」了一聲。

「是這樣的⋯⋯阿善他今年已經二十八歲了，為人勤力老實，他還是爸媽最疼愛的小兒子。他十幾歲就入行學做麵包西餅了，後來跟他的大哥阿永在灣角開了一家麵包店，生意還不錯。他們家有兩套房子加上天台有房出租，在我們的朋友之間算是富裕的啦，因他娶妻要求美女，加上挑三揀四的，到如今還沒有找到合適的人。之前，你姐夫向他說有一個漂亮的表妹就要來香沙港了，他一直在等待著。還有他的阿媽也喜歡你，你沒有嫁妝不要緊，阿嬸說會私底下給你二三萬塊錢讓你去購買首飾嫁妝。女人被愛比愛別人更幸福，還有你先考慮一下，不著急的。」王倩像說教一樣的娓娓道來，兩眼緊緊地盯著安娜。

「噢⋯⋯我還小，暫時不想找對象。」安娜用手指緊扭著白

襯衫的下襬，毫不猶豫的一口拒絕掉，臉上褪去了喜色。

王倩遭到安娜的拒絕心裡有些惱火，但她知道安娜心高氣傲，一時難以說服，只好慢慢來，將來她回心轉意也是有可能的。須臾，王倩只得訕訕地離去了。

又過了幾日，正午之後，安娜剛巧從工廠下班回來，走到大門口聽到阿善母親在跟別人講電話。

「……那有啊……我小兒子還沒有找到女朋友呢，人家大陸來的還不肯啊。」阿嬸半訴苦半譏諷說道。

安娜不好意思的從阿嬸身邊走了過去，此時，她想如果有經濟能力得儘快搬走另覓住處。她不禁在心裡暗自嘀咕道："雖然這裡的人口口聲聲說我是大陸妹、鄉下人，可我一點兒也不為此感到自卑。我有自己的要求，我喜歡的人也要是帥氣又有學問的。至於錢嘛……這是我從來不擔心的問題，憑藉自己的努力，將來是會有的。現在阿善口袋裡是有些錢，並不代表是萬能的。不說他的年齡偏大，而且三觀跟我更不一致，他還帶些市井的俗氣，偶而還會吃酒賭錢，眠花問柳。"

星期六，晚上十點以後，安娜急忙打電話給三舅媽許貴英和只身來香沙港不久的友人劉蓮，分別懇求她們一起合租一間臥室，她們都推說舊租約未完。安娜只好耐心等待，別無他法。

以安娜每月 700 元的工資是租不起一間單人房的，最差的梗房每月租金也要 500 元起，板格房也要三四百元，只是市場上板格房的貨源很少。如果是合租大房的一個床位是 200 元左右，可

是室友都是一些高齡的婦人，有的還是小腳女人，到處充滿了頭髮上的茶油味，衛生條件極差。安娜從小愛乾淨又有孤僻，因此左右為難，難於找到合適的住所。

安娜暫時棲身於洪小善的家是莫大的幸運，表姐王倩對她也是千好萬好。住了三個月餘，她的體重一路飆升。因此，香沙港金溪縣一中的幾個校友在竊竊私語：「咱們學校的那個安娜來了香沙港之後，她像是又變了一個人，胖得圓滾滾的，再也不漂亮了，簡直認不出她來啦。」這些話不脛而走，像風一樣吹到了安娜的耳朵裡，她聽了覺得渾身不自在，一些同鄉的眼光無時無刻都在盯著她呢，安娜仔細照了鏡子看了又看，感覺自己是胖了不少，還不至於太醜吧？只是女孩子要一直保持美麗動人的確是一件很惱煩又不易的事情。

時光飛速，星期日下午，安娜在客廳的桌子旁溫書。

「安娜，阿善已經叫裝修師傅在天台搭一間房子讓你住，你上去看一看吧。」丁橋虹小嘴一咧笑道。

「好啊，等一會兒，我上去看一看。」安娜緩緩地說，須臾，她的心中感到七上八下的不是很舒坦，畢竟上次阿善遭到了她的無情拒絕，令他的自尊心受到了一些傷害。

安娜從水泥石階走上天台，這是一個僭建的房子，裡面住了幾戶租客。她一到門口，大門一直是敞開著的，似乎這些租客平時不習慣關大門。

「這是他們叫人剛剛做好的……」一個身穿雜花恤衫的大嬸

努了努嘴，冷冷地說道。

哇！一座 2 米高左右粗糙的木板櫃子橫在她的眼前，她走過去把櫃子門打開一看，這是什麼板格房呀？做衣櫃和棺材略嫌巨大，做睡房只夠一個人躺平，翻個身也困難，加上沒有窗口，一旦發生火災，立馬變成炭燒中豬。安娜看後，滿臉紅漲，羞恥和懊惱使她一句話也沒有說出來，轉身快步走下了石階，回到了住所後，丁橋虹早就離開了。

從這日起，安娜的心情變得有些沉重，她離開富貴大廈的念頭更加的急切了。

第三十七章　　漫天諷言諷語　四處陷阱

一曰：

　　陋室更遭連夜雨，抬頭望天靜無語。
　　繁花似錦空外殼，有誰能解傷心瘀？

　　安娜到了香沙港，所見所聞所遇簡直是糟透了。想到同齡的年輕人此時正在上大學，自己卻來到這個跟國內完全不同的世界。白天在工廠像機器人一樣不停地幹著枯燥簡單相同的工作，從小立下的誓言"長大要做有意義的事，為國為民貢獻自己的才華。"現如今這個願望卻永遠的落空了，越想越心痛；美好的理想和願望最終都被貧窮擊潰了。再說了，這香沙港是金玉其外，實際上所有的光環大部份來自市民沒日沒夜的在工廠裡辛苦地幹活，甚至連兒童和纏足老婦也在拚命地賺錢。為什麼咱們國內就不能跟香沙港一樣呢？咱們也可以開工廠接外單來賺錢啊；讓人民努力工作去獲得體面的生活，而不是天天在搞階級鬥爭，空嘴攪舌頭，沒完沒了。現如今害得我誤入殊途，來到這裡不倫不類的，到處碰壁。

　　安娜沒有辦法接受洪小善為她安排的大木櫃作為睡房，總不能一直賴在富貴大廈過著十分尷尬的日子吧？過了不久，三舅媽許貴英打電話給安娜說她在春苗街德全大廈找到了一間梗房，每月租金 500 元，每人各付 250 元，水電費按人數分擔，這個租金安娜負擔得起，她馬上答應和三舅媽合租。這裡的閩南人找工作和住房喜歡通過熟人介紹，而不是看廣告、報紙或者是找經紀人。春苗街由於是菜市場，骯髒不堪，出入擠迫，因此租金是全西陂最便宜的。

不日，星期天，於午錯，安娜提著裝滿生活用品和衣服的紅白藍塑料編織"蛇殼袋"搬離了富貴大廈，告辭了小善的母親阿嬸，雖然老人家善待於她，可也得離開啊。

　　新租的梗房在德全大廈5樓C室，二房東提供一張硬板雙人床和一張小桌子給她們二人使用。這二房東夫妻倆育有一對子女，丈母娘隨他們一起住，都是閩南來的新移民，來香沙港有三五年了，一家五口人自用兩間臥室。男的叫勞仁，年約三十多歲，中胖身材，臉呈豬肝紅，濃眉與頭髮微禿很不相稱，模樣貌似標準的閩南漁夫。勞仁妻子熱情開朗，笑容滿面，看上去一家人和藹可親，甚有老鄉親情。

　　安娜來了香沙港將近四個月了，雖然德全大廈居住環境惡劣，她總算有一塊落腳之地，不當客寄之人了，能夠正式的有一張像樣的床睡覺。她的內心感到有一絲絲的溫暖和安慰，畢竟自己才十七歲，未來可期。

　　安娜提著蛇殼袋從西陂頭走到西陂尾，東西雖然不多，可是越走越沉，一路上走走停停，走了幾十分鐘才到新的住所——德全大廈。進了自己的房間，把袋子裡的現用的東西拿出來擺放到適當的位置，安頓了下來。到了傍晚，自己煮白粥和醬瓜吃了。三舅媽上工廠加班，此時，她還未下班回來。晚飯後半個小時，安娜才去洗澡，她貪圖美貌，不敢飯後立刻去洗澡；怕肚腩會越來越大。她把乾淨的衣服帶入浴室，栓上門插銷，剛剛打開水龍頭，突然聽到浴室門栓處有響聲。

　　「喂……喂，裡面有人……有人……」安娜一面失聲大聲喊道，一面伸手用洪荒之力頂住浴室門，少刻，門外的手似乎鬆掉

了，是勞仁在推門。

她低頭仔細查看浴室的門插銷是假栓住，其實這門插銷之前已經壞了。她心裡嘀咕道："剛才好險啊！險些兒被勞仁這個歹人看見自己一絲不掛的樣子，不由覺得憤怒得差點出口罵人，她懷疑勞仁故意使壞，搏大霧，有意暗算她。他的老婆還在客廳裡呢。此人太陰險狡詐和膽大妄為，真的不是好東西。"這次還好險中求存。安娜匆匆洗完澡，穿好衣服，從浴室走了出來，只見勞仁面容陰鷙，若無其事的樣子，她不禁滿臉慍色，鳳目怒視，只是強忍不敢作聲。翌日，勞仁把浴室的門插銷換上新的，昨晚之事當成是不小心誤作罷了。安娜恍如跌入狼窩，但也別無他法，未來，只有小心翼翼地提防著勞仁這個傢伙。

人生有時候自己沒得選擇，似乎蒼昊早已把你要走的路已經安排好了。貓咪叼小貓頻繁搬窩是為了避險，窮人頻撲搬屋是湊不出錢租房子。安娜在德全大廈5C住了不到一個月，大舅母陳巧弦一家三代四口人住的蟾宮樓的業主要收樓了。這事情讓三舅媽許貴英知道之後，她四處去走動為她們找房子。

許貴英每天下班後到處走動去串門子。數日後的晚上，她在王美袖家裡打電話給大嫂陳巧弦。

「嫂子，我這幾天下班後到處去問人有沒有空房出租，袖姑的房東任意有一間有窗的板間房正在出租，可是任意不租給有小孩子的。要不我和安娜把我們的房間讓給你們住，我們二人才去向任意租那間板間房，這樣好嗎？」許貴英拉高嗓門說。

「好啊，你幫我安排一下，我們什麼時候可以搬過去住呢？」

陳巧弦高興地說。

「昨天我已經問了我們的房東阿仁了，他同意換你們過來。明天就可以搬了，德全5樓C，你記一下。」許貴英慎重地說。

「好啊……好……我馬上記在紙上。」陳巧弦說完，立馬把電話掛了。

許貴英的耳邊響起一陣"嗚……嗚……"的聲音，右手還握著話筒，知道對方已經掛線了，此刻，她才呆愣的把電話筒放了下來。

又過了二日，許貴英沒有加班加點正常回家了。吃了飯之後，她和安娜收拾好東西，搬到樓下3D的板間房，房租也是每月500元，房東不提供傢俬，只是這裡比5C乾淨整齊了些許。許貴英的朋友送給她一張舊的硬板床和一張書桌，但硬板床欠缺3塊長條的木床板。任意房裡儲存幾塊木床板等他的妻兒來港才使用，他先把3塊木床板借給了許貴英和安娜暫用。

安娜來港不到半年，已經搬了四個地方，感覺有些突兀。欣慰的是這次搬遷立刻擺脫了色嫌勞仁，這裡還多了一位姨媽王美袖和表妹安梅梅作伴。德全大廈3D另外的三間梗房，任意母子住一間，王美袖母女住一間，男租客阿法跟他的母親住一間，客廳連接廚房頂還有一間儲物小閣樓，這小閣樓租給一個小婦人。每單位住人不多，總共有五戶人家，全部是閩南人，只是來港的時間長短不一而已。

不日，陳巧弦和柳雅絲母子三人一起搬到了德全大廈5樓C

室住了下來，勞仁全家人和她們相處得甚是融洽。

去年有一部喜劇電影叫"不咸不淡"的主題粵語曲天天在香沙港的電台、大街小巷傳唱，火紅的很。經過長年累月的刺激和演練，人人的腦海都刻印著這首歌詞，大人小孩的嘴裡隨時可以哼幾句："我哋呢班打工仔……真閉翳，……惡搵食……壞腸胃……"工廠的工人有的聽了心底感到些許悲哀無奈；寫字樓的白領有的聽起來好像在訴苦；閒暇人有的聽起來有點興奮；小朋友聽起來覺得幸福快樂；老闆聽起來有點不安，五味雜陳，酸甜苦辣鹹味感受不一。

由於工資低，安娜一天三餐都在家裡吃，早晨吃一個菠蘿包，喝一杯開水，中晚餐自己煮飯吃。吃食方面儘量越簡單越好，晚間上夜校，每天時間緊促不夠使用。有一日她看見八卦新聞一個女明星在訴苦道："最近一直在捱盒飯……很慘。"安娜覺得此話很不可思議，自己想吃盒飯吃不起，這個女明星卻說吃盒飯很折磨人，這也許是所謂的貧窮限制了思維吧？

安娜初入雷利電子廠時，是當包裝工人。過了三個月之後，工廠把她調到附設流水線的裝嵌部。十七歲的安娜自幼以來嬌生慣養，很少幹體力勞動，這流水線的作業拚命地幹也一直跟不上，旁邊的女工友實在是看不過眼，常常忍不住幫她清理堆積一旁的活計，然後嘴裡咕咕嚷嚷地說了一堆話。安娜心中自忖：這些香沙港的小姐幹活能力比我強很多，她們不是想像中的嬌貴而是勞動幹將啊！

近日，工廠改變了策略，規定每個工人上廁所必須向Supervisor拿牌子，一來預防工人偷懶，入廁所的時間過長，二

來防止群體上廁所，上廁所也不可呆太久，因下一個工友也在等待這個牌子上廁所。安娜這組的管工 "Line Supervisor" 是個大胖中年女人，女生男相，說話的聲調又沉又粗，滿臉橫肉，面黑嘴闊，活像一個拿大砍刀的劊子手。

這一日，安娜正在全神貫注地裝嵌收音機的一塊配件，突然間，胃部劇痛了起來。

「拉長，我的胃很痛……能讓我休息一下……好嗎？」安娜臉色發白，冷汗直冒，一邊用右手按住胃部，一邊低聲向大胖女管工請求。

「不行，繼續幹活。」大胖女拉長厲聲喝道，說完之後，她仰天狂笑了起來，這笑聲怪異聽了令人不寒而慄。

這大胖女拉長笑完後，心裡七葷八素地罵了起來：“丟！平時我叫你這個鄉下妹加班加點，你永遠是一口拒絕掉，老惹我這個大姐大不開心。你們永福老鄉人人對加班加點歡喜得還來不及呢，加班工資得雙倍，就你嬌氣嫌錢腥，此時恰好有事撞在我的手上，有你好受的，嘿嘿……嘿！”

安娜只好忍痛繼續工作下去，直到下班後才回家喝一杯暖水，時間一長，胃部也就慢慢正常下來了。今日工廠的一幕，令安娜回想在中小學的課本裡對資本主義社會的描述得到了一些證實。說到工廠加班的事，天天晚上加班，每月工資可以翻倍。但是，安娜寧願捱窮也不想浪費學習求進步的時間，一時貧窮不是問題，貪圖小利，將來永遠貧窮，那才是大問題，而且會永遠困在工廠裡當女工的。

王倩是個大大咧咧的少婦，平時忙於上班，一有空閒就沉浸在賭桌上跟朋友、老板打麻將，十級颱風也吹不走。安娜搬離富貴大廈之後，表姐王倩未曾來過一次探望她。樓上的大舅母陳巧弦和雅絲也沒下來過，安娜卻上去探望過她們很多次。至於姨媽王美袖是個冷心冷口的婦人，儘管住在同一屋簷下，她對安娜很冷漠，倒是表妹阿梅對她熱情有加，常常主動跟她有說有笑的。閣樓上的小婦人，偶而只聽到她在閣樓上跟屋裡的人細聲細氣說話的聲音。

　　這一天傍晚，安娜下班回來，表妹阿梅已經放學在家裡了，全屋只有她們表姐妹二人，其他人都還未下班回來。

　　阿梅看見滿臉疲憊不堪的安娜走了進來，立馬兩眼發亮，笑嘻嘻的扭頭對著她唱道：「我哋呢班打工仔……真閉翳，癲過雞……」阿梅唱的歌詞有頭無尾，不斷重複唱著"我哋呢班打工仔……真閉翳，……"這幾句她記得住的詞，唱著唱著手舞足蹈起來，呵呵嘻嘻的不斷傻笑。

　　傻孩子說的話太真實了，安娜來不及觸景悲傷羞臊，趕緊去煮飯，吃完後，又急急火火的去上夜校了。

　　德全大廈 3D 的二房東任意和他的母親住在一起，他的母親也是在製衣廠打工；他的父親在菲律賓謀生，早年另娶菲女，多年未曾來港會親探望他們母子倆。這任意年紀大約三十七、八歲，生得矮胖，小眼如炬，皮光肉滑無鬚。他大學畢業於杭州外語學院，自問科班出身，外語了得，平時一副自負高傲的模樣，長年戴著一副金絲眼鏡，西裝筆挺，就在銅鑼灣國興酒店當推銷員——簡稱"行街"。

星期六，傍晚時分，安娜從廚房走了出來，經過客廳時，聽到任意尖銳刺耳的嗓音，不陰不陽的。

「阿法，最近皇廷戲院在上映一部電影叫"艷色金瓶梅"，明晚咱們一起去看，好嗎？」任意眼睛溜了一圈，故意提高嗓門大聲說道。

「好啊，這……這部電影的女主角是……婢婢，她主演的每部片子……我都會去……去捧場的。」阿法眯起眼睛，往喉嚨裡吞了一下口水後，結結巴巴地說道，他話說得很不輪轉。

安娜低著頭急走幾步進入房間裡忙自己的事了。

日子緩緩而過。今年，香沙港的十二月沒有冷的感覺，安娜也沒有去國貨公司買棉被，只有一條羊毛毯子，年紀輕輕的，身體熱度還是有的。再說了，每日抱著得過且過的態度，因此能不買東西就不買。表妹安梅梅雖然天生有輕度的弱智，中學留過一級，可是她會下樓去買餸和煮飯，她的母親王美袖下班回家後就有熱飯菜吃。表弟安雄很少回家，有回來也不會過夜的。

安娜每日下班後，如果屋裡沒人，又碰到阿梅的時候，阿梅一定會在她的面前唱"不鹹不淡"的主題曲兒。日子一久，她充耳不聞，隨阿梅去亂唱亂跳。

這日，屋裡恰好只有安娜和阿梅表姐妹二人。

「安娜，我……我告訴你一個秘密，就是三十多歲的男人最鹹濕，嘴巴最不……乾淨。」阿梅神秘兮兮地壓低嗓門靠近安娜

的耳朵說，須臾，她一邊拍手，一邊身子轉了半圈，興奮得嘻嘻哈哈的笑了起來。

安娜默不作聲，沒有搭理她，腦海浮現出任意和阿法這兩個三十多歲男人油膩的樣子，若有所思，心裡覺得很不自在。

十二月十八日，中共中央領導人鄧小平提出了一個重大的創新改革措施：「對內改革，對外開放。」海內外華人對此決策感到無比的歡欣鼓舞，人民有機會自由發揮創造幸福了。金溪縣的縣委常委很快執行黨中央的指示，安清木經常忙於接待海外來的探風投資者。安娜跟父母親的聯繫全靠書信來往，因長途電話費非常昂貴，發電報也是以每字來計算費用的，這兩種快速的通訊還要去中區的電訊公司，先交費再辦理。她在香沙港清苦貧寒的窘境對國內的父母親卻隻字不敢透露，安娜心裡很清楚自己是寄居之人，如再發牢騷埋怨，結果會是被人掃出大門的，屆時會走投無路。

安娜搬下來以後，才知道二房東任意嚴厲規定租客晚上九點以後不准煮食，廚房與廁所不可以有一滴水漬，有水漬立馬得擦乾淨。還有任意得了失眠之症，夜晚容不得周圍有一絲響動。許貴英工廠加班回來已經是晚上十點了，因此不敢違忤任意去廚房煮食，又捨不得花錢在外面吃飯，晚上經常餓肚子。

十二月二十三日，星期六晚上，香沙港主要的商業遊客區：銀鑼灣、中區、金沙嘴到處都閃爍著火樹銀花，明晚是平安夜，後天是聖誕節。許貴英拖著疲乏的身軀加班回來已經是十點半了，此時，安娜還在看書，她如夜貓子一樣，是可以熬夜的人。屋裡其他的人在十點鐘之前早已上床睡下了，他們對二房東任意

的淫威有點怯懼，因付租金的能力與口袋裡的錢正好對稱，況且合適的住房不容易找到，加上住慣了的地方也不想離開。

「今日累死我啦，天天加班，不加班又賺不到錢。現在我是苦老不苦窮，我得趁年紀不太老多賺一些錢，你舅舅他們在鄉下幹農活，一年只賺一些糧食來吃。我在這裡若不拚命些，也就是個不惜福的人，申請來港多不容易啊。」許貴英眉頭緊蹙，絮絮叨叨地說。

「三舅媽，你吃了沒？」安娜關切地問。

「還沒啊。」許貴英重重地嘆了一口氣，低聲說。

安娜正想問她為什麼這麼晚還沒有吃飯時，突然之間，門口傳來一道忿怨之聲。

「這麼晚了，你們還在說話？還讓不讓人睡覺啊。」任意立在門口大聲嚷嚷。

安娜和許貴英立馬把話匣子關閉，靜默了好一陣子。許貴英像受了驚嚇的老貓，躡手躡腳地走開去忙她的事了，安娜則無奈的低頭繼續看書。

聖誕節過後緊接著就是元旦了，馬年將在元月二十七日結束，屆時是：駿馬入廐，綿羊出欄。

元旦這一日，許貴英又去工廠加班了。今天，她不是在她工作的九鳳西塘區億元工業大廈的工廠加班，而是去同區的另外一

間製衣廠剪線頭。一個月三十日，她幾乎沒讓自己休息一日，日日夜夜往錢眼裡鑽。

夜晚十點以後的春苗街依然燈火通明，加班回來的老少男男女女還流連於不同的蔬菜魚肉檔，細心地挑選合適的餸菜。

此時，安娜還在忙自己的事，一會兒聽到開大門的聲音，許貴英愁眉不展，手上提著一個袋子回來。她推門進了房間後，輕輕地掩了木門。

「三舅媽，你回來啦。」安娜輕聲地說。

許貴英一邊從袋子裡拿出了裝午飯菜的保溫瓶，一邊以沮喪的口氣低沉地發了一聲：「唉……」接著就拎著保溫瓶去廚房清洗了，一會兒，把洗乾淨的保溫瓶帶回了房間裡。

「三舅媽，今晚你吃了沒？」安娜忍不住以關心的口吻問道。

「還沒啊，在工廠裡加班沒有空隙出去買東西吃，還有吃東西也不方便，傍晚吃了一個雞尾包。到現在肚子已經餓得咕咕叫了。」許貴英臉色蒼白，苦笑著說。

「你去廚房煮些東西來吃吧，怕什麼呢？咱們又不是沒有交租金，還有你把廚房門關緊也不影響別人。你去煮吧，沒事的。」安娜心頭一熱，正言道。

她鼓動許貴英去廚房煮食，許貴英輕腳輕手去了廚房，關上門煮了一碗熱騰騰的公仔麵，她雙手端著一碗公仔麵，手指夾著

一雙筷子，笑容滿面，走進了房間，掩上門，剛剛吃了幾口麵。

「許英，這麼晚了，你們還在煮食……說話，還讓不讓人睡覺啊？叫你們晚上九點以後不可以煮食，就是不守規矩。」任意站在房門外雷嗔電怒的嚷了起來。

安娜這一次實在按捺不住，便打開了房門，一臉嚴肅，對任意說道：「我們自己關在房間裡又沒有吵到你，煮食也沒有打擾到你，為什麼就不讓呢？」

任意想不到平時靦腆寡言少語的安娜竟然敢挺身而出跟他過不去，一時語塞，氣得跳腳，扭身轉入他的房間，"呼！"的一聲把門關上了。安娜則紋風不動地坐著繼續看書。

許貴英見任意憤怒地關了門後，咬緊牙關，扭頭瞧向安娜苦笑了一下，端起剛才放下的那碗公仔麵吃了，吃完後把髒碗筷子拿到廚房去，把用過的器皿與地板清洗乾淨才回到房裡。半晌，安娜睡在靠牆的床那邊，許貴英則睡在靠門的那邊，一個頭朝南另一個頭朝北而眠，安娜幾秒鐘之後就進入了夢鄉。

這邊廂任意心懷怒火怨恨躺在床上許久，仍然輾轉難眠，心思："許英這個鄉下老貨是狗仗人勢，這安娜又是什麼東西？平時對我冷冷淡淡，不瞅不睬的。今日竟然敢跟我過不去。雖說她的老爸是縣委副書記，也沒什麼了不起的，現如今國家正在改革開放，一些政策比之前寬容得多了。儘管自己的妻兒還在龍壺鎮等待獲取出國通行證，你母的！這個老安也奈何不了老子……"任意是家中的獨子，高學歷又有一口流利的英語，平時在左鄰右里中很是囂張跋扈。今晚受了一點點的委屈，歪在枕上，越想越

氣憤，嘴裡一直在稱爹罵娘的，加上樓下春苗街的嘈雜聲和電車經過的"叮叮"聲的攪擾，心火旺盛，一夜竟難寐。到了凌晨三點，他忽然眉頭一皺，便從床上跳了下來，整張臉彆得紫脹，一口氣衝到安娜和許貴英的房門前。

「喂……喂！開門……開門……」任意用手急促地拍打著房門，大聲吆喝著。

「來啦，……來……」許貴英一面緩緩回答，一面翻身下床把門打開。

她睡眼惺忪，低聲問：「什麼事啊？」

任意瞪著眼凶巴巴的，大聲叫喊道：「立馬把我借給你們的三條木床板還給我！」

許貴英被任意突如其來的咆哮聲嚇了一跳，先是愣了一下，後來就豁然頓悟了。

「你等一等，我收拾整理好才把床板送過去。」許貴英一面從容地回答，一面伸手開了房燈。

許貴英用手把安娜輕輕地推了一下，聲音低沉喊道：「起身……快點起來啊。」

安娜迅速醒了，發怔揉著眼睛坐了起來。

「你下來吧，咱們一起把那三條木板拿出來還給他。」許貴

英發急地催促。

「嗯……好……」安娜面無表情，不假思索地回道。

她們二人合力把放在最裡面的三條木床板拿了出來，隨後搬出去還給了任意。此時，木床板不夠用，不能睡，她們只好把雙人草蓆鋪在地板上，躺在草蓆上繼續睡覺了。

翌日傍晚，許貴英下班後到電力道的傢俬店買了三條木床板回來補上去。傢俬店的老板直言說現在的人很少用床板條了，都改為一整塊的木床板。其實富足一點的人家已經用席夢思的床褥了。

任意的賭氣行為並沒把安娜氣著，她反而覺得十分搞笑。回想小時候如果天氣異常的炎熱，屋子裡熱得睡不下去了，吃了飯之後，晚上，她和大哥二哥會一起搬幾條木床板到門外的土埕，用兩條長木橙架起木床板，然後躺在床板上乘涼至夜深，天涼了點才入屋睡覺。這香沙港號稱東方明珠，財大氣粗，竟然還有人為幾條木床板而動氣生事呢。也許這就是：窮酸對窮酸；針尖對麥芒吧？

第三十八章

改革開放　攔不住往外的腳步

一曰：

　　人生太苦短，遇厄求遷轉。

　　貧地難留人，富域人滿員。

　　自從去年安娜這個縣委副書記的女兒出國到了香沙港之後，這消息轟動了整個金溪縣。不久，安娜出國之事令安清木受到黨組織的嚴厲批評，他還向黨組織做了自我檢討。這段時期，金溪縣有華僑關係的人都千方百計的爭取把子女送到香沙港；無華僑關係的也在絞盡腦汁創造條件去申請出國。上頭的改革開放政策並沒有留住眾人的心。

　　元旦過後，有很多人從金溪縣來港，因凡是手上握有一張俗稱"調字"去菲律賓的許可證的人，中國政府很快批准他們出國。拿到出國通行證途經香沙港時，眾人到了香沙港後，九成人都在香沙港留了下來，港府照樣給他們辦理臨時居留證。安娜中小學和美術班的同學：許亞亞、陳飛閣、楊建喬等都在這段時間紛紛來港，他們選擇住在別稱小閩南的西陂，陳飛閣很快跟安娜聯繫上了。

　　最近喜事連連，王倩的姨表嫂一連生了三個兒子以後，一直盼望著第四胎能夠生個女兒，誰知第四胎檢查又是兒子。王倩婚後多年未生育，加上兩家人是親戚關係，這姨表哥夫婦倆決定把生下的第四個兒子送給王倩和丁橋虹夫妻，姨表哥夫婦很放心自己的兒子送給他們養育，兒子會得到善待的。王倩夫妻也很樂意

收養這個外甥作為自己的兒子，因此，他們最近在伊麗莎伯公園附近承租了一套三房一廳的高級住宅準備迎接新來的兒子。

許貴英得知王倩承租了銀葉大廈的一個單位，一間房給她的母親陳巧弦和雅絲她們住，一間給她的婆婆和未來的兒子住，一間分租給一對夫妻。她立即打電話給王倩說她們跟春苗街的二房東任意鬧意見，她想帶安娜一起搬去王倩新租的房子住，隨便在廳的一角放一張單人床讓她睡，安娜就跟她的婆婆烏費一間房，她們每人每月會交 100 元租金和 5 元的水電費給王倩，王倩很爽快的答應了。

隨後，許貴英向任意辭租，任意一下子同意了，他巴不得她們二人立馬在他的眼前消失。沒過幾天，許貴英和安娜就搬到銀葉大廈 8 樓 A 室和烏費、陳巧弦一家人一起住了。安娜鬆了一口氣總算遠離了春苗街這個貌似西陂的貧民窟，因她出入德全大廈時內心有一種莫名其妙的羞愧感，每次都會飛速的出入德全大廈的大門口，生怕熟人看見她住在此地。

換了一個新的地方，安娜似乎有點鴻運當頭，橫財就手。農曆年結束之前，雷利電子廠給全廠的工人舉辦一日免費的郊遊團。隔日，工廠舉行一次大抽獎活動，安娜中了第三大獎，獎品是一部日產的 HiFi。活動結束後，她打電話把中獎之事告訴了表姐王倩，半晌，表姐夫丁橋虹借了一部手推車把獎品搬運到銀葉大廈。海洋工業大廈就在銀葉大廈的斜對面，五分鐘的路程就到了。

安娜收到人生的第一個大獎後，立刻想到把 HiFi 寄給國內的父母親。因這種音響是不在國家的稅收范圍內，正好三舅媽許

貴英要回鄉過農曆新年，安娜請她幫手把這部日產的音響帶回金溪縣交給王美菡，王美菡收到這部音響後，很快以 2000 元人民幣的價錢把它賣了出去。這 2000 元人民幣比安娜的父親縣委副書記一年的工資還要多幾百元呢。這次安娜沒有把獎品留下來，表姐夫丁橋虹有些不滿，可這件價值二千元的東西是幾十年來安家最大筆的財富。少女安娜對於人情世故的處理方法歷來是個白痴，哪有想得這麼深呢。再說了，作為毛主席教導之下的共產黨家人從來沒有收禮送禮的習慣。

安娜在通易英文夜校的期末考試竟然還保持以往的一貫水準，考了全班第一名。還有她的內心很希望國內來的同學來通易英文夜校上學，可是同學們都埋頭苦幹忙於賺港幣，對學習英文毫無興趣。安娜在夜校認識了二位要好的女同學，她們都是從國內來的美女新移民，一個叫林棲，另一個叫張朵雪。說來奇怪，只有美女才願意跟安娜交朋友。安娜的一位女工友，嫌棄她長得太高太漂亮了，埋怨她們二人結伴逛街時，街上的行人目光都會放在安娜的身上。這個女工友直接向她表示今後不想再跟她出去逛街了，二人的朋友關係也就漸行漸遠，最終不相往來。

1979 年初，香沙港的農曆新年浸淫在一片恭喜發財的唱吟聲中，喜氣羊羊！在港的閩南人隨風入俗跟著香沙港的傳統做法，結過婚的人會給未婚的親戚朋友和小孩子送一個紅包，從一塊錢開始，多少不拘。安娜也收到幾封紅包，表姐王倩給的紅包錢是最多的，其實紅包只是一種彩氣和一份溫情的表示而已。

正月十五，安娜跟隨王倩和雅絲到華東政府醫院把新生兒接了回家，雅絲是照顧幼兒的熟手，她表示自己會盡力幫助王倩帶好嬰兒的。安娜跟烏費和嬰兒睡在一張雙人床上，她睡最裡面緊

貼牆的那一邊，由於她一睡下就非常安靜，而且身體固定睡在同一個位子，烏費並沒有怨言。安娜在短短的幾個月裡，這是第五次搬窩了，慶幸的是住的周圍環境是越來越乾淨。

銀葉大廈 8A 就這樣住了五家人。廚房有四個火水爐，分租的那對夫婦很少煮食，偶而要煮食就借用陳巧弦的爐子來煮。安娜是個自尊心超強又靦腆的女孩不敢向表姐要求什麼，再說了，大舅媽和三舅媽從來沒有邀請她跟她們的任何一家人合伙吃飯。安娜從小對生活質素要求不高，隨遇而安。有一次她請求閒賦在家的大舅媽陳巧弦中午十二點正幫她按一下電飯煲的開關，大舅媽不願意幫手，從此以後，她就不再要求任何人幫忙了，大家各自顧自己。由於白天上工廠，晚上讀夜校，自己煮食、洗衣服，安娜天天很忙，因此她一直都是不看電視節目的。

二月十四日，安娜正式十八周歲了，她去灣角政府大樓把之前的兒童身份證換了成年身份證。

安娜在雷利電子廠工作了幾個月後，工廠把她調到電焊部去工作，每日的工作就是右手握住焊鉗左手拿住錫條焊接收音機的電路板。有一次，她不小心操作，熔化的熱錫把手灼傷了。還有令安娜感到驚訝的是工廠的一個女工友在她的面前毫無遮掩地偷錫條回家，這個女工友的偷竊手法嫻熟，波瀾不驚。工廠還有一個黑瘦的青年工友每日搬著紙皮箱故意在安娜的面前走過去；他次次都是對著安娜嘻皮笑臉的扮鬼臉，喊東叫西的。

「喂！靚女，你去參加永福省小姐選舉一定能夠得到冠軍的。」黑瘦青年男工友衝著安娜笑嘻嘻的大聲嚷道，這一日，他好像中了賽馬的六環彩後，心情特別靚。

安娜低下頭假裝聽不見他的話，心下自思道："你這是在讚我漂亮？還是在損我老土呢？雖說時下人人羨慕當上香沙港小姐，可我卻不太稀罕這個東西。萬一參選拿不到冠軍，那不是自己太沒有面子了。"驕傲的安娜永遠是想要爭第一的性子，而不是第二第三，事實上她也不敢穿比堅尼泳衣上舞台去讓眾人品頭論足的。

　　七月九日，安娜正好來港一年整，港府規定新移民要在港住滿一年後才可以離港，不然的話，就自行失去居港權。由於工廠不允許工人放大假，所以安娜回鄉之前就把雷利電子廠的工作辭掉了。香沙客回國內個個都是大包小包的帶回老家，安娜也不例外，可是她的工資微薄，因沒有加班加點，一年下來有將近 2000 元的剩餘錢，只能買了將近 2000 元的衣服布料、仿絲圍巾、太陽傘和一些小商品回去。海關有規定，港客帶回鄉的衣服布料和小商品的數量不可過多，身上穿的數量不拘。三舅媽許貴英回鄉身上穿了很多衣服，褲子一下子就穿了六條。安娜既害羞又愛美最多只穿兩條褲子過海關，況且就算敢穿六條褲子也沒買六條褲子的錢啊，大熱天的穿太多衣服也很不正常。

　　七月十日，清晨，安娜隨著回鄉的大隊人群搭上去福網海關的火車，然後再乘搭長途汽車回金溪縣。火車一到達福網海關，人們像潮水一樣湧了出來，人頭攢動。青壯年的回鄉大軍手拎和肩扛著大包小袋一路飛奔往出入境檢查站驗證過關，老人小孩卻被遠遠拋在後面。經過一輪折騰，安娜提著一個蛇殼袋艱難地走到口岸檢查站，放下袋子立著從手提包裡拿出身份證，瞪大雙眼環視一周，發現站在自己周圍的全部是上了年紀的老人，此情此景，身高 1.68 米的安娜顯得鶴立雞群，突兀非凡。她不由暗自感嘆道："哎呀，我真笨！前面就算有人灑美金港幣、擲金條，我

這個笨笨鳥也是搶不到的呀，這匆促急躁的世界真難立足啊。"

　　過了港府和中國口岸的兩道關卡之後，安娜走去中旅社買即時的長途汽車票返永福省的老家了。

第三十九章　　　故鄉之路遙遠　難回首

一日：
> 窮苦是全苦，小錢掐指算。
> 生怕柴米斷，天天為錢轉。

長途汽車走了一日，晚上，安娜在旅店過了一夜。第二天，才到達終點站金溪縣石鼓鎮的華僑旅行社門口，安娜下了汽車走到對面石鼓鎮的公交車站乘車去菁山鎮。

汽車在公路上時而顛簸時而響鳴，一個多小時的車程才到菁山公交車站。安娜提著蛇殼袋下了車，展眼久別的菁山鎮依然頹靡不振，老街舊巷。小暑天氣開始熱了起來，走了一段路，天空忽然下起了毛毛雨，她加快腳步往家的方向走去。路上並沒有遇到熟人，港客的身份沒有使安娜有任何的優越感，畢竟在香沙港一年裡的遭遇切實令她高興不起來。她以假發財的身份回到故鄉，心裡不由感到一絲絲的惆悵和辛酸失落。

「阿媽，是我……開門啊。」安娜立在家門口敲著門，急促地喊道。

家裡的人似乎聽不到安娜的敲門聲，可是安娜卻聽到母親和一個女人說笑的聲音。過了許久，王美菡才慢條斯禮地走來開門，門一打開看見是安娜一臉悲慍的神色立在門外，一陣驚愕，喊了起來：「哎呀！安娜，是你回來啦，我不知道這時是你回來的，剛才正跟阿笑聊天呢，快進來吧。」她急急忙忙伸手把安娜手上的蛇殼袋接了過來，隨後阿笑也緊跟了過來。

這阿笑是安清木的秘書李天照的妻子，他們家就住在安家對面的排屋裡。

　　「美菡，我得回去啦，你的寶貝女兒回來了，你們好好聚一聚吧。」阿笑一面陪笑說，一面向安娜掃了一眼，隨後，笑嘻嘻的邁開雙腳往門邊直走了出去。

　　安娜強忍眼中悲傷的淚水，思前想後，這一年來的反復搬遷、遭人羞辱驚恐不敢為人知的事情埋藏在她的心底，有些委屈悲淒，有些無奈，無處傾訴。須臾，她倒吸了一口涼氣，沒精打彩的走進了家裡，家裡似乎也沒有什麼親切感而讓她依戀不捨的。之前，白天有人在家時，外門從未內閂，近期治安變差，大白天也把外門關得緊緊的。很多人對於國家全面開放的政策的理解是：「開放是行為標準、道德觀念樣樣都無所敬畏，什麼事情都可以自由自在的胡作非為，愛幹什麼就幹什麼。」有的人本來對金錢視為銅臭；現在卻視金錢比生命還重要，社會上對真理的認知出現了翻天覆地的變化。

　　中午，安清木和安山從外面回來吃午飯，這次安山特意向農械廠請了兩天假來看妹妹。王美菡煮了四大碗肉絲麵線，四人圍著桌子吃麵線。安娜與家人久別相見，彼此問長問短，說些別後溫寒，敍談閒聊。

　　「安的，安山今年已經二十四歲了，還有腿疾，咱們得想辦法蓋一間房子，才有姑娘肯嫁給他的。如果等到歲數偏大了，他可能會一輩子打光棍。」王美菡一邊吃麵線，一邊眉飛色舞獻計道。

安清木靜靜地吃著麵線沒有吱聲，安山與安娜互相對視了一眼，又各自低頭吃麵線了。

王美菡接著繼續說：「安娜中獎的那部音響我賣了 2000 元，加上二十年來省吃儉用剩下來的錢，咱家銀行總共有 9000 元的儲蓄，我打算在石鼓鎮旁邊的青林村蓋一幢房子，下個月先向青林村的村長買一塊地。」

「王菡，我沒有時間去管家裡的事，錢都是你在管，別問我。」安清木沒好氣地回說。

「蓋房的事慢慢來，我也不著急娶老婆。最近我們廠裡的工友要介紹一個對象給我，說這女的家庭條件不錯，人又長得好看，只是跟我一樣是有腿疾的，我一聽立馬拒絕掉。我跛腳走路如舢舨，搖來晃去的，又想添多一個跛腳的，難不成要搞一個南海艦隊？」安山突然詼諧自嘲的插嘴道。

安娜忍俊不禁，失聲笑了起來。

「就你鐵嘴，你這樣的條件……別人不嫌你，你還挑三揀西的！」王美菡臉色漲紅，脖子的青筋微凸，不留情面地說。

王美菡說這兩句話把屋裡的氣氛變得緊張了起來，大家不再出聲埋頭把碗裡的麵線趕緊吃完。少時，王美菡起身去廚房洗碗筷。

吃了午飯之後，安娜把從香沙港帶來的荷蘭曲奇餅拿出來讓大家品嘗，安清木隨即沏了一壺烏龍茶讓大家喝。這藍罐曲奇是

港人的至愛，味道香甜鬆脆，這也是家裡人之前從未吃過的點心。

安娜第一次從香沙港回來，由於遭遇悲涼，無顏見舊時的朋輩，鄰居同學又各奔前程，要見面敘舊不容易，索性不去找她們閒聊。

第三天，吃過早飯，東君耀眼，天氣灼熱。王美菡、安娜和安山結伴一起乘坐公交車去石鼓鎮。汽車到達石鼓鎮之後，三人分成兩路，安山去了農械廠上班，安娜和母親轉搭三輪車去繡嶺村探望外婆丘良、舅父舅母和眾表親。車停在村口，她們走了十來分鐘的路，從村頭走到了村尾，來到丘良家，只見皮膚黝黑的丘良正坐在大門口的椅子上曬太陽。

「阿嫲！」王美菡興奮的高聲喊道。

「寶貝，你們來啦。」丘良睜開慈目，開懷一笑問道。

「外婆！」安娜面對丘良勉強擠出了一個苦笑喊道。

安娜從香沙港帶來一罐美祿即沖飲品送給了外婆。二舅父一家人熱情地招待她們，二舅媽李熔中午煮了一頓農家菜給她們吃，吃完飯之後，她們去了三舅父的家略坐了一會兒。下午三點左右，王美菡和安娜辭別了丘良，丘良扶杖而出，依依不捨地送她們到路口，靜靜地佇立目送她們遠去，才轉身挪動腳步緩慢地回到了家裡。

七天很快過去了，安娜向母親說她很想去永福大學探望二哥安川。不日，安娜和王美菡乘坐長途汽車去了省會，來到了永福

大學。

　　這永福大學是愛國華僑陳先生全資捐建的。大學的校區依山傍海，校舍建築群中西合壁，美輪美奐，閩式紅色大屋頂，米白色的牆身，校園內種滿各式各樣的花果樹木，置身其中猶如在皇宮裡。安娜遠遠望見這所富麗堂皇、氣勢恢宏的大學，心生無比羨慕，心中暗想：如果自己此刻能夠在大學裡讀書多好啊！自己年紀輕輕的，每日卻在工廠裡盡幹些簡單無聊浪費青春的活兒，再說了在那兒自己也賺不到錢，心中無限悲慨，只是不敢在親人面前表露。

　　她們找到了生物系學生的宿舍，走樓梯上了二樓，二人立在安川的宿舍門口等待他下課回來。

　　「安娜，門口這個最不像樣的洗臉盆一定是安川的。」王美菡手指著眼前的一列洗臉盆其中一個有破損的，嘲諷道。

　　安娜半信半疑沒有回應。隔了一會兒，安川興衝衝地跑上樓來，見到王美菡和安娜來學校探望他，咧嘴一笑，開了宿舍門，讓她們進去坐一坐，三人坐下來閒聊了起來，安川還告訴她們：「他在班裡的學習成績一直是數一數二的。」這間學生宿舍有四張雙層床，一共住了八個學生。她們在床沿上略坐了坐，就起身離開了宿舍。

　　走出宿舍的門口，王美菡指著那個有破損的洗臉盆以確認的口吻問道：「安川，這個洗臉盆是你的嗎？」

　　「是啊，我們這裡學生多，洗臉刷牙都要搶位子的，有時跑

得快些，人摔倒難免會弄壞東西的。」安川神情自若笑說。

安川帶她們在校園內到處參觀了一圈。午餐時段，三人就在大學門口的小食店每人吃了一碗麵條，吃完之後，她們就向安川告辭回去了。

安娜回到菁山鎮在家裡天天閒手無聊。好朋友顏小英早已不在菁山鎮了，只能把她和顏老師放在心上了。星期日，她忍不住走去同學陳晚霞在菁山街的家裡，跟晚霞聊天。陳晚霞由於身體常常患病，沒有參加高考，靠補員在父親的工作單位當出納。安娜兩手空空沒有帶禮物給晚霞，這也是眾人的習慣，認識多年從未交換過禮物，只是彼此心中一直保存著友情，偶而會想念對方。安娜沒有親姐姐和妹妹，晚霞在她的心中猶如她的親姐姐一般。她們闊別一年多，見面後雙方心生喜悅。二人面對面坐在床沿上悄悄地聊了一些各自的穩私，半日後，安娜才起身告辭離開。

安娜從小在縣職工大院有一個嬌氣難聽的綽號叫"小姐"，左鄰右舍的大人都嫌棄她自幼被父母嬌養溺愛，有生怕養不起她的恐慌。然而她天分聰穎又美麗，舊縣委的幾個帥氣的公子對她有傾心愛慕之意，可她不敢萌動芳心。原因自己太年輕，而且生活忙碌，也怕禍害了別人，還有現時要養活自己都有困難，將來成了家之後，陷入貧窮會苦了自己的子女。也許是她想得太多了吧？處處思前慮後，事事小心謹慎，多方度量。

這一日，早上十點左右，天氣和煦，略大的職工宿舍大院只有幾隻小麻雀在屋簷底吱吱喳喳的叫個不停，大人忙於上班，小孩子都上了學。王美菡的堂兄王幸造手提二尾黃橙橙的大黃花魚來到安家。

「安娜，你爸媽不在家嗎？」王幸造一進門探身往裡間瞄了一眼，沉著臉問道。

　　「舅舅，你先坐一會兒，中午下班，他們會回來吃飯的。」安娜莞爾而笑說。

　　王幸造順手把那二尾黃花魚放在廚房的洗碗盆裡，轉身走入了裡間，在木櫈子上坐下。

　　安娜倒了一杯開水端到他的面前說：「舅舅，喝杯水吧。」

　　王幸造點頭微笑，靜靜地坐著等了很久，王美菡、安清木才一前一後回來。

　　「阿造，你怎麼有空閒來我家呢？」王美菡滿臉堆笑問道。

　　「我那餐館生意不好，前兩天把它關掉了。最近閒著沒事做，我打算倒賣一些柴油賺點生活費。」王幸造興頭十足笑說。

　　「你先跟安的聊一聊，我去煮午餐給你們吃。」王美菡眼神一亮說。

　　安清木剛剛坐下，王幸造咬了咬嘴唇，迫不急待地說道：「清木，現在你是咱縣的第二把手，權力這麼大，你開個條子讓我去買幾桶平價的機動柴油……行嗎？」

　　「阿造，這幾十年來我要是胡亂開條子的話，早就不在這個位置上了。還有國家有限制的物質，說明這物質短缺，我要是違

反規定去利己，那就會給國家造成了損失；這種損害國家利益的事情，我一定不會去做的。這次我沒有辦法幫到你。」安清木雙眉緊蹙，態度堅定地回說。

王幸造讓安清木這一番無情拒絕的話給氣得無言以對，臉色一暗，扭頭看向別的地方。

「吃吧，大家來吃。」王美菡把一碗又一碗的閩南肉絲麵線擺上了木桌子。

安娜也從最裡間走出來吃麵線，王美菡一邊吃，一邊跟王幸造聊一些家常瑣事。

四人吃完之後，安清木沏了一壺鐵觀音茶給大家喝，半晌，王幸造起身告辭要回去了。

「阿造，你把那二尾魚也帶回去吧，我幫不了你的忙，你千萬不要帶什麼東西給我們。」安清木一面說，一面跟著王幸造走了出去，他走到廚房拿出那二尾黃花魚硬塞到王幸造的手裡。

王幸造平時對安清木的威嚴有點懼怯，只得悻悻然地接過那二尾魚直走了出去，回家的路上心裡一直不斷抱怨罵娘。

王幸造剛走不久，王美菡一邊洗碗，一邊對著安清木調侃嘲諷道：「安的，就你最膽小，開個條子買幾桶柴油也不敢，剛才你把阿造給氣得半死。」

安清木不想跟王美菡拌嘴，選擇沉默不語。半刻，他點燃了

一支香煙，站在窗前望向天空，雙眉不展的慢慢地吸著，最後狠狠地吸了幾口煙，才把煙頭放在煙灰缸裡，翻身去上班了。

　　安娜在菁山鎮的家住了兩個星期後。七月二十四日，星期二清晨，她乘搭長途汽車回香沙港了。此時的菁山鎮已經變成了她的第二家鄉，這裡沒有回頭草可以吃，實際上也沒有什麼好的回頭草讓她吃，還有她十分惦記著通易英文夜校。

　　第二天，安娜到了福網口岸過關，第一道關卡是檢查回鄉證，第二道關卡是檢查香沙港身份證。就隔一條小河，民族一樣，卻是兩個完全不同的世界。儘管香沙港的市民沒日沒夜的辛勞，可他們在國內的同胞面前卻有著莫名其妙的傲慢與偏見，安娜只是有苦難言，終日藏於假象之下苟活。

　　安娜過完海關後，乘搭火車又轉搭過海底隧道的雙層巴士，到了銀鑼灣，再坐電車到了西陂。下了電車穿過女皇道後，轉入電力道再拐入菲菲道一號的銀葉大廈。她搭電梯上了 8 樓 A，大舅母陳巧弦、阿姆烏費、小念發和雅絲的一對子女總共五人都呆在家裡，只有三舅媽許貴英和表嫂雅絲上了工廠工作。

　　「安娜，你回來啦。」烏費懷中抱著念發，呲牙堆笑說。

　　「是啊。」安娜低聲回道，須臾，望向小念發笑了一笑，小念發又長大了一些。

　　陳巧弦瞪大雙眼往上斜睨著安娜，淡淡地說：「你來啦。」

　　「是啊。」安娜抿嘴一笑回道。

「安娜，現在念發越來越大了，我的床太擠了。晚上，你自個睡在龍尼摺疊床吧。」烏費接著嘮叨道，臉上露出為難的表情。

「好啊，沒有問題。」安娜隨口回應。

一會兒，安娜洗了澡，換上乾淨的衣服，煮了一碗公仔麵吃了。少時，她去了附近的菜市場買了一斤菜芯後，走到了豬肉舖。

「麻煩你，給我三塊錢的瘦肉……」安娜低聲向豬肉店的師傅說道。

「買的太少了，三元很難秤的。靚女，一斤才十元，買一斤吧？」師傅雙眼直視著安娜躊躇道。

「真的很不好意思，我才一個人吃，買多了吃不完。」安娜難為情地解釋。

肉店師傅又看了她一眼，手起刀落，切了一塊瘦肉，扔給了安娜，接著她快手地把三元給了他，轉頭回去了。

安娜自信心超強，從來不覺得貧窮是一件羞恥的事情；貧窮只是一種天生的缺失。她沒有向命運低頭屈服過，雖然暫時手頭拮据，生活清貧，每日的開支必須量入為出，斤斤計較，可她堅信自己有朝一日會向貧窮永遠告別的。還有安娜來到這個英國殖民地的香沙港一年裡，學了許多口頭上的禮貌言詞：早晨！麻煩你！多謝！拜拜！Good Bye! Excuse me! 等等，不像之前在閩南老家單方一味只說一句"吃了沒？"的問候語。加上她的學習能力強，很快地學會了粵語和基礎英文，只是粵語講得還是離鄉

不離腔，本地人一聽她的口音就知道她是新移民，但她不至於把
"Excuse me!"說成是"It kills me!"。

這天晚飯後，安娜打了很多電話給朋友和同學詢問找新工
作的事情，畫畫的同學陳飛閣說明天帶她去他工作的廠子參觀一
下。他在電力道的一條偏僻橫街裡的一家扎火牛的小工廠上班，
工資比電子廠多一些，他叫安娜先去這家工廠試工，覺得合適就
留下來繼續工作。他們約好明天早上八點前在工廠的門口見面。

晚上十二點左右，安娜在烏費的房間靠門的位置打開了尼龍
摺疊床，將自己的毛毯和枕頭搬來，放在尼龍床上，她還是保持
一貫好睡的體質，身子一躺在床上，半刻就進入了亂七八糟的夢
鄉。

翌日，早上八點前，安娜就去了陳飛閣工作的生產變壓器的
工廠。這是一家小型的工廠，工廠設在街道的舖位裡，工人都是
男的，工作的時候他們都蹲在地上用手把銅線扎在火牛"變壓器"
上。廠裡昏昏暗暗的，燈光不足；處處沾滿油污漬，髒兮兮的。
安娜蹲在地上扎火牛，蹲了半日後，起身告訴陳飛閣自己不適合
幹這種工作，轉身就回家去了。

當天晚上，安娜打電話給通易的女同學林棲，跟她閒聊了很
久，林棲叫安娜去海洋工業大廈的寶音電子廠上班，林棲在寶音
已經工作了兩三年，去年才升上了驗貨員的職位。

第二天早上，安娜正要去寶音電子廠見工，表姐夫丁橋虹從
外面買菜進來。

「安娜，我有一個開的士的朋友阿標的表哥在附近開了一家診所，現正欠缺一個女護士。這護士每日的工作主要是幫病人登記病歷卡和配藥，工作簡單輕鬆，每月工資 900 元，休息四日，但要與同事輪流休息，每天工作才六個小時，分兩段時間上班，早上 9 點到 12 點，下午 5 點到 8 點。你去試一試，好嗎？」丁橋虹笑呵呵地說。

　　「好啊，這個工作時間比較少，多餘的時間我可以用來學習英文，太好啦！」安娜的鳳眼綻出一抹興奮的光彩，欣喜萬分地說。從此以後，安娜擺脫了工廠妹每日辛勞得慘似"癲過雞"的身份。

　　「那好，明天早上八點三個字你到富貴大廈斜對面的賈飛醫務所的樓下等阿標，他會帶你上去見工的。」丁橋虹接著說。

　　「好啊。」安娜笑道。

　　少時，安娜走去海洋工業大廈找同學林棲，當面告訴林棲：她找到了一份在診所當護士的工作，工廠的工作就不做了。說完高興的向林棲告辭，轉身離開了。

第四十章　　半個白衣天使

一日：

> 窮人孩子早當家，天真無邪樂開花。
> 青蔥歲月似無窮，倏忽不見是年華。

次日，星期六，安娜身著紫桃色無袖鬆身Ｔ恤和緊腰紡紗黑色裙子，腳穿黑色的仿皮涼鞋，將頭髮後梳紮成低馬尾。早上八點半就到了電力道賈飛醫務所的樓下等阿標，她站在賈飛醫務所招牌底下等了不一會兒。

「你是阿倩的表妹安娜吧？我是阿虹的朋友希標。」一個長得黑黑實實的中年男子以高吭的聲音向她問道。

「是的，麻煩你……」安娜笑盈盈地說。

這間醫務所設在唐樓的第二層，上了十幾級的石梯右邊就是了。希標按了一下門鈴，門鈴響了幾聲，一個年約五十來歲、身著白色醫生袍的男人開了玻璃門，這就是賈飛醫生，他生得削瘦，個子不高，頭髮微禿，皮膚黝黑，身體硬朗，戴著一副金絲眼鏡，活像是從漫畫裡走出來的"老夫子"一樣。

「進來吧。」賈醫生熱情地說。

二人剛進入診所的大廳，希標扭頭對著賈飛連忙陪笑道：「這是我朋友的表妹，叫安娜，這裡上班的時間和工作內容我已經全部告訴她了。」

「安娜，你的身份證拿給賈醫生登記一下吧。」希標繼續說道。

安娜隨即拿出身份證遞給了賈醫生。

「好……好……」賈醫生喜上眉梢，頻頻點頭回道。

賈飛登記好安娜的身份證後，希標就告辭回去了。

少刻，一道清脆銀鈴般的聲音傳來：「早晨！」

一位頭髮紮成高馬尾，身穿緊身白色襯衫和及膝繁花裙子，陽光燦爛型的少女推門進來。這少女看上去十六、七歲，身材高挑——身高約 1.67 米，大眼高鼻，上下兩片紅唇平均，鵝蛋臉，臉上有幾粒雀斑，看上去打份稍微成熟了一點點，卻仍是妥妥如花似水的美少女一枚。

「這位是黎娜姑娘，這位是安娜，新來的同事。」賈醫生把她們相互介紹了一下。

「好啊，安姑娘，你隨我來。」黎娜傾著頭以管工的口吻向安娜說道。

香沙港對不同年齡的女護士一律特有的稱呼：姑娘。

這間醫務所大門入口處右邊設有一個小書桌，是用來專門幫新舊病人登記的，中間是一個大廳，大廳左右兩側貼牆有一列固定的木製坐位，前面靠街的有兩間房，一進房門是賈醫生的應診

室，再往裡進去是配藥房，藥房裡一邊擺滿各種藥丸藥水，一邊放滿病人的病歷卡，配藥房有一個大窗口正對著大廳，大廳的後面有一間放雜物的小房，另外一間小房專門放置高溫消毒爐和洗手盆，盡頭是一廚一廁。

安娜隨黎娜進入雜物小房，黎娜把掛在墙上的一件白色護士袍拿了下來，遞給了安娜，須臾，二人各自穿上白袍走到了大廳，就這樣，來來回回在這間診所裡開始了一天的工作。

星期一下午，安娜搭五毫錢的電車去了灣角新通易英文學校，在那裡報讀中學一年級的英文下午班，這下午課程的學習時間跟夜校是一樣的，每次兩堂課一共兩個小時，課程也是一年壓縮成半年來學習，同時，安娜停掉了在西陂的夜校課程。

在醫務所上班，安娜在百伶千俐的黎娜姑娘的帶領下，很快學會了幫病人登記病歷卡、探熱、配藥和講解如何按時按量吃藥，然後是收診金。原來賈飛醫生祖籍閩北，出生於上海，父親曾是商人，他青年時在北方一所著名的大學就讀醫科，後來幾經轉折隻身前往英國繼續修讀醫科。醫科畢業後服務於英國公立醫院多年；轉又服務於香沙港華東政府醫院五六年，在政府醫院認識了一大批病人，後來自己在西陂開私人診所。他到了知天命之年仍未娶妻，一直以來像老處男一樣孤獨的生活著。他還有一個醫學上的奇怪態度來擇妻，他認為凡是女子年逾二十五歲身體狀況就開始衰老了，因此一個相熟的媒人婆每次帶來相親的女子，相貌無論美醜，年齡一旦超過二十五歲，他都會調侃兩句加以嫌棄。

少女黎娜的身世和安娜頗多相似，異曲同工，她的母親早已離世，父親在台灣開餐館並且已另娶妻子，現寄居在姐姐和姐夫

的家裡，早晚上班賺錢，下午就讀於西陂的女皇英文書院的中學三年級。

坊間都說醫生的字是最潦草難懂，安娜對藥方的名字一學即會。況且來看賈醫生的病人都是患上普通的疾病：流行感冒、腸胃炎和一些常見的疾病，偶而有幾個尋花問柳的男人得了"越南玫瑰"或是"菲律賓椰菜花"的花柳病也會來這裡問診。這種治花柳病的藥物比較昂貴，此藥物放置在賈醫生應診室的櫃子裡，平時都是黎姑娘在管理的，安娜落得清閒也沒有留意這種東西。

南方島嶼的九月天氣，過了白露，每日的氣溫依然在 30 度以上，熱氣和濕氣交混。今年的中秋節是在陽曆的十月五日——星期五。中秋節之前有一位中年婦人送了一盒榮華月餅和六粒日本水晶梨給賈醫生作為佳節的禮物，賈醫生隨即分送黎娜和安娜每人各一粒水晶梨，這日本水晶梨是安娜買不起的貴價水果。

安娜的舅母表姐家從來沒有過中秋佳節的習慣，明月月明的喜樂哀愁之事對這一家大小無關重要，王倩和雅絲也不買中秋月餅，而且一盒月餅的價錢並不便宜。

十月六日，星期六，中秋節的翌日，這日正好是黎娜放假在家，每月她和安娜都是輪流放假的。今天來診所看病的人不多，應該是眾人昨晚賞月，今日呆在家裡不想出門吧。晚上八點之後，診所已經歇診了。安娜正在門內的書桌上計算今日的診金，普通診金連藥費是每次 35 元；住在豪華住宅的病人收費會稍微多一些。當安娜低頭專心致志地盤點著，猛地聽到有人按門鈴，她立刻伸手按下門制，只見一個矮胖偏黑，神色愣沉，年約三十七上下的男子用力推開玻璃門。

「你怎麼還沒有下班呢？」這個黑胖的男子慌里慌張的一邊推門，一邊劈頭就問，隨即，眼睛往診所的大廳掃視了一圈。

「你來看病的吧？以前看過嗎？有沒有發燒？如果沒有看過，請讓我先登記一下你的身份證，好嗎？」安娜禮貌地把每次例牌的話說了一遍，不由暗自嘀咕道：我要是下班了，誰來幫你登記配藥呢？

「沒有發燒……第一次看的。」這男子皺起臉來，小聲說道，隨即拿出身份證遞給了安娜，然後把他的住址也告訴了她。

賈醫生正坐在太師椅上冥想，那個男子隨安娜進入了應診室，他在賈醫生面前慢慢坐下，安娜快步走入賈醫生身後的配藥房，站立著平靜地等待著接下來的工作。

「你哪裡不舒服呢？」賈醫生張開眼睛直視著這個男子，慎重其事，緩緩問道。

「醫生，我小便的時候非常疼痛，背脊也好痛。」黑胖男子壓低嗓門說道。

賈醫生聽到這些話，少刻，立起來把身邊通往配藥房的門輕輕地關上。

「把你的褲子除下來讓我看一看……小便的地方。」賈醫生眉頭一皺說。

這男子伸手往褲襠上撓癢般抓了一下，尷尬的把自己的外褲

內褲除了一大半下來給賈醫生診症，賈醫生用手電筒照看了一會兒，接著擺手說：「可以了，褲子穿上，再把你的衣服除下來，讓我看一看你的背脊。」

這個男子繃緊神經把褲子穿好之後，雙手除掉身上的Ｔ恤，然後轉身讓賈醫生查看。

「噢！你背脊的整個上半身已經紅腫潰爛得很嚴重了，你是什麼時候惹上這種東西的？」賈醫生以提醒的口吻說。

「我是……剛剛從菲律賓旅遊回來的……」這個男子閃閃縮縮地說道，然後穿上Ｔ恤。

「我先給你打一針專門治這種性病的藥，再開一些藥丸和一瓶藥膏給你，你稍等一下。」賈醫生耐心地說。

「安姑娘。」賈醫生大聲喊道。

安娜聽到賈醫生喊她，立刻從配藥房推門出來。

「這個注射的藥……你去拿來給我。」賈醫生手一揮遞給安娜一張紙條。

安娜接到紙條一看，用力眨了眨眼，嚇了半死。上次也是黎姑娘放假的時候，有病人需要用這個針劑，她一直找不到，賈醫生有些怨言，說她不稱職。那事以後，她老是抱著僥倖的心理自己掂量：來診所看花柳病的人很少，況且再一次碰上黎姑娘休息日的機會更是不可能的，因此沒有記住這種藥。這下可慘啦，又

碰釘子啦。

「賈醫生，這藥⋯⋯我怎麼找也找不到啊？上次黎姑娘告訴我這個藥放在這個櫃子裡的。」安娜一邊心急地尋翻找櫃子裡的藥，一邊愧疚地低聲說。

「別找了，我來找吧。」賈醫生板著臉孔，啞嘴說道。

安娜連忙把紙條放在賈醫生的桌子上，翻身閃入了配藥房。

賈醫生很快找出了這個治性病的針劑，他給這個病人打了針，再開了一些藥物給他。安娜按照賈醫生開的藥方，把藥找出來配齊之後，交給了這個病人，診金和藥費總共是 250 元。這個黑胖男子接過藥丸和藥膏，交了錢後，頻頻點頭客氣地說：「唔該⋯⋯唔該曬！」之後，快速轉身一溜煙離開了。

安娜重新把賬目記好交給了賈飛醫生，脫去護士袍掛在雜物間後，告辭回家了。

安娜跟黎娜一起工作時，二人相處得甚是愉快，從來沒有紅過臉。雖然黎娜的年齡比她小兩歲，可黎娜天生有"王熙鳳"管家婆的性格，安娜也樂意讓她當領導，並且安娜很喜歡這份半個白衣天使的工作。

賈飛診所大廳安放一台電視機，給來診所的眾人觀看，因來看醫生常常要坐著等待一段時間。這台電視機正好對著配藥房的窗口，安娜從來不看電視節目的，這段時間翠玉電視台正在播放一套叫"絕代雙驕"的電視劇實在太好看了，安娜忍不住利用

閒餘時間從頭到尾追看了，這也是她來香沙港唯一看的一套電視劇。閒時，有一天下午，她還跟同事黎娜一起去看了一部港產的電影。

安娜報讀的新通易英文學校日間老師的英文水平比夜校好很多，學校的老師很多是剛剛從美國大學畢業後，來兼職教學積累經驗的，上課時老師全部以英語授課。只是一個班的學生人數並不多，才十來個人，男女學生的年齡也參差不一，學習的目的個個更是不相同。

每天，安娜放工和吃完午飯之後，帶上書包走去乘搭電車到灣角的學校上課，回程改為走路，經過銀鑼灣再穿過伊麗莎伯公園後，過了兩組紅綠燈交通線再走一會兒就到菲菲道一號的銀葉大廈了。只是王倩嘲笑表妹安娜走遠路弄壞鞋子的錢比車費更多，說她只知道加減不懂得乘除；安娜不加理會，眼前能省錢則省錢。然而，在陽光明媚，清風拂臉的日子裡，走路碰上工人正在伊麗莎伯公園剪草時，會聞到一股濃郁的青草芳香，令人心曠神怡，欣喜雀躍，此刻，真想駐足停留多一會兒呢！

時光飛逝，轉眼間一年又過去了。冬辭無聲，春來有痕；南國的春天總是急急忙忙提前到來，群雀聒噪，一綠抽芽，千紅欲吐。

有一天，賈飛醫務所來了一個怪誕的婦人，這婦人還尾隨著一個瘦削頹靡的中老年男人一起來看病，黎姑娘給她作了首次問診的登記。這婦人年四十五歲，中等身段，肚子微凸，燙了一頭短黑卷髮，眼神犀利，一臉紅紅綠綠黑黑白白的濃妝，身著淺綠色小團花長袖襯衫和暗紅長褲，手挽一個蘋果綠的皮革編織手

袋。這婦人和中老年男人緊挨坐著等待喚到她的排號，等了很久，終於聽到叫喚她的名字了，她立身急步推門入了應診室。

「早晨！」這婦人媚眼熠熠閃亮直視著賈醫生，笑逐顏開說道，緊接著扭著腰坐了下來。

「哪裡不舒服啊？」賈醫生微笑問。

「最近我的心房時不時突然間會突突的，連續幾夜……躺在床上許久，仍然輾轉難眠。」這婦人臉上脹紅，壓低嗓門，柔聲嬌氣地說道。

「我先聽一下你的心臟，再量一量你的血壓。」賈醫生一面說，一面把聽筒的左右耳管塞入自己的耳朵挨近這婦人，接著把聽診器貼著她的前後胸部分別仔細聽了一會兒，聽完後，賈醫生又給她量了血壓和號了脈。

「你的血壓稍微偏高了一點點，平時你有吃什麼藥嗎？」賈醫生沉思半晌，接著認真地問。

「沒有吃藥……我天生有一個奇趣的怪病，不知道你能不能幫我治療一下？是這樣的，去年我老公走了，我便覺得遍身筋骨如萬隻螞蟻在咬；似饑鼠一般，天天得和男人上床。外面坐著那個男的是我的小叔，就算他不惜命，現如今他也不能夠滿足我了，我很是揪心，不知道你有什麼特效藥開給我吃，緩和一下這個症狀？」這婦人的雙眼閃閃發亮，道出此番輕浮無比的話令賈飛醫生的血壓瞬間上升。

此刻，西曬陽光從窗外照進了應診室，一束日光斜射在這婦人的粉臉上，賈醫生不禁心頭一緊，背脊竄起一陣涼意。

　　「噢！好了，我開一些降血壓和安眠的藥給你吃，你平時飲食吃得清淡一點。」賈醫生的臉皺得緊巴巴的，咂了咂嘴說。

　　「麻煩你。」這婦人笑吟吟地說，立起來翻身退出了應診室，在廳裡呆愣坐著等待取藥付診金。

　　賈醫生瞪著眼，啞然失笑，心裡七葷八素的胡思亂想起來，半刻，另一個病人推門進來，他才定神下來繼續看病。

　　這件奇病怪事，黎娜是見怪不怪；安娜卻覺得這是一件不可思議的奇葩，之前從未聽聞過。難怪在醫院當大夫的常常說：醫院裡稀奇古怪的事最多，天底下聞所未聞的人事都會來拜訪我們的。

第四十一章　　效馮諼市義不果

一曰：

　　東施浣西紗，雁飛魚翻沙。
　　效馮諼市義，客主兩頭抓。

　　這世間寄人籬下與仰仗別人鼻息的日子並不好過。安娜自去年初搬來銀葉大廈寄居在大舅母和表姐的家婆這裡，這裡除了一台電視機和一部浴室熱水爐之外，其他的電器一概沒有設置。安娜處處自我克制，以最簡單的方式苟活著，不敢使用熱水爐來洗澡，冬天自己煲熱水來洗澡，每個星期把屋內地板擦洗一遍，烏費不允許她買棉被，她也不敢，就這樣勉強度過了南島的冬天，畢竟還是青春火熱年少──不怕寒冷。安娜的工作從工廠工換上了護士工，每月工資少了二三百元，還好房租一百，學費一百多，剩下不到 700 元來維持基本生活費還是可行的，因三餐自煮，上班走路就到，安娜每日盤算著一天不可以花費超過 20 元，這樣才不超越財政負擔的危險線，因此她每次到匯豐銀行取款機僅僅取 100 元出來。這些困難可能是年青無懼無悔無怨的力量支撐著吧？

　　這一日，天剛剛發亮，丁橋虹已經從富貴大廈隔離的銀鑼灣菜市場買了一大堆魚肉菜來到了銀葉 8A。安娜在朦朧中聽到烏費母子二人聒噪之聲，連忙起身，把尼龍摺疊床收起來放在牆角邊。其實烏費這間房的面積不小，除了一張雙人床和一張長條桌子，安娜的一個膠料小衣櫃之外，什麼像樣的傢俬也沒有，衣服雜物堆放了三分一的空間，晚上安放一張尼龍床後，並不顯擠迫。

　　「安娜，你晚上睡覺像死豬一樣，把你搬扛出去你可能也不

會醒來的。昨晚念發突然發高燒，全屋人都起來吵了一夜，你竟然毫無察覺。今晚你把尼龍床搬到外面廳裡去睡吧，你這張床把房間給堵了，我晚上起來很不方便的。」烏費臉皮緊皺，呲牙抱怨說道。

「好啊。」安娜忍辱低頭輕聲回道。

緊接著她轉身走出房門去洗臉刷牙，吃早點，換衣服，才去上班。從早到晚的工作、學習和生活，安娜勞累的很，晚上睡在客廳裡的尼龍床上同樣的秒速就進入了夢鄉。

又過了一兩天，烏費的弟弟和侄兒一起來銀葉探望她，上個禮拜他們父子倆剛剛從國內來港定居。

「大姐，我和阿得在春苗街的全安大廈三樓租了一張雙格床，房間太擠迫了，只好先住下來以後再說吧。這裡工廠的工資實在太少了，我們父子想跟朋友去打地盤工，做建築工作的工資很高，按日計算，加班的工資還算雙倍。」烏費的弟弟眉頭緊蹙，喋喋不休地說道。

「噯喲！打地盤工掙錢多……危險也大，每年都有人從高空摔下來，你們可要小心呀；還有你們一來港就有得住，也算是有福氣啦，我媳婦的表妹最近還當了廳長呢。」烏費的眼睛閃射著凶光，大嘴露出了一口參差不齊的黃齙牙，緊張兮兮的，以叮嚀的口吻說道。

烏費的侄兒阿得一聽到"廳長"這兩個字瞬間瞪大了雙眼，整個人跳了起來，身子探了出去，張大口尖聲問：「姑媽，當什

麼廳長呀？有這麼大的官當，我也想當，能不能把這個工作也介紹給我吧？」

烏費被侄兒阿得無厘頭的詢問，弄得一頭霧水，半晌，才回過神來，似笑非笑地回道：「你搞錯啦，這廳長不是類似大陸公安廳長的官，而是晚上臨時睡在客廳的代號。」

「噢！是這樣啊，我還以為別人常常說的香沙港遍地是黃金呢。」阿得撇著嘴，抬頭望向天花板，一臉失望地嘆了口氣。

每天來賈飛醫務所看病的人還是不少，有時候大廳裡坐滿了人，安娜的一些遠親和校友偶而也會來這裡看病的。這個年代當醫生是個高尚的職業，也如同一台小型的印鈔機，一年的收入可以買一套中價的商品房，很多靚女都想嫁給醫生。賈飛醫生收入頗豐，這醫務所是自置物業，他還有一輛日產私家車，一年四季，他都去私人會所游泳鍛煉身體。賈飛醫生還有閩北人儉樸的美德，吃穿用度很省，天天吃粥吃醬瓜。

有一天，黎姑娘放假，賈醫生叫安娜幫他煮了半個電飯煲的粥，煮熟後，安娜沒有把電源關閉，半鍋粥膨脹成了滿滿的一鍋粥。事後，他向安娜稍微抱怨了一聲，他殊不知道安娜從來不善於家務事。賈醫生還說安娜跟黎姑娘不一樣，黎姑娘為人處事的風格如台灣的姑娘一般。

驚蟄過後，南方寶島的三月，木棉花高高盛開，眾雀兒忙忙聒噪。

這日，曉來吹急雨，悶雷乍響，春風亂顛拂。早上，賈醫生

的表弟希標上醫務所來找他聊天。

「大哥，你買的黃金又漲價了，一盎司已經升到850美元了。你這樣把賺的錢全部買了黃金，將來一定會成為大富翁的。」希標滿臉堆笑說道。

「那有這麼好的事情，就升這麼一點點。這兩天診所生意不是很好，還有前天樓下的銀行櫃面的職員騙了我1000元，我明明遞給她7000元，她說數了只有6000元。我買一盒雞蛋裡面也少了一個，現如今的人很不誠實……」賈飛眯起眼睛，打開話匣子一直不停地抱怨著。

「下次你買東西要看仔細一點，至於銀行櫃台的職員應該不會欺騙吧？銀行四周都有監控鏡頭，她想偷竊客人的錢是不可能的。」希標半信半疑，嗤笑道。

「我說的話，你老是不相信，這些都是千真萬確的事情。」賈飛臉色一暗說。

安娜和黎娜立在配藥房聽到老板和他的表弟希標的一番對話，二人默默彼此互望了一眼，不太相信銀行職員膽敢欺騙客人，只有雜貨店少給雞蛋也許是真的。

希標聊了一會兒就告辭回去了。早上來的第一個病人是那個看怪病的婦人，這次是她的女兒陪她一起來的，她的小叔子沒有來。黎姑娘給她掛了號，她笑吟吟地進入應診室，扭扭捏捏坐上椅子後，兩眼直視著賈醫生，像是自言自語般傾訴著自己的生理苦惱，賈醫生依然是紋風不動的以標準的診症方式給她開了降血

壓、安眠的藥，和一些維生素 C，問診完畢，她點頭道謝後，回到大廳等候取藥付款。

晚上，七點左右來了一個閩南中老年婦人，她經過賈醫生的診斷，已經是乳癌第三期，而且胸部開始化濃了。賈醫生開了一張介紹信讓她到華東公立醫院去醫治，可她卻精神十足不太相信自己患上癌症，與不治療就活不久的事實。她臨走出應診室時，賈醫生再三提醒她要盡快去公立醫院住院。

「賈醫生吩咐你一定要趕緊去華東醫院住院，這種癌症不及時治療會死人的……」安娜一面用閩語勸說，一面解釋給這位婦人如何吃藥，只是賈醫生才開兩樣簡單的藥給她，他沒有辦法醫治癌症。

「可是我還在上班啊，我得先請假才能去……」這位婦人疑惑的歪著頭說。

「人的生命比上班更重要，別忘了去醫院啊。」安娜瞪大了烏黑的鳳眼，再次耐心地勸說。

這婦人拿了藥和介紹信回去了。安娜為這個婦人擔憂了很多日，心裡一直思量著：也許這位婦人根本不知道什麼叫"癌症"？不知道她的病情有多麼的嚴重，還有她是否按照賈醫生的指示及時去華東公立醫院進一步治療呢？

快到了下班之前，又來了一個閩南阿嬸，前幾個月的每一個星期她都會帶她的丈夫來看病。她的丈夫叫何灶，患有嚴重的糖尿病，而且腿部已經腫大化濃了，每次他來看病時，賈醫生會給

他洗傷口。最近不見她帶何灶來看病了。

「怎樣沒看見你老公何灶來看病呢？」安娜給她配完藥之後，以關心的口吻向她問道。

「唉……上個月他已經走了，賈醫生沒有及時介紹他入院，到了醫院已經太晚了。」這個閩南阿嬸愁眉苦臉，嘆了一口氣說道，語氣中帶有一些埋怨。

「噢！太可惜了。」安娜惋惜地回道。

一忽兒，這位阿嬸交了錢，拿著藥轉身離去了。人的生命像行人一樣，來來回回。病人也一樣，有的病來如山倒，病去如抽絲；有的病來命去，無藥可救。

七月份，安娜來港的第二個年度即將完結。港府規定新移民每年必須展期一次，若錯過展期意味著新移民自動放棄居港權。新移民展期的證件上一律蓋上綠印，故傳媒與坊間都俗稱新移民為"綠印客"。這"客"的定義如同小學在學習標點符號的一段短文："下雨天留客天天要留我不留"，如果"綠印客"不老老實實在港幹活的話，隨時不留人？

有一天，炎光四射，天氣又悶又熱，氣壓很低。天朦朦亮，安娜就起床了，把尼龍摺疊床收起來搬去放在阿姆烏費的房間角落，洗漱完畢，吃了早餐，換上一身漂亮的衣服後，急急腳就出門了。

她上了電車立著右手抓住扶手，突然間有一個濃妝艷抹的

婦人伸手推她的腰部大聲吼道：「死阿燦……閃開……」瞬間，這怒不可遏的婦人一個箭步直走到車頭，扔了一塊硬幣入了收銀筒，翻身便下車去了。

安娜被這突如其來的推撞和羞辱是敢怒不敢言，處子碰上潑婦，不得不忍辱吞聲。這"阿燦"的稱號是有來歷的：自去年尾，香沙港翠玉電視台開始熱播一套叫"愛坑人"的長劇，戲中描述一個從大陸偷渡來港的新移民青年叫吳燦，說他生性愚痴，好吃懶做嗜賭，急功近利，貪慕虛榮等等，因此受盡港人的欺凌。有一次，吳燦跟工友打賭竟然一口氣咽下一打巨無霸漢堡包，為此，港人把新移民和大陸人貶稱為"阿燦"。安娜不看電視劇，但耳有所聞，何況這是眾人之事，一己之力不能堵住悠悠眾口；這也叫做"眾口鑠金，三人成虎。"然而，這種社會上的普遍漫罵羞辱對於心靈脆弱者有無形的精神打擊，繼而弄上人命的也有。

電車到了灣角站，安娜下車走到了政府入境事務處。一到這裡，早已看見很多人在指定綠印展期的位置排隊等候。來展期的新移民人數眾多，政府職員用鐵馬把他們圍住，這鐵馬圍得一圈圈的，人群擠在裡面好像羊群套在羊欄裡，欄外面站著幾個穿制服身形彪悍的男女工作人員，他們個個面無表情，隨時破口吆喝著維持秩序。還好這群新移民多數是年輕人，腎臟功能還是健康的，不必上廁所，能夠堆在一塊，長時間的等候。安娜隨著隊伍緩緩走入了鐵馬圈，轉了一圈又一圈，等了大半日，終於把居住日期再延長一年。

這次，安娜不急於回大陸的家，因她很喜歡這份護士的工作。有時候，她利用放假的時間學習畫油畫，她從小有一個畫家夢。

安娜回到西陂，將近下午二點左右，她在附近的麥當勞吃了一個套餐，這套餐已是她的大餐了，吃麥當勞對她來說是奢侈的。

隔日，安娜小學的同學許亞亞來醫務所看病。許亞亞是個性格內斂的女孩，生得皮膚白皙，眼大無神。她是獨自一人來港投靠外婆的，父親早已離世，母親和弟妹都在菁山鎮。平時，安娜跟她沒有來往，有兩三個男同學跟她比較熟稔。

「亞亞，好久不見，你來看什麼病呢？」安娜關心地問道。

「沒什麼啊，最近我滿臉都是暗瘡，我來看一看有什麼藥能夠解決的。」許亞亞頓時臉色一紅，帶著鼻音低聲說道。

「噢！」安娜向她笑了一笑，轉身走去拿消毒好的器具到應診室，繼續忙她的工作了。這次是黎娜給許亞亞配的藥。

許亞亞走了之後，安娜心裡一直嘀咕道：咱們這種隻身來港寄人籬下的人，生活已經很困迫了，哪還顧得上臉上美不美啊？還為這種事花閒錢去看醫生，莫非亞亞自己有什麼苦衷？

節氣轉變，秋風乍起，空氣乾燥。這幾日醫務所病人漸多，大廳裡時有咳嗽聲。賈飛醫生天天呵呵笑著，合不攏嘴。這一日，臨收工前，黎娜又倒了兩小瓶止咳水帶回家給她的外甥吃，她的兩個外甥這些天有點輕微的咳嗽。這止咳嗽水的顏色是深褐色的，有一股刺鼻的味道，俗稱"馬尿"。每次訂這種止咳水都是一大桶裝的，安娜和黎娜再把大桶止咳水分成幾十個小瓶，每小瓶的止咳水成本大約在一二元之間。安娜看見同事黎娜倒兩瓶藥水回家，覺得很正常，因從小讀書知道中國歷來有些醫生都以治

病救人、懸壺濟世為本。黎娜在醫務所已經工作了兩年，她姐姐一家大小生病都會來給賈醫生看的。有時碰上小咳嗽，她才自己倒一二小瓶止咳水帶回去給家人吃。

安娜的舅媽、姨媽和阿姆烏費三家人從未到賈飛醫務所看過病，她們小病感冒都是自己買中成藥來吃；其他的病都是去看中醫抓中藥來煲的。因看西醫每次診金相當於打工仔一日的工資，安娜看私家醫生也是看不起的。安娜來醫務所工作了一年餘，有時候真想生一次病，看一次免費的醫生，可真是巧的很，這一年多從來不曾生病，而且天天不戴口罩跟病人接觸，也不被病人傳染病毒。這也許是護士有天生的責任去幫助病人，有自然免疫力吧？

中秋節之前，去年送禮品的婦人又送一盒榮華月餅和六個日本水晶梨給賈醫生，賈醫生還是每人一粒水晶梨轉送給安娜和黎娜。九月二十四日是中秋節的翌日，也是公眾假期，來看病的人比較少。

「安娜，你的電話。」黎娜一面右手握著電話筒，一面尖聲喊道。

安娜從配藥房小跑出來聽電話，從黎娜手中接過電話，耳邊立馬響起一個男青年一連串陰陽怪氣的話：「靚女，出來玩啊，我在樓下等你……你的波好大……」

安娜沒等這個男人說完電話就慌忙把電話掛了，聽了如此的話，嚇得心府撲撲亂跳，不覺紅了臉，嘴裡暗下亂罵道：「變態……不要臉！」

「黎姑娘，麻煩你……下次再有人打電話來找我，你就說我已經辭職不在這裡工作了。」安娜扭頭焦急地吩咐。

「好的，安姑娘，是有人追你吧？」黎娜咯咯一笑說。

「哪裡有呀。」安娜瞪大雙眼，用高亢的語調說道。

「這男人嘛……年紀大一點的床上功夫比較厲害，像賈醫生這樣的人最厲害。」黎娜喃喃自語道。

安娜佯作沒聽見黎姑娘的話，轉身走開了。她暗自思忖道：這些床事從來不在自己考慮人生大事的范圍之內，還有這種床上功夫的言詞對她來說也是很陌生的。

這次遇到陌生人的騷擾電話之後，安娜上班都會提早一點；下班推遲一些，她害怕這個人會突然站在街頭巷尾等她。

光陰如閃電，一瞬即逝。一年一度的聖誕節即將來臨了。

這幾日，烏費有點咳嗽，她天生有些怪癖：嚴重潔癖和上下樓不敢自己乘坐電梯。平時她生病只會去找在銀鑼灣菜市場的中醫，幾十年來都是看同一位中醫師。這一次，安娜察覺烏費的病情輕微，想為她省一點醫藥費，做一件好事，就在醫務所自作主張倒了一小瓶止咳水帶回家送給烏費吃。

誰知道烏費平時對安娜的種種行為很是不滿：叫她晚上十二點以後不要開燈溫書，她從不聽勸。烏費多次解釋給安娜聽，半夜開燈，因別的人家全部熄燈了，獨自開電燈，電燈吃電更加厲

害，安娜卻辯解這種耗電的說法不科學；還有阿虹介紹好兄弟小善給安娜，也被她拒絕掉。烏費還十分忌恨媳婦王倩對安娜甚好，又看她在賈醫生那裡工作似乎很開心。一直以來，烏費要尋安娜的短處又尋不著，小樂志打她，家裡有了瘋的傻的、有的沒的事都賴她，當面調侃她的美貌只是大陸款，次次她都是不言不語的。烏費之前常常生空挖縫，連無縫兒也要下蛆的；今次恰好生出這個止咳水的事來，有了把柄，她眉頭一縮，計上心來。

烏費耐心地等待機會一到，立馬就去賈飛醫務所舉報安娜私自拿止咳水給她吃的事。又隔了一個多星期，烏費感到喉嚨有點疼痛和咳嗽，她趁安娜休息的日子，到賈飛醫務所看病。黎娜給她作了首診登記。

「賈醫生，早晨！安娜是我媳婦的表妹。」烏費一面呲牙堆笑說，一面在椅子上緩慢坐了下來。

「噢！你哪裡不舒服？」賈醫生雙手放在桌子上，微笑問道。

「賈醫生，昨晚我的喉嚨好痛，早上咳了幾聲。上次安娜從你這裡拿給我吃的止咳水效果很好，我吃了二三日之後就不咳了。」烏費雙眉緊蹙，陰沉訕笑道。

「你沒來我這裡看病，安姑娘怎會拿藥水給你吃呢？」賈醫生臉色一沉，咂了一下舌頭，吃驚地問道。

「我⋯⋯也不知道啊⋯⋯」烏費支支吾吾地說。

「來⋯⋯張開嘴⋯⋯讓我看一看你的喉嚨⋯⋯啊⋯⋯」賈醫

生叫烏費張大嘴巴，檢查一下她的喉嚨，接著聽了她的前後胸腔。

「你的喉嚨有點發炎，我開一些藥讓你回去吃吧。」賈醫生沉住氣繼續說道。

烏費離開醫務所之後，下午休息的時間，賈飛坐在太師椅上，思忖萬千：「自己此生最恨的是被人欺騙，還有上次叫表弟阿標把安娜介紹與我為妻，阿標一開口就被她推辭掉。我身為醫生，職業高尚，賺錢能力超強，雖年屆半百以上，身體依然強壯有力，想找一個年輕貌美的女子為妻並不難。安娜這個鄉下妹還真是不識好歹，對我的盛情無動於衷，還拒絕我，讓我沒面子……」賈飛越想越憤怒，加上安娜擅自拿止咳水的事情，越發火上澆油，他是個視錢如命的人，立馬決定找一個妥善的借口把她解僱掉。

次日，安娜一上班，賈醫生就大興問罪之師。安娜尷尬萬分地解釋：「因見同事黎姑娘也倒止咳水回家，不覺有不妥之處。她也只有拿過一小瓶止咳水而已，這僅僅是出於善心，沒有歹意。」這一下反倒無意之中連累了同事黎娜，賈飛醫生聽了安娜的解釋之後，陰陰一笑，滿腹狐疑，五臟六腑氣炸了鍋。隨後，他見到黎娜並未直接責問她，強忍著不發作。

又過了兩天，十二月二十日，星期六早上，安娜和黎娜剛剛進入醫務所，賈飛醫生就皮笑肉不笑地對著她們二人說：「過幾日就是聖誕節了，我已經買好去英國的飛機票了，這次我去英國探望朋友並打算在那裡找份工作，不知道什麼時候才會回港，今日醫務所就暫時歇業。這是你們這十九日的工資，你們算一下，看對不對？」

隨即，賈飛醫生分別遞給安娜和黎娜每人一個白色的信封，她們只得無可奈何地接過信封，也沒有打開來看，頭也不回，默默悻悻離去了。

烏費看見安娜失魂落魄的樣子，而且早早就回來了，心中暗自竊喜，她知道安娜一定是被賈醫生給炒了魷魚——失業了。

這一日，安娜心情低落到了極點，兩餐都沒有心思去煮，胡亂吃了算數。一份好好的工作就這樣讓自己給弄丟了，還落下一個不好的名聲，她從未被人辭退過，這次感到了莫大的恥辱。之前在家鄉常常聽到父親安清木講"馮諼客孟嘗君"的故事，現如今她想仿效馮諼市義不果，反遭到"佃農"的舉報，導致被老板炒魷魚，兩頭不討好，慘遭反噬。其實人世間哪有：別人做你也做就一定會成功的事情呢？當 copy cat 能成事嗎？她後悔極了，不該多管閑事，東施效顰，以至於弄巧成拙。

賈飛醫生去英國沒多久又回到他的診所繼續行醫了，他後來到國內老家娶了一個年輕貌美的妻子，繼而生了一個兒子，1997年之前他把妻兒送到英國去，兩年之後他患上了精神病。有一次安娜在電力道看見他手上拿了一個厚厚的由很多個膠袋疊加起來的袋子呆愣立在街頭。同事黎娜後來在外資金融公司當上了經理，跟青梅竹馬的男友結婚生子。

第四十二章　　　途窮遭白眼

一日：

天下烏鴉一色黑，皆因沒錢惹的禍。

水裡睡覺一樣冷，不合眼緣都是錯。

　　安娜被辭退工作的頭兩個晚上，躺在尼龍床上一整夜輾轉難眠，自尊心受損，思來想去，長吁短嘆，復去翻來，又擔心沒能上英文日校班，她再上一年餘的時間就能參加全港中學英文科會考了，她希望能考到較好的成績。自己又沒條件上班就能夠專工學習而能夠生活下去，手停口停課停，房租也停。儘管在如此的窘境，她竟然還有古時腐儒的傲氣：錚錚鐵骨！不為五斗米而折腰！

　　人間道往往是："屋漏偏逢連夜雨，船遲又遇打頭風。"這一日，平安夜氣溫突然驟降，氣溫降到近幾年的最低溫度八度以下。烏費一直以來不准安娜買棉被，安娜躺在尼龍床上凍得全身冷冰冰的，床上沒有任何床單鋪墊，冷風從尼龍床底穿透上來，身上也沒有棉被蓋上，一張毛毯不足以抵禦寒冷的天氣，又不敢穿上羊毛衣睡覺，生怕明天起床之後，走不出家門，上不了大街，因沒有更加保暖的衣服可以穿上了。連續兩個寒冷徹骨的晚上，冷風上下侵襲，安娜一夜翻來復去凍得不曾合眼，一直盼望著快點天亮。這個恐怖的經驗，讓她親身體會到身體的溫度抵抗不了外面的寒氣，因此在天寒地凍的時候，借宿天橋底下的露宿者會一夜凍死。

　　這段日子，安娜恰逢天災人禍，連三接四，失業挨凍，奇恥愁怨，胡思亂想，竟然患上了失眠症。連續二日奇寒的天氣，

第三日氣溫終於上升到了十度以上，安娜上街買了一些回鄉的物品，收拾簡單的行李準備回鄉探望父母家人。

十二月二十七日，星期六，她提著一個蛇殼袋起程回永福省金溪縣菁山鎮。今年的農曆新年就在一月六號，臨近農曆新年，福網口岸天天有長途汽車回金溪縣。

安娜到了縣職工宿舍大院的家裡，也是鎮日百無聊賴，見見家人，去了繡嶺村探望年邁的外婆丘良。在老家住了十多日，正月初十就返回香沙港了。雖說在香沙港日子過得十分窘迫，但那裡才是她奮鬥的戰場。

安娜回到銀葉大廈 8A，雙腳剛邁入大門內，烏費和陳巧弦正坐在客廳裡說東談西的閒聊。

阿姆烏費呲牙似笑非笑開口道：「安娜，你今晚就睡在這條長椅子吧，那張摺疊的尼龍床已經送給別人了。我們新來的租客是一對年輕人，那個女的在金沙嘴香沙佳麗夜總會上班，她晚出早歸的，上班時間跟你們不一樣。你睡的那張尼龍床把路都堵住了，很是麻煩的。」

陳巧弦目無表情地盯著安娜，沒有吱聲。

「好啊。」安娜的臉色頓時漲紅，心情沉重了起來，卻不敢違抗的低聲回道。

她低頭一看今後自己棲息的地方，原來是一張舊式的木製沙發，沙發軟墊已經被扔掉了，剩下有靠背的長條椅子，這椅子頭

尾還有透空的把手。安娜心想這兩年多已經吃了不少苦，也不怕再多吃一些，再說了，這樣的困境是暫時的。還有阿媽王美菌一直叫她跟大舅母一家人同住，說這才是最安全的方法。心思單純的安娜沒有想到這些人故意為難她，總以為是大家都窮透了，日子艱難而已。她還慶幸自己不像最近上映的一齣電影裡有一個男的綠印客睡在廚房的灶台上，繼而這男人被灶台下的石油氣炸成頭髮又膨又卷、滿臉烏黑活像個非洲黑人，後來這個貌似非洲黑人的男人在香沙港機場上錯了飛機被載去了非洲呢，最終不幸落入食人族……

王倩夫婦還租住在洪小善的富貴大廈，小善至今仍未挑到滿意的女朋友，他還在等待安娜有朝一日回心轉意。古人當官有連降三級的，安娜睡覺的地方同樣是逐漸被貶降三級。

當天晚上，安娜只得抱了毛毯和枕頭來睡在木椅上，她的身子無法挺直，想躺平都不行，兩邊的把手限制了長度，她只好躬身蜷縮擠在狹小的木椅上睡覺。安娜本來對自己 1.68 米的身高頗感滿意，此刻躺在木椅上卻有點羨慕身材嬌小的人；有時候這世上不是長比短好，而是看在什麼位置上。也不知道為什麼？最近小樂志經常失驚無神偷襲安娜，往她的背脊狠狠地打了一拳才跑掉；小男孩的拳頭力度還挺大的，陳巧弦看見如此也不糾正他，安娜不跟小孩子一般見識，凡事能忍則忍。因為，這些大人小孩早已把她當成發洩情緒的工具，誰叫你要寄人籬下呢？況且安娜每個月總共才交 105 元的費用，怎能不討人厭煩啊？

這對新來的租客，男的年方十七上下，生得斯文白淨，戴著一副金絲眼鏡，花名叫四眼仔，是安雄在幫會的兄弟，正版的古惑仔。女的叫 Anita，年齡剛剛過了十八周歲，身材高挑，穿著

美服，化上濃妝乍看之下是個十足的美女，只是她的鼻子曾經做過大的整容手術。安雄是她的前男友，她也是閩南人，出生於小康之家，父親是個聞名的美男子，在她年幼時跟別的女人跑了。她不愛上學又不願意到工廠上班，十幾歲就出來社會上混，最近才正式去夜總會當伴舞小姐，她每月的收入比普通文員多幾十倍，但供養四眼仔加上嗜賭，手頭上並沒有多少的積蓄。

每天入夜後，Anita 都打扮得恍若天上人間的美妃，柳眉粉面丹唇，香氣撲鼻從安娜身邊輕佻地飄過。四眼仔並沒有工作而是專職當 Anita 的護花使者，白天在家裡睡覺，晚上才打扮得像紈絝子弟般出去四處遛達，常常流連於柳陌花衢、娛樂賭坊。他睡覺時從來不穿睡衣，而是上身赤條條的，下身穿一條緊迫的三角褲，比芭蕾舞的男演員還要性感，天天光溜溜的出入客廳、上廁所而無所忌諱。

陳巧弦一家人和烏費都十分喜歡 Anita，對四眼仔卻有所畏忌，因四眼仔在床底下一直藏有兩把裹上報紙的牛肉刀，幫會大哥隨時召喚就得立馬拿刀衝出去"劈友"。

安娜待業家中，平時總是坐在客廳的小餐桌子上溫書。這日下午，安雄和幾個幫會的兄弟來銀葉找四眼仔玩耍。

「表姐，你好！」一個少年笑吟吟的在安娜的背後出聲喊道。

安娜身後傳來叫聲，她並沒有回過頭來看一看，佯裝聽不見，繼續專注手中的書本。

「大眼雞，你不要去惹我表姐，她跟咱們不一樣。」安雄朗

聲糾正兄弟大眼雞說道。

他們從安娜身旁走過去，魚貫而行，進入四眼仔和 Anita 的房間。須臾，又來了三個少女也是直接進入那個房間。他們幾個男男女女一直呆在房裡，有時出來上廁所之後又進去了。一連兩三天從早到晚都關在那間臥室做集體活動。安娜看在眼裡、心中不去思量，因她一貫認為："道不同不相為謀，志不同不相為友。"而進入風月場所工作就算有錦衣玉食也是苟且偷生；寧願揀垃圾掃廁所也不會去幹那種賣肉賣笑的活計。

回港以後，安娜天天用一部小型的打字機打了無數份的英文求職信；信上只要求當一名寫字樓的小文員，月薪 1400 元；每封求職信還特意選擇了一張自己最美的照片附上；前後一共寄出百多封求職信，全部石沉大海；僅僅一個印度公司給她去面試的機會，結果還不被錄用。

安娜的同學陳飛閣一直叫她學畫商業油畫賺錢，簡稱"行畫"。他在春苗街全安大廈專門租一間房間用來畫油畫，每月能賺一萬多元，可是安娜不想放棄學習英文的機會，她沒有跟陳飛閣學畫商業油畫。

安娜找了一個多月的工作還是找不到。最後，王倩幫她找到一份半日工，在玩具洋行當會計助理。三月一日，安娜開始到利得洋行上班。這家洋行的老板姓黃，以前王倩在他的玩具廠當過驗貨員。雖然這份 part time 的工作每月工資才 600 元，而且要去中區上班，安娜還是很高興能夠繼續上日間的英文班。她上下班選擇乘搭廉價但浪費時間的電車。這 600 元扣去租金和學費，每日的花銷才十三元餘，安娜的手頭瞬間拮据了起來。想到再忍

耐到年底，就完成英文中五的課程了，也就過一日算一日吧。

王美菡來信說要寄一些錢資助安娜的生活費，安娜毫不猶豫地拒絕了。安娜自忖：人人來香沙港掘金子，自己沒有完成任務，反而向自己的窮家伸手，這是她萬萬不能接受的事情。

安娜的美術同學陳飛閣利用向她借書的機會夾上一張他自作的情詩給她，她瞥了一眼是朦朧詩：愛無涯……請勇敢的愛吧……安娜不敢再往下看就把它扔入垃圾桶了，心中暗笑道：這不關我膽量的問題；而是生活條件的問題。她來港體驗到窮人的處境，決意在沒有脫貧之前不會結婚的，她不想把貧窮延續到下一代。所有的男生追求安娜都被她善意地拒絕掉，她既不想玩弄別人的感情，也想自己能夠守身如玉。她跟男同學保持聯繫，僅僅是刷存在感，以防萬一自己有什麼緊急事需要同學的幫忙。畢竟自己孤身一人在港，父母兄長都在國內，遠水救不了近火。

安娜在這個萬分窘慼的時候，突然間有人向她拋出了一支帶有橄欖的橄欖枝，她的前景貌似有了希望，有機會能夠早日跳出苦海？安清木之前二輕局的一位同事王進想介紹一個男朋友給安娜，此人名喚蔡湟，是閩南的一個青年才俊，工作能力超強，自己經營珠寶買賣，為人正派，嫖賭煙酒不沾。只不過年齡偏大，比安娜足足大了一個圈——十二歲。原來這個閩南老鄉的祖籍是金溪縣繡嶺村，八歲隨母親哥哥姐姐一共五人來港定居，父親在菲律賓謀生，但與菲女早已另組家庭。據說他擇妻條件甚是苟刻，女方要長得身材高挑美麗大方又要識得英文，所以三十二歲還一直單身。他向王進說擔心安娜不諳英文，誰知道安娜轉告他說懂英文是小事情，只是自己沒有能力買嫁妝陪送。安娜在英文學校已經上到中學四年級的課程了，還有每個學期的成績都是在班上

排名第一。

南國春天，萬紫千紅爭艷，眾綠翻青，百鳥競歌。

不日，經過口頭互相傳遞男女雙方的條件，安娜和蔡湟都同意二人見一面。星期日下午，安娜正坐在桌子旁翻弄書本解悶，突然間聽到丁橋虹跟一個陌生男子打招呼的聲音，她回過頭來遠遠看見一個生得相貌魁偉，體格健壯，國字臉，直鼻口方，謙謙有禮，戴黑框眼鏡的男子立在近大門口的地方。安娜心裡不由驚嘆：「好一個斯文帥氣的男子！」

「阿湟，好久不見，珠寶生意好做嗎？」丁橋虹的眼睛裡閃爍著光亮，熱情地問。

「還好……我經常歐美菲律賓飛來飛去的，天天很忙。」蔡湟謙虛的笑說。

「這裡坐一坐。」丁橋虹手指著那條木椅子說，蔡湟沒有坐下來的意思，腳步往裡面稍微挪動了兩步。

「那個是王倩的表妹安娜。」丁橋虹接著伸手指向安娜介紹一下。

「你好！」蔡湟滿臉堆笑看向安娜點頭道。

安娜站起來向他走近了一點點，忙暗暗瞅了蔡湟一眼，不覺紅了臉，接著抿嘴微笑向他示意了一下。蔡湟上下細細把她打量了一回，瞬間，開懷笑了起來，他的額頭上立馬起了兩三條皺紋，

這皺紋把她嚇了一大跳——他怎麼如此顯老？

「我還約了朋友，下次再聊吧。」蔡湟立著禮貌地對著眾人說，須臾，告辭離去了。

「這阿湟我們從小就認識的，只不過長大了以後不再來往了。他拉的二胡可好聽了，他還是泰拳的高手，是個文武雙全不可多得的人才；只不過為人是遠近出名的小氣摳門，現在他發達了，之前的窮朋友都跑得光光了。」丁橋虹咕咕唧唧說著，他的小眼珠綻出一抹犀利的光彩，邊說邊把頭扭向安娜。

安娜默默地聽著表姐夫的話，沒有任何回應，轉身繼續忙自己的事了。

當天晚上，安娜睡在木椅上一夜輾轉難寐，反復思量：自己從未想嫁給大齡的男人，但此人的外貌內在的條件又十分優秀，至於他吝嗇的性格將來是可以慢慢改變的。再深想一層自己孤身一人遠離家鄉，寄人籬下又身無分文；如果早日嫁人，也就早日不再捱窮了，就算是把自己打折扣嫁給這個大齡的男人吧；還有，現在他們二人就算同意交往做朋友，將來還未必會結為夫婦呢。

安娜在中區的利得洋行當會計助理並不辱使命，同事都誇她學習能力很強，學打 Telex 一次就會。由於她只是上 part time 的班，同事對她甚好，加上大家知道她是黃老板的朋友介紹來的，在公司她不必涉及職場風波。

又隔了將近一個星期的時間，星期六晚上，蔡湟來電話約安娜明天下午二點半到銀鑼灣的怡南酒店見面。這家五星級酒店還

是菲律賓富人華僑來港的落腳地。

第二天下午，安娜穿著藍色紅格子裙和白色的襯衫，塗上了口紅，打扮得漂漂亮亮的去怡南酒店赴約。由於安娜從未到過高級的酒店，怡南酒店的北大門和東偏門都很寬綽豪華，東偏門連接繁忙的街道，她一到酒店的偏門就站在門口等待蔡湟，可是久久不見他露面。因蔡湟只是說在怡南酒店等，沒有說詳細的位置，安娜又不太敢走進那豪華的酒店大堂，只是瞪大雙眼往裡面張望了許多遍，心裡十分焦急，不知他此時在哪兒。一來沒有蔡湟的電話號碼，二來安娜不敢離開酒店東門半步，恐怕得此失彼。從下午二點半到六點安娜一直站在東門外像隻呆熊愣愣的，等待著蔡湟，始終不見他的蹤影，心情十分失落又煩躁。時近黃昏，她才快快不樂地走路穿過伊麗莎伯公園回到銀葉大廈8樓A室。

安娜和蔡湟約會不成，二人各自心存芥蒂，互相誤會妄自爽約。第二天晚上，王進打電話給安娜說昨天蔡湟去了怡南酒店的咖啡店等不到安娜，安娜卻說在門口等了半日也不見他來。蔡湟是個應酬權變與商場的老手；更不是情場的初哥，他對安娜初初並不熱情。失約之後的另一個星期日，才再約安娜到中區大會堂的西餐廳一起吃晚餐。

這家西餐廳的位置很僻靜，二人進入餐廳坐了下來，安娜點了一份黑椒雞扒餐，一杯熱檸檬茶；蔡湟點了洋蔥豬扒餐，一杯熱咖啡。

「安娜，你這麼漂亮為什麼不去參選港姐呢？」蔡湟滿臉春風笑問。

「我沒有膽量去選美啊，我怕輸了人生從此留下一個詬病。」安娜莞爾一笑說道。

「噢！不怕你知道我是一個徹頭徹尾的反共分子，將來你也許會受到我的影響的……」蔡湟侃侃而談他的政治立場。

安娜選擇沉默不回應他的話。不知不覺間，侍應生送上剛才各自點的餐飲到了二人的面前。他們邊吃邊聊天，蔡湟言談舉止不俗，幽默風趣。這次是安娜二十歲以來第一次單獨和男子吃飯，吃完飯後，二人吃完忘乎所以就走了出來。

「先生，你還沒有結賬呢？」一個男侍應生手拿一張賬單急促地跑了出來，禮貌地喊道。

「不好意思，忘記了……」蔡湟一臉錯愕，輕聲說道，轉身隨這位侍應生進入餐廳結賬。

隨後，他們二人在大會堂的周圍一路散步，一路天南地北的聊天，過了很久，不約而同地看了看手表，此時已經是晚上十一點了，才去搭的士回家，蔡湟送安娜到銀葉大廈門口就離去了。

蔡湟跟安娜保持若即若離的狀態，也沒有帶她去拜訪他的家人。去年他在西陂剛剛買了一套約 500 平方尺的住房，公司就設在家裡，沒有雇員，每日拿一個手皮包到處跑生意。他還告訴安娜他的大哥在國內上大學時受到迫害和失戀導致患上精神病，因而長期住在金溪縣的湖水精神病院裡。

蔡湟三不五時會約安娜出來，每次吃飯都是他出的錢，只是

吃飯的地方都是一些普通的小餐館。閩南人的風俗習慣是出來吃飯只有一方出錢，沒有 AA 制的做法，且蔡湟比安娜有錢得多；他還是一個十分大男人主義的強悍人物，二人約會的花費，說什麼也不讓安娜出一分一毫。現實中，安娜每月工資才 600 元，窮的叮噹響。雖說是朋友當媒人介紹讓他們二人認識的，這也算是安娜的初戀，她芳心萌動，期盼著總有一天能和蔡湟締結良緣。

這一日，大晴天，晚飯之後，王倩上來銀葉大廈，她來帶小念發，小念發已經兩歲多了，長得白白胖胖的超可愛。

「安娜，你比我幸運多了，拍拖是去看電影和進餐館；當年我們拍拖是逛逛公園和商場而已，因為你姐夫沒錢。」王倩以羨慕的口吻笑說。

安娜聽了心中一陣歡喜，幸福感滿滿的，只是沉默不語。

此時，烏費冷言冷語、咬牙切齒地插嘴道：「這個阿湟那麼小氣，煙酒賭都不會，想必連"叫雞"的錢都不捨得花……」

烏費這番口無遮攔譏刺的話刺痛了安娜的心，須臾，安娜皺起眉頭，表情沮喪，一聲不吭，深深地低下頭，心裡猶自納罕：你這個老人家怎樣如此缺心眼，不去玩女人的人才是好人，怎樣把優點說成了缺點呢？也是，自從認識阿湟以來，他不曾送過任何禮物給我；更不曾帶來一袋水果或一盒糕餅送給你們，讓我難做人，加上表姐夫阿虹埋怨我不喜歡比蔡湟小一歲的洪小善，種種原因的糾纏，使你如此憎恨蔡湟。

王倩是個沒心沒肺的女人，深奧一點的話並不太願意去考

量，可她知道婆婆烏費妒忌她對安娜的關懷。

自從安娜跟蔡湟交往之後，她在銀葉大廈 8A 寄居的日子越來越艱難了。她睡的這張椅子白天是眾人休閑聊天的中心點。每天，天微微亮，丁橋虹已經從外面買菜上來，進入客廳就和烏費大聲嚷嚷，一下子把安娜吵醒了，總不使她安逸穩臥片時，似乎仿宋太祖之心「臥榻之側豈容人酣睡」；晚飯後，陳巧弦一屁股粘在木椅上就一直跟烏費、許貴英東拉西扯的長篇大套說了一車又一車有的沒的家常人情閒話，三個老婦人晚晚扯談出分斤撥兩的大話西遊，樂此不疲。每個晚上，安娜溫習和做完英文功課之後，有時碰上女子的月事，人特別疲倦，想早點休息，又不敢向舅母陳巧弦說明，也不敢在她們面前打盹兒，眼巴巴地盼望著二位舅母快點結束閒談，快點起身離開這條木椅子，好讓她躺下去睡覺，因明天還要早早去上班呢。可是這三個老婦人並沒有考慮到她們的坐椅是安娜的睡床，經常就這樣評長論短的閒聊到凌晨一點才結束。月租 100 元的木椅子的權益是微弱的，甚至等於零。

五月一日，勞動節假期，王美菡從金溪縣坐長途汽車來福網口岸與安娜會面，順便想認識一下蔡湟。安娜和蔡湟一起到福網來見她，蔡湟請王美菡和安娜吃了一頓晚飯，在華僑旅社住了一晚，蔡湟還送給王美菡五百元人民幣作為見面禮，第二天早晨就自個先回香沙港了。安娜和母親在福網多住了一天也就分別離去。王美菡並沒有嫌棄蔡湟年齡偏大，一切隨女兒的意願。

安娜在這段日子裡，白天上班上學，晚上溫習功課和拍拖，又得不到適當的休息和足夠的睡眠，蔡湟也沒有表示要娶她的意思，為此她經常胡思亂想，度過了許多不眠之夜，內外夾攻，她的身體和精神健康狀態慢慢變得差了起來。

安娜在利得洋行上 part time 半年之後，黃老闆就要她上全日班了，不然的話，就不雇她了。她只好把上日間的英文學校轉到了夜校。九月一日正式當了朝九晚五的文員，每月工資 1400 元。

　　又過了一段時間，有一天，安娜發現自己的左眼皮中間有一粒如綠豆大的硬塊，她把這件事情告訴了阿湟，阿湟帶她去看醫生。醫生說這種是常見的小疾病叫做"麥粒腫"，現時沒有藥物能夠治療，如果任它發展下去，將來暴出濃血可能會傷害到視力，唯有動一個小手術就可以痊愈了。醫生報出的手術費是 700 元，安娜付不起這麼多的錢，但阿湟也沒有開口要幫助她付這 700 元，安娜只好拒絕了醫生的建議，付了 30 元的診金之後，回去了。因這麥粒腫不是急性的，還有時間可以等，安娜只能回金溪縣去治療了。

　　真是越窮越見鬼！一患未除又生出一患。安娜得了一種怪病，頭重腳輕，坐下來頭十分沉重不能自主，坐車、上班和上課時必須用左手托著左下腮撐住個頭顱才會感覺好一些，加上晚上嚴重失眠，眼睛成了熊貓眼，白天三不五時打哈欠，而且半年沒有來月經了。她沒錢去看醫生，也不敢再向任何人透露自己的病情，只好趁中秋節有兩天半的假期，再向公司請了十天的假，回家鄉去治病。

　　她一過香沙港的海關，精神立刻好了許多。回到金溪縣職工大院的家裡，見到父母，睡個好覺，頭重腳輕的病情也減輕了九成。

　　第二天，王美菡通過軍區李波參謀長夫人的介紹下，帶安娜

去 380 軍醫院看病，掛了號先看婦科。

「你的月經正常嗎？」婦科中年男醫生微笑問。

「不……正常，已經半年沒有來了……來……來的時候肚子很痛。」安娜不覺紅了臉，支支吾吾低聲回道。

「身體哪裡還有什麼不舒服呢？」男醫生目不轉睛看著安娜的雙眼，接著又問。

「天氣變冷我就鼻塞至呼吸困難，晚上失眠和頭重腳輕，白天坐著要托住個頭才行。」安娜憂心忡忡地說。

「鼻塞是常見的慢性鼻竇炎，這個病目前沒有什麼藥可以根治，鼻塞時用滴鼻淨滴一二滴就可以疏通了，還有我教你用雙母指上下輕輕推動鼻子的兩側會有一些幫助的。」男醫生一邊認真地說著，一邊雙手往安娜的鼻子來回推動了一會兒。

「至於婦科方面的問題，你到房間裡的床上躺下來，讓我檢查一下？」男醫生注視著安娜說。

「不……不必檢查了。」安娜滿臉通紅，輕輕地搖頭，有點難為情的拒絕著。

「那我開兩瓶滴鼻淨給你，婦科就沒法開藥了，至於頭重腳輕的病要去精神科那裡檢查一下。」男醫生雙眉緊蹙，咂著舌說道。

王美菡帶安娜去精神科讓醫生檢查了一番，檢查結果不是患上精神病。

　　最後才去看眼科，眼科醫生也是說這麥粒腫只有開刀才能解決問題，但過程很簡單，需時一個多小時就完成了。安娜同意讓這位醫生動手術，過了一會兒，醫生就給安娜做切除麥粒腫的手術了。手術的時候，王美菡嚇得渾身發抖，蹲在手術床的旁邊，右手掩著雙眼，口中輕聲低喃"醫生，輕點……"由於麻醉藥用量不準確，安娜痛得半死，感覺有一把刀在挖她的眼皮。手術完，醫生用一塊紗布放在安娜的左眼固定好。如果沒有什麼異樣，七天之後安娜就不必做獨眼龍了。

　　她們付了診金和取了兩樣藥之後，就搭公交車回家了。

　　安娜回家幾日之後，頭重腳輕的症狀不再出現了，七天之後眼睛也恢復了正常。假期結束後，她告別雙親又返回香沙港了。說來也怪的很，她進入香沙港的半路上，頭腦又開始不舒服了。

第四十三章　　職場風波

一曰：
　　腦細腦不細，打工仔小氣。
　　人人各有志，相聚亦有日。

　　安娜到港之後，怪病又纏身了。可還是要照常上班上課和出去拍拖，拍拖把學習的時間占去了一半，精神狀態又不好了，要保持在班上拿到第一名的成績變得有些勉強了。與蔡湟半年多的交往，安娜對他有進一步深刻的了解，他是一個雌雄合體、軟硬兼施的范兒，為人十分驕傲自大且參雜些少自卑，目中無人，敏感小氣，信鬼神八卦風水命理，樣樣齊全。他們的第二次約會，他就帶安娜去給相命佬看相算命，看完相算完命，臨出門口之前，相命佬還私下低喃贈與他一句英文：She is good for you!

　　兩個年齡和出身背景相差甚遠的人相處得不是很融洽，經常在言語上出現衝突。蔡湟似乎要把安娜訓練成一隻會聽話的小狗，說話方式、穿衣服款式和舉止行為都得附合他的口味。安娜想早日脫離銀葉大廈 8A 的困境卻是遙遙無期。

　　安娜回港不久，安清木的舊同事吳醫生介紹一種廉價的天然中藥桑椹蜜給她，她吃了桑椹蜜的效果很好，不久頭重腳輕的症狀有了很大的改善。

　　今年中秋佳節，王溫從菲律賓回來探望家人，帶了許多菲律賓的美食，龍蝦沙律和芋頭雪糕特別美味，雅絲送了一些給安娜嘗一嘗。王溫和雅絲看電影還帶上安娜一起去，安娜做了一次電燈膽。一個星期之後，他就返回菲律賓了。他每年只回香沙港一

次，有時候雅絲去菲律賓找他，他就不回來了。

安娜從半日工轉成全日工，公司就有了一些職場風波。老闆不算，公司有十一個職員，有經理、跑業務的、打字員、文員、會計和一個 office boy，卻沒雇打雜的阿嬸，公司裡的年輕人都以英文名相稱，安娜的中文名跟英文名正好相同，大家都叫她 Anna。經理是個三十多歲的女子，姓鄭，英文名 Lisa，大家都稱她鄭小姐。安娜當會計陳小姐的助理，但碰到買廁紙和煲水的事情，鄭經理總是叫安娜去做，因其他的同事不肯幹這些沒有面子的雜活。公司更有一個不好的做法，黃老闆在的時候，大家桌子上堆滿了文件，個個埋頭苦幹；黃老闆一出辦公室，大家就一窩蜂的離開辦公桌走出來談天說地，吃下午茶，嘻哈玩樂。

中秋節假期過後，鄭經理從家裡帶來一盒中秋月餅放在冰箱裡請大家隨便拿出來吃，公司的同事連看也不看一眼。原來香沙港的人不吃過時越節的食品，只有安娜吃了一小塊。

「你們誰懂這個中文字的意思？」跑業務的梁先生一邊手拿一張寫"媼"字的紙遞給大家看，一邊朗聲問道。

「這中文要叫安娜這個中國人看才認識，我們通通不懂。」Office boy Andy 扭頭看向安娜訕笑道。

安娜睜圓了雙眼向那張紙瞄了一眼，心想這個"媼"字自己也不認識，不去理會他們。隨後沉默的低下頭繼續工作，一邊把昨天的發票逐項分類寫入記賬憑證，一邊暗自嘀咕：大家都是中國人嘛，裝什麼假洋人、貴族？Andy，你想拿著我來給眾人取笑，沒那麼容易。你不承認自己是中國人，外國人也認為你是中國人。

再說了，香沙港原本只是一個小漁村，原居民甚少，大多數的人都是從大陸移民來的，只不過來的時間不同而已。這裡的人只是多懂得了一些英文，除了賺錢還是賺錢；文化跟沙漠一樣匱乏，連自己的祖宗是從哪裡來的都不知道，還說這些毫無意義的話，這種白痴的嘲諷傷不到我的，我喜歡做中國人！

「Anna，幫我用打字機把這些英文地址逐一打在這些信封上。」同事 David 一面遞給安娜一疊白信封和一張幾十個玩具商客戶的英文地址，一面堆笑說。

「啊呀！她的能力還不夠，她看不明白這麼深的英文。」會計陳小姐向安娜努嘴兒後，把身子扭向 David 瞪大雙眼以響亮的聲音笑說。

David 不敢違拗陳小姐的話，「Sorry！下次再讓你幫手吧。」他轉頭不好意思地說道，把白信封和英文地址從安娜的面前收了回去。

其實這些外國的英文地址就算是不認識，但英文字母是認識的，照字母打出來就是了。有些事情是不能講道理的。

聖誕節的前一天，利得洋行的老闆黃先生請公司所有的員工去潮洲樂富酒樓吃晚飯，特別叫了一客“佛跳牆”，這道菜式是聚各種各樣的山珍海味放入濃湯熬成的，裝“佛跳牆”的罐子蓋一打開，一股香氣四溢，令人垂涎。公司同事手上的筷子爭先恐後地往罐子裡夾東西起來吃，只有安娜不知道“佛跳牆”是一道名貴菜，還有“檸檬鴨子湯”也是一道潮洲的特色菜，這頓晚餐大家吃得滿臉春風，笑聲朗朗，這也就是老闆喜歡吃，員工就有

職場風波

口福了。只是天下的勞資關係都是表面和諧、內心水火不容：老闆想員工勤勞如牛，忠誠似狗，廉潔得"擔屎唔偷食"；員工卻想少勞多得，諸多埋怨，表面一套，背後一套。

打工仔最喜歡放假，但老闆卻是喜歡天天上班。今年聖誕節有四天的假期，可四天也是一眨眼就過去了。

星期二，利得洋行的職員又得正常准時上班了。黃老板剛剛走出辦公室不久，公司的員工立馬聚在一起談天說地，放聲大笑了，只有安娜坐在辦公室的一角默默地工作著。

「噯喲！Anna，老板在的時候，你的辦公桌上得堆滿文件；老板出去的時候，你就別忙了，休息一會兒吧。」負責船務的Lynn呵呵地笑說。

「噢……」安娜禮貌的應一聲，還是繼續工作，她不喜歡偷懶，更不習慣欺騙別人。

「咱們聖誕節之前運去比利時的玩具，貨船到岸才發現全船的玩具都是一些垃圾，現在，比利時的老板要告我們公司。」梁先生朗聲說道。

「是嗎？難怪最近咱們老板的口很臭，跟他說話時我被嗆得快要吐了。」打字員Sandy驚愕地說。

「Sandy，你的恤衫要穿得嚴實一點。」Lynn以刺人般的銳利目光瞪著Sandy，以低沉的聲音嚴肅地說。

Sandy 低下頭來瞄了一眼自己裸露出一半雪白的巨乳，挺直腰桿，啞口無言，轉身走到打字台的椅子上坐下，忙她的工作了。

又過了一忽兒，「老板就在樓下了，Wynn 發給我信號了。」梁先生緊張兮兮地說道，眼睛向辦公室掃視了一圈之後，回到他自己的辦公椅子上坐了下來。

其他的同事一下子各就各位，恢復了正常的工作。須臾，公司的氣氛變得沉靜蕭穆了起來，黃老板回來公司後，個個都斂聲屏氣。鄭經理是個溫和的好好人，她只做好自己的本份工作，不會隨意批評管束公司的其他同事。

十二月三十一日，安娜在通易夜校上完了中五的英文課程，前日，夜校已經幫她報名參加明年五月份的中五會考了。學校的李老師對她的期望很高，希望她能考到 C 級的成績，這個成績是夜校歷來最高的記錄。英文課程結束後，她馬上去商科學校報讀會計課程，上班上學和準備中五會考，日夜都忙得不可開交。

晚上，蔡湟還經常請她去吃飯、看電影和逛街，但二人的性格都是剛愎自用，恃才傲物，敏感兼小氣，還有嚴重的感情潔癖。一個是恃財行兇，另一個是恃靚行兇，因此三不五時為了一些雞毛蒜皮的事情吵嘴，各不相讓，水火不相容。安娜的日子也是越過越辛苦。慶幸的是：今年冬天的氣溫沒有像去年那樣跌到八度以下，過了聖誕節以後，天氣就不會太冷了。經過去年身體失溫的事情，安娜對冬天氣溫八度以下一直很關注和敏感。

農曆新年前，安娜自 1978 年來港後在利得洋行獲得的第一次雙薪：part time 300 元，full time 466.70 元，總共是 766.70

元，算是公司發給的一份獎金，勞動得來的錢，感覺很自在。她寫信給父母親說今年就不回鄉過年了，因向公司請假很麻煩，並且還要應付明年的中五英文會考。

王美菡早在半年前向石鼓鎮青林村的村長買了一塊地之後，就開始蓋房子了，房子是一幢二層高的農村石板屋，由於資金不足她還四處向親戚朋友借了幾千塊錢，而且調動了繡嶺村的兩個侄兒來當小工，幫忙一起蓋房子。房子外殼粗略蓋好以後，就打算給安山娶老婆。

農曆新年後，安娜在幫陳小姐的工作中，發現陳小姐平時請大家吃的下午茶餐的錢都是用公款；而且她還用公款去日本百貨商店購買高級香水和手袋等。安娜回家無意之中向表姐王倩提起這件事，誰知道？王倩是個不能守口保密的人，她很快地把此事轉告給黃先生。

過了二三日，黃老板就在公司當着眾人的面前，向會計陳小姐興師問罪，讓他的朋友仔細地查核賬單，陳小姐拉用公款吃喝買東西用去的數額並不大，當日，陳小姐痛哭著被公司解雇了。安娜看見這驚心吊膽的一幕，心中有些後悔，對陳小姐更感到有點愧疚。陳小姐離開公司之後，黃老板叫安娜先把會計的 book keeping 這一項做好，他很快會另雇新的會計員來上班的。

最近，公司的同事個個都在背後投訴黃老板的口臭越來越嚴重，黃老板天天出出入入都尾隨著一個中年男子，此人姓鐘，大家都叫他鐘先生。他們似乎在籌備一件大事情。

「安娜，我很喜歡去歐洲旅行，天天鋸牛排最爽快。時下在

中區大公司上班的女秘書穿衣服上面的三個鈕扣都是打開的，搵食好艱難啊。」鐘先生一邊手拉一張椅子坐在安娜面前，一邊自言自語的笑吟吟地說道。

安娜不動聲色，毫無表情，一直忙她的工作，她對於任何人的挑逗言語都採取沉默應對。近期，黃老板和鐘先生行為神神秘秘的，很快的，黃老板向公司的員工宣布，公司即將重組，名也改了，下個月公司搬到新的地方。新公司只留鄭經理一人，提前一個月通知讓所有的員工各自另找工作，安娜也即將失業了。

寒盡春生，然而，坎壈纏身的游子眼裡的春天是毫無顏色的。不幸的事情一件又一件地連續發生了，這日，繡嶺村的二舅父發來電報說昨天外婆丘良離世了，安娜傷心得暗自流淚。

「那個老歲仔昨天死了……嘿嘿……」陳巧弦弓身坐在木椅上陰陰笑著，幸災樂禍地說道。

「唉！都九十歲了還不死……會咬子嚼孫的。」許貴英有感而發的嘆道。

陳巧弦和許貴英對婆婆的離世半點也不感到哀傷還出言輕蔑，與烏費聚在客廳裡說長道短的閒聊到了凌晨才散去睡覺，是夜又苦了安娜。安娜看到兩個舅母對外婆的態度，不由心裡愈加傷感。礙於工作和學業的原因，她沒法回鄉去奔喪，送送外婆上山；香沙港也沒有一個親戚會回鄉去送外婆的。前不久，姨媽王美袖和表弟安雄、表妹阿梅也去了菲律賓定居，路途遙遠，何況王美袖不是丘良親生的女兒，更不用說了。

又過了兩三天，安娜剛剛坐下來溫書，一中的陳同學打電話告訴她：小學同學許亞亞前天跳樓自殺了。文靜的許亞亞自從來港之後，一直在工廠裡沒日沒夜的辛勤工作，可是親戚與及社會上的人皆對她投下鄙視的目光，還背負著"女阿燦！大陸妹！"的羞辱綽號苟活於世。後來她患上了輕度的精神病，回鄉醫治有了好轉，她向母親表示不想再返回香沙港了，想在家鄉找一份工作安定下來。誰知許亞亞的母親不同意她的要求，因她是家中的長女，況且家鄉人皆誤認香沙港是金沙港——遍地都是黃金沙子。她回港不久，精神病又復發了，因而跳樓自殺。今年，許亞亞剛剛二十二歲，一個年輕的生命從此在人間煙消雲散了。對於許亞亞的離世，也是物傷其類，安娜感慨萬分，加上發覺舅母對外婆的感情有異，她萌生了搬離銀葉8A的念頭。

星期六，晚風習習，蔡湟約了安娜去看好萊塢電影"時光倒流七十年"之後，送她回家的路上，二人又為了一些瑣碎事情而吵嘴。

「我也不想嫁人了，很麻煩。」安娜感到一陣煩躁，脫口說道。

「你也沒有什麼了不起的……安娜……我此生如果娶你……決不姓蔡。」蔡湟的自尊心受創，登時紫脹了面皮，發狠怒吼道。

二人不歡而散，雖然雙方沒有正式提出分手，憑藉二人的言語磨擦，而且他們交往才一年的時間，蔡湟趁這次吵嘴的契機迅速拋掉了安娜。

安娜每逢遇到困境，巧得命中貴人相助。在利得洋行上下班

偶而碰到一位馬來西亞的中青年華僑曹先生，曹先生的貿易公司就在三樓，雙方見到面會禮貌地互相打了一個招呼。

這一日，中午吃飯的時間，安娜正好和曹先生同搭一個電梯下樓。

「曹生，下個月我們公司不做了，我也就失業了。」安娜神情焦慮，低聲說道，她心裡很清楚自己不能失業超過兩個月，銀行裡的那點小蓄儲很快就會花光的，況且五月初還要參加中五會考呢。

「噢！我朋友的公司就在中區，我幫你問一問他們需要不需要雇人？」曹先生茶色眼鏡下的眼神一亮，微笑說道。

「好的，謝謝你。」安娜抿嘴一笑說。

「三月尾，我就讀完 LCC Intermediate Accounting 的課程了，我可以當公司的會計員。」安娜自信的繼續說道。

「好，沒有問題，我朋友的公司是印尼華僑開的，在印尼和新加坡都有公司，公司實力很強，晚上我打電話去問他一下。」曹先生信心滿滿地說道。

「謝謝！」安娜挺直背脊，正面朝著曹先生，開心的再次道謝。

電梯下到大堂，二人走出電梯後，安娜把自己的電話號碼告訴了曹先生，須臾，二人告辭各自離去了。

當天晚上，安娜放學之後，曹先生來電話告訴安娜，他朋友的公司正要雇一位會計員，下個月她就可以開始去他家的公司上班了，隨即，安娜向曹先生道了千謝萬謝。

　　三月三十一日很快到了，這日上午，安娜把公司所有員工三月份的薪水單據和銀行支票送給黃老板查閱和簽名，下午，大家收了三月份的工資之後，個個無精打采地散了。鄭經理平時對安娜甚好，她們還想把彼此的友誼保持下去，二人互換了家裡的電話號碼。

第四十四章　　跳出窘境　又入困局

一曰：

磚頭換石頭，質地差不多。

歹命變好命，折騰又蹉跎。

四月一日，安娜到了"紅木貿易公司"上班，當一名會計文員，每月工資 1500 元。紅木公司的員工連她在內總共才三個人，經理柳治和施大姐皆是印尼柳老闆的親戚，因為都是從國內來的人，平時大家都講普通話，同聲同氣甚是痛快，只是公司的工作很清閒。

安娜雖然找到了一份舒適的工作，但居住環境依然很惡劣。原以為男朋友蔡湟會儘快娶她，誰知道他推說相命師說他三十五歲才是結婚的最佳年齡。上次二人爭吵後，遂鬧翻分手了，安娜自嘲把自己打六折賣給蔡湟還被退貨呢。驕傲任性小氣的安娜萬萬沒有想到在感情方面會被人飛掉，那奇怪的自尊心受到了極大的創傷，為此她在無人處暗自痛哭流淚。為了等待阿湟早日娶她，安娜還白白屈身蜷縮在那條木椅子上睡了一年多的時間，而且自己失眠導致身體健康愈來愈差，加上同學許亞亞患上精神病而跳樓自殺的陰影下，她浮想聯翩，越想越害怕，如果自己繼續困在銀葉 8A，有朝一日連命都會搭進去的，思來想去最終決定不經過母親王美菡的同意，打算搬離此地。

安娜在女皇道的行人路旁的電線柱子上撕下一個地產中介周先生的電話號碼條子後，她打電話給周先生請他幫忙找一間月租在 500 元以下的獨立臥室。周先生帶安娜看房，他們從西陂頭看到西陂尾，沒有一間是合適的，好的價錢太貴，差的沒辦法住人。

最後在女皇道 45 號超強台十二樓 B 室，向二房東李太太以每月租金 450 元承租了一間無窗的板間房。

自從 1978 年中來港以後，安娜一直寄居和依附在舅媽表姐處，今年她剛剛年滿二十一歲，這次搬走，才真正開始了獨立的生活。

四月的南國春盎風露，春暖花開。

趁星期日放假，安娜把自己這三年多以來的生活用品放入蛇殼袋裡，雖然家當簡單，可是沉重的很，安娜手提著大袋子一搖一晃緩緩地在電力道走著，然後轉入女皇道，分做兩次才搬運到超強台的新住所。最後一次的搬運，安娜在樓下碰到了表姐王倩。

「安娜，你真的要搬走了？」王倩用不悅的語氣大聲問道。

「是啊……」安娜以苦澀表情回道。

「安娜，其實你這個親戚我們早就不該認了，咱們只是同祖父但不同祖母的表姐妹，你姐夫還說你吃東西像豬一樣，聲音好大呀。」王倩接著肆無忌憚的以羞辱的口吻對著安娜說。

安娜一時語塞，又羞又愧地垂下頭沒有回應王倩的話，因她知道王倩是受人挑唆才直言不諱說出這番刺痛人心的話。況且王倩對她好在前面，她不怨王倩的無禮，也不與她斤斤計較。安娜心中自是納悶：我來港這些年，是油鹽醬醋皆不進；又不任人搓圓捏扁，這些確實不假，真的很讓你們失望。至於吃東西有聲音這是閩南人的普遍習慣，也許是自古以來人們常常挨餓，有得吃

是一件很榮幸的事，所以吃東西故意弄出聲響來，好讓隔籬鄰舍羨慕一二？直到現在才知道這種吃法是不合時宜的，下次注意一下就可以了，何必說得這麼難聽呢？至於不想認我這個親戚嘛，我也沒有給你們丟臉啊，如果是祖輩的恩怨，何必牽延至下一代呢？自己深知目前自身最大的缺陷就是一貧如洗，俗話說："富在深山有遠親，窮在鬧市無人問。"事實上，人窮周身都有瑕疵，總有一日，我定要一鳴驚人，揚眉吐氣，翻身成為富人讓你們看一看……

過了一忽兒，安娜帶著哭笑不得的心情向王倩告辭了。

上個月，蔡湟已經向安娜決絕彼此的關係了，但他仍對安娜有一種欲罷不能的情愫，一意想就算不擇手段也要把安娜留在自己的身邊。安娜搬到新住所的當晚，他就上來探望她。安娜租的這間無窗的小房是在客廳靠外門的右邊加建的，多加的兩面木板與天花之間設有透氣的格子。房內面積只能夠放下二房東提供的一張最小二尺半的單人床，剩下的空間只有兩小塊磚的寬度了。阿湟發現房門沒有內門，立刻下樓去買了一個門內插銷來安裝上，這才放心離去。

三兩天之後，阿湟約了安娜傍晚七點半在超強台門口見面，見面時他遞給安娜一塊卡式英文口語錄音帶，吩咐安娜晚上睡覺時聽英文會話，這樣對學習英文能力會有很大的提升，說完就急急腳地離開了。

原來蔡湟去年炒股票一夜之間虧了幾十萬元，他少年時曾經捱過一段貧寒的難忘苦日子，窮怕了，他接受不了時光倒流的變遷，何況他視錢比命重。他想起了以前朋友給他介紹的一門菲律

賓富豪的姻緣，因他常年飛去菲律賓售賣珠寶，認識了一班富豪菲僑，其中有一個姓石的富家女，名喚石瑩，對他早有愛慕之情。只是這石瑩年已二十八歲，女生男相，五短身材，容貌醜陋，之前不入蔡湟的眼簾。

蔡湟為了挽救自己的財務危機，晚上自個兒頻頻去伊麗莎伯公園散步，思想鬥爭了一遍又一遍。他反復考量："安娜除了年輕貌美、純潔健康和活潑之外，口袋裡沒有錢，還有什麼別的條件或者魅力能夠叫他為之傾倒？甘願為她放棄靠結婚解救財困和發大財的機會呢？"在反復權衡利弊之下，最後，他決定先拋掉安娜再說，飛去菲國叩石瑩的這扇萬金門。還有他計劃婚後和石家合股把珠寶生意擴大，在香沙港頂級商貿區域正式開一家珠寶批發公司，把過往在家的跑街皮包公司堂堂正正換成正規的公司。愛情在金錢面前顯得十分蒼白無力，人們都說英雄難過美人關；其實英雄更難過名利關。

那晚蔡湟送了錄音帶給安娜之後，翌日，就乘菲皇的早機，飛去菲律賓首都馬尼拉了。自上個月以來，他就三番五次地打電話跟石瑩隔空談戀愛。蔡湟下了飛機，走向接客廳，遠遠就望見石瑩、女傭、男司機早已候在門口接機了，他推著行李走到她們的面前，司機把他的行李放入奔馳汽車的後箱，三人接他去了馬尼拉皇冠酒店入住。蔡湟進入酒店308號的房間後，把行李箱放下，走入洗手間洗面整理了一下，就隨石瑩去了石家的大豪宅。

石家的豪華別墅就在馬尼拉最著名的豪宅區，這幢三層高的西班牙別墅占地四萬平方尺，前後都有花園，裡面設置十多間臥室，還有五間是獨立套房，裝修極其奢華，車庫和庭院擺放著各種名牌的豪車，除了石瑩一家人居住以外，還雇了十多名男女

傭人。奔馳車一開入別墅的大門口就停了下來，一個男傭小跑過來幫手開車門。眾人對這個生得不俗的未來姑爺是萬般的殷勤招待，蔡湟不由開心地笑了起來，心中暗喜道：「還是錢的魅力最大，出入都有人陪著，甚至前呼後擁的……」當晚，石家設了一桌豐富的家宴請蔡湟，餐桌上，蔡湟坐在石瑩的對面，一遍又一遍地對視著石瑩，感覺她是越看越喜歡，越看越漂亮。

第二天，中午，蔡湟回請石瑩和她的父母兄長姐姐大大小小十多個人去了附近的酒樓吃飯。

「阿湟，我這個小女兒今年已經快三十歲了，如果你們雙方都合意，我希望你們快點把婚結了，我也就放心了。」石母語重心長地說道。

「伯母，我都三十多歲了，同輩的朋友早已成了家，還有我早晚忙於生意，沒有時間拍拖，我也想早點結婚生子，速戰速決。」蔡湟忙瞅了石瑩一眼後，轉頭笑吟吟地望向石母說。

「那你們先訂婚吧。」石母笑道。

石瑩佯裝不好意思垂下頭不語，心花都樂開了。

「好啊。」蔡湟喜滋滋地點頭答應，不禁輕輕地拍膝畫圈。他生了一張巧嘴，能說會道，飯桌上把眾人哄得心花怒放，佩服不已。

第三天，蔡湟和石瑩舉行了一個簡單的訂婚儀式，石瑩合家上下人個個洋洋喜氣盈腮，言笑喧嘩不絕。蔡湟把早已備好的一

隻 18K 白紅寶石鑲鑽的戒指送給石瑩作為訂婚信物，石家送給他一隻鉑金男戒指和一個勞力士滿天星男鑽錶。

有一首怪詩為證：

好一座金山對銀山，好一雙金女對玉郎。

加減乘除通通合算，橫看豎看皆心歡暢！

次日，誰承想石家發生了一件惡耗，石父上廁所滑倒，繼而心肌梗塞，送到醫院的半路上已經氣絕了。樂往哀來，石家昨喜今喪。石家給石父舉行了一場隆重的喪禮，安葬了石父之後，蔡湟心焦意亂，現在他的計劃受到了影響，在香沙港向銀行借貸的利息馬上就要到期，越想越不知如何是好，一時毫無對策。經過一天一夜的反復思考，他突然想到一個以退為進的計策。

喪事的翌日，蔡湟故意向石母辭行。

「阿媽，我在香沙港那邊的生意很忙，明天我得回港了。還有爸剛剛不幸離世，我跟阿瑩在這三年裡也不可以結婚的啊。」蔡湟眉頭微皺，以低沉的聲音說道。

「噢！我也想不到這麼不幸的事情會發生，你跟阿瑩年齡也偏大了，再等三年著實太久了。」石母嗓音沙啞，有氣無力的說道。

「伯母，我給你們一個建議，好嗎？」蔡湟的朋友陳攀把身子朝石母這邊靠了過來，用怪異的聲調說道。

「是這樣的……咱們閩南有一個舊風俗叫"乘孝娶"，就是

家中有長輩過世的，晚輩可於長輩過世的一百天內完成婚事，這還可以為伯母家沖喜，只不過婚禮要儘量低調進行，你們雙方認真地斟酌一下，如何？」陳攀輕輕地咳了一聲，眼神閃爍，接著繼續說道。

石母聽如此話，思忖半晌，轉頭望向蔡湟低聲問道：「阿湟，你認為這樣可以嗎？」

「阿媽，聽你的。」蔡湟恭恭敬敬地說，石瑩如雕像般沉默不語，不久，嘴角終於露出了一剎那的呆笑。

蔡湟與石家商量已定，三天之後，在石家舉行了一場簡單的婚禮。是晚婚宴結束後，新郎官蔡湟笑不攏嘴的入了洞房，換上睡衣，正坐在沙發上胡思亂想之際，抬頭猛然望見身著睡衣和卸了濃妝的石瑩從洗手間走了出來，他如遭雷擊一般全身乏力以為自己走錯了房間，新娘子石瑩好像是換了另外一個人似的，簡直可謂"素顏退劫匪"，他心裡叫苦連天。這是他第一次看見石瑩沒有化妝的素顏，兩個人拍拖一直都在石家的大別墅裡，兼且長輩兄嫂一家人都在場。洞房深處，更令古板守舊的蔡湟久久不能釋懷的是：石瑩不是處子之身。事實上，石小姐都二十八歲了，在熱情似火的香蕉國，早已熟透了。此時此刻，他想到了香沙港那個深愛著他的美麗的小傻妞安娜，更是心如刀絞，現如今生米已煮成熟飯，針沒有兩頭尖，蔗無兩頭甜，未來只能見步行步了。兩天之後，石母把與蔡湟合股做生意的五十萬美金匯到蔡湟的銀行戶口，一對新人告別石家，雙雙乘搭菲皇航空的飛機回了香沙港。

安娜搬入超強台十二樓Ｂ室的板間房，雖然空氣流通不足，

房內昏暗不明，這三年多以來第一次有自己獨立的小床睡覺，心中還是滿足的，而且剛剛開春不久，氣溫還不是很高。這裡是二房一廳，二房東李太太跟她的孫兒齊民同住一間房，另外一間租給一個舞廳唱歌的歌女，這歌女叫阿壁，年約三十上下，姿色一般。這李太太是個身型粗大的老婦人，齊民也生得頹墮委靡，三十多歲仍然單身，在中區珠寶行當行街，平時他在生活上還像小孩子一樣，洗頭髮和洗澡都得祖母李太幫手。安娜搬來不久，李太對她有了一些遐想。

「安娜，天天這麼多的好菜，我們兩個人都吃不完，如果能夠多一個人來一起吃，就不浪費了。」李太用一雙特長的筷子像白鶴叨食般的慢條斯理的夾起一塊紅燒肉往嘴裡送，以炫耀的眼神望向安娜說，須臾，她輕輕地嘆了一口氣，眯起雙眼望向餐桌上大盤大碗內的肥魚瘦肉青菜。

安娜稍稍微笑一下作為回應她，轉頭忙自己的事了。每天晚餐，李太都擺放了滿滿一桌子的大魚大肉，然後，她翹起二娘腿細嚼慢嚥，一邊品嘗，一邊享受，一吃就是兩個小時以上。她還有特殊的潔癖，對自己淨如碧水；對他人垢如淄水。她要求安娜在家裡穿的拖鞋底也要刷洗乾淨，但她每日卻把家貓拉在報紙上的糞便就隨手一捲從廁所的窗口拋了下去。假如清潔工人沒有及時打掃的話，一年就得堆積 365 個的糞便包在廁所的窗口下。

一日，正好是公眾假期，早上，安娜剛剛起床。

「安娜，快來看阿壁啊……」李太驚慌失措走到安娜的面前大聲嚷道。

安娜以為歌女阿壁發生了什麼意外，尾隨李太走到隔壁房，只見阿壁房門大開，上半身只穿胸罩直挺挺地躺在床上，下半身穿了一條透明的三角內褲半垂在床下，雙腳八字型大開，整個人好像睡得死死的。安娜瞬間轉身就離開了，心下自思道：「這有什麼好看的？井水不入河水，各自安生。」前幾天半夜，阿壁還叫安娜跟她一起偷李太冰箱裡的排骨來煮吃呢，安娜斬釘截鐵地一口拒絕掉。這阿壁也是一個苦命的女人，十幾歲就與男人生了一個女兒寄養在父母的家裡，她的那個開武館的兄長十分憎恨她，決不允許她踏入家裡半步。阿壁一有恩客請她出來吃飯喝酒就以吹噓的口吻轉告給安娜，每次安娜都以聽故事的態度來敷衍她。

　　李太是個基督徒，她很想讓安娜從信佛改為基督教，只是她以辱罵佛教的方式來說教，安娜很難信服她，而且不認同她為人處世的方式。還有安娜對於信仰跟感情一樣有奇特的專一、固執與堅持，要讓她輕易地改變方向甚是困難，加上閩南人傳統上都信佛，她從小跟佛菩薩有很深的緣份。

　　安娜由於去年患上怪病嚴重地影響她的學習進度，有一段時間她幾乎無法正常看書學習。五月初，她勉強參加了香沙港一年一度的中五英文科會考。她被分配的試場在西陂半山的福僑中學，事先她和同學張朵雪還步行上去半山把福僑中學的地點探查清楚。一科英文總共要參加三場考試：第一場是英文綜合試，第二場是作文試，第三場是聽力與會話測試。安娜在做綜合試卷時竟然漏做了最後一整頁的試題，聽力測試更是一塌糊塗，幾乎聽不明白錄音機裡英國口音的英語對話。她心裡很清楚她理想中獲得 C 的成績將成為泡影。張朵雪進入考場時，緊張過度暈倒了。

安娜在超強台住下來不久，李太經常在星期六晚上約了親戚朋友在家裡的客廳打麻將，初初是玩耍到晚上十二點多就散了，可是越來越離譜，有時候竟然大吵大鬧的玩弄到天亮才收場。安娜不敢去說她們，強忍下去，可是晚上沒有辦法正常休息，住了兩個多月，只好無奈地另找住所。真是窮到深處疑無路！安娜搬來超強台一個多月的時候，樓下管理處的保安就問她為什麼能夠住這麼久，說二房東李太的人品很差，之前所有的租客住了不到一個月就搬走了。

第四十五章　　正轉副　空蒙冤

一曰：

真情水中月，銀子山上雪。

情關翻身過，錢勢厲害些。

卻說蔡湟和新婚妻子石瑩回港後，夫妻倆迅速的在中區的商業大廈承租一間面積約一千尺的寫字樓，新開了一家珠寶批發公司——領瓏珠寶有限公司，二人摩拳擦掌籌備著把業務做大做強。

蔡湟和石瑩由於雙方了解不深就結婚了，男的在財困中之匆促結婚；女的大齡且又愛財慕色，兩個人沒有純粹的初心，這種屬於功利之心的結合，是得不到上天的祝福的。

蔡湟從小生長在閩南農村，況且所有菲律賓的華僑都享有齊人之福，他也想承其父之風，佔得一妻一妾。他突然有一個壞想：既要保留富家女的妻子；又要得到憨厚純真美麗的安娜，魚與熊掌兩者皆要兼得。他知道他在菲律賓結婚的消息很快會在小閩南西陂的同鄉之間傳開出去，所以新公司開張之後，立刻火急火燎地約了安娜出來，準備當面演一場苦情戲。安娜接到他的電話之後不久，王倩也從朋友的口中得知蔡湟在菲律賓娶了一個有錢女，不到半刻就打電話把此事添油加醋地告訴了安娜。

安娜和蔡湟約在超強台旁邊的老榕樹下見面，她問他是不是剛剛在菲律賓和別的女人結了婚？他直言承認，卻一面憤怒地伸手往自己的胸脯捶打，一面嚎啕大哭道：「愛的人沒有結婚反而娶了一個不愛的人……」

安娜不敢相信他真的這麼快就結婚了，不久之前他還為她的臥室門安裝上插銷和送她一塊錄音帶。安娜讓蔡湟的真情流露感動得也傷心欲絕地哭泣了起來，兩個人立著相對無語哭泣了很久才各自離開。眼淚是感情世界裡最具殺傷力的武器，既廉價又唾手可得。安娜很希望蔡湟結婚不是真的，而是騙她的；這也叫做自欺欺人。

安娜對於感情上的執著絕對是有過之而無不及，她的心中容不下感情上有半點的瑕疵，對於阿湟的背叛始終是耿耿於懷、不可原諒。安娜自尊心超強加上一向都是爭第一的性子，還有父親在家鄉是國家的官員；是一位出名的人物，自己哪有當人家的小三小妾之理呢？倘若這樣的做法，將來哪有臉面回去見江東父老呢？安娜接受阿湟僅僅是她深深地墮入了情網，一時之間不能自拔而已。

一個是情場老手，另一個是情場菜鳥。阿湟自從婚後更加積極的頻頻約安娜出街，雙方一旦說到要分手時，都不禁淚流滿臉。誰知不巧的是蔡湟的老婆石瑩是入門喜——懷孕了，還有他們的新公司剛剛成立不久，蔡湟心中雖然記恨石瑩，表面上卻不敢開罪於她。

安娜和已婚的蔡湟走在一起的事情，很快的在閩南朋友圈裡傳得沸沸揚揚、繪聲繪色，安娜卻是正轉副，空蒙冤，無端端地承擔了小三的罪名，只是她心中無邪念，俯仰天地間，問心無愧，不怕閒言碎語。兩個自負驕傲的人從此開始了一場孽戀型的馬拉松賽跑。蔡湟堅信金錢是萬能的；有錢能使鬼推磨的理念，自己是稀缺難得的才俊。安娜卻不想讓自己今後活在悔恨中，也想證實一下這世上究竟有沒有真愛？她更覺得將來自己贏的機會很

大。她選擇了相信阿湟的一面之詞，沒有去細細查究他為何如此倉促地去跟一個他口中不太熟悉的女子結婚？安娜竟然不顧自己的終生幸福，進行了一場豪賭，她的痴情任性正在悄悄地給自己挖了一個深坑。

儘管安娜對阿湟情深似海，畢竟現在他已經有了老婆，他們倆的關係像鏡花水月一樣很虛幻。安娜有時候反思一下：真愛的人是不忍心互相拋棄的，阿湟並不像紅樓夢裡的賈寶玉被人蒙蔽而結婚，而他是在頭腦清醒時決定跟石瑩結婚的；阿湟對她不是一往情深，更算不上感情專一，不值得她這麼多的付出；還有她不想石瑩此生中對她產生源源不斷的量子埋怨，她還是希望自己把心一橫趕緊離開阿湟。這次她打算借搬家搬到一個阿湟不知道的地方，從此一別三寬，三個人各生歡喜。

這些日，王美菡來信說：安川已經大學畢業了，下學期繼續在本校讀研究生的課程。家裡在青林村的石板屋的外殼也蓋好了，先粗略粉刷二間臥室和裝好廚房廁所，這樣隨時可以讓安山結婚時有一套新婚房。安山經媒人介紹選擇了鄰近農村的一個女子，他們打算今年七月初就結婚。安娜回信說：自己剛剛轉到了新的公司工作不久，不好意思請假，還有也沒有禮金送給大哥，就不回去了。屆時，才寄一張大哥的結婚照片來給她看一看，僅此而已。

超強台的房子住不下去了，安娜打電話給地產中介周先生，請他幫忙找一間月租 500 元以下的臥室，並要求不要類似超強台的無窗木板房，如果與別人合租也可以。周先生帶安娜看了幾個地方，由於出不起租金，哪有什麼好房子呢？最後找到跟春苗街挨著的女皇道麥當勞樓上的見業大廈 27 樓 A 室的一間 50 平方尺

的梗房，和一個女人合租，租金每月 750 元，每人平分不到 400
元。房東只提供一張雙層鐵床，安娜甚是滿意，日子似乎朝好的
方向前行。這房東是一個年約四十左右的男人，做裝修工程的，
妻兒還在閩南老家，他的母親是一個瘦小沉默寡言的老婦人，母
子二人同住向街的大房，見業大廈都是小單位型的。

　　與安娜合租的女人名叫阿真，她手提一袋行李像是一個被家
人遺棄的婦人，由她的弟弟帶領來見業 27A。阿真年約五十二、
三歲，皮膚黝黑，身材瘦小，手腳麻利，腦後扎了一根細細的辮
子，身著圓領黑色白小花淺藍細葉的短袖上衣和寬鬆黑色褲子，
腳上穿了一雙深藍色的拖鞋。安娜和她互相交換了姓名，然後二
人略略商量了一下，阿真個子小，上下床比較靈活，她自告奮勇
要睡在床的上鋪。雖說見業大廈 27 樓 A 是位於女皇道上的高層，
晚間，街上傳來的噪音滋擾卻特別厲害，那電單車一瞬間加速的
刺耳震動聲響聽了使人感到焦躁和驚心動魄。

　　「安娜，我是土生土長的香沙港人，老家在廣東佛山，家裡
早期是個大戶人家，很有錢的，我們曾經在柯士甸道有一間大別
墅，後來家道中落，錢沒有了，房子也賣掉了。我十幾歲就去有
錢人的家裡當女傭，我這個人一見到陌生男人就會產生恐懼感，
所以也就一直單身著，我這樣的人也叫做自梳女。現在我不當女
傭了，也如同是退了休，不幹活了。」阿真打開話匣子笑嘻嘻的
把自己的身世一五一十地告訴了安娜。

　　安娜對著她莞爾一笑作為回應，並沒有追問阿真；她的親
人為何讓她獨自一人在外居住，同時也不敢把自己的身世轉告給
她。

阿真每天到處閒逛，過著悠悠自在的生活。她晚上睡覺前必定打開錄音機，聽一首任劍輝唱的粵曲"帝女花"，而且一味只聽這一曲，百聽不厭，樂此不疲，她還告訴安娜：她是任劍輝的超級粉絲。阿真和安娜同樣是天涯淪落人，從來沒有親戚朋友上來探望她們，甚至連打來找她們二人的電話都很少。

　　阿真知道安娜性格有點痴愣且生活上很儉樸，她很熱情積極地把一些生活常識告訴了安娜，阿真是一個富有同情心並樂於助人的女人。

　　南島的梅雨季節，霪雨霏霏。天空時晴時陰，氣溫時熱時涼。

　　傍晚時分，安娜剛剛下班回家。

　　「安娜，這個泰國的青芒果比菲律賓的芒果好吃得多了，早上，我到春苗街買了兩個回來，送一個給你吃。」阿真一邊遞青芒果給安娜，一邊神色興奮地說道。

　　「好啊，多謝！」安娜滿臉笑容回說。

　　「安娜，今日，我搭電梯上上下下探查了一遍，所有的潮洲人就算你最漂亮。還有將來你嫁人不要向男方要黃金，黃金便宜又重，大大粒的鑽石最好。以後我才介紹我打過工的那位少爺讓你認識，他人長得帥又善良。」阿真雙眼閃耀著興奮的光芒，如師傅授徒般絮絮叨叨的繼續說道。

　　她把閩南人和潮洲人混淆了，也許她記不住安娜曾經告訴過她：自己是閩南人，也許她斷定：反正廣東話說得不標準的，口

音相似的就是同一類人。

「噢⋯⋯」安娜面露欣喜回道，阿真的話雖然有些不切實際，卻是很觸動人心，令人感到鼓舞。

安娜在考完中五英文會考之後，就報考英國 LCC Intermediate Accounting 的文憑試，很順利地考一次就通過了。緊接著她報讀 LCC Higher Accounting 的課程，這種校外商科都是一、三、五的課程，一星期只上三堂課，上三個月的課就完成了。讀完會計課程她還想去英國文化協會報讀英語會話，然後上商科英文課程，一個課程緊接著一個課程。安娜沒得上大學，只有瘋狂的上夜校，以勤補拙，人間正道是滄桑啊！

安娜搬到見業大廈並沒有告訴阿湟，她想借此機會跟他一了百了，擺脫眾人對她的誤解。她的新工作和住所環境皆有所改善，很想過上自由一點的生活。不知道是情關難過還是情花的多巴胺毒性發作？安娜躲避阿湟的這些天，竟然是寢食不安，亦如吸毒的癮君子一樣全身似萬隻毒蟻在咬嚙，渾身不舒服。漂泊於南國天地間的游子的心靈是脆弱無助的，一旦有人送上一杯暖水或一個問候，就會欲罷不能，舉手投降。安娜最終失敗沒能管住自己的心；沒能綁住自己的手，撥打了阿湟的電話號碼，又跟他粘上了。她恨自己是一個懦弱的廢物，不知水深水淺，甘願冒險犯錯誤。

安娜舊公司的老闆黃先生的利得洋行易名搬遷沒有多久，新公司就出事了。黃先生挾巨資跑路，舉家移民到了美國，落下 Lisa 一人獨自背黑鍋。原來 Lisa 未到利得洋行之前是一名外資銀行的經理，黃老闆有預謀的叫她辭掉銀行的優差，然後公司給她

三成不需要出資的股份，條件是她以個人名義擔保公司的貸款，Lisa 輕易地跌入了黃老板的局，最終她的名字被划入了金融界的黑名單。公司出事沒多久，她得了嚴重的失眠症，繼而患上了輕度的抑鬱症。

「安娜，好久不見，你現在還好嗎？」Lisa 打電話給安娜以低沉沙啞的聲音說道。

「還好，我的朋友幫我找到一份在中區當文員的工作，還可以，你呢？」安娜欣慰地說。

「我現在可慘啦，黃先生的公司倒閉，我在家閒著沒事幹，晚上一直失眠，心情很差。我的弟弟兩年前也是患上抑鬱症自殺的，在葬禮上他的很多同事都傷心的哭了。」Lisa 嘆了一口氣說道。

「哎呀！Lisa，你可別胡思亂想啊。去年我也是患上一種怪病而且嚴重的失眠，後來我爸的朋友介紹一種叫桑椹蜜的中成藥給我，我吃了這藥，病很快就好了。這種藥沒有任何副作用，你去國貨公司買來試一試？還有一種叫蜂王精的補品，可以安神解乏又滋補，只不過要割開玻璃瓶頸，吃的時候你小心一點就是了。人的生命只有一次，可別想不開啊，還有你想一想你那可愛的女兒，你的老公對你那麼好，凡事往好的方面想。」安娜提高嗓音毫不遲疑地勸解道。

「好啊，明天叫我老公去買這兩樣東西來……給我吃，謝謝你！打擾你啦，下次再聊。」Lisa 像是要清喉嚨般地硬咳了一聲後，感激地說。

過了一段時間，Lisa 的失眠症完全康復了，從此以後，她只能專心一致做個賢妻良母的家庭主婦，與職場無緣了。

有一些抑鬱症是情緒低落，解決的方法是：遇到困難，大事往小裡看，也別把自己看得太重了；大事化小，小事化了。天下之事，只要是人類製造的，人就有辦法去破解，沒有什麼過不去的坎，好死不如賴活。還有當你執著想不開的時候，再認真地思考一下，這世間的生物並不如你想像的那麼溫柔善良誠實美好，他們都是為生存而生存，如舊時俗語："人為財死，鳥為食亡。"仔細看一看，幼靴雕為了生存在窩裡鬥得你死我活；白鸛媽媽為了生存而殘忍的棄嬰。為什麼農村人很少有患情緒病、精神病的呢？皆因在農村的物質花樣簡單，農民每天對著農舍農畜農田，沒有攀比的苦惱，連抑鬱這兩個字都不認識，何來的抑鬱呢？城市人每天面對繁花似錦的鬧市，朱門酒肉臭，能不攀比自悲自憐嗎？得到的想要更多，又有失去的恐懼感；失去的又怕追不回來，有時候旁人的精彩也會加添自身的壓力，倘若日夜苦思冥想，不起浪才怪呢？

還有如果感覺生活實在太鬱悶了，也可以去公園裡看看花花草草；觀觀鳥獸，與大自然做朋友，這人世間除了人類，還有很多有趣的事物呢。

阿湟既是安娜孤獨生活中的伙伴；又是她的致命克星。自從阿湟另娶別的女人為妻，為了不讓旁人說閒話，安娜對外統稱阿湟是她的表哥。因阿湟天天打電話給安娜，招惹房東的母親非常不滿，她埋怨安娜占用電話的時間太久了，有一兩次她兒子的電話一直打不進來。

有一次，安娜接了同學林棲的電話多聊了幾句話。

「你在聊什麼……講這些廢話也值得你這麼高興？」房東母親的臉皺得緊巴巴的，目露凶光，咬緊牙關，狠狠地說道。

「林棲，我掛了，下次咱們再聊吧。」安娜一邊急急忙忙地說著，一邊把電話筒放下，隨即，從客廳翻身走入自己的房間。

人生很多時候是禍害一件接一件，安娜原本以為工作和住所正常了。可是房東的母親對她的不滿卻是越來越嚴重，主要是針對安娜占用家裡的電話，然而這阿湟每天都是追命call，她不接電話也不行，一接到電話，他又是喋喋不休的講天抓皇帝。

八月十八日，安娜收到中學會考的證書，成績剛剛及格，她心裡又愧又惱，發誓從今以後不再參加任何學校學業水平的公開考試了，只專注於進修商科方面的知識。這個時候她讀的會計高級文憑課程也完結了，由於這個英文高級文憑試比較難，很多考生沒能一次就通過，因此安娜把考試時間報在明年中，她只希望一次過獲得及格就很滿意了。

十月下旬，阿湟的老婆懷孕七個月就飛去菲律賓的娘家養胎待產。因九七年回歸的困擾，故石瑩也想兒子是國外出世的，享有菲律賓的國籍。石瑩一飛走，阿湟就迫不急待地告訴安娜：從此以後，不會讓這個女人回來香沙港了。

由於安娜沒能管住自己的情緒，阿湟來電話都會忍不住多聊幾句。房東的母親一見到她就滿臉凶殺的樣子，臉部含著強烈的敵意，每次她在廚房砧板上剁肉的狠勁發出怪異的聲音傳遍整間

房子，好像她隨時會舉刀狂奔出廚房把安娜大卸八塊似的，嚇得安娜心驚肉跳，背脊竄起一陣陣冷顫。安娜每次回家碰見房東的母親，都是屏聲息氣，戰戰兢兢的。她心裡很清楚房東的母親是暗中在下驅逐令，她不敢繼續在見業大廈住下去了，唯有另覓住所。她問阿真要不要跟她一起搬走，可阿真卻不想挪地方，還是留在見業大廈繼續住下去。

秋盡冬初，天氣逐漸冷了起來。安娜還是找周先生幫忙介紹住所，同樣地找了幾個地方，最後承租了一間梗房，也是和一個女人合租的，月租 900 元，每人各付一半，房間比上次略大了一點點，房東提供一張雙層鐵床，還有一張書桌子，一張木椅子，地址在西陂中心點的斜坡上的寶雷街七號貝殼大廈 13 樓 C 室。

安娜的家什不多不少，自己不夠氣力搬運，她付 100 元雇了一位在銀鑼灣賣菜的閩南大叔幫手搬家。路程離見業大廈不遠，才隔一條大馬路，兩個街口。安娜在搬屋時，仰望兩排密密麻麻的高樓大廈，不禁感慨萬分，頻頻嘆息不已，想起杜甫的詩"茅屋為秋風所破歌"……布衾多年冷似鐵……安得廣廈千萬間……？天下之大，竟然沒有我安娜的立足之地、容身之所？這其中定有什麼不如之事、不解之謎？雖然心中有悲憾，但並未被不堪的命運所擊倒，她依然樂觀地面對自己的人生。

第四十六章　　　異鄉碎碎夢

一日：

> 蒼天似有眼，欺人莫太顛。
> 報應就在前，凡事應收斂。

安娜的新室友是一位上海的中年婦人，也是新移民，名喚沈沛，不高不矮，身材肥胖，言語不多，骨子裡卻有著大城市人驕傲的虛榮，是一個見慣世面的女人。二房東楊先生是閩南人，一家四口從閩南的農村來香沙港才兩三年，兒女在附近的小學就讀，全家人熱情大方。楊先生還把靠廁所的一間梗房分租給一個青年男子，他們全家人自住客廳加建有窗的板間房。

楊先生是一位搬運工人，楊妻在家縫製衣服，大女兒放學以後除了幫帶弟弟以外，還得三不五時幫家裡送衣服到春苗街的攤位寄售。兩個小姐弟常常想念在金溪縣外婆家的美好日子，姐弟倆都說班上多數的同學很想回鄉下去生活，一點兒也不喜歡香沙港這個地方。

安娜一年多沒有回家鄉探望父母家人了。這個春節假期，她向公司請了五天的假，於二月十一日臘月廿九回了家鄉，正月初六回港，初七上班，來去匆匆，念家的情緒越來越淡了。香沙港到福網的火車去年已改成了電氣化列車。回金溪縣的長途汽車班次增多了，途中，乘客不需住旅館，汽車日夜兼程，兩個司機輪流開車，回鄉的時間節省了一大半。

阿湟的老婆石瑩在豬年初三生了一個白胖胖的兒子，阿湟心裡很是歡喜自己有後了，但當著安娜的面前卻是言之鑿鑿地說將

來要帶這個小孩到醫院去做個親子鑑定。

安娜的室友沈沛在九鳳塘的別墅時鐘酒店當清潔女工，專門負責打掃整理房間，每天工作到很晚才回來，她對這份工作頗有微言。她沒有向安娜提及自己的身世；安娜也不敢告訴她關於自己的一切，兩個人各懷心思，不便透露各自的穩私。

安娜一有空餘時間都在練習做 LCC Higher Accounting 的往年試題，這個考試范圍總共有三百多個不同的題目，下苦功夫認真地演練，也不是什麼洪水猛獸不可攻克的難題。

這天傍晚時分，沈沛下班後，拖著疲憊的身軀回來，雙腳剛剛邁入房間，身子就重重地坐在床沿上。

「哎喲！安娜，今日來別墅的客人特別多，成雙成對的，老的年輕的都有。他們在房間裡如狼似虎的聲浪聽了令人全身毛髮豎起，渾身上下都不自在……整理房間可把我累壞了。還有……有的女人月事來還和男人開房，把床單弄得很骯髒，惡心死了……」沈沛一邊喝水，一邊喋喋不休的向安娜抱怨著。

安娜正坐在書桌旁溫習試題，不得不禮貌的掉過頭來看向她微笑一下作為回應。沈沛講這樣的話題令安娜覺得很尷尬，也不知道如何去敷衍她。安娜心裡明白沈沛由於年紀大，而且沒有亮麗的學歷加上廣東話說得也不靈光，唯有去打這種又累又不體面的工。況且從 80 年代開始香沙港的大多數工廠北移到大陸，原來工廠的工人都得轉到服務或建築行業裡。安娜的表姐王倩和表嫂雅絲上班的工廠也快要搬去大陸了，這也意味著他們即將失業，或者需要轉行。

「我之前的室友是一個三十多歲的女人，她原先是跟她的哥哥住在一起的，後來被她的哥哥攆了出去。她整日不去上班，在房內呆著，正版的二百五。有一天半夜，她突然從雙層床的上鋪爬了下來，用手推醒我，我一臉迷糊，連忙翻身爬起來坐在床上，她撲通一聲，一下子就跪在了我的面前，哀求我出去幫她找男人。嗳喲……這深更半夜的，到哪兒去找男人呢？我費盡口舌解釋給她聽，我又惱又害怕，一會兒，才翻身躺下去睡覺。第二天早上，我立馬向房東辭租，才搬到這裡來的。」沈沛不理會安娜願不願意聽她的故事，咳嗽了一聲，接著嘮叨下去，最後她長長吁了一口氣。

過了一會兒，沈沛才出去上廁所換上睡袍和洗臉刷牙，入房後隨即躺在床上歇息了。安娜亮著台燈繼續溫書直到深夜才爬到上鋪睡覺。

南島的春天悄悄的不約而來。

安娜考完試之後，回想從 1978 年來港之後的種種遭遇，不由諸多感想，她打算勇敢地嘗試一下自己找工作。因在紅木貿易公司的工作實在是太閒了，這種閒暇等於在浪費青春。想起表姐王倩曾經告訴過她：現如今珠寶行業最賺錢，因此接下來她想找一份珠寶公司的工作。她在報紙聘人的專欄上看到一家在中區的珠寶公司要雇一位會計助理，便打電話和這家公司的主管約好明天中午一點正去面試。

安娜利用午飯休息的一個小時去了這家珠寶公司面試。這家公司就在中區最豪華的商場置地廣場後面的一條小街——鑽石街，鑽石街的盡頭有一幢珠寶大廈，這家公司就設在十樓 A 室，

公司名叫寶塢珠寶有限公司。寶塢珠寶的辦公室裝修得很有氣派，一色的深棗紅木製板牆，大廳右邊有一張淺藍色的沙發，一張棗紅色的辦公桌面對著大門口，倒 L 左邊靠窗邊分格了四間大小不一的房間作為老板經理職員的辦公室和會客室。

寶塢公司招聘的負責人員叫同貴，同貴負責公司的財務兼會計，他還是老板娘咪咪的妹夫。同貴年約三十多歲，臉色蒼白，身材微胖，他讓安娜進入左邊的第一間小客房填寫入職表格。安娜把填好的表格遞給了同貴，他看完之後，放鬆了肩膀，臉上露出了笑容。

「你的身份證讓我影印一份，好嗎？」同貴謹慎地問道。

「好的。」安娜一邊回答，一邊從手提包裡拿出身份證遞給了同貴。

同貴接過安娜的身份證一看，眉頭一皺，神經繃緊，嚇得半死，同貴的整張臉霎時一片慘白，惶恐不安地說：「我不知道你的身份證是綠印的。」

安娜挺起胸膛，神色自若地笑道：「同先生，別擔心，不是所有的綠印客都會握著 AK-47 的自動步槍去打劫的，大多數的新移民都是善良勤勞的人；美國紐約街頭的搶劫犯很多也是從本港移民去的，什麼地方都有壞人。」

同貴陷入了沉思中，突然恍然大悟地回過神來，「你稍等一下，我去問一問老板娘。」同貴稍作鎮定地說，轉身去了另外一間辦公室。

安娜自忖道：從窮地移民到富地來的人，想找一份體面一點的工作都被人懷疑其誠信度。過了一忽兒，同貴笑容滿臉地回來告訴安娜，老闆娘那裡通過了，下個月她可以來這裡上班。他還告訴安娜：她的工作是協助他做會計的簿記。

　　面試後，安娜買了一個麵包當午餐回了紅木公司，在公司裡胡亂吃了。次日，她把寫好的辭職信交給了柳經理，柳經理好言挽留安娜繼續在公司工作，可安娜去意已決，他只好放手，稍後再另請他人。

　　三十日之後，安娜開始到寶塢珠寶公司上班。公司老闆喚安瑞，年近四十歲，生得瘦弱，文質彬彬，他大學是主修工商管理的。由於老闆也姓安，同貴怕引起別人誤會安娜是公司的太子女，顯然他心裡認為叫小姐是尊貴的稱呼，安娜還不配稱為安小姐，同貴向安娜說在公司只能稱她為：阿娜，這聽起來怪怪的；其實安娜並不在乎"小姐"的雅號，小時候在縣職工大院的鄰居已經給她起了這個稱號了。

　　寶塢公司是一家中式傳統的珠寶公司，專門批發鑽石給商業街和商場的珠寶零售店，公司同事之間都以中文名來互相稱呼。公司的管理方式整整有條，會計部還使用最先進的電腦系統。

　　安娜在寶塢公司工作了一段時間，公司的同事和老闆對她甚好，只是每月工資才一千多元，生活條件並沒有得到多大的改善。貝殼大廈的二房東對她也沒有苛刻的要求，大家相安無事。

　　有一天正好是假日，安娜和房東一家人都在各自的房間裡忙自己的事情，突然之間，幾個男女軍裝警察和便衣探員敲門而入，

楊先生拿出身份證給警察登記，安娜和楊妻阿珠好奇地走出房間看一看到底發生了什麼事情。

「不關你們的事，你們各自留在自己的房間。」一位警察嚴肅地告誡她們。

安娜、楊先生與妻兒各自退回了自己的房間，警察也沒有去檢查她們的房間。

「把你的雙手舉起來，臉部靠牆，雙腳叉開……別動！」一個探員對隔壁房間的男子厲聲喝道。

安娜隔壁房間的男子和他的男女友人分別被便衣探員搜身，男探員搜男的；女探員搜女的，另外兩個探員在他的房間搜出了一些毒品，隨後這幾個男女被警察給帶走了。二房東楊先生一陣愕然地說他曾經看見這個男租客在廁所裡注射毒品，但每次他都佯裝沒有看見。他們都是幫會的人，平常人是得罪不起的。過了兩天這個男子被釋放出來了，他說他在等待上法庭判決。不久他搬走了，還欠了二房東一個月的租金沒交，楊先生也只好接受一些損失了。

安娜很順利地獲得了春季的 LCC Higher Accounting 的證書，本來有了這張證書有可能找到一份五千元工資的工作，可安娜卻另有打算。阿湟知道安娜每個月付的房租有些吃力，他覺得對她有些歉意，因此掏出 500 元來要資助安娜，卻被她婉言謝絕，後來他又開了一張 1000 元的支票給她，她並沒有把支票存入自己的銀行戶口，只當一張廢紙放在抽屜裡。實際上阿湟公司的生意好得爆棚，每年收入數百萬元，同期一套高級的商品房大約要價

二百萬元左右。可是安娜的性格倔強，不想貪圖他的一分一毫，況且他把金錢看得太重了，真的不想讓他在心理上有絲毫的負擔和產生不悅的情緒。

香沙港的夏天異常炎熱，無風無搖。

這一日，凌晨響了一陣巨雷後，下起了一場傾盆大雨。接近早上八點鐘左右天空轉為晴朗，大雨把都市骯髒的空氣刷洗得一派清新。安娜如常乘搭電車去中區上班，電車像蝸牛一樣慢吞吞地行駛，一天上下班的時間就要用去了兩個多小時，但坐電車可以慢慢觀看沿路街道的景觀，還有不會令人暈車浪。

公司的一個行街的男青年名喚阿和，由於阿和是老板娘咪咪的契弟，阿和的妹妹璉大常常來公司閒逛，她自認姿色嫵媚過人，身材窈窕，走路時故意左右扭動腰肢撩人。

此時，安娜在公司的大廳裡碰見了璉大小姐。

「你嘛……我大哥都不敲你。」璉大小姐瞪大雙眼直視著安娜，輕狂浮蕩地調侃道。

璉大嘲諷安娜說阿和對她沒有興趣，不想追求她，安娜強忍著璉大赤裸裸的羞辱，她選擇沉默不與回應，心下卻自思道：我根本看不上你大哥阿和這樣的俗人，就算他想追求我，我也不會接受的。只是你說話用詞很粗魯兼含有欺凌的成份，還有你並不知道你大哥阿和曾經在我的面前自嘲是行街仔，因此沒有女仔喜歡他。

璉大看安娜一副神態自若的樣子，也不回應她，須臾，自覺無趣地走開了。

　　過了一會兒，大老板老安走到安娜的面前，笑呵呵地問道：「安娜，你有買股票嗎？」

　　「安生，我那有錢買股票呢？這股票是什麼東西我也不懂。」安娜抿嘴一笑回道。

　　大老板老安是個玉樹臨風的長者，每日上班時，他都是西裝革履，襯衫的袖口還配上各種名貴的珠寶袖口鈕。他還三不五時讓安娜幫他做一些私人的會計事務，安娜覺得這是舉手之勞的事，她很樂意幫他的忙。老安經常帶他的秘書梁小姐去商會的食堂吃飯，有時候會請安娜一起去。有一次老安和他的太太去印尼旅遊回來後，還送了一套印尼傳統的花布衣服給安娜作為禮物。

　　在十個員工以上的公司上班，老板與員工的互動比較多，一年之內老板還會請員工一起吃飯，或者是安排大家去郊外燒烤。

　　安娜自從獨自一人來港之後，除了擁有不言敗的精神，而且活的足夠嚴謹。她一直很守規矩，凡事很自律，什麼事情是自己能觸摸的；什麼事情是不能涉及的，她都十分清楚與謹慎應對。比如買股票、消費不起的物品和看報紙這類的事情她都沒有興趣去探究，金錢和時間對她來說都是很重要的，兩者皆不能隨便浪費。她是對自己最狠心的人，對任何娛樂和奢侈的嗜好都不可以感興趣的。

　　安娜轉到珠寶行業上班以為可以學到一些珠寶的營商和專業

知識，來了之後才慚慚地發現老闆的管理方式與其他的行業很不一樣。老闆不但不教員工如何去鑑定鑽石的真偽，連如何正確地數鑽石粒數的方法都怕員工懂得，為了防止客人與客人在公司碰到面，因此每一位上來的客人都被安排在不同的會客室裡，有點像諜戰片裡的特工都是單線聯繫的。

九月份，香沙港發生了地產和金融危機，地價下跌九成，房地產泡沫爆破，港幣貶值，股市狂瀉，導致某些銀行和上市公司倒閉。超級市場開始出現人龍，糧食以至廁紙等日用品瞬間被市民搶購一空。這樣的危機對於每月拿千多元工資的安娜來說是人畜無害，無關痛癢。

這日，天氣預報明天會有一場颱風，颱風之前氣壓很低，熱風灼臉，令人呼吸困難。安娜對於眾人搶購物資的事情耳有所聞，下班後，回家之前，她帶著好奇心走去附近的康惠超市逛一逛，其實她孤獨一人生活用不了多少東西。安娜進入了超市之後看見貨架上的物品被眾人掃去了一大半，她漫無目的在逐個貨架上看了看、瞄一瞄，卻沒有迫切的想要買什麼東西。突然間，安娜的眼前一亮，一個熟悉的身影在前面十幾步的地方，再仔細一看是初中的班主任蔡水淺，身著紅黃混色康惠工作服的蔡水淺剛剛把貨品放上貨架。

「蔡老師，你好！」安娜鳳眼發亮，走上前禮貌地問道。

「安娜，你也來學眾人搶購東西？」蔡水淺斜睨訕笑，酸溜溜地問道。

這麼多年過去了，安娜在異地碰見蔡老師，本想跟他親切地

聊幾句，想不到他仍然未改陋習，一見面就毫不客氣的奚落她一番。半刻，沒等安娜開口回答蔡水淺的話，迎頭走來兩個粗粗魯魯兼一身橫肉的大漢。

「丟你老母的Hi⋯⋯還不趕緊去幹活，躲在這裡偷懶！」一個大漢一臉凶殺的樣子，不分青紅皂白的朝向蔡水淺破口大罵。

蔡水淺整張臉漲得通紅，脖子也跟著縮了起來，霎時羞得恨沒地縫兒鑽進去，無奈之下，默默地低頭快步離開去幹活了。真是：秀才遇到兵，有理說不清。蔡水淺為人師卻被這種大老粗冤枉與欺負，他氣得咬牙切齒，嘴唇顫抖，心裡一直偷偷地罵娘，卻又沒有能力和不敢去分辨與反抗。

第二天，蔡水淺愧恨不過向康惠超市的人事部辭職，可是，無論如何也得再忍辱地工作半個多月，才能拿到工資，離開康惠公司。香沙港的勞工慣例，新來的員工必須連續工作七天才有工資拿，七天或三十天的試用期過後，員工要離開公司必須提前三十天請辭。這些日子以來，蔡水淺想來算去他的年齡已屆中老年，要在短時間內學好香沙港兩種謀生的語言——粵語和英語，這樣的操作比登天還難，在語言不通的情況下，去到那兒工作都會受到別人的欺凌，這裡不是他呆的地方。辭工之後，他假借去探望在菲律賓的富商伯父，趁機在菲律賓住了下來，隨後在伯父的公司裡幫忙做生意。從那時之後，安娜再也碰不到蔡水淺了，他好像消失在金溪縣一中師校友的圈子裡。

無奈，大多數中國知識份子的自尊心歷來比誰都超強。

安娜為了更好的在珠寶行業發展，報讀了玉石商會舉辦的珠

寶首飾設計班。

由於股市、樓市爆煲，寶塢珠寶公司陷入了財困。如果只專注於本行的生意，公司的運作一定是平安順的，可惜人的思維和欲望是無止境的，一棋錯落滿盤皆輸。寶塢公司的財務狀況變成兩個瓶蓋管六個瓶子，老板安瑞天天像魔術師在表演，一個月需要幾次向銀行借錢，那利息很是厲害。

做生意除了勤力與幸運，運作起來還得不驕不躁才可以長久；公司必須處於進可攻退可守的狀態，才有生命力。

老板安瑞每日愁眉苦臉，老板娘咪咪卻天天抱著一隻白色的富貴狗"加加"來公司上班，苦中作樂吧？公司除了做鑽石批發之外，還與一個美女朋友在中區商場合股開了一家珠寶店，店舖很小，但生意不錯，每月還有一些利潤。

合作做生意是一門藝術，虧損時雙方都能夠堅持下去，有利潤時也要寬待雙方各自的付出份量，不與對方斤斤計較。由於開店舖有利潤，安瑞乘勝追擊在金沙嘴的中國城商場開了一間中小型的珠寶零售店，老板娘咪咪親自督陣到珠寶店上班，還新雇了一個有經驗的女售貨員，安娜也隨咪咪去新的珠寶店，只不過是在珠寶店裡間的辦公室記賬而已，公司還給安娜加工資到每月2200元。因為有了地下鐵交通網，從港島到九鳳半島上班很方便，而且上下班時間不耽誤。在珠寶店上班，安娜暗中還學到了一些售賣珠寶的技巧和穿日本海水珍珠的方法。由於店舖開在人氣不足的商場裡，加上新店沒有熟客，公司生意不是很好，有時候店裡好幾天都沒有開單，老板娘咪咪焦急得整日東張西望，心裡很盼望有一個客人突然來光顧。

這金沙嘴是香沙港的遊客區，每條街都有大大小小的酒店和賓館。在中國城商場隔鄰的富貴商場還開了一家全港最豪華的夜總會，這家名叫富貴夜總會裡的小姐是全港最漂亮的，身高都在1.70米左右。傍晚六點以後，夜總會的大紅色地氈早已從裡面一直鋪到大門口外。安娜為了避嫌下班之後從來不敢經過夜總會的那條路。

1983年12月，中國政府取消了通行30年的布票。王美菡把手上所有的布票庫存整理得一清二楚，然後全部呈交給工商局。這年她正好是四十九歲，她為國家忠誠工作了幾十年，不偷不取，工作職位卻一直沒有獲得晉升，慶幸的是人生經歷一路是小風小浪、平安小吉的狀態，明年她五十歲也就可以光榮退休了。

時光飛快，農曆新年又過去了。1983年的金融動蕩對於有資產和營商的人仕是一個驚心悚目的一年，對於無產階級的人們並沒有造成多大的傷害。金融風暴也像是亞馬遜雨林一場忽來的森林火災，大火把森林裡逃不出來的動物和一些腐朽的植物樹木燒掉之後，過了一段時間森林裡的萬物又展現出另一派生機勃勃的景象。

安娜和阿湟拍拖的時間已經有三年餘，卻久久未得到阿湟口頭上的承諾將來他們二人的結局是什麼。安娜只好自強不息一邊工作，一邊上夜校增加知識，然而這世上最讓人煎熬的事情就是等待。雖然石瑩去了菲律賓生產之後，母子二人一直住在娘家的大別墅裡，儘管傭人眾多，生活無憂，但畢竟女子嫁出去如同潑出去的水，家裡的嫂子並沒有給她們母子好顏色。她要求蔡湟在馬尼拉買一套別墅讓她們母子居住，可蔡湟為人城府深邃和一向精打細算，他一直沒有應承石瑩的要求。

阿湟為了把安娜留在身邊，除了好言相待，頻頻請她吃飯看電影之外，還讓一個閩南的女神婆出了一些小黃紙符咒給她，叫她在自己居住的門口焚燒，阿湟謊稱這樣可以保佑安娜出入平安，安娜也不覺得有什麼妖孽。儘管是阿湟的多方苦心經營，戀愛腦很嚴重的安娜對阿湟也漸漸地失去了信心，她覺得既然自己在感情上有嚴重的潔癖，想要靠男人過上好日子，不如靠自己。她有一個信念自己在才華和吃苦能力方面不會輸給同輩的本地人，將來自己會靠正能量去獲得財富的，也不必去當什麼小三小四小五的。

　　自從 1982 年 9 月，中國領導人表明了對香沙港將來回歸祖國的態度以後，香沙港的本地人對新移民的羞辱逐年減少。僅僅一個編導叫陳無的編出來一齣專門羞辱笑話新移民的喜劇電影，電影起名叫"耍樂"，影片中出現了五六個男女新移民，他們一起到五星級酒店的西餐廳的玻璃窗看港人吃自助餐，這些男女那種渴望吃的表情很猥瑣，個個看得那口水不知不覺就流了下來，越看嘴越饞，不禁嘴臉緊緊貼在餐廳的玻璃上，還因此扭曲變了形。其實這個陳無是一個不學無術的人，無根無據亂瞎編。窮慣了的中國人對吃食沒有太大的要求，有錢時吃好點；冇錢時吃簡單一些，大人更加不會去看別人吃大魚大肉，現實中有時候你要請親戚朋友去吃飯也未必能夠請得動他們。中國人打擊與對付中國人的手段歷來表現得特別刻薄刁鑽厲害，有的時候甚至會利用傳媒的力量鼓動全國全城人以漫罵的方式攻擊某些人。華夏歷來有漫罵的陋俗。

　　安娜的室友沈沛懷疑阿湟來過她們的房間，不久之後，怪恨地搬走了。

隨後，安娜打電話請求中介周先生幫忙再找一個女室友來，可是找了一個多月仍然未找到，只有一個女學生說要合租，後來又不租了。安娜自個兒負擔不起房租，只好讓周先生幫她尋找一間便宜一些的單人房。同樣地在西陂便宜的房源並不多，周先生介紹一間在春苗街後面兩條街的一個單幢樓——銀暉大廈，房子在七樓 A 室。業主是一個閩南阿嬸，大家都叫她阿治，她長年在春苗街邊擺地攤賣豆腐。這間房子並不大，原本是二房一廳，業主阿治自住近大門的小房，另一間大房用木板隔開成二間小房，這二間小房向東的已經租給兩個男的年輕人，另外一間向西的正在出租，租金是每月 700 元，房的空間很小，大約 40 平方尺，只夠放一張單人床，一張桌子。

　　周先生把地址告訴了安娜，叫她自己上去找業主洽談。安娜下班後直接上去銀暉大廈找阿治。

　　「哎呀！我的房間從來不租給閩南人的。」阿治知道安娜是閩南人之後，臉色一沉拒絕道。

　　「為什麼不租給閩南人呢？」安娜眯起了長眸，不解地問。

　　「這個嘛……閩南人很麻煩的。」阿治露出認真的表情，煞有其事地說。

　　「阿嬸，我這個閩南人也許跟別人不一樣，你不放心就先試租一個月給我吧，到時如果你不喜歡，我可以隨時搬走的，這樣可以嗎？」安娜稍微婉轉一點說道，因她覺得房間和租金都適合她。

「哎哟！你的口才真好，那就租給你吧。」阿治稍微考慮了一陣子，眼睛放亮笑說。

安娜在上個月底已經向二房東楊先生辭租了，時間很緊迫，如果沒有及時租到房間就大大的麻煩了，到時會走投無路的，因此只得好言好語央求阿治把房間租給她。在緊要關頭的時候，安娜不得不放下驕傲的心態去化解事端。

「好啊，我月底就搬來這裡。」安娜笑逐顏開地說。

安娜先交 700 元的按金給阿治，中介費由業主阿治稍後才支付給周先生。由於是小房間的租賃，業主和租客並沒有簽署任何租約，都是口頭協議。安娜來港這些年，第一次獨自擁有一間有窗的小梗房。她還打算趁搬家的機會，下定決心，與阿湟的關係一刀兩段，一了百了。

第四十七章　　　改變

一日：

> 人生從頭越，有血亦有淚。
> 懷有鴻鵠志，不懼燕雀欺。

安娜承租了銀暉大廈的單人房之後，翌日，她去了電力道的傢俬店買了一張最小的單人鐵床和一張摺疊的方形桌子，還到雜貨舖買了一張草編的草蓆子。她還是依照一貫的做法：能夠活下去就行，生活用度一切從簡。

安娜搬來新的住所後，沒讓阿湟知道，可是戀愛的多巴胺依然在她的大腦中作祟，忍耐不到十天八天，她又手癢癢打電話告訴阿湟自己搬家的事了。這些年安娜多次搬家多次想跟他決絕，始終無法戰勝自己心中的魔障，逃不出阿湟的五指山。她的優柔寡斷和沒能斷捨離，她都快要看不起自己了。

安娜租的小房間向西，早晨七點左右，太陽小王子已經把她的身體照射得灼熱而醒了起來。從小到大安娜住的房間未曾有過窗簾，只有文化大革命之前在縣委政府大院的黃樓那間套房有窗簾，現在這間小臥室是這六年來她住的最好的，窗口上也沒有什麼軌道可以掛窗簾，她不敢用報紙糊在窗的玻璃上，因為業主阿治一定不會同意她這樣做的，阿治還把冬天的棉被放在她那間房的入牆壁櫃裡呢。反正她每日都抱著得過且過的生活態度，哪有心思和多餘的錢去提升生活質素呢？只是夏天的熱度，每天早晨起床後，全身汗水濕淋淋的，上班之前必須把全身的汗水抹洗乾淨後，才能夠乾爽的穿上衣服出門。不久，阿湟去國貨公司買了一個鑽石牌的電風扇送給她，大熱天的時候，電風扇還是能夠幫

助身體降溫的。

有人說窮人也很快樂，這種說法是不現實的。生活在國際大都市的窮人，每日出門穿梭於繁忙的大街小巷；擁擠在公眾交通工具上，而且交通費很是昂貴；上班時間要面對職場的紛紛擾擾；回家後要面對房東的諸多挑剔與管教，加上居住環境惡劣狹窄，這樣的生活質素哪有快樂可言呢？

安娜的業主阿治是一個六十多歲瘦小的婦人，她在菲律賓的丈夫早已另娶菲婦，夫妻倆老死不相往來。阿治早就在港登報紙跟她的丈夫脫離夫妻關係了，她自己沒有生育，二十多年前抱了一個男嬰來獨自撫養。可是她年輕時為了生活而奔波，沒有好好管教這個孩子，這孩子不愛讀書，少年時就入了幫會，長年在外面閒逛，平時很少回家。阿治對生活還很專一不二，每日吃的菜式只有她獨創的菜芯瘦肉湯，就是把菜芯和瘦肉放在一起滾湯來吃，一年三百六十五日，樂此不疲。

「安娜，你炒菜時不要直接下油炒，先將蔥頭和花生油爆炒成蔥頭油，放在冰箱裡備著，每次炒菜時，取一些蔥頭油攪拌一下就可以了，這樣就不必天天下油炒菜了，不然的話，廚房到處都是油漬，很難清洗的。還有你買的火水不要放在廚房裡，要放在外面。」阿治兩眼發光，嘮嘮叨叨地吩咐安娜道。阿治的煩惱是她的廚房沒有安裝抽油煙機。

「好啊。」安娜順從地回道。

安娜買了一桶火水放在大門口外，第二天就不見了，讓清潔女工給取走了。她只好像往常一樣拿玻璃瓶子去買，因她煮食很

簡單，用的火水並不多。只是每天下班後，阿治總會挑出一些毛病來嘮叨，阿治的眼裡放不進去一粒小沙子，照垢鏡總是照向別人的身上，所有的過錯都是別人引發的，而自己永遠是完美無缺。然而，阿治是一個鐵嘴心軟的婦人，她每次看見安娜生病躺在床上，都說要幫安娜煲粥或是買菜，安娜怕渾水越攪越渾，多一事不如少一事，總是婉言謝絕。

有一天，阿治又向安娜嘮叨了半日，其實她每天嘮叨的話題都是一些無關緊要、雞毛蒜皮的碎事。

「阿嬸，咱們每天相處也不過一兩個小時的時間，你能不能讓我靜一靜？別天天說這說那的。我們這些租房的人都是窮人，有錢誰想租房呢？」安娜把長期忍耐的情緒抒發了一下，她希望阿治能夠減少對她的諸多指點。

阿治聽了無言以對，假意笑著忙自己的事了。

人間的春天是生機盎然的季節，無形之中給人們帶來了希望和遐想。安娜想到來港多年一直沒有賺錢給國內的父母親家人，賺的錢養活自己都很艱難。她再也忍不住貧窮的困擾了，心裡暗忖道：＂人一旦貧窮，幹什麼事情似乎都有毛病。一富遮三醜；一窮蔽三美。她想改變自己的命運，像將軍一樣披甲上戰場，而不是呆在安全的後方；能夠直接為公司賺錢的員工才會受到尊重，而做簡單工作的太卑微了，這也是兩者之間提供不同價值的區別。＂安娜決定辭掉朝九晚五、亮麗但呆板的白領工作，一切從頭開始，轉去金沙嘴的珠寶店當售貨員，這樣才有機會展現出自己的能力與價值。

她心中向觀世音菩薩默許：如果有朝一日讓她脫貧，她會行菩薩道的，善待身邊所有的人。

安娜每天都在報紙上關注招聘請人的專欄。有一家在金沙嘴東部商場的珠寶店同意請她當售貨員，可老板要她七日之內就上班，不能等她向舊公司辭職，安娜只好放棄這家公司，另找別的。過了不久，安娜找到了一家在金沙嘴五星級酒店商場內的珠寶店，老板李深夫婦約她在附近的酒樓飲茶面談，雙方以穿衣服的顏色為記認。

這日，安娜進入酒樓後，看見一對中年夫婦坐在餐桌旁，她緊走兩步向前禮貌地問道：「你們是李先生、李太太嗎？」

「是啊，你是安小姐嗎？」李太太立起身熱情地問。

「早晨！李先生，李太太，我是來見工的安娜。」安娜的雙眼散發出閃亮的光芒，笑著說。

「請坐。」李深擺手客氣地說道，接著順手給安娜倒了一杯普洱茶。

安娜在他們的對面坐了下來，餐桌上已經擺滿了好幾樣港式點心：叉燒包、蝦餃、燒賣、蝦腸、鹹水角、山竹牛肉、千層糕。安娜信佛，所以不吃牛肉，其它的點心都是她喜歡的食物。

「安娜，我們夫妻倆雞腸一字也不懂，來店裡的客人全部是鬼佬，你除了要會講流利的英語之外，每日還得穿珠鏈和打結，工作比其他的公司辛苦得多，不知道你能不能接受？還有你懂得

穿珠鏈嗎？」李太太不假思索地直言道。雞腸是本地俚語：英語。

「講英語是沒有問題的，我不怕辛苦，穿珠鏈……我懂，你們放心吧。」安娜自信滿滿地答應了出去。

安娜為了避嫌，佯稱跟母親住在一起，由於她現在工作的公司也是做珠寶生意的，所以李太太相信她是一個誠實可靠的人。李太太告訴安娜：每月底薪是 2500 元，還有公司的佣金制度是公佣，就是全店每月生意額的 1% 的提成平均分給所有的同事，這種做法的好處是公司的同事不會為佣金而產生爭執，但互相競爭的極積性就不那麼的激烈了。工作時間朝十晚八，中間無休，午飯時同事之間輪流出去。三十天之後，安娜正式到了這家叫達利珠寶行上班，當一名珠寶售貨員。

達利珠寶行的店舖位於麗思大酒店商場地面的第二間，這個商場中間一條通道貫穿兩頭的出口，兩旁的店舖九成是珠寶店和裁縫店，這些店舖大部份是做歐美客的生意。地鐵站就在酒店的旁邊，上下班很方便。

達利珠寶行店裡的珠寶首飾屬於中等價位，這家店是老闆李深從一個老伯的手中接過來的。李深年約五十上下，身材高瘦，眉間刻畫著幾條皺紋，目光銳利，半生辛勞感掛滿他那黝黑的臉上，青年時他從大陸游水來港居住。李太太是一個標準的家庭婦女，她出生於香沙港邊界鄉村的貧困家庭。李深夫妻倆育有二女一男。由於他們的文化水平低，所認識的中文字並不多，英文更是一字不識，平時店舖的生意全靠公司的員工來支撐。除了安娜之外，還有一老一年輕的男同事，一個比安娜小六歲的美女。

安娜上班的第一天，店裡就接到客人的一些尺寸不一的珍珠頸鏈和手鏈的訂單。李太太手捧著一盤珍珠串和一張寫滿尺寸的訂單給了安娜，安娜穿珠鏈的方法跟這裡的同事不相同，其實她並未真正動過手，只是見過三兩次舊老板娘咪咪穿珠鏈而已，心想這穿珠鏈不是什麼高科技，一學肯定就會。

「安娜，你說你會穿珠鏈？你是在騙我呀。」李太太提高嗓門質疑道，她只是稍微抱怨了一聲而已。

「李太，我們的穿法跟你們的不一樣，不懂我學一學，很快就會了，放心吧。」安娜帶著自信的笑容說。

安娜用了一天的時間不斷地重複練習，第二天就做了一條合格的頸鏈。

安娜的美女同事名喚楚月，土生土長的港人，年方十七，身材俊俏，生得美麗動人，冰雪聰明，性情溫和。由於安娜和楚月都是大美女，她們二人在工作中很是相處得來，互相幫助，合作得十分的愉快。安娜想不到第一個月的工資加上佣金竟然比之前當白領的工資多了一大截，有 3530 元。安娜立即給家鄉的父母親寫了一封報喜信，這也證明自己改變工作的行業是正確的，而且老板夫婦和同事都尊重她，這裡沒有遇到冷眼與輕蔑；相反地，每天遇到的客人都是陽光型的，而且充滿了愛心。安娜把她那天生自傲的為人處世心態徹底改變了，在公司很快成了應對如流的 Top Sales。

六月份，天氣炎熱，暴雨連連，閒暇人都不愛出門。

這一日，天微微亮，雷雨交加，安娜如常起床，忙完諸事，出了門。一眼望去街上全是五顏六色的雨傘，街道上比平日更加擁擠不堪。一路上，安娜的兩個褲腳管被撞擊到地磚回彈的雨水淋得濕漉漉的，走入店舖裡，把雨傘收好放在角落邊，用紙巾把濕的褲腳管抹乾後，她馬上笑容可掬地站立在櫃台後，準備接待隨時進來的顧客。

「早晨！」李太太悠悠然的從外面走了進來，一邊放下大紅色的雨傘，一邊向大家問好。

「安娜，我這個包值多少錢呢？你估計一下⋯⋯如何？」李太太一面半認真半開玩笑地說，一面遞上一個淺咖啡色有花和花押字圖案的女性掛包給她看。

安娜把臉湊近一看，細瞧著眼前這個咖啡色的掛包，咖啡色本來就不是她的心頭好，還有掛包的材質看上去不是皮質的，款式適中，在她的心中掂量最真實的價錢應該是一百元左右，為了不讓老闆娘李太太生氣，她把掛包的價錢提高了一倍多。

「依我看⋯⋯這個包⋯⋯最多值 250 元。」安娜吞吞吐吐地說道。

「哇⋯⋯你估價也太低了吧，這個是世界級的名牌包"阿羅V"，我花了三千多元買的。」李太太一陣愕然地說，須臾，格格地狂笑了起來。

「我覺得這個LV掛包不是很好看呀，不值得三千多元啊！」安娜雙眉微揚，毫不猶豫地脫口回道。安娜不敢相信一個女子掛

包的價錢竟然是她一個月的工資，也許是自己孤陋寡聞，懂得太少了吧。

看見安娜對於外面世界的無視無知，在場的同事都在心裡暗自發笑。其實，這一次是老板娘故意試探和耍弄安娜一下，果然不出她的所料，安娜只專注於上班上夜校，對於周圍其他的事情的認知是個十足的白痴。從此以後，老板的大女兒阿甜經常嘲諷安娜是個"大口環"——弱智，然而安娜並沒有感到絲毫的不悅，她對自己有超強的自信心，也一向不跟小朋友計較的。老板娘李太太從小家貧，上學的書包全部是從垃圾桶揀來的，因此變富以後買的包包全部是世界名牌和昂貴質地的，也許這樣做可以治療幼年的心理傷痛？天曉得！

每年的五、六月是大學舉行畢業典禮的月份。今年，安娜的二哥安川也碩士畢業了。他還十分榮幸地獲得公費到美國攻讀博士學位，不久，他滿懷將來學成歸來報效祖國的熱情飛去了美國。

隨著多年的改革開放，越來越多在國營企業工作的人員跳出來自己創業，俗稱：下海經商。金溪縣的農村各種各樣的小工廠林立，一個繡嶺村就開了十多家玩具廠。安娜的跛腳大哥安山也離開了農械廠，開始自己創業，在青林村的家裡開了一間小型塑料玩具廠，他自負地給工廠起名叫"智超玩具廠"。王美茵也從百貨公司退休了，安清木卻還是沒日沒夜的為改革開放而努力工作。

春去秋來，遽然又臘盡春回。

1984 年匆匆而逝，人們又迎來了 1985 年。二月十四日是西

方的情人節，這一日也是安娜的生日，從小在沒有儀式感的家庭長大，安娜幾乎把自己的生日給忘記了。早上她又急急忙忙地出門搭地鐵上班，此時，她的雙腳剛剛邁入店裡。

「安娜，祝你生日快樂！」楚月雙眼閃閃發亮，溫柔的一邊說，一邊雙手從桌子上捧出一盒生日蛋糕放在玻璃櫃台上。

安娜感動得差點叫出聲來，眼前的是她有生以來收到的第一份生日蛋糕禮物。此刻，一股暖流油然而生充滿了她的全身，她高興得春風滿面，深深地望住楚月感激地說：「多謝！」

「安娜，我看好你，也很欣賞你的才華，將來你結婚之後，給我的紅包要大牛的。」楚月雙頰泛紅，嗓音微亢以開玩笑的口吻說道，這大牛指的是港幣五百元。近年一般的新年紅包是港幣十元，有個別上市公司的老板給員工的紅包才兩元。

「謝謝！能夠有那麼一日⋯⋯肯定會的。」安娜的嘴角微微揚起，嫣然而笑回道。

「那，現在開始給你慶祝生日吧。」楚月綻露笑靨，看向安娜說道。

楚月在生日蛋糕上插上一支小蠟燭，用打火機點燃後，安娜閉上眼睛對著小蠟燭默默地許了一個隱密的願望——早日脫貧！然後用口吹熄了蠟燭。楚月一面喊，一面拍手唱"Happy birthday to you…Happy…"唱了幾遍之後，安娜切了蛋糕，與公司的同事一起分享了這個蛋糕。人生極度開心和極度傷心的第一次是最難忘的，有些事情不是錢的問題而是關乎到情義上面，

人間道・紅與藍

這也是很多人無法理解的。

　　大家吃完蛋糕之後，又開始忙於推銷珠寶和穿珠鏈了。今日公司來了很多客人，生意很火爆，大家連上廁所的次數都減少了，老板夫妻倆非常高興，整日笑得合不攏嘴。

　　到了傍晚六點鐘左右，店舖門口突然間有一個老婦人在大聲嚷嚷，老板娘李太太快步走了出去問了個究竟。原來是商場地下層女廁所的清潔女工上來撒野，她凶巴巴地說她蹲下去從門縫裡瞅見安娜上廁所時把地板弄濕了。安娜紅著臉，一聲也不吭，心中十分憤怒，但礙於顏面，還是強忍了下來，不與這老婦人分辯。事實上這商場的廁所是個公眾廁所，一天到晚人來人往的，這麼多人上廁所難免會弄濕地板。她這清潔女工竟然無恥地窺視安娜上廁所，這種所作所為很是下流，分明是故意欺負她，說與眾人笑話。年輕女子懟老嫗絕對是吃虧的，因為存在著臉皮厚薄的問題；人一旦不強大，處處受欺凌。

第四十八章　　又起風了

一日：

鳥為食飛撲，人為財忙碌。

不畏寒暑苦，頻頻又撲撲。

早春二月，香沙港的氣溫最高已經有 26 度左右了，有的年輕人甚至穿著短袖 T 恤上街。在閩南金溪縣的氣溫稍微冷一些，改革開放已經有六年多了，國營和私有企業仍然沒有取得太大的進步，因此國家的大小領導幹部和職工的薪水還是處於較低的水平。儘管眾人進步不大，還是有一些人開工廠和做小生意賺到了錢，在生活水平上有著翻天復地的變化，例如家裡添置了電視機等等。在現實中，國家幹部就算奉公職守、清廉無私，下班回家面對一個無知小氣的夫人在嘮叨攀比，如果自己意志不夠堅強，久而久之難免會掉入權錢色的蜘蛛洞裡。

有一天，金溪縣縣委辦公室主任老佘突然之間有一個奇想，打算用公款買電視機送給五位縣委常委，以便他們和家人一起享用，美其名叫"試看電視"，可是思前想後用這個方法，恐怕會受到縣委副書記安清木的阻攔。最後老佘想了一個萬全的妙法就是瞞著安清木，只買四部 28 英吋日本的彩色電視機分發給四位縣委常委試看，此事就當成絕密的事情來辦。這件"試看電視"的不公做法要是讓安清木的夫人王美菡知道了，那可要在縣委辦公室上演一齣"花和尚大鬧桃花村"的大戲了。

歲月匆匆，春芳銷盡，夏風灼灼吹香江。

安娜剛剛準備走出家門口之前，她的畫畫同學陳飛閣打電話

來告訴她，香沙港的日月報登出了一篇報道，說金溪縣縣委副書記安清木和他的老婆王美菡違法亂紀在石鼓鎮青林村建了一幢豪華的大別墅，別墅旁邊還有一個清澈亮麗的游泳池。安娜知道這個消息之後，心情很是平靜並沒有絲毫的不悅。

在上班的路上，她買了一份日月報，打開來看，這篇報道內容誇大與事實完全不符，而且充滿了污蔑與攻擊。她萬萬沒有想到他的父親安清木背後竟然有這麼多的黑手，還窮追不捨的把髒水潑到了海外，這也許是為了打擊她？讓她不得安生？從此以後，安娜心中暗自發誓不再看日月報了，她是一個愛憎分明的人。這日月報把農村半成品的石板屋寫成是豪華大別墅，把污水坑寫成是游泳池，簡直是顛倒黑白，胡說八道。再說了，母親王美菡建屋的錢都是乾淨的，地皮又是通過正當的手續向青林村購買的，這何罪之有呢？

原來這是金溪縣縣委掀起的一場勾心鬥角的遊戲，就是抓住安清木建房子的事情大作文章，還舊事重提批評安清木把女兒安娜送出國。安清木向黨組織寫了一份建房資金的清單，建房總共花費 18450 元，一半以上的資金是自家的儲蓄，另一半是向十多個親戚朋友每人借了幾百元湊成的。就算無貪無垢，安清木在黨內也被記了一次大過，政府還把那幢石板屋作價歸公，貌似另一次"土改"？業主是政府，住客是安山和家人。

七月份，中共中央決定把像安清木這一批解放前就參加革命的地方幹部和部隊的軍官"一刀切"強行離休，難聽一點就是"炒魷魚"。被迫離休的官員個個抑鬱賦閒在家，天天閒手無事幹，只是敢怒不敢言，脾氣暴躁一點的坐在家裡發牢騷漫罵度日。

安清木離休不久之後，金溪縣縣委又把青林村石板屋的業權歸返給他，同時，他把當時作價歸公的 17000 元退給了政府。

不見舊人哭，只見新人笑。新的一批官員上場執政了，很多人的價值觀開始了一百八十度的轉變，一味向錢看，金溪縣又是全國出名的僑鄉，社會上的治安變得越來越差，盜竊、搶劫案迭起。

夏風細，陽斜斜。在菁山鎮唯一的大街上依舊人聲擾攘，熱鬧非凡。

九月尾，發放工資這一日，早上，安娜的同學陳晚霞上班後忙了一會兒，帶上公司取錢的印章到了南方銀行，她在銀行櫃台取了 40000 元後，立刻小心地把四大疊錢放入公文袋，晚霞的手緊緊握著公文袋，一如往常地沿著小路走回公司。她那美麗白皙的臉上已經刻上了一絲絲的滄桑感，一路上，她略有心思地想著是否繼續留在家鄉工作？或是到菲律賓幫她同母異父的姐姐做生意？上次為了此事她還特意跟安娜商量了一下，安娜的意見是出國有更多的發展空間和機會，可是她捨不得離開她那年幼的兒子，沒有聽取安娜的意見。突然間，"砰嘭"兩聲巨響，晚霞來不及回頭看個究竟，從銀行門口一直尾隨她的匪徒，向她的身後連續開了兩槍，瞬間她倒臥在血泊中。這個匪徒急步衝到她的身邊，彎下身子伸手搶走了那個裝有 40000 元的公文袋，一溜煙逃得無影無蹤了。陳晚霞不幸被害，她的家人、朋友和同事都悲痛萬分，家人想她昔日孝順和睦可親，朋友同事憐惜她待人溫文友善，可這件凶殺案至今仍然是一個懸案。過了一段時間，安娜才從母親的口中得知陳晚霞遇害的經過，她的憤怒遠遠超過了悲傷。歹徒把她親如姐姐的好同學殺害之後，她那天生嫉惡如仇的

性情又被深深地加重了。

安娜在達利珠寶行工作已有一年有餘，她和楚月都是 Top Sales，為公司賺了不少錢；近期，老板李深還買了一套中價的新房子。上個禮拜，男青年同事阿傑辭職到別家珠寶公司當行街，店裡只剩下三個售貨員，安娜、楚月和光頭李伯，老板李深夫婦和侄兒阿財輪流看店。雖然李深不懂英文，可他那雙如白頭鷹的銳利眼睛一直盯著店裡的每個職員，生怕他們把店裡的珠寶以賤價賣給客人。其實老板不理解打工仔的心思，有本事和機會誰都想盡力把貨品賣個高價錢。

安娜和楚月忙了大半天了，下午茶的時間，每人各自點了一個菠蘿包和一杯熱奶茶。半晌，李太太走到店舖門口一邊從茶餐廳的送餐員手上接過餐飲，一邊付了錢。李太太把大家訂的下午茶放在玻璃櫃上，須臾，各人端各人的茶點去了。

「安娜，看你的臉色蒼白，你阿媽晚飯有煲湯給你飲嗎？」李太太好奇地探問。

「沒有……我們……從來不煲湯的。」安娜支支吾吾地回道。

「我看你阿媽是不是瘋了？南方這麼濕熱，那有不煲湯的呢？」李太太不由得咂著舌，訝異地瞪大了雙眼說道。

安娜眉毛微微蹙起，沉默了下來，須臾，帶著有如啞巴吃黃蓮的苦澀表情望向老板娘笑了笑。

大家靜靜地吃著下午茶，店內鴉雀無聞。

「安娜，你要是同意嫁給我侄兒阿財，婚宴的酒席我們全包了，阿財為人老實勤奮，你們婚後也可以自己出去做生意的。」李太太看著安娜的眼睛，自言自語地打破寂靜的氣氛說道。

安娜急忙把頭扭向別處，倒吸了一口涼氣，假裝聽不見老板娘的話。過了一會兒，她走出店舖，下去低一層的洗手間了。安娜經過無數次的經驗，她心裡很清楚不能夠讓別人知道自己的想法和家庭出身，人們普遍只看表面現象，她對擇偶條件有獨特的偏愛和潔癖，與世俗觀念格格不入，要是這些想法讓別人知道會惹來嘲諷與訕笑的。

安娜上完洗手間回到店裡，楚月去酒店送貨給客人，李伯看見安娜回來，立馬走到外面去抽煙了，李太太也不見了人影。

「安娜，問你一下……這些意大利K金鏈少了兩條，平時，我都暗中有做過記認的，你有沒有看見誰拿走的？我知道你為人老實，不會隨意拿公司的東西。」李深嚴肅的臉龐變得有些可怕，他一邊伸手拿出放在玻璃櫃裡掛滿K金頸鏈的頭座，一邊滿腹狐疑地低聲問道。

「我沒有看見誰……我每天只專注在做生意上，公司的貨品我從來都沒有留意的。」安娜臉上帶著尷尬的笑容說。

她從來不去窺探他人的財物，而且一向認為偷竊是一種可恥的罪行，從小所受的教育是為人必須"秋毫無犯"。她是一個追求完美主義的人，容不得自己有半點瑕疵。

「不要緊的，我只是問一聲。」李深眉頭緊鎖，有點失望地

說道。

每天，李深夫婦和阿財都寸步不離地盯著店舖，誰有魔術師的本領去偷公司的東西呢？安娜百思不解誰有能耐做到這一點呢？她不想胡亂猜測去冤枉公司的任何一位同事。做珠寶生意的人很容易患上職業的疑心病，何況是發現公司丟失了貨物。老板娘李太太對待顧客的態度令安娜很反感，生意好的時候，她的臉上總是笑呵呵的；生意淡靜或是遇到不爽快的顧客的時候，她還會背後出口辱罵客人，毫無感恩之心。

由十二月開始，香沙港的各大商場都在播放聖誕歌曲；在聖誕節之前，許多歐美的客人會來港購買聖誕禮物，珠寶店的生意很火爆。由於勞工法例不是很健全，達利珠寶行沒有長假給員工，連勞工假期也沒有，僅僅每個星期讓員工輪流放一日假而已。聖誕節過後，店裡立刻清閒了下來，安娜向公司請了三天假，讓母親王美菡來福網口岸與她會面，為了節省住旅館和長途汽車的費用，安清木不敢和王美菡一起來看望他們的寶貝女兒。這三天一轉眼就過了，安娜別過母親，二人各自回到原來的地方。

安清木離休之後，每日都過得很郁悶憋屈，天天在家抽悶煙度日，有時候他到安山的工廠看一看。安山的智超玩具廠的生意只是一般般，平時他還幫別人維修電機，多賺一點外快幫補家裡的生活費，他已經有了一對兒女。安川在美國讀博士學位，學習成績一直保持得很好，還在班裡談了一個女朋友。

不知不覺中 1986 年悄悄地來到了人世間。這些年來，安娜經歷了無數的輕蔑、白眼和嘲諷，甚至被男朋友背棄，她已經從一個腼腆羞怯的十七歲少女逐漸變成了二十五歲的成熟青年，只

又起風了

是她那種強烈的自尊心依然沒變。她在國內和香沙港的同輩人九成九已經結婚生子了，她也成了閩南人眼中怪異的單身剩女；每次遇到熟人第一句問候語就是：你什麼時候找對象結婚？有一個尖酸刻薄一點的熟人甚至向她說：現如今青年才俊娶妻都會選擇港姐。過農曆新年期間，她特別害怕遇上親戚朋友。

農曆年前後都是香沙港的旅遊淡季，一年中只有兩個旺季，一個中旺季是復活節之前，另一個大旺季是聖誕節之前的一個月。歐美遊客在旅遊期間，大多數人都會選擇買中平價位的禮品回去送給親朋戚友，禮物貴在心意不貴在重。

生意淡靜的時候，李深夫婦常常不來店舖，而是與朋友打麻將耍樂，只有阿財在看店。這阿財是李深兄長的兒子，年紀不到三十歲，五官身材長得還算齊整，只是滿身鄉村的習氣仍未褪去。他也是游水來港的，他很幸運第一次游水偷渡就成功在港定居，他的一個堂弟運氣極差，偷渡來港十多次都在邊界被邊防警察截回去。早期，政府的政策是：無論用什麼方法偷渡來港，如果能夠成功走到市區的偷渡客，他們都可以獲得在港的居留權；相反地就立刻被遣返原地。

這一日，早上，安娜准時到達店舖上班，楚月正在上班的路上，李伯放假在家。此時，阿財那雙常年通紅的眼睛眯成了一條細線，半臉輕佻的橫肉，他將雙手臂交疊於胸，以老板自居傲慢地立在店裡。前不久，由於李太太有意撮合安娜和阿財這兩個年輕人，但這件事並得不到安娜的首肯，因此阿財對安娜懷恨在心。安娜不敢正面看阿財那臉陰沉如水的表情，平時儘量避免跟他說話，以示自己的立場。

「你的電話。」安娜聽到店裡的電話響一邊接聽，一邊向雙腳剛剛邁出店舖門口的阿財喊道。

「丟你老母……沒有名字讓你叫啊？」阿財突然發癲口爆髒話。

「你家沒有老母啊……變態佬。」安娜臉色為之一變，氣得渾身發抖，立刻毫不留情地反擊道。

此時，老板李深和楚月二人走進了店裡，阿財立馬收聲轉身離開了。

這人世間的冤家易結不易解。阿財辱罵安娜之後，老板大女兒阿甜也因小事跟楚月吵了起來，這件事本來與安娜毫無關係，可老板娘卻暗下怪罪於安娜，說楚月是受安娜的唆使與擺布才會越來越不聽話的，這下可把安娜冤枉得厲害了，她心裡默默地想著：從前年到店裡上班以來，自己每天都兢兢業業的工作著，天天打珠鏈，雙手都起了老繭，右胸有一個部位常常疼痛，從來也不敢說一句抱怨的話。這裡的工作待遇並不是很好，根本沒有多少值得自己留戀的地方，但有點不捨得離開好同事楚月。

翌日，安娜賭氣向老板娘李太太辭職，誰知道李深夫婦竟然沒有挽留她，還同意她即日離開公司。還好這一次安娜的銀行賬戶裡有五千多元的儲蓄，不怕暫時失業而導致財困。楚月繼續留在達利珠寶行工作，她不願意跟安娜一起辭職。

安娜離開達利珠寶行半個月餘，她也是在金沙嘴遊客區找到一份珠寶售貨員的工作。這是一家上市的大公司，有珠寶製造、

批發兼連鎖零售店，公司名：福瑞珠寶有限公司。福瑞有一間分店開設在金沙嘴碼頭附近的商場——海羚城商場，這分店就在二樓的顯眼處。店裡的經理袁小姐年約三十五、六歲，生得成熟，風流嫵媚，濃妝豔抹。在她的手下一共有十多個青年男女售貨員，平時，她坐在辦公室裡面看監控屏幕盯著店舖的一切。袁經理有一個習慣，如果看見長得帥氣又打扮光鮮的男子獨自來選購珠寶時，她會親自出來笑語盈盈的招待客人，協助店舖的員工做生意。店裡除了安娜說的廣東話有外省口音之外，還有一位帥氣的男同事——徐耀，他說的廣東話也是不標準，而其他的同事都是本港出生和長大的。

香沙港的市民天天像工蟻一樣忙忙碌碌；來回奔波於各條大小街道。人們身處於海島上，卻不能夠隨時隨地看見大海，想感受一下海洋的波濤洶湧；海水的淡淡鹹味都是不可能的，因身邊的四周全被石屎森林所包圍著。安娜每日上班的海羚商場也是看不到大海的，商場裡晝夜都是燈光耀眼，就算工作十個小時，人也不覺得眼睏。

店舖的營業時間是：早上 10:30 到晚上 8:30，上班時間女員工需要穿公司發給的深杏色制服。早上，開店舖門之前，經理袁小姐會命令所有的員工在店內排成兩行等待訓話。

「你們各位每天必須早到十五分鐘，還有女的必須穿上絲襪子，安娜，你不化妝……至少要塗口紅吧？」袁經理鼻塞聲重的說道，她那犀利的眼神掃向眾人，由於面無表情加重了幾分威嚴感，安娜覺得很不自在。

「還有你們天天下班之後，為了爭搶客人的事情在吵嘴，如

果是哪個同事的熟客來買東西，碰巧這一日他正在放假，生意也得讓別的同事做啊，為這種事吵……很肉酸！」袁經理挺起胸膛，以強勢的語氣繼續說道。

一時，店裡沉默籠罩，鴉雀無聞，所有的員工個個緊張兮兮的立著，半晌，「好啦！大家開始工作吧。」袁經理拍手大聲喊道。

此時，大家各就各位迎接一日的忙碌。福瑞的佣金制度是以個人的營業額來計算的，因此每天都有員工為了佣金在爭吵，安娜不想跟其他的同事搶客，專做他們不要的客人。公司天天在做產品促銷，客人日日都爆棚。安娜、徐耀和另外一個女同事負責看管店裡在角落邊最小的櫃台，但其他的同事都可以自行取鑰匙打開櫃門，隨時拿出珠寶給客人挑選的。

安娜剛剛在福瑞上班才十多天的時間。這一日，店裡的同事各自忙於接待與推銷產品給客人。中午時分，店裡走進來一對衣著普通的中年夫婦，沒人去招呼他們二人，安娜禮貌地走上前去問他們喜歡什麼類型的珠寶，安娜剛剛開口問了一下，原來這二位客人是來自美國的華人，只懂得國語和英語。經過安娜熱情的招待講解，這位夫人買了一套藍寶石鑲鑽的頸鏈、戒指與耳環，加上一條東珠，安娜立刻動手把東珠重穿，再加上一個Ｋ金的扣子，逐粒打結成了一條漂亮的頸鏈。店裡的袁經理和其他十多個同事意想不到這對打扮樸素的夫婦一口氣買了十七萬的珠寶，客人用美國運通卡付了款，安娜小心翼翼地把兩套款式不同的珠寶放入精美的禮品盒。半晌，安娜滿臉笑容，客氣地送走了這二位客人。

又起風了

「安娜，把剛才開的發票重新寫一寫，藍寶石的寫今天的，東珠的寫明天的。」袁經理板著判官臉，咬著牙關用低沉的聲音說道。

「好啊⋯⋯」安娜表情僵硬地回道。

「寫好⋯⋯就在那邊呆著，好好穿珠鏈，今天不必再去招待客人了。」袁經理手指向店內燈光最陰暗的角落，以命令的口吻接著說。

「噢⋯⋯」安娜將臉撇向一邊，發出了一道苦澀的聲音，半刻，她的心裡暗自納悶道：你這個經理的位置就算送我，我也不要，何必如此無理打壓我呢？

半日，安娜帶著被排擠的心情坐在店內的角落裡不斷重複穿珠鏈直到下班為止，這都是在職場鋒芒畢露所惹出的困境。

安娜第一個月個人所做的生意額竟然是全店排名第二位，做得最多生意的是徐耀；由於他生得帥氣兼口才又好，有一位富太太每日都來店裡向他買幾樣珠寶。兩個大陸來的帥哥美女竟然在公司的業績上取得優秀的成績，加上他們二人都能夠流利地說四種語言：國語、粵語、英語和自己的家鄉話，甚至還能講一些簡單的日語。他們開單的能力很強，公司裡的其他同事十個有九個都覺得很不舒服。

公司越大越複雜，人員越多嘈雜聲越多。每天開店舖前，女同事三三兩兩聚在一起，無不言三語四，指桑罵槐，胡罵亂怨大陸人有多麼的野蠻凶殘與貪婪，繼而又讚美同事 Candy 生得有多

麼的靚麗；又羨慕她常常收到男生送來的鮮花。其實這 Candy 生得只有七分姿色而已，算不上大美女。敏感多慮的安娜在滿是嘲諷與冷眼的店裡工作，覺得有些別扭，自己是從大陸來的女仔也從未收過一朵鮮花。但這些並不影響她的自信心，她仍然是一個驕傲堅強的女神。命運不濟，生活總是如此的艱難，不三忍五忍怎能跟別人相處下去呢？

安娜在福瑞珠寶工作已經有兩個多月了，除了天天在店裡推銷珠寶以外，每個月必須去一次總公司接受一些職業訓練。

這一日，傍晚時分，金沙嘴到處燈火璀璨，白晝般的通明，福瑞店舖打烊之後，大家正忙於把玻璃櫃台裡的一盤盤珠寶首飾搬入袁經理的辦公室，讓兩個同事接手盤點貨物，貨物盤點後才放入巨型的保險櫃裡。

安娜手捧著一盤珠寶首飾剛剛進入經理室的門口，發現地氈上有一枚閃閃發亮的鑽石戒指，她慢慢地彎下腰把戒指拾了起來，她先把手上的那盤珠寶交給了盤點的同事，然後拿著那枚戒指走向袁經理。

「袁經理，這隻戒指是我剛剛在地上揀到的。」安娜一邊目不轉睛地看著袁經理的臉，微笑說道，一邊把戒指遞給了袁經理。

袁經理抬起頭，伸手接過戒指，隨意把它捧在桌子上，滿臉紫脹，睜大了眼睛，以刺人般的凶光瞪著安娜，煞氣十足，喉嚨底發出嘶啞的聲音發飆道：「怎麼你們那個櫃台天天丟失東西？就你揀到戒指？怎不見街上有癩蛤蟆在跳？」

安娜原以為袁經理會對她這種拾金不昧的高尚情操而表揚她，想不到袁經理卻本末倒置的胡亂污蔑她，她的自尊心受到了傷害，頓時，氣白了臉。

　　「我好意把地上的戒指揀起來交給你，你反而是非不分地污蔑我，還有那個小櫃台的鑰匙不是我一人保管的，個個同事都可以隨便打開櫃門，人人都有機會偷東西，但我從來不會去偷別人的東西，你有人證物證說我偷東西嗎？」安娜的雙眼發出怒光，理直氣壯的用高亢的語調質問。

　　安娜提出了質疑，袁經理怔住了，一時語塞，但心中暗自佩服安娜的勇氣，因店裡沒有員工敢直接頂撞她。

　　半晌，安娜轉身怒氣衝衝地離開了經理室，換上自己的衣服下班回家去了。

　　翌日，星期一，正好是安娜的休息日，她去了位於九鳳工業區總公司的人事部辭職。

　　「安小姐，你為什麼要辭職呢？你的業務做得這麼好。」人事部的經理訝然地問道。

　　「原因是袁經理故意針對我，我揀到一枚戒指交給她，她沒說什麼好話，反而懷疑我偷公司的東西，這樣的環境，我沒法工作呀。」安娜深深地倒吸一口冷氣，無奈地說。

　　「噢……」人事部經理咂了一下舌頭，沒有發表任何意見。

福瑞總公司認為安娜是一個小角色，就算她是一個傑出的銷售人才，公司採取丟卒保車、護短偏向的方法，沒有挽留安娜，而是同意她辭職，還把工資即時結算給了她。安娜有足夠的自知之明，她並沒有把這件事放在心上太久。隔了幾日，店裡的一個女同事打電話給安娜，說公司下個月會安排她們幾個人去中區的分店上班，叫安娜忍氣求財，重回公司工作，可安娜絕對不會為了多賺幾個臭錢而甘願受污辱的，她執意不在這樣的公司打工。

第四十九章　　自由的路上

一日：
> 疑似前無路，轉眼曙光露。
> 移樹難栽植，移人展鴻圖。

又是梅雨季節，天天下雨，街上的路人行色匆匆。安娜的心情隨著不穩定的天氣沉重了許多，每天忙於看報紙找工作。楚月介紹一份在金沙嘴的珠寶售貨員工作給她，誰知老板娘看見她的照片，嫌她生的太好了，一口拒絕，連面試的機會都不給。

人的年齡越大，朋友越少。特別是女性的朋友，她們一旦結婚後，就會一心撲在家庭裡，天天跟老公兒女粘在一起。楚月也離開了達利珠寶行了，趁年紀尚輕去了法國以半工半讀的形式繼續學業。安娜的朋友逐年減少，閒時，寂靜得連一個親戚朋友也不曾來電話。

有一天，晚飯之後，阿湟來銀暉大廈找安娜聊天。突然間，他們二人聊到錢的事情上，安娜說這些年他們每次出去吃飯都是阿湟買單是不假，可是在物質上她沒有向他索取過任何東西，就連一件值錢的禮物都沒有向他要過，最終卻把自己的青春給浪費了。誰知安娜提起錢這一字，阿湟像發瘋了一樣，伸出他那孔武的雙手掐住她的脖子不放，安娜喘不過氣來，好像快要斷氣了，他才停手，瞬間方轉身施施然地離開了。安娜的感情和自尊心遭到蹂躪、受到傷害，如萬箭穿心，那眼淚不知不覺的流了下來了；心如冰一樣的寒冷。半晌，她搭電梯到了樓下，便怔怔的從銀暉大廈走了出來，到了對面的海邊，想跳海結束自己的生命。此時，她看見四周寂靜，無一人影，海水死寂得一片黑幽幽的，不禁有

了恐懼感。她孤零零的立在海邊出神，想起了家鄉的父母親、兄長……半刻，她打消了輕生的念頭，轉身走了回去。

轉眼又過了三日，這一天，周末，安娜去了她熟悉的金沙嘴閒逛解悶。正午時分，陽光耀眼，熱風習習，這日也是安娜人生的轉捩點，貌似否極泰來的徵兆。在麗思大酒店附近的街道上，她無意之中碰到了達利珠寶行的常客——美國蓮美航空公司的美麗空姐 Jennifer Coach。Jennifer 年約三十五歲左右，身材嬌小，身著整齊深藍色的空姐制服，一頭金色的短頭髮，目光如炬，五官輪廓立體，臉上化了淡妝。她是安娜人生路上的大恩人。

「Hi, Jenny! How are you? Long time no see.」安娜面帶笑容，驚喜地說道。

「Hey Anna, where are you going?」Jennifer 以清脆甜美的聲音問道。

「I am just walking around the street. I'm not working for Da Lee anymore, I… lost my job…」安娜略帶苦澀的表情說道。

「I am going to start my own business. Can you support me and introduce me to some of your friends?」安娜以十分期待的口吻低聲問道，緊接著，她的心怦通怦通地跳了起來。

「Sure! I'll help you. Don't worry about it.」Jennifer 不加思索笑眯眯地說。

「Thank you so much! This is my phone number. If you want to buy some gifts for your friends, please call me.」安娜懷著感激不盡的心情一面說，一面遞上一張寫著自己姓名和電話號碼的小紙卡給了 Jennifer。

Jennifer 接過小紙卡，只瞥了一眼，就放入掛包內。

她抬起頭直視安娜柔聲說道：「OK!」須臾，Jennifer 那美麗的雙眸閃耀著光芒，不由開懷地笑了起來，那笑聲聽了讓人的心情十分的愉悅。

一會兒，安娜和 Jennifer 揮手告別了，她以滿滿感恩的眼神望著 Jennifer 的背影進入麗思酒店的大堂。她們蓮美航空公司的機組人員就住在麗思酒店。此時此刻，安娜的心情有些激動，自從來了香沙港後，很少這樣激動過。如果能夠創業成功，就意味著可以脫貧，那麼對於自己的命運，她都將獲得一些尊重和自由。

安娜來港這些年，儘管日日上班，由於不斷的上夜校讀書和回家鄉次次都得花錢，手上的積蓄只有五千餘元，這筆小錢對於開店舖做生意是杯水車薪，遠遠不足夠的，如果向親友借錢也是萬萬不可的。她是個膽小怕事但具有前瞻性思維的人，很想有一座靠山支撐，打算與別人合作把這盤生意做好。她先邀請男朋友阿湟不果；再邀請寶塢公司的老板安瑞，也受到婉拒，迫於無奈，最後決定獨自把生意由小做起。她把住所作為公司的地址，公司名：永蓮珠寶行（Sino Pearl Company），用 call 機來與客人聯係；白日間，在她那張小床鋪上一條白色的大毛巾作為工作台，把生意運營的開支降到最低。安娜自從那一日在酒店門口巧遇空姐 Jennifer Coach 之後，Jennifer 三不五時會介紹她的乘客和機

組人員的同事給安娜，買一些廉價的珠寶首飾。

香沙港的珠寶批發商行業有一個慣例：行家可以先拿貨，賒賬 30-60 天才付款。安娜剛剛開始做生意沒有積累商業信譽，而且每次進貨的量價太少了，都要即時支付現金的，那些行家的公司都在金沙嘴區。安娜天天穿梭於金沙嘴的大街小巷，不是送貨給客人，就是去各個行家的公司入貨，她幾乎日日去陳見的公司入貨；他的公司用自己的名字來起的——陳見寶石公司。陳見夫妻倆與一對子女就在金沙嘴巴利街七號的商住大廈十樓 A 室，生意與住家合在一起。

一日，安娜早上九點之前就把昨天客人訂的貨品送去麗思酒店，送完貨之後，她去了陳見寶石公司。

「早晨！陳太。」她站在鐵門外微笑說，陳太太平時都把木門開著的。

「早晨！安小姐，進來吧。」陳太太一邊跟安娜打招呼，一邊把鐵門打開讓安娜進入。

安娜走進陳太太的公司後，她把昨天向陳太太買的黑瑪瑙珠子帶來換貨。安娜在達利珠寶行已經把鑑別真偽寶石的知識學了七七八八了，但有時也會看走眼。這一次，她買貨回家才發現這兩條不是黑瑪瑙而是仿黑瑪瑙的玻璃珠，雖然每次至少要買十條以上，由於安娜的資金運轉不足，所以她好言向陳太太要求只買兩條，並承諾將來會多買一些。

「陳太，昨天買的這兩條黑瑪瑙珠子，可不可以讓我調換一

下呢？很抱歉我買得太少了，而且都是買廉價的半寶石。」安娜低聲說道。

「可以啊，你自己挑選吧。」陳太太毫不介意，笑嘻嘻地答應。

「我們做這一行的……初初是賣銅賣鐵，將來會轉賣Ｋ金鑽石和紅藍綠寶的，貨型越賣檔次越高。」陳見微微眯起雙眼，忍不住以鼓勵的口吻插嘴道。

安娜扭頭看向陳見報以微笑，半晌，她走到掛滿一排排半寶石珠鏈的貨架上，伸手拿下一束黑瑪瑙珠鏈，仔細端詳了一會兒，最後確定這一束是真的黑瑪瑙後，用手拔下兩條拿在手上，又從貨架上挑選一束十條綠色的東陵玉珠鏈，拿到陳太太的面前。

「陳太，這兩條是我換下來的黑瑪瑙……你收著，另外這十條東陵玉我要了，你開一張單據吧。」安娜一邊把帶來的黑玻璃珠鏈交給了陳太太，一邊展露出如畫般的笑容說道。

「好啊。」陳太太高興地回道，陳見夫妻二人對眼前這個勤奮誠實的靚女有一種莫名其妙的好感。

陳太太開了一張發票給安娜，她即時付現金給了陳太太。須臾，安娜滿心歡喜地辭別了陳見夫婦二人，轉身離開了。俗語：“活行街，死店面。”在店舖裡工作的售貨員很少能夠出去自己創業做生意的，安娜幸運的做到了——自己當了小小的光桿老闆，上下都無人，自由自在的，快活如神仙。

七月天，在金沙嘴九鳳公園裡的夾竹桃花朵開得特別俏麗鮮艷，有淺粉紅色和深桃紅色的錯開著散發出淡淡的幽香。

　　星期五、六這二日，天氣異常的炎熱，氣溫達到了三十八度左右，街上老幼行人少了一大半，青壯年人走出室外也是汗流浹背，這種超熱的情況，隨之而來的必然是八級的熱帶颱風。早上，安娜到金沙嘴送完貨回到西陂的家裡，一直在穿珠鏈。昨天接了幾位客人的訂單，今晚就算通宵達旦的工作也要完成任務的，因為明天早上十點前必須把訂單的貨准時送到酒店給客人。午餐時，安娜吃了一個麥當勞的魚柳包，晚餐在家煮了兩碗白粥與醬瓜一起吃了，工作一忙碌，連吃飯都沒有胃口。安娜把客人要的珍珠頸鏈手鏈逐一穿好，到了晚上十二點，必須把最後一位客人訂的三條 60 吋的珠鏈穿好打結之後，任務才算完成。誰知道最後的一條珠鏈一直無法順利完成，安娜因為工作得太累了，穿珠鏈打結時突然瞌睡一下把線扯斷了，驚醒後把珠鏈重新再穿，再瞌睡，線再次被扯斷，就這樣醒時勞作睡下翻作，反反覆覆一條特長的頸鏈弄到凌晨二點多才弄好。

　　翌日，八號颱風來襲，安娜照常搭地鐵從西陂到金沙嘴把客人的訂單按時送到。人世間賺的乾淨錢，都包含著時間、汗水與無欺無畏。

　　一日，安娜帶了各種各樣的珍珠和半寶石首飾到酒店給空姐 Betty Hope 挑選，安娜把帶來的飾品全部擺放在鋪上一條大毛巾的床上任她挑選，Betty 伸手拿起一條灰色的珍珠頸鏈，她的兩眼炯炯有神，直視著安娜問道：「What's this?」

　　「This is great (grey) pearl.」安娜稍微加大聲量，認真地

講解道。

「Of course, all your pearls are great…Anna.」Betty 一邊以幽默的口吻說，一邊呵呵地笑了起來。

須臾，安娜才恍然醒悟過來，尷尬地微笑了一下，她這才知道是她的英語發音錯誤，把灰色說成偉大。Betty Hope 也明白安娜是發音錯誤而不是在誇大吹牛，她接著像老師一樣耐心地教安娜把 grey 反復地讀了幾次，安娜在工作中還能不斷地提升自己的英語水平呢。

「Anna，I'll bring more business to you.」Betty 熱心地笑道。

「Thank you so much!」安娜臉上帶著感激的表情望住 Betty 說道。

Betty 細心的挑選了幾樣珍珠和半寶石的首飾，安娜把她挑好的每樣貨品和價錢逐一寫上發票並計算了總數，一共是 150 美元，隨後把發票遞給了 Betty，她看了一眼後，馬上從錢包裡掏出了 150 美元付給了安娜。安娜又向她說了一句謝謝，才把擺在床上的珠鏈首飾收拾好放入了行李袋。過了一會兒，與 Betty 輕輕地擁抱了一下禮貌的辭別，安娜心情愉快的回家去了。

蓮美航空公司的機組人員：空姐、空中少爺、飛機師、機長，他們對安娜這個美麗憨厚勤奮兼服務態度好的年輕人很是喜歡，所以天天都無償的介紹客人給她，個個都熱情善良地表示會幫助安娜的生意做的越來越好。

安娜創業的初心只是想基本生活得到改善，並沒有奢望發大財，然而在幸運之神的眷顧下，她的生意做的很火爆。半年之後，她向房東阿治辭租，搬到西陂保雷街寶雷大廈二十三樓Ｃ室，月租2000元，一房一廳。她還買了一套全新的傢俬和生活電器，人生第一次可以睡上了有床褥的床；第一次有空調機使用；第一次用洗衣機洗衣服；第一次有自動的熱水洗澡……，她終於脫離苦海，苦盡甘來了。不用每日貌似胸部掛著算盤打算著生活花銷；不再限制自己的消費慾望，她還到銀鑼灣的日本百貨商店任性地買了一個自己喜歡多年但不切實的水晶杯回家。有了獨自的住宅，還擺脫了房東每天的嘮嘮叨叨。由於生活工作上的大改善，奇妙的幸福與快樂感像電流一樣三不五時在安娜的身上滾動著，連走在街上的腳步都倍感輕鬆愉快。

安娜常常暗自感慨萬千，百思不解，甚至懷疑人生：這二十五年來除了父母和好朋友以外，在自己出生與居住的地方的親人、鄰居、同學、同事、老板甚少給與理解和關懷，無論自己多麼的不懈努力都得不到眾人的認可與讚賞；更多的是冷嘲熱諷、白眼羞辱與欺凌打壓；甚至是無情無義的舉報。在好山好水有著偉大舵手領航的紅色國度；在燈紅酒綠不夜天有著藍色光輝的東方明珠，自己的日子卻過得很憋屈，可真是一場噩夢呀！相反地蓮美航空的機組人員和一些素未謀面的外國客人給予自己無限的支持與幫助，她們善良熱心和開朗大方的性格給自己帶來了如春風般的涼爽，她們的笑聲裡充滿了自信和真正的快樂，更讓自己從困境中得到了徹底的翻身和解放，從她們那裡才能看到了人世間的真善美。她們的美好也許是如一句俗語：不是猛龍不過江，能夠飛越半個地球來的都是一些猛人。小時候觀看戰爭電影時，對那些扮相猥瑣的美軍有著極大的仇恨，那些狹隘的民族主義情懷與無知武斷的想法，自己深感愧疚不已。其實，歷史上大多數

的戰爭都是統治者的貪婪遊戲，戰爭充滿了傲慢自私貪婪與血腥味的殘忍；是年輕人灑血的戰場，婦女老人流淚的因由。以前自己想像中的美國人民與現實的美國人民相差太遠了，人世間凡事應該：眼見為實，耳聽為虛。

有人說：你幫助過的人——他未必會幫助你；幫助過你的人——他會再次幫助你。

安娜度量著自己的種種遭遇的原因：也許是自己出生在錯誤的年代和地方？也許是自己所處的地方人多物資匱乏，因此人們為了爭奪缺乏的資源而不擇手段在窩裡鬥？也許是自己的家庭貧窮？也許是⋯⋯？這許多許多的也許是。但是，反過來說：雖然人間道充滿了荊棘與艱辛，自己的身份不斷在改變；從學生、幹農活、教師、工廠妹、診所護士、白領文員、售貨員到商人，從大陸到香沙港，在西陂頻繁地搬屋，住了九個地方，這一路上也都是有驚無險和不停地改善，最後還出現了生機，總的來說自己還是一個幸運兒呢。

過了一段時間，安娜的舅母和表親得知她自己在做生意，人人都心存疑慮，不太相信這個平時呆愣笨嘴拙舌兼有些天真稚氣的安娜怎會做生意呢？其實她是一個冰雪聰明的女子，從十七歲來到香沙港這個花花世界，在充滿富貴眼的環境中，且寄人籬下，萬事須謹慎小心翼翼，那敢表達自己的觀點與發揮自己的才能呢？但安娜為人處世的態度絕對不在乎別人的眼光和背後的非議，俯仰無愧於天地，是非曲直上天自有定論。

更有人說賺美國人的錢很容易，因為她們比較傻，是很好欺騙的，其實這是十分錯誤的想法，美國人民普遍接受的教育水平

較高，她們有知識和常識——不好騙，只是她們對金錢的概念看得開和放得下，性格豪爽一些而已。

安山經過兩年多的努力奮鬥，他在青林村石板屋的智超玩具廠的生意也有了一些起色。他自幼認為自己的智商超人，現如今終於揚眉吐氣，在眾人面前像金子一般閃閃發光，也向昔日菁山鎮那些常常漫罵他的"頑童"證明一個實例：人也可以殘而不廢的，也不必因為跛腳而得早點去死。更加令人感到欣慰的是：他可以與貧窮說永不相見了。

第五十章　　　無奈的決擇

有一首古風詞曰：

放手

春風無十里，無端風雨。
人生在世酸甜苦。
花開花落一霎兒，強留不住。
相愛相思錯，問誰之過？
因緣了，不如歸去。
一別三人寬，橋歸橋，路歸路。

留不住的光陰，難忘的恩怨。1986 年又驟然地告別人間而去，安娜日日忙於生意，其他的事情全部無暇顧及。

安娜是一個不記仇的人，她和阿湟這對歡喜冤家在一起早已超過了五年，這麼多年的等待如同給自己和阿湟有一個將來不後悔的機會，然而她已經不是那個窮得叮噹響的大陸妹了，可阿湟還是沒有打算和他的老婆石瑩離婚，只是把石瑩母子放在菲律賓生活，以這種形式表達對安娜在感情上的忠誠，但安娜沒法忍受感情裡的瑕疵，當小三的恥辱，被人誤會是狐狸精的冤屈。去年她的表妹安梅梅在菲律賓也結婚了，這一年她已經搭上了高齡剩女的快車，她也難免落入世俗的套路：希望結婚、生子——當母親。還有使她感到十分遺憾的是由於生活所迫，自己不曾談過戀愛，只是與阿湟談了這一場不三不四、有點畸形的戀愛。她已經到了必須選擇的時候了，冥思苦想了很久，最後決定親自去一趟阿湟在保雷街的家。她選擇了在阿湟去歐洲出差的期間，才去拜訪一下他的老母親。

人間道・紅與藍

這一日，三月春風拂面，天氣涼爽。中午，安娜到了女皇道的麥當勞吃了一份魚柳包套餐之後，懷著忐忑不定的心情回到保雷街，從街道的十字中心點走向街頭。這保雷街是純粹的住宅區，左右兩條不太寬敞的小街，街道兩旁開了各類的生活小店舖，馬路邊還停泊了一排排的私家車與電單車，乍看有點擁擠感，中間橫著一條長長的馬路一直伸延至山腳下。她走入悅文大廈的大堂，搭電梯上了八樓，走到了 D 室，伸手按了門鈴，一忽兒，一位年約八十上下，短卷髮，高瘦婦人應聲打開了木門。

　　「阿嬸，我是安娜，阿湟的朋友。」安娜尷尬的笑了一笑，自我介紹道。

　　「啊……是你呀，快進來吧。」蔡老太臉上擠出一絲笑容說，她對安娜的突然造訪感到有點驚訝。

　　蔡老太打開了外面的鐵門讓安娜走了進去，安娜走幾步就到了客廳的中央，她第一次上來阿湟的家，稍稍環顧四周，眼前這套房子半新不舊，一進門右手邊就是廚房，主臥室對面是廁所，二房一廳，屋內的傢俬和裝修僅僅是普普通通，不豪華，木地板剛剛翻新打過蠟，顯得一片亮晶晶。

　　「啊呀……你就是安娜，我弟弟也不早點帶你上來讓我們相互認識一下。」一個中菲混血兒模樣，有著圓滾滾大臉的中年婦人從淺啡色的沙發上起身，笑嘻嘻地望向安娜說道。

　　「坐……坐……」蔡老太沒等安娜開口回應阿湟的姐姐阿好，手指著沙發，熱情地招呼她。

無奈的決擇

537

此時，窗外倏地響起了一陣春雷，天空驟然暗了下來。阿好緊走兩步開了客廳的水晶吊燈。

安娜誠惶誠恐的在沙發上坐了下來。

「阿嬸，我這次來是想跟你探討一下關於我和阿湟的事情，我們在一起已經這麼多年了，阿湟一直拖著，沒有給我一個交代。」安娜的神色凝重，低聲說道。

「哎呀！我照顧阿湟已經幾十年了，現在已覺得很累了。你們年輕人的想法太執著了，什麼大婆……二奶的，我做了幾十年的大婆，也見不得有什麼好處，孤獨半生，阿湟他父親在菲律賓娶的番婆二奶……天天守著……粘著……什麼好事都讓她全霸占了。」蔡老太先冷笑了一聲，轉而哀聲嘆氣地說，貌似在訴苦，本意是在勸解安娜。

「安娜，要不……叫我弟弟買一套房子送給你，如何呢？」阿好睜圓雙眼，提高嗓門，忍不住插嘴道。

緊接著，阿好突發奇想地說道：「安娜，很多事情都是以先來後到來解決的，要不……叫阿瑩寫一份聲明書：你當大婆，她做二奶，這樣的話，別人就無話可說了，你也很有面子。」

安娜默不作聲，靜靜地坐著聽她們二人的說話。這阿好是阿湟同父異母的姐姐，因蔡老太自己沒生女兒，菲律賓的番婆把親生的這個女兒從小就給她撫養。阿好忒愛說話了，安娜一進屋，她就聒聒不停，鬼主意多多。

「是啊！阿好，你這個主意確實不錯。還有阿瑩帶孩子一直住在娘家，就算那裡有十多個備人在服侍，長期這樣，也不是個辦法。她現在骨瘦如柴，不久之前，還跪下來向阿湟道歉呢，怪可憐的。」蔡老太長長吁了一口氣說道，瞬間，目光呆滯，似乎陷入了沉思中。

聽了蔡老太和阿湟姐姐二人的調解對話，安娜這個假小三做得太有面子了。可是以安娜那種頑固不化、死心眼的性格，她是當大婆時容不得小三；當小三時也容不得大婆的人。再說了，她絕對不會和貌似一條兩頭蛇的男人生活在一起；這男人一個身體兩個腦袋應付兩個女人，身體不止齷齪，靈魂也骯髒。還有如果想從男人那裡找錢，也要找一個富豪大方一點的男人吧？阿湟是個遠近聞名的不鏽鋼公雞，在金錢這方面他還是不合格的。在這個時候，她始終保持沉默，沒有發表任何意見。

「阿嬸，大姐，現在，我已經自己做生意了，這是我公司的產品，一人送一條給你們。」安娜一邊自豪地說，一邊從掛包裡拿出兩條半寶石紅瑪瑙的手鏈，分別遞給了她們二人。

阿好接過紅瑪瑙手鏈後，立馬往左手上一套，抬高手把手鏈多看了幾眼，滿臉笑容。蔡老太卻不屑地隨便把手鏈放在餐桌上。

「安娜，你太客氣了，恭喜你！」蔡老太不喜不慍地說道。

「阿嬸，大姐，我回去了。」安娜起身向她們告辭，須臾，收起了笑容，快快不樂地轉頭離開了。

蔡老太和阿好對安娜開出如此不平等的條約，安娜還是無動

於衷，當場沒有表態，她們覺得安娜是一個怪人——不求財，不妥協。實際上，她們一家大小內心是鄙視安娜這個窮酸味的大陸妹的，巴不得菲國大富人家的石瑩早日回歸香沙港的蔡家。阿湟出差回來，蔡老太把安娜來家裡的事情一五一十地告訴了他，他沒有吱聲，其實他心裡早有了一些計算和安排。

自從安娜自己做生意以來，他一直認為安娜賣的是一些不值錢的臭銅臭鐵，屬於小打小鬧的格局，微不足道。他常常說：有錢人怕分家產，比如一頭 500 斤的豬肥，殺了分成兩份，一份才 250 斤，分量立馬少了一半。

安娜和阿湟多年在一起，內心實在放不下他，她想最後再努力一下，好與壞也有一個令自己死心的理由。她幼稚地決定寫一封表白信給在菲律賓的石瑩，信的內容主要是把她與阿湟認識的時間經過和多年來兩個人之間的感情說與她知道，請她不要再糾纏著阿湟不放，賴著不走，並要求她善意的儘快退出她們的三角圈，信尾還邀請她來香沙港與自己面談一二。誰知道這石瑩不是自己回信給安娜，而是由她的大哥來回信的，回信中的內容首先是吹噓石家財勢顯赫，繼而是說了一些無恥威脅的重話，反要安娜去菲律賓與他們攤牌清楚。

安娜並不懼怕權勢財閥的淫威，只不過是對阿湟再次感到非常的失望。常言道：“哀莫大於心死，悲莫過於無聲。”她不想再拘泥於這種不清不楚的三角關係，最好的解決方法是：離開。

有人說人世間：那兒不是你的繁花錦地；那兒不是你的春天秋月；那兒是一塊奢侈的禁地，你為何要闖進去呢？都是你咎由自取，自取其辱罷了！

這一次，安娜終於做出了正確的決定，與阿湟真真正正的分手了。還好這些年以來，安娜並沒有接受阿湟的任何饋贈，乾乾淨淨，不怕眾口曉曉，只是心中永遠留下一種莫名的奇恥大辱。過去的情恨欲種，確切的說是兩個人都中了貪嗔痴的毒，一個是貪財戀色，另一個是痴呆到迷途難返，雙方都有問題與責任。還有她明白到一個看似殘酷的現實，就是美貌與金錢的價值：美貌會隨著時間逐漸貶值到零；財富會隨著時間而不斷增值。

自從兩年前王倩失業後，她三不五時去打一些散工來幫補家計。雅絲也轉去中區的皮草公司當售貨員。由於王溫長年在菲律賓經商，與妻子雅絲離多聚少，加上去年年底生意失敗，今年初，雅絲跟王溫鬧離婚而分居了。不久之前，安娜的三舅父王幸歷從鄉下來香沙港定居，他找了一份地盤工，雖然工作危險勞累，但收入不錯。三舅母許貴英也辭掉酒樓最辛苦的洗碗工，轉當清潔工了。他們夫妻倆正在向政府申請公屋居住。二房東任意的妻兒早已從鄉下來港與他團聚，近期他也轉去半山的豪宅做保安了。這些年來，香沙港基層市民的生活質素並沒有得到大的提升。

清明節的翌日，Anita 心愛的男朋友四眼仔出了車禍而離世，她傷心欲絕。過了不久，Anita 搬離了銀葉大廈。由於國內開放多年，在香沙港口岸的福網，到處都有影視娛樂歌舞廳，南下的美女商女如雲，香沙港夜總會的生意逐漸式微，像 Anita 這樣的靚女也失業了。後來，Anita 認識了一名七十多歲的富商，繼而做了這個男人的情人。她決心改邪歸正，隨友人加入了悟空佛教會，開始吃齋念佛。由於她感到自己過往的業障深重，為了加強專心修行，她還與之前所有的親戚朋友完全斷絕來往，以求淨心將來得到阿彌陀佛的指引去極樂世界享福。

六月一日，蔡湟正式把石瑩母子接回香沙港團聚，從此展開了天倫之樂生活。不久，由於蔡老太與石瑩的婆媳關係不太融洽，蔡老太飛去了菲律賓投靠她的二兒子，安度餘生。

第五十一章　　人生如朝露

一日：

　　秀骨世難容，媚骨眾人寵。
　　一生欲報國，壯志未酬終。

　　轉眼七月大暑酷熱，安娜掙到了人生的第一桶金，她首先想到的是去孝敬父母，這也是她來港的首要任務。她匯了十一萬人民幣給王美菡，王美菡很快用十萬元在省城的永福大學旁邊購買了一套三房一廳的商品房——嘉苑，還購買了全新的傢俬電器，安清木和王美菡夫妻二人搬到了新房嘉苑二樓A室居住，在那裡安享晚年。

　　安娜雖然在事業上取得了一些成績，也成功如願脫了貧；可是經歷了多年的苦難和畸形戀愛的折磨，她的美麗容顏起了不少的變化，特別是如火的眼神暗淡了下去，從前如花綻放的笑容也沒有了，只是不至於人形發生了狂化。她像一塊有棱角的小石頭在水溪裡被水流慢慢刷洗成了一塊光滑的石卵，沒有了與生俱來的原型和傲氣，唯一沒有改變的是：那乾淨的靈魂一直沒有被濁世污染。有得必有失，有失必有得，更有失失更多……

　　安娜天天有生意，一步也不敢離開香沙港，擔心客人找不到她，因此從去年到現在一直沒有回國內探親。

　　大暑過後，八月八日，氣節轉入立秋。人間秋色正蕭瑟，悲風無端陣陣吹，秋來萬物皆搖落。

　　這段時間，安清木咳嗽得很厲害，有時候還發低燒，去醫院

看醫生，吃了一些藥以後，病情不見有好轉。醫生提議他做進一步的檢查，隨後做了肺部 X 光造影，在 X 光影片裡發現他的肺部有異常的陰影。經醫生初步診斷是肺癌的病徵，王美菡聽到這個"癌"字，如晴天霹靂、利刺攢心一般，又驚又悲，渾身乏力，她不願意相信老伴安清木患上了癌症。安娜自從得知父親生癌病，每晚睡到半夜，會突然驚醒，坐在床上傷心地慟哭，久久不能安枕。醫生給安清木做了 CT 電腦掃瞄，斷定他的肺癌屬於第三期；由於他的身體狀況不錯，醫生決定給他動手術，但是全家人都不同意，怕誤診。最後決定轉去有名氣的大醫院再做一次診斷與檢查。

經安川在美國的華人朋友幫忙之下，介紹了上海瑞金醫院一位很有名的張教授。張教授是心胸科的主任，不但醫術高明，還舉止溫文優雅。張主任給安清木做了診症與多樣的檢查，出來的結果還是肺癌晚期。張主任很快地給安清木做了切除腫瘤的手術，手術做得很成功，而且不需要化療，總算是死裡逃生了。安山把工廠的生意暫時放下，與母親王美菡在上海住了一個月餘，專門照顧與陪伴父親安清木。王美菡和安山二人待安清木手術的傷口愈合後，才和他回到永福省城的嘉苑家中靜養。

安娜也放下手中的生意回鄉探望父親；除了拿錢給他養病，還鼓勵他好好的活下去。可是暗中：她依然一步一驚心的憂慮父親的病情，常常一驚一乍，不得安寧，因為癌細胞會跑去身體的某個部位躲藏起來，將來有可能會伺機發作。

「阿爸，這種癌病不是什麼不治之症，我的幾個美國客人也患上癌症，病好了還在上班呢。還有你年輕時參加革命時也是不怕死的，當時沒有被敵方殺死；而且文革也沒有被造反派打死，

如今當成是第二次生命來看待，你好吃好睡，病會好得更快的。」安娜安慰父親說道。

「放心吧，沒事的。」安清木的臉上露出了笑容，鎮定地說道。

安娜陪伴父親一個星期就回香沙港了，生意不能斷，人世間歷來是："商人重利輕別離……"

轉眼秋去冬來，十二月份，是香沙港銷售珠寶首飾的旺季。安娜日夜忙碌，天天奔走於金沙嘴的各個酒店，疲倦得走路貌似急行軍的軍人一邊走路一邊睡覺的狀態中。白天心中發願晚上要早點睡覺，到了晚上又熬夜工作直到凌晨才歇息。

有一天，安娜在金沙嘴碼頭碰到舊時紅木公司的柳治經理，他一陣愕然。

「安娜，你的臉色怎會如此的蒼白？是不是生了什麼大病？剛剛從醫院出來？」柳治目不轉睛地看著安娜，帶著關心的語氣問道。

「沒有啊，我沒有事，我自己做了一點小生意，可能是太累的原因吧？」安娜瞪大雙眼，平靜地解釋道。

二人站著寒喧了一會兒，就互相禮貌地道別了。

永福省城的寒流比香沙港來的早，此時，人們已經穿上了厚厚的冬衣了。

人世間萬般皆以"好了……便是了了……"來結束的，十二月二十三日是一個令安家悲痛的日子，安清木得了急性肺炎並發症便溘然長逝了。他走之前並沒有留下隻言片語，也許是革命者的瀟灑命運使然？走如清風拂過一般，不划走一片雲彩？

安娜、安川得知父親病逝，立刻各自搭飛機回到了金溪縣。安娜到了青林村的家裡忍不住失聲痛哭，傷心到了極點。王美菡早已哭紅了雙眼，嗓子也啞了。安家把安清木的後事辦完之後，三兄妹也各自回到自己工作和學習的地方。失去老伴的王美菡久久不能接受人死不能復生的事實，天天念叨著安清木不應該死，懷疑是醫院救治不當；甚至覺得是在文革期間被造反派毒打至吐血落下的隱疾？安娜回到香沙港之後，三不五時會想起父親不在人世了，就悲從中來，哽咽難言。

好事難成雙，壞事接續來。隔了六七天，李波的大兒子李鈞急急忙忙地來青林村找王美菡。

「王阿姨，我爸昨天沒了。」李鈞滿臉悲哀，低聲地說道。

「怎樣可能呢？上個月我看他還好好的，發生了什麼事？」王美菡聽到這個不幸的消息，大吃一驚，悲嘆道。

「是這樣的，前不久，我爸發現自己的小便顏色有異常，昨天我媽媽陪他去了380軍醫院看病，醫生說要做膀胱鏡檢查，做檢查時醫生問他要不要用麻藥？我爸隨口說不必用。誰知道那膀胱鏡插入尿管時，我爸實在太痛了，引發心臟驟停死亡。」李鈞一五一十地把李波逝世的前因後果告訴了王美菡。

「事前，你們有沒有給醫生送紅包啊？」王美菡眉頭緊蹙，眼睛紅了一圈追問道。

「沒有，我爸媽心想在自己的軍醫院看病，那裡需要送什麼紅包呀？」李鈞雙手微微顫抖著，憤怒地說。

「現在的人很殘酷，不送紅包……就故意報復，把人活活整死，這些人太壞了，可憐老李……」王美菡全身的汗毛直竪了起來，傷心又氣憤地說道。

「老李的葬禮定在那一天啊？我和安山一起去送他一程。」王美菡接著繼續說。

「一月二日，軍分區說要給我爸開一個追悼會。」李鈞低著頭說。

過了一會兒，李鈞辭別王美菡，來了個急轉身，悵然離去。

李波不幸意外離世，李夫人邱敏形單影隻，四顧茫然。一直以來，她和老李還是一對恩愛的夫妻。突然間失去了老伴，邱敏悲憤萬分，天天在家垂淚怨惜與咒罵。李波十八歲就參軍，還參加過 1949 年的解放戰爭，沒有在戰爭中犧牲，反而在和平年代被自己的人給整死了，這是多麼令人失望和憤怒的事情啊。

在短時間內，安清木和他的好朋友李波分別去了見他們的偶像馬克思，一個是病逝；另一個是報復性的醫療事故。自古君子比喻為蘭花；蘭花一生索取少——少水少泥，花朵與枝葉清清楚楚的分開不粘糊。安清木和李波這些革命志士的一生，也像蘭花

一樣自潔高傲，錚錚鐵骨，一身正氣，兩袖清風。也許他們這輩人活著是為了建立新中國而活，他們在世時並沒有實現年輕時的願景，他們等不到也看不到新中國的輝煌就瀟灑而去了。也許他們無怨？也許他們有憾？誰知道呢？

隔年的年杪，王美菡拿到了僑務辦的港澳通行證，坐上了長途汽車，走過福網中英海關，到香沙港和安娜一起生活，安度晚年。

李波不幸逝世之後的第三年，他的夫人邱敏也因腦溢血而離世了。

過去的種種是一代人的回憶，幾代人的驚訝。真實的故事，化妝師的描述，或憂或悲或怒或喜，因人而異。望無名英雄安息；含冤的安魂；在世的放下，大千世界無可奈何花落去。我們應該感恩地球，祝福人類。人類的聰明與韌性，在盛世裡享受歡娛；在苦難中還能開出一朵朵的小黃花，立於春夏秋冬迎風搖曳……

歷史列車的車輪依然滾滾向前推進，她不會因為人間的戰火紛飛、動蕩不安、歌舞昇平而停留一會兒，她更不會因為人世間的紅紅藍藍綠綠而悲傷流淚……而快樂歡笑……

有一首古風詞曰：

紅與藍

人間歲月，似長還短，朝夕歇。
短日休問驕陽！永夜訴星月？
初心熱血闖沼澤，
熬不過辛酸苦澀。
歷史長河，留不住妳我，空悲切！

去的去，如煙滅。
留的留，偶爾咽。
是非曲直，留給後人說。
瓊樓玉宇被吹裂，
人間真情傷離別。
回首往事，貧賤富貴，起又卸！

書　　　　名	人間道·紅與藍 Red World & Blue World
作　　　　者	風子二六 Feng Zi 26
字　　　　數	255 千字
出　　　　版	超媒體出版有限公司
地　　　　址	荃灣柴灣角街 34-36 號萬達來工業中心 21 樓 2 室
出版計劃查詢	(852)3596 4296
電　　　　郵	info@easy-publish.org
網　　　　址	http://www.easy-publish.org
香 港 總 經 銷	聯合新零售 (香港) 有限公司
出 版 日 期	2024 年 3 月
圖 書 分 類	流行讀物
國 際 書 號	978-988-8839-60-5
定　　　　價	HK$ 157